国家级一流本科专业建设·公共管理教学用书

社会学

高新宇　刘　华◎主编　刘运青◎副主编

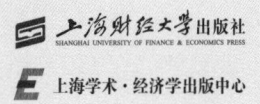

上海财经大学出版社

上海学术·经济学出版中心

图书在版编目(CIP)数据

社会学 / 高新宇,刘华主编 . —上海:上海财经大学出版社,2025.2
国家级一流本科专业建设.公共管理教学用书
ISBN 978-7-5642-4348-7/F.4348

Ⅰ.①社… Ⅱ.①高… ②刘… Ⅲ.①社会学-高等学校-教材 Ⅳ.①C91

中国国家版本馆 CIP 数据核字(2024)第 065754 号

□ 责任编辑　邱　仿
□ 封面设计　张克瑶

社 会 学

主　编　高新宇　刘　华
副主编　刘运青

上海财经大学出版社出版发行
(上海市中山北一路369号　邮编200083)
网　　址:http://www.sufep.com
电子邮箱:webmaster@sufep.com
全国新华书店经销
上海华教印务有限公司印刷装订
2025年2月第1版　2025年2月第1次印刷

787mm×1092mm　1/16　18.25 印张(插页:2)　405 千字
定价:59.00 元

前 言

在当今全球化、信息化和多元化日益加深的时代,社会学的重要性日益凸显。社会学作为一门研究人类社会行为、社会结构及其相互关系的科学,具有深远的理论意义和现实意义。它不仅帮助我们理解社会运作的基本原理,还提供了洞察社会变迁和解决社会问题的工具。本书旨在为本科生提供一个全面、系统的社会学入门知识平台,帮助他们建立扎实的学科基础,并激发对社会现象的兴趣和批判性思考能力。

社会学起源于19世纪的西方社会,在工业革命和城市化进程中,社会结构和人际关系发生了深刻变革。奥古斯特·孔德、卡尔·马克思、埃米尔·迪尔凯姆和马克斯·韦伯等早期社会学家,通过对社会现象的系统研究,奠定了社会学的学科基础。他们提出的诸多理论至今仍具有重要的学术价值和现实意义。通过对经典社会学理论的阐述和当代社会现象的分析,读者将能够更好地认识社会运作的基本原理,以及我们自身在社会中的位置和角色。社会学是研究人的社会化、人的行为模式、社会互动、社会结构和社会变迁的科学,研究这些基本的社会现象可以帮助我们更好地理解人与人、人与社会的关系,促进社会的和谐发展。

本书由安徽财经大学行政管理系老师共同撰写,在编写过程中,本书在全面介绍和讲解社会学基本概念和主要理论的基础上,兼顾具体教学特点和理论研究新进展,充分贯彻了课程思政的理念,将思想政治教育融入社会学知识的讲解中。通过阐述经典社会学理论,我们不仅希望读者能够理解这些理论在学术上的意义,更希望他们能够从中汲取正确的价值观,深刻体会到个人责任感、社会正义感和公共精神的重要性。

社会学不仅是一门学科,更是一种智慧,一种看待世界的独特视角。希望本书能成为读者了解和学习社会学的重要资源,激发对社会现象的兴趣和思考,不再局限于表象,而是深入理解社会现象的本质,培养出洞察问题、分析问题和解决问题的能力。

书中如有不妥之处,恳请广大读者批评指正,以便我们进一步修改和完善。

编 者
2025年1月

目 录
CONTENTS

绪 论

2   第一节 什么是社会学
2   一、社会学的研究对象
3   二、社会学的学科体系
6   三、社会学的学科特征
8   四、社会学的学科功能
10   五、社会学的学科地位
11   第二节 社会学的产生与发展
11   一、社会学产生的社会背景
14   二、西方社会学的创立
16   三、西方社会学的发展
18   四、第二次世界大战后的社会学发展
28   第三节 社会学的研究方法
28   一、方法论与方法的含义
28   二、社会学方法论
33   三、一般社会学方法

第一章 社会

40   第一节 什么是社会
40   一、社会的定义
40   二、社会的特征
41   三、社会的功能
41   第二节 社会的构成要素
41   一、自然环境
42   二、人口
44   三、生产方式

44	四、文化
46	第三节 社会存在的条件
46	一、地理环境
47	二、生产方式
47	三、人口因素
48	第四节 社会的结构和类型
48	一、社会的结构
50	二、社会的类型
51	第五节 社会变迁
51	一、社会变迁的定义和类型
51	二、社会变迁的理论
52	三、社会变迁的因素
53	四、社会变迁的一般过程

第二章 人的社会化

56	第一节 社会化的含义及内容
56	一、人的社会化的含义
57	二、社会化的研究角度
58	三、社会化的基本内容
60	第二节 社会化的条件
60	一、个人的生物基础条件
61	二、社会环境条件
63	三、社会化的途径
64	第三节 社会化的历程
64	一、社会化是人的终身课题
65	二、生命不同时期的社会化
66	三、再社会化
67	四、双向社会化
68	第四节 社会角色
68	一、社会角色的概念
68	二、社会角色的类型
69	三、社会角色的扮演

第三章 群体

72	第一节 群体概述

72		一、群体
76		二、社会群体
83	第二节	社会群体的分类
86	第三节	婚姻与家庭
86		一、婚姻
89		二、家庭

第四章　组织

108	第一节	组织概述
108		一、组织的概念
109		二、组织的任务
110		三、组织的特征
111		四、组织的功能
111		五、组织的类型
114	第二节	组织管理
114		一、组织管理理论的发展
116		二、组织管理的定义与属性
116		三、组织管理的程序
116		四、组织管理的工作内容
117		五、组织管理的主要特点
117		六、组织管理的层次
118		七、组织管理的方式
120		八、组织文化与组织管理
122	第三节	组织变迁
122		一、组织变迁的性质
130		二、组织变迁的过程
134		三、组织变迁的方式
137		四、组织变迁应该注意的问题

第五章　社区

141	第一节	社区概述
141		一、社区的理论来源
142		二、社区的特征
143		三、社区的基本构成要素
143		四、社区的功能

145		五、社区的作用
145		六、社区与社会、社群的区别
146		七、社区服务
147	第二节	城市社区与农村社区
147		一、城市社区的概述
147		二、城市社区的特点
148		三、城市社区的种类
148		四、城市社区的管理
151		五、农村社区的概述
155		六、我国农村与城市社区间的差异
157	第三节	城市化
157		一、城市化的内涵
158		二、城市化的阶段
158		三、我国城市化中存在的问题
159		四、城市化过程中问题的解决措施

第六章 社会分层与社会流动

161	第一节	什么是社会分层
161		一、社会分层的含义
161		二、与社会分层相关的主要概念
162		三、社会分化
163		四、社会不平等
164	第二节	社会分层理论
164		一、马克思主义的阶级分析观点及其在现代社会遇到的挑战
166		二、韦伯的社会分层观点及其影响
167	第三节	社会分层的方法
167		一、社区调查法
167		二、客观法
169		三、主观评价法
171	第四节	我国的社会分层
171		一、改革前我国社会分层结构
172		二、改革开放以来我国社会分层结构的变化
173		三、当前我国社会分层结构
179	第五节	社会流动
179		一、什么是社会流动

179		二、社会流动的类型
183		三、影响社会流动的因素
184		四、社会流动的功能

第七章　社会制度

187	第一节	社会制度概述
187		一、社会制度的概念和特征
188		二、社会制度的分类和演变
189		三、社会制度的作用和意义
190		四、当前社会制度的状况和问题
191	第二节	社会制度的功能
191		一、社会秩序维护的功能
192		二、社会资源配置的功能
193		三、推动社会发展的功能
194		四、社会治理能力的提升功能
195	第三节	国家社会制度
195		一、国家社会制度的概念和特征
196		二、国家社会制度的组成要素和运行
197		三、国家社会制度的评价和改革
198	第四节	社会制度变迁
198		一、社会制度变迁的概念和特征
199		二、社会制度变迁的类型和模式
199		三、社会制度变迁的历史演变
201		四、社会制度变迁的意义和挑战

第八章　社会控制

203	第一节	社会行动
203		一、社会行动的理论来源
206		二、社会行动与社会结构
207		三、社会行动与社会工作路径
207		四、社会行动产生的制度条件
208		五、社会行动产生的前提假设
209		六、社会行动的实施原则与模式
210		七、社会行动与社会互动
211	第二节	越轨行为

211		一、越轨行为的定义
212		二、越轨行为的类型
213		三、越轨行为的原因分析
213		四、越轨行为的理论解释
215		五、越轨行为的社会控制
216	第三节	社会控制
217		一、社会控制概述
218		二、社会控制的类型和方式
221		三、社会键理论
223		四、社会控制理论的应用

第九章　社会治理

226	第一节	社会问题
226		一、社会问题概述
227		二、社会问题理论基础
229		三、当代中国主要社会问题
233	第二节	社会治理
233		一、中国古代传统社会治理
234		二、社会管理
235		三、从社会管理到社会治理
239	第三节	社会政策
239		一、社会政策的概述
240		二、新中国社会政策的发展与现状
242		三、中国社会政策的未来目标与任务

第十章　社会保障与社会工作

245	第一节	社会保障概述
245		一、社会保障的基本内涵
245		二、社会保障的功能与意义
246		三、社会保障的基本特征
247		四、社会保障的基本体系结构
249	第二节	社会保障制度
249		一、社会保障制度的形成与发展
250		二、社会保障制度的基本概念与主要特点
251		三、中国特色社会保障制度

- 253 　第三节　社会工作概述
- 253 　　一、社会工作的内涵
- 255 　　二、社会工作的功能
- 255 　　三、社会工作价值体系与理论研究
- 257 　　四、社会工作方法
- 258 　　五、不同方向的社会工作实务
- 260 　第四节　社会工作体系
- 260 　　一、西方社会工作的价值体系
- 263 　　二、中国社会工作价值体系的建构

第十一章　政策调整

- 268 　第一节　政策调整的原因和作用
- 268 　　一、政策调整的原因
- 269 　　二、政策调整的作用
- 270 　第二节　政策调整类型
- 270 　　一、增扩型和缩减型政策调整
- 271 　　二、合并型和分解型政策调整
- 271 　　三、激进型和渐进型政策调整
- 272 　　四、废止型和延续型政策调整
- 273 　第三节　政策调整程序
- 273 　　一、提出调整方案
- 274 　　二、选择调整方案
- 275 　　三、作出调整决定

277　参考书目

281　后记

绪 论

第一节 什么是社会学

一、社会学的研究对象

社会学是一门对人类社会进行总体性、综合性研究的社会科学。具体地说,社会学是把社会作为一个整体,研究人和社会各个组成部分及其相互关系,探讨社会的发生、发展及其规律的社会科学。

"社会学"一词的法语是 sociologie,英语为 sociology。它是由拉丁文 societas(社会)或 socius(社会)和希腊语 logos(学说)两个词构成的。"社会学"一词最早是由法国哲学家、社会学家孔德在 1838 年 10 月出版的《实证哲学教程》第 4 卷中正式提出的。[①] 孔德率先创用了"社会学"这一概念,提出了至今仍为大多数社会学家奉为圭臬的将社会学建成一门实证科学的基本原则。孔德在探讨人类科学知识体系的发展趋势的基础上,认为社会学是继天文学、物理学、化学、生物学之后的一门关于社会现象的最复杂、最重要的学科,因为它必须综合利用前述自然科学的实证方法研究社会领域的各种问题。

在中国最早采用"社会学"一词的是谭嗣同的《仁学》。最早提到社会学学科的是康有为,他在 1891 年就开始讲授群学(即社会学)。介绍西方社会学最有成就的是严复,他把社会学也叫群学。"社会学"一词在中国流行,主要来源于章太炎翻译日本学者岸本能武太的《社会学》一书的出版。

每一门学科都有自己特定的研究对象,这是该学科存在的依据。社会学的研究对象应该是该门学科与其他学科相区别的本质特征及其研究范围。关于社会学的研究对象,有着许多不同的观点和看法,但归纳起来主要是以下几种:

1. 社会学是研究社会整体的科学

这种见解来自社会学的创始人孔德,至今在一些国家和社会学中居于主导地位。我国社会学家费孝通教授就是从社会整体的角度给社会学下定义的。

2. 社会学是研究个人及其社会行为的科学

这种观点是德国古典社会学家韦伯所倡导的,对现代西方社会影响很大。我国社会学家孙本文也持这种观点,认为"社会学为研究社会行为的科学"。

[①] 该书从第1卷(1830年出版)至第3卷(1835年9月年出版)使用的都是"社会物理学"这个术语,根据第3、4两卷发表的时间间隔推算,"'社会学'这个名词,大概是 1835 至 1838 年之间用的"(见陈序经:《社会学的起源》第1—2页,岭南大学西南社会经济研究所,1949年出版;孙本文:《当代中国社会学》第1页,商务印书馆,1948年出版)。也有个别社会学家认为社会学这个术语是由比利时社会统计学家 L. A. 凯特莱于 1835 年首先提出的,但同时承认,是孔德把这一术语运用到学科中去的。关于孔德创造"社会学"一词来代替他以前使用的社会物理学的原因,学术界至少有两种解释:一种解释认为这是针对 C. H. de 圣西门的,因为孔德十分傲慢自负,以为社会学这门新学科是他发现的,所以要用自己创造的社会学来代替圣西门一生中大部分时间使用的社会物理学这门学科;另一种解释认为这是针对凯特莱的,因为在孔德看来,社会物理学这一术语已被这位比利时社会统计学家所"窃用",所以要创造一个新名词代替它。

3. 社会学是研究社会群体和群体生活的科学

日本当代社会学家福武直和我国社会学界中的一些人都主张或倾向于这种说法,还有英国社会学家斯宾塞。

4. 社会学是研究社会制度、社会过程和社会组织的科学

持这种观点的主要有法国社会学家迪尔凯姆、美国社会学家托马斯和帕森斯等。这种观点对现代社会学影响也很大。

5. 社会学是研究社会关系的科学

持这种观点的主要是俄国出身的美国社会学家索罗金和德国的齐美尔,这种观点的流传范围和影响很广泛,无论是西方还是我国社会学界都有它的市场。

6. 社会学是关于社会良性运行、协调发展的条件和机制的综合性具体社会科学

这是我国学者郑杭生教授的意见。他在主编的多次修订过的《社会学概论》一书中一直坚持这一主张。

7. 其他学者的意见

其他学者的意见主要有以下三种:

(1)剩余说。认为社会学研究对象是指其他社会科学不研究或没研究的剩余领域。

(2)问题说。认为社会学是研究社会问题的学说。

(3)科学群说。认为社会学是以研究社会问题为中心的一个科学群。

在社会学研究对象中存在这么多的观点并不奇怪,这主要是因为以下几点:①研究对象的广泛性,它涉及人类社会的方方面面。②因为各国的社会发展现实情况不同,所以各国的社会学家研究的侧重点受其国情影响,另外,每个人的兴趣点也不同,仁者见仁,智者见智。③社会学是一门年轻的科学,远不及哲学、法学、经济学的历史悠久,无论是从理论研究还是资料积累,都在发展中,有人说,有多少社会学家就有多少种关于社会学的研究对象,也就有多少种定义。

综合以上观点,我们认为,社会学是从变动着的社会整体出发,系统研究社会关系的生成、发展、变化规律的社会科学。

二、社会学的学科体系

社会学的学科体系可以从宏观和微观两个层次说明,宏观的学科体系其实是一个多层次的学科群,微观的学科体系就是社会学的理论体系。

(一)宏观社会学学科体系

社会学自诞生以来,关于学科体系的看法有二分法、三分法、四分法,以及混合法等,最基本的是二分法,其他的分类都是二分法的变形或发展。孔德在《实证哲学教程》中,首先将社会学区分为静态社会学(研究社会秩序)和动态社会学(研究社会进步)两部分。美国社会学家沃德在20世纪初出版的《纯理社会学》中,将社会学分为纯理社会学和应用社会学。纯理社会学吸取了孔德的思想,把静的社会现象问题和动的社会现象问题与社会势力问题摆

在一起;应用社会学则研究社会改进的现象问题。俄罗斯社会学家索罗金在20世纪30年代把社会学划分为普通社会学和特殊社会学,前者研究社会现象的共同性与共同关系,后者研究社会现象与社会现象间的特殊性和特殊关系。特殊社会学实际上是分科社会学。

此外,有的社会学家则把社会学分为宏观社会学和微观社会学,前者侧重研究社会整体结构功能,后者研究个人、小群体及行动。维泽在《系统社会学》一书中把社会学分成三部分:历史社会学(研究社会生活的历史进程);哲学社会学(研究由社会养成的内心势力的最后意义及意识的力量);系统社会学(根据实际与实验,作社会现象的系统研究)。

影响较大的是孔德、沃德和索罗金的三种二分法,后世学者大多是在他们的分类方法基础上加以修正和补充。具体方式有下述几种。

1. 分层法

以三种二分法中的一种为基础,依次排为若干层。孙本文的总体结构就属此种。

(1)纯理社会学:研究社会学理。

①普通社会学:Ⅰ. 社会静学;Ⅱ. 社会动学。

②特殊社会学:Ⅰ. 地理社会学;Ⅱ. 生物社会学;Ⅲ. 心理社会学;Ⅳ. 文化社会学(文化社会学又包括:a. 政治社会学;b. 经济社会学;c. 宗教社会学;d. 法理社会学;e. 艺术社会学等)。

(2)应用社会学:研究社会学理应用于社会各部分,以期改进。主要有以下几种:

①农村社会学;

②都市社会学;

③教育社会学;

④犯罪社会学;

⑤社会工作。

(3)历史社会学:研究过去社会生活的陈迹。

(4)社会学方法论:讨论如何研究社会行为现象的方法。

中国社会学重建后提出的一种三分法是:

第一个层次,研究社会整体结构的基础理论;

第二个层次,研究社会分体结构的分支社会学;

第三个层次,对具体的社会现象和社会问题的研究。

2. 并列法

并列法是将上述三种中的几种或全部并列起来。中国社会学家龙冠海的分类就采用这种方法。

第一种,以社会学所探究的现象的性质为根据,划分为社会静力学和社会动力学两部分;

第二种,以社会学研究的目的为根据,分为理论社会学和应用社会学两部分;

第三种,以社会学的研究主题为根据,分为普通社会学和特殊社会学。

有的中国社会学者还提出4类划分方法：①根据研究现象的状态，分为静态和动态社会学；②根据研究现象的规模，分为宏观和微观社会学；③根据研究的层次，分为一般和部门社会学；④根据研究的目的，分为理论和应用社会学。

3. 择一法

从上述三种二分法中选择一种作为主要理论体系。有选择"普通社会学"和"特殊社会学"的，也有选择"理论社会学"和"应用社会学"的，但对每部分所包含内容的解释却很不相同。

(二)社会学理论体系

微观社会学学科体系即社会学的理论体系，也就是理论社会学或普通社会学的理论体系。

孙本文采用社会学史上传统的动静二分法，并以社会行为为基本出发点和主线，构成一个较合逻辑的社会学理论体系。其中，静的方面的研究包括：①社会行为的要素问题，有地理要素，生理要素，心理要素，文化要素。②社会行为的过程问题，有接触与互动，暗示与模仿，竞争与冲突，顺应与同化，合作与互助。③社会行为的组织问题，有行为规则、制度、组织，以及社会解组的现象。④社会行为的控制问题，分为有计划控制，无计划控制。动的方面的研究主要是关于社会行为的变迁问题，有异常变迁，非常变迁，变迁障碍，社会进步。

美国社会学家 A. 英克尔斯依据美国社会学界比较一致的看法列出如下一种三分的结构：

1. 社会生活的基本单位：①社会行为和社会关系；②个人的人格；③人群(包括民族和阶级)；④社区，即城市的和农村的；⑤社团和组织；⑥人口；⑦社会。

2. 社会基本制度：①家庭和亲属；②经济的；③政治的和法律的；④宗教的；⑤教育的和科学的；⑥娱乐和福利；⑦美学的和表现的。

3. 基本的社会过程：①分化和分层；②合作，调解，同化；③社会冲突(包括革命和战争)；④联络(包括意见的形成、表达和变化)；⑤社会化和教育；⑥社会评价(价值的研究)；⑦社会控制；⑧社会过失(犯罪、自杀，等等)；⑨社会整合；⑩社会变迁。

英国社会学家 T. B. 博特莫尔将理论社会学分为：

1. 人口和社会群体：①人口与社会；②社会群体的类型。

2. 社会制度：①社会结构、社会和文明；②经济制度；③政治制度；④家庭和亲属；⑤社会分层。

3. 行为规范：①社会生活中的势力；②习俗和舆论；③宗教和道德；④法律；⑤教育。

4. 社会变迁：①变迁，发展，进步；②社会变迁的要素。

此外，还有从不同视角构建这门学科的理论体系的。譬如英国社会学家 T. 比尔顿等人按照社会生活不同的形式，将理论社会学分为9个组成部分：①不平等的类型；②服从的形式；③权力和政治；④家庭；⑤社会中的性的分化；⑥教育；⑦工作；⑧信仰系统；⑨偏离行为。

中国社会学家大体用两种方式来处理他们的社会学理论体系。

第一种是并列式,即将社会学内容从历史维度加以并列。例如,有的学者将社会学理论分为14个方面:社会学的对象;社会及其发展的条件;人的社会化;初级社会群体;社会组织;阶级与阶层;社会制度;社会控制;社区;社会变迁;社会现代化;社会问题;社会工作;社会学研究方法。

第二种是分块式。这中间又有分成二块、三块、四块、五块的。

①二块式。有的学者以社会关系为中心概念,把社会学理论分成社会学论和社会论。前者回答社会学是什么,包括社会学的性质和对象;后者回答社会是什么及怎样发展,包括社会构成、社会系统、社会变迁与发展。

②三块式。有的学者以社会行为为基础,把社会学理论分为三部分:社会结构(社会、社会中的个人、家庭、基本群体、社会组织、社会阶级和社会分层、社区);社会行为(社会行为规范、社会行为方式、越轨与犯罪);社会变迁(包括社会计划与社会指标)。有的学者则把社会学理论体系分为三论:社会元素论;社会组合论;社会系统论。

③四块式。有的学者以社会良性运行和协调发展的规律性为主线,把社会学理论分成四部分:社会运行的基本类型;对社会良性运行规律性作正向研究的内容(人的社会化、社会角色、社会互动、基本群体、社会组织、社会阶级和社会分层、社会制度、社区、社会变迁);对社会良性运行规律性作反向研究的内容(社会问题、越轨行为、社会控制等);探讨社会运行的方法和手段(社会调查研究方法、社会指标及其体系)。

④五块式。有的学者把社会学理论分成五部分:社会的本质和结构;社会的运转和变迁机理;个人、群体和社会;社会生活及其方式;社会管理。

从上面的概括可以看到,在社会学体系问题上,一种趋同的倾向正在发展,除了少数内容例外,多数内容大同小异。这从一个侧面反映了随着社会学研究的广泛开展和社会学知识的普及,人们对这门学科的理论范围和研究内容正在取得比较一致的看法。

三、社会学的学科特征

一般而言,社会学具有五个学科特征:

(一)整体性

所谓社会学的整体性,并不是指社会学对现实社会的一切方面进行包罗万象的研究,也不是指对社会不作具体分析,停留于整体模糊的描述,而是指社会学在研究社会的过程中,始终把社会看作一个有机整体,从整体的有机性出发去研究社会的结构、功能,研究社会的运行与变革。虽然社会学也开展对社会的各种具体问题的研究,但它始终注意从整体出发,联系整体研究部分,着眼于整体综合并且立足于局部分析。整体性是社会学的一个基本特点,它实际上是辩证唯物主义在社会学领域里的贯彻和表现,是关于客观世界的普遍联系与辩证发展规律的具体运用。

社会学的整体性思想在社会学史上源远流长。早在19世纪中叶,西方社会学创始人之一斯宾塞就已提出了"社会有机论"。这一理论的基本思想,即是把社会看作一个有机整体。

斯宾塞的思想受到当时许多思想家的肯定。特别是马克思在研究人类社会时，也引进了"社会有机体"思想，并作了科学的解释，还在此基础上提出了社会形态理论，把整个社会划分为生产力、生产关系和上层建筑三个基本子系统，从而揭示了人类社会发展运动的基本规律。马克思在《资本论》中更是不断告诫人们要把资本主义社会看作一个"活的机体"，只有对这个复杂的"活的机体"进行整体研究，才能揭示资本主义社会的固有矛盾，认识资本主义社会的基本规律。

（二）综合性

社会学的整体性决定了社会学的综合性。综合性有两层含义。首先是研究视角的综合性。即在研究社会时必须纵观全局，放开视野，对任何社会现象、社会问题都不孤立地看待，注意从这些现象和问题与其他现象和问题的相互联系中去把握、去认识。它要求运用不同的方法，注意从不同的角度对同一个问题进行深入的探讨，既注意影响事物发展的决定性因素，也不放过那些影响事物发展的非决定性因素。它是社会学的整体性特点在研究方法上的具体体现。例如，社会学在研究社会现代化时，不仅注意研究经济现代化，而且重视历史文化背景、民族心理与民族精神、教育状况与观念意识、自然资源与生态环境等。所以，社会学在研究社会问题时，常常需要运用多学科的研究成果，即不仅积极利用相关的社会科学成果，而且注意吸取有关的自然科学成果，进行综合的、广泛的研究。

其次是研究方法的综合性。社会学在研究社会的过程中不仅创造了一整套具有自己特色的研究方法，而且非常注意吸取其他学科的研究方法，其中也包括自然科学的研究方法。这就使社会学研究具有方法上的明显的综合性，真正做到了定量分析与定性分析相结合，静态分析与动态分析相结合，结构分析与过程分析相结合，微观分析与宏观分析相结合。

（三）现实性

社会学的第三个特点是直接面对社会现实。就理论上讲，古今中外的人类社会都可以进行社会学研究。但是，社会学研究的重点首先是现实社会。对我国来说，社会学研究的重点当然是处于改革开放和现代化建设过程中的中国现实。当前中国正处于一个社会转型时期，社会变革的速度、规模、难度都是史无前例的。研究这个过程中存在的种种问题，帮助政府有效地解决这些问题是中国社会学者义不容辞的责任和义务。

由于社会学研究现实社会，因而它的研究领域就具有开放性和不断变化的特点。因为社会是不断发展、变化的，所以社会学的研究也随着社会的发展而发展。在社会发展过程中，一些现象消失了，一些现象产生了，一些现象的地位发生了变化，所有这些都要求社会学及时地调整自己的研究课题，不断增加对新问题、新现象的研究。

同样，由于社会学研究的是具体的现实社会，所以社会学研究具有区域性和本土化倾向。因为每个社会的文化传统不同，国情不同，其社会结构及运行规律也不尽相同，所以，社会学研究必须以本国社会为具体对象进行研究。

（四）实证性

"实证"这个概念是社会学创始人孔德首先提出来的。它的本义是"确实的"，指知识来源于具体的经验研究。社会学虽然同其他学科一样离不开理论分析,但它的知识主要是依靠对"社会事实"进行具体的经验研究所获得的,是通过观察、调查、实验等实证途径获得"第一手"资料,从中检验理论假设,分析概括出理论知识。因此,社会学研究总是从理论假设开始,通过经验研究来验证基本假设。社会学研究的这种实证性特征集中表现在它对社会调查的重视上。社会学在自身形成过程中,积累了大量的调查资料,发展与完善了各种社会调查理论、方法、技术,从而使之成为社会学研究的基本特色,并为社会学大量使用定量分析方法提供了条件。

四、社会学的学科功能

(一)认识功能

社会学是人们科学有效地认识社会的工具。

第一,社会学向人们提供科学的社会知识。普通人面对社会现实的时候,通常基于过去的人生经验来认识,将其纳入人生经验,或者进行道德评价。而社会学向人们提供了一套关于社会的理论体系,掌握了这套理论体系,就可以把社会现实纳入社会学的理论体系中加以认识,用社会学理论描述社会现实,分析社会现实之间的联系,并预测社会现实的变化趋势,从而比普通人更深刻认识到社会现实。

第二,提供认识社会学的视角。社会学作为研究社会的一门科学,其特点表现为综合性、多层次性和现实性。社会学的综合性是指,其他社会科学通常是研究社会的某一个方面,如政治学研究社会的政治现象,经济学研究社会的经济现象,它们各自探索其现象的内部关系或内部规律,而社会学把社会看作一个整体,着眼于各种社会现象的相互关系,考察它们的综合联系或规律。社会学的多层次性是指社会学在认识社会时,把社会看作一个立体的存在,而这个立体的存在是可以按照不同标准划分为不同层次的。社会学的现实性是指,社会是一个不断变化的过程,所谓过程,是由过去、现实和未来构成的时间链条,社会现实是由过去发展而来,同时在向未来演化。社会的现实是连接过去与未来的中介,所谓认识社会必须有时间的视角。社会学的这三个特点,也就是社会学认识社会的视角。

第三,提供认识社会的方法。社会学在认识社会方面的一个特点和优势是,它不仅定性地研究社会现象和社会问题,而且能够对社会现象和社会问题可以量化的方面进行定量的研究。它通过多年来的积累,发展出一套定量地研究社会的调查研究方法和技术,如问卷调查、抽样技术、社会指标及其体系等。

(二)解释功能

社会学的解释功能是指,社会学在研究过程中借助概念与范畴进行理论抽象,将感性资料上升到理性认识,从而对社会现象的形成、发展及其过程作出科学的解释。它包括对社会现象进行客观的因果性考察与人的社会行动动机的意义理解。人类社会就是一个复杂的有机整体,社会中各种现象与过程都是相互联系、相互依存、相互作用的,每一种社会现象的发生都要受到各种内部条件与周围条件的制约,只有深入到社会现象的内部,对其发生、变化的实际情况进行因果分析与说明,才能抓住本质,认识其规律性。社会学对社会现象的解释不仅仅包括因果性解释,还包括相关解释、功能解释、意向解释等。

(三)预测功能

社会学不仅可以描述现实社会、解释社会现象之间的联系,而且可以预测社会生活未来发展前景。预测功能就是上述两种功能的进一步运用,当社会学用经验研究法把社会事实描述出来,再加以理论解释以后,实际上就已经掌握了各变项之间的相关关系及相关程度。既然可以将了解的事物的规模、水平或速度精确地测量出来,当然就会知道受它影响的相关事物将如何变化。预测的关键就是在详细占有资料的基础上,依据正确的理论与研究程序,把纷繁复杂的社会现象中具有本质的、相对稳定的、重复性的联系或关系揭示出来,以达到指导人们社会实践的目的。例如,对未来人口老龄问题的预测、未来家庭结构与功能的预测、现代化对社会生活影响的预测等。现代社会结构与功能的分化,社会生活节奏的日益加快,必然会对社会学的预测功能提出越来越高的要求,而科学技术的飞速发展与新兴边缘交叉学科的不断涌现,也为进一步从整体上管理社会过程提供了先进手段,促使社会学预测水平日臻完善与提高。社会预测在当前中国社会现代化建设中的意义十分突出,因为对现代化建设者们来说,他们所面临的多是未知的领域,很多重大的建设项目或社会措施都需要预测其近期与远期的社会后果,从而提出更合理的合乎社会发展需要的对策。

(四)实践功能

社会学的实践功能是指它在改造社会方面的作用。社会学帮助人们认识社会现实,把握社会发展趋势,制订社会政策和国家发展政策。政府政策的制订和执行是现代社会发展的重要变量。科学合理的政策能够推动社会的发展,反之则阻碍甚至破坏社会的发展和进步。而政策不仅仅是经济政策,它覆盖社会的各个方面。要制订科学合理的政策,是以对社会的全面认识为基础的,能够提供这种认识的,需要经济学、政治学、法学和社会学许多学科的共同工作,其中,社会学扮演着把各种分门别类的研究综合起来进行知识整合和政策整合的角色,在政策制订中扮演着最关键的作用。这是因为,科学研究可以分门别类,但在现实的政策执行和政策运行中,涉及各种社会因素的相互影响,只有充分考虑到不同性质社会因素的相互影响,才有可能制定合理的政策,取得预期效果。在我国,社会学的实践功能具体表现为参与社会发展计划与规划,为政府部门决策提供科学依据;为社会管理、行政管理、企业管理及做好社会工作提供科学的理论与方法;参与社会问题研究,为解决社会问题提供具体可行的方案。

(五)教育功能

社会学的教育功能是指,它所提供的知识和理论可以指导我们更好地生活。社会学提供的不少有关社会的基础知识实际上就是作为现代社会公民的一些必不可少的知识。在传统社会,人们在生活中积累起来的生活经验足以帮助人们适应社会,而现代社会结构复杂、规范繁多、变化迅速,人们再靠传统的社会生活知识远远不够。因此,必须积极学习现代社会的有关知识,自觉适应不断变化的社会环境。社会学可以给人们提供三个方面的基本社会知识:第一,了解自己,帮助人们正确认识自己在该社会中的地位、作用、义务、责任,树立正确的社会理想、人生目标与生活方式。第二,职业准备,为人们提供就业或职业选择的社会知识与技能。第三,日常决策,帮助人们在所面临的日常生活问题和机遇时,如家庭、婚姻、人际关系等做出比较合理的决定,使个人在生活和事业中更加成功。第四,改进社会生活,有效进行社会化,现代社会是一个不断变化的社会,我们可以在社会学的指导下,解决如何适应社会的问题,更好完成社会化。

五、社会学的学科地位

社会学是一门基础性社会科学,在与经济学、政治学、法学、伦理学等共同构成社会科学大厦的基础中占有重要的学科地位。

(一)社会学学科地位的历史演变

孙本文概括了关于社会学学科地位的种种观点,大体上反映了这个问题的历史演变过程:一是"总和说",把社会学和各门社会科学的关系看作是整体和部分的关系;二是"综合说",认为社会学是将各门社会科学的成果从社会整体的角度加以综合得出的;三是"普遍说",认为社会学的原理具有普遍性,适用于一切社会现象,而其他各门社会科学的原理则只有特殊性,仅适用于特殊的社会现象;四是"平等说",社会学与其他社会科学一样,都研究社会生活现象的一个方面;五是"共通说",认为社会学是研究社会生活现象的共通原理,此种社会生活现象的共通原理、社会行为原理为社会生活现象的一部分。

20世纪70年代,中国台湾省学者魏镛提出了一种以人为中心的社会科学分类,认为社会学与其他社会科学处在并列的地位,认为社会学家是从人类群居生活中去研究人,而政治学、心理学、历史学、文化人类学等则是分别从人类的权力关系、人类的思想、人类的"记忆"、人类的生活方式等方面去研究人。

社会学学科在中国大陆恢复后,郑杭生在20世纪80年代中期提出了一种与上述观点不完全相同的看法:把全部社会科学分为一般、特殊和个别三个层次。属于第一个层次的是像历史唯物论这样的哲学科学;属于第二个层次的是社会学、历史学这样的综合性社会科学;属于第三个层次的是经济学、政治学、教育学、法学等专门社会科学。

(二)社会学与其他社会科学的关系

1. 社会学与历史唯物论的关系

社会学和历史唯物论的关系是具体的社会科学与哲学科学的关系,是特殊与一般的关系。历史唯物论对社会学起指导作用,为社会学提供方法论原则和理论基础;社会学也以自己的研究成果丰富和发展历史唯物论。因此既要防止以历史唯物论代替社会学的倾向,也要防止否定历史唯物论指导作用的倾向。

2. 社会学和单科性社会科学的关系

社会学和政治学、经济学、教育学、心理学、法学等单科性社会科学的关系是综合性科学与单科性科学的关系,是特殊与个别的关系。社会学之所以是综合性科学,主要是因为它以其他社会科学都涉及但不作专门研究的东西为自己的对象,这既说明社会学与这些社会科学的区别,也说明社会学同时有必要借鉴于这些社会科学。反过来,其他社会科学也能得益于作为综合性科学的社会学,既开阔视野,又加深对各自涉及但不作专门研究的东西的理解。

3. 社会学与历史学、管理学等综合性学科的关系

社会学与历史学同属综合性社会科学。历史学研究其他社会科学都涉及但不作专门研究的历史方面,它与社会学的区别在于:一方面,历史学主要面向过去,社会学则面向未来;另一方面,历史学主要是纵向说明社会,而社会学主要是横向说明社会。两者的联系是相互借鉴:纵向研究社会时不能不涉及它的横剖面;横向说明社会时也不能不涉及它的纵剖面。

社会学与管理学的区别也是存在的:管理学侧重从管理的主体——管理者、领导,也就是人的方面来研究问题;社会学当然也要研究人,但是,社会学研究人、人与社会、人与人的关系等主要是为了客观地说明社会良性运行和协调发展中不以个人意志为转移的条件与机制。因此社会学与管理学研究的侧重点不同。

4. 社会学与科学社会主义的关系

由于研究者对于什么是科学社会主义、什么是社会学的看法都存在着分歧,所以社会学与科学社会主义的关系也很复杂。

科学社会主义与马克思主义社会学的联系在于:①它们的目的一样,都是为了推翻旧社会,建立新社会;②它们的理论基础一样,都以历史唯物主义作为指导思想。

它们的区别在于:①科学社会主义从无产阶级解放的条件这样的政治学角度来研究资本主义社会和社会主义社会;马克思主义社会学则从社会良性运行和协调发展的条件和机制这样的社会学角度来研究资本主义社会和社会主义社会。②科学社会主义作为马克思主义的政治学属于单科性学科;而社会学则是综合性的学科。

第二节 社会学的产生与发展

一、社会学产生的社会背景

社会学不是凭空出现的,同其他社会科学一样,有其深刻的社会的和理论思想的前提条件。社会学产生的条件可以归纳为两个方面:一是欧洲近代思想文化发展的结果;二是近代欧洲资本主义社会矛盾发展的产物。

(一) 社会学是欧洲近代思想文化发展的结果

文艺复兴以来,欧洲文化得到迅速发展。文艺复兴产生了两种思潮:一是科学主义思潮;二是人文主义。二者的发展和交汇,最后催生了社会学。

1. 近代科学主义思潮的兴起

第一种思潮是科学主义思潮。以伽利略比萨斜塔的实验为起点,以培根《新工具》的发表为标志,一种新的科学方法和思维方法产生了,这就是现在称为经验主义的方法。经验主义以求真为目的,解决人与自然的关系。其主题是人能否认识世界、人如何认识世界,由此发展了认识论和方法论。经验主义认为,科学的结论来自对客观材料的收集、观察、归纳和整理。

2. 近代人文主义思潮的兴起

第二种思潮是人文主义(humanism)思潮。人文主义是与中世纪神学(theology)相区别和对立的新兴思潮,是启蒙运动的主题。人文主义的基本观念有以下四点:第一,新的世界观。按照神学的观点,人生下来就有罪。第二,新的道德观。反对禁欲主义和来世观念,主张快乐是幸福的最高原则。第三,新的政治观。反对宗教桎梏和封建等级制,主张人天性自由(意志自由)和天生平等。第四,反对中世纪经院哲学和蒙昧主义,提倡理性和科学。

3. 社会哲学的繁荣和困境

人文主义和科学主义的融合和发展,促进了社会哲学的繁荣。这表现为社会哲学成为一个独立的哲学学科与社会哲学系的多元化发展。过去只有神学,现在有英国的经验论、法国的启蒙学派和自然法学派、德国的历史学派等。

从内容看促进社会哲学的繁荣原因主要有两点:第一,人成为社会哲学研究的中心。欧洲中世纪是封建社会,占统治地位的思想是基督教,基督教的理论体系是神学。文艺复兴冲破神学桎梏,把对社会的看法不再建立在神的基础上,而是建立在人的基础上,人成为社会哲学的出发点,人们按照人类社会的本来面目认识社会。第二,产生了新的科学研究方法。按照自然科学的方法研究人和社会成为一种新的潮流,经验主义的方法和理性主义的方法也都有运用。大体上,欧洲大陆学者更加重视理性主义,而以苏格兰为主体的英伦学者注重经验主义。

但是,到19世纪,社会哲学遇到了困境。第一,遇到了自然科学的挑战;第二,社会哲学不能解决社会现实问题。社会哲学有两个局限:一是从认识方面讲,社会哲学是对根本问题的认识,对社会的具体问题不感兴趣,也没有办法处理,因为哲学的方法论不适应认识这类具体问题。二是从指导实践的角度讲,社会哲学已经不能完全解决社会问题。社会哲学是关于社会观方面的,它的主要职能是提出社会发展的前途和解决重大社会问题的根本途径。当社会从封建制度向资本主义制度转变的过程中,社会哲学的作用和影响力巨大,而到资本主义制度确立之后,社会哲学的这种功能就不能发挥。摆脱这一困境的办法就是朝科学靠拢,实现社会哲学的科学化。在这种背景下,产生了以 A. 弗格森和 A. 斯密为代表的英国的自然社会论,以孔多塞和圣西门为代表的法国的经验社会论,他们的共同特点是强调以经验的方法研究社会哲学。社会学就是沿着这一趋势发展的结果。

4. 社会学的产生

社会哲学发展到一定阶段(19世纪)产生了社会学。社会哲学是社会科学的摇篮。一切社会科学,包括今天的法学、政治学、经济学、美学、心理学、伦理学等都是从社会哲学中发展、分化出来的。社会哲学的理论离经验社会的现实远,这样就需要在社会哲学与社会现实之间有一种新的理论,需要新的社会理论来解决社会的现实问题,这个理论就是社会学。

(二)社会学是近代欧洲资本主义社会矛盾发展的产物

19世纪的欧洲,资本主义制度已经确立,但不巩固,运行机制没有理顺。用社会学的语言说,资本主义社会进入全面危机状态。一是经济危机,周期性的世界范围的经济危机多次发生。二是政治危机,劳资矛盾激烈,工人运动高涨,如巴黎公社、宪章运动等,国家之间的战争不断。这种状况反映到思想当中,就是文化危机或者说是信仰危机。这是宣告传统文明的末日,表明西方文明的传统基督教文化已经发生了根本动摇。旧文化在崩溃,而新的资产阶级文化还未建立。所以,资本主义在取得胜利之后,却发现社会内部陷入了危机。

对于这场危机,思想家要探讨:第一,这场危机的原因是什么? 第二,如何解决这一危机? 有四种观点:第一种是反动派,主张倒退到封建社会;第二种是资产阶级保守派,如基佐、梯叶里等,坚决维持现制度,反对一切革命和任何改良,解决危机的办法是对工人运动无情镇压;第三种是革命派,马克思提出的方案是推翻资本主义制度,建立社会主义社会;第四种是改良派,认为解决危机的办法不是革命也不是镇压,而是改良。怎样指导社会改良呢? 传统社会哲学不能提供,社会哲学的特点也不适应解决问题,既有的社会科学也不能解决这一问题,因为他们是分门别类的研究,科学水平也不够。因此,需要一门新的社会科学。这门科学要满足以下要求或具备以下特点:第一,能够直接运用于社会实践,不能像社会哲学那样与实际脱节。因此,它的方法应该是经验方法,而不能是演绎法。第二,它的研究对象应该是整个社会而不能是社会的局部或者某一方面。因为社会的危机是全面的,所以要对社会进行全面研究。具备这两个特点的新兴科学,就是社会学。

(三)社会学的创始人

对于谁是社会学的创始人的看法,一般而言,社会学史家当中存在四种观点:

第一种观点认为社会学从古希腊就有,柏拉图、亚里士多德的著作中就有社会学。这是把社会学、社会学思想和社会思想混淆了。

第二种观点认为以霍布斯(英,1588—1679)、洛克(英,1632—1704)、卢梭(法,1712—1778)等为代表所提出的近代自然法则说(自然法学派)是最早的社会学。这是布林克曼的观点。

第三种观点认为17、18世纪以英国的A. 弗格森和A. 斯密为代表的资产阶级社会论和以法国的R. 特戈特、M. 孔多塞、C. 圣西门为代表的启蒙论中所看到的经验社会论作为社会学的起源。这是W. 桑巴特的观点。

第四种观点认为社会学的开端以法国哲学家孔德为标志。这是一种普遍的观点。孔德在1838年出版《实证哲学教程》(*Cours de Phiosophie Positive*,全六卷)的第四册中,提出了社会学(societe)这一概念。在他的这部著作中,提出了社会学的科学地位、研究对象、研究方法等,确立了社会学的纲领,建立了社会学的理论体系。正因此,他被公认为社会学的创始人。同时,社会学的产生也以《实证哲学教程》的出版(1830—1842年出版)和提出概念(1838年)算起。

二、西方社会学的创立

19世纪30年代至19世纪末叶被看作是西方社会学的创立期。这一时期的特点是:其一,跟哲学关系密切;其二,受实证主义思潮的影响极大;其三,创立社会学的目的在于维护、协调现存的社会关系。主要代表是孔德和斯宾塞。从孔德开始的西方社会学的一个突出特点就是始终表现为一种维护型的社会学,即以维护资本主义制度为目的,以多方面地研究资本主义社会良性运行和协调发展的条件和机制为对象。即使有少数西方社会学自称为批判的社会学,如法兰克福激烈的"社会批判理论",归根到底也是以批判的形式开始,以维护的结果告终。

(一)奥古斯特·孔德的社会学理论

奥古斯特·孔德(Augsto Comte,1798—1857)是法国实证主义社会学的创始人。早年曾为法国著名的空想社会主义思想家圣西门的私人秘书。圣西门的许多思想对孔德产生了巨大影响,形成了孔德后来创作的思想核心。后来两人因思想分歧难以合作,终于分手。不曾料到,分手竟成为孔德学术生涯的转折点,从此,孔德开始致力于建立庞大的实证哲学体系,他最先提出和使用了"社会学"的名称,并力图把它建设成为一门研究社会的实证科学,因此,通常把孔德当作社会学的创始人。孔德代表作是《实证哲学教程》。

孔德生活的时代正是法国社会变革的时代,他亲身经历了法国大革命,看到了封建社会制度的瓦解和资本主义制度的确立,于是,他把社会学界定为研究社会秩序和社会进步的科学。他认为整个社会和自然界一样,是建立在协调一致的基础上的,这就是社会秩序。而社会变迁中旧的社会秩序被新的社会秩序所取代,这就是社会进步。

孔德的社会学分为社会静力学和社会动力学两部分,前者着重研究社会体系存在的条件和作用的规律,他认为社会体系各部分之间的平衡与和谐关系,是社会正常运行的基本条件,一旦这种关系遭到破坏,社会系统的运行就会发生障碍,造成社会病态,引起社会混乱与变革。后者着重研究社会体系的发展与变化规律,他认为社会发展表现为人类的体质、道德、知识、政治的进步,尤其受人的知识的影响,因此,知识的变革是社会发展中的重要因素,他提出人类知识发展经历了三个阶段:精神阶段、形而上学阶段、实证阶段,与之相对应的社会发展三阶段是军事时期、过渡时期、工业时期。他认为当时的社会已进入了工业时期,即可学的实证阶段,它是社会发展的最高阶段。在孔德看来,资本主义社会有弊病,但是,可以"以爱为原则,以秩序为基础,以进步为目的"协调社会发展,改进和完善资本主义制度。由此我们不难看出,孔德的社会学思想就是主张维护资本主义社会制度,探求资本主义社会协调运行的规律。因此,以孔德为创始人的西方社会学从一开始就打上了维护的烙印,使西方社会学紧紧地围绕实现和维护资本主义社会良性运行这一主题而展开。

(二)赫伯特·斯宾塞的社会有机论与社会进化论

赫伯特·斯宾塞(Hebert Spencer,1820—1903)是英国社会学的奠基人,是孔德之后最出名的早期社会学家。斯宾塞把达尔文的生物进化论用于社会学研究,认为社会是一个有机体,它的进化和生物的进化遵循着同一条规律,所以,人们通常把斯宾塞的社会学理论称为社会有机论。他的著作对当时和后来都产生了较大的影响,被译成多种文字,在世界各地广为流传,主要著作有《社会静力学》《社会学研究》《社会学原理》等。

斯宾塞的社会学理论是建立在以下两个原则基础之上的:第一,将社会理解为有机体的"社会有机论"思想;第二,认为社会进化是自然地、渐进地实现的"社会进化论"思想。斯宾塞的社会有机论认为,社会不过是一些独立的个人集合体。在一切发达的社会有机体中,都存在三个系统:其一,支持系统,它保证向社会供给必需的产品;其二,分配系统,它保证社会有机体各部分的联系;其三,调节系统,它保证社会各个组织部分服从于整体。承担这三大系统功能的是各种社会设置,如家庭、礼仪、政治、教会、职业和工业。正是这些设置构成了资本主义社会的和谐运行和发展的机制。

斯宾塞的社会进化思想认为社会进化是一个持续的、不间断的过程,要经历生长、结构进化、功能分化、相互依赖等过程。在它的发展过程中,社会规模由小变大,社会组织由单一的、同质性结构转变为复杂的、异质性结构,并伴有社会各部分的功能分化现象,功能分化促使执行各种不同功能的社会各部分之间相互联系和制约增加。也就是说,在社会发展过程中,社会结构愈复杂,功能愈分化,各部分之间的功能联系和相互依赖程度愈高,社会变得愈加脆弱,若有一个部门的功能失调,就会使社会系统受到影响或瓦解。所以,在社会进化的过程中,必须加强社会系统之间的相互协调性,以保证社会的良性运行。斯宾塞认为,在这种社会进化过程中,尽管有矛盾,但基本上是平稳的、自然的,不容许有意识的"加速"或外来干预。他严厉谴责革命改造社会的企图,要求人们等待社会自然进化的结果。斯宾塞的社会学思想体现了他维护资本主义社会运行的意愿。

(三)L. V. 斯坦因的国家学思想

一般认为,德国社会学是从德国社会哲学主要是黑格尔哲学发展而来的。德国社会学的创始人是 L. V. 斯坦因和马克思,这里介绍斯坦因。

L. V. 斯坦因(Lorenz Von Stein,1815—1890)在他的重要著作《国家学体系》一书中提出"社会学"这一术语。他的基本观点是借助黑格尔哲学建立起来的。他认为,国家与社会是构成人类共同生活的两大要素,二者处于不能相互更替的辩证关系之中。国家是由人类的自由人格所组成,并保证人格自由发展的可能性;而社会是以利益为原理的个人的经济组织。然而,在社会中,为了实现自己的利益,就会出现由国家来维护其地位的统治阶级,因此,国家不仅不是自由人格的结合,相反地,却成了不自由的手段。另外,利益原理导致社会产生了对峙状态的情况,可见社会与国家是有矛盾的,为了调和这种矛盾,就得建立国家之学和社会之学,社会之学就是社会学。这样,斯坦因就划定了社会学的研究对象。

以上我们简要介绍了法国、英国、德国社会学的创始人关于社会学的主要观点。其共同特征可归结为一句话,初期社会学基本上是一种综合社会学。第一,它以整个社会为研究对象,具有整体观念;第二,在研究方法上,在总体上强调自然科学的经验研究方式对社会学研究的作用;第三,在社会学的内容上,力图揭示社会的进化规律。对于创立期的社会学,我们做一个简要评价:创立期社会学对社会的整体把握以及力图从历史进程中把握社会的态度实际上是科学的方向,它也有明显的缺点。怀特说,处于初期阶段的科学,其特征是它的目标远大,而在处理细节时很平凡。初期社会学同样如此,对于社会的更深入的认识,还有赖于社会学的发展。

三、西方社会学的发展

西方社会学的形成时期大约在19世纪末到20世纪30年代。这一时期的特点是:第一,社会学确定了自己的范围和方法,终于形成了独立的学科;第二,社会学研究的问题越来越具体,与其他学科的区分越来越明显。在这一时期形成了以迪尔凯姆为代表的实证主义路线,以韦伯为代表的反实证主义路线,以及以美国芝加哥学派为代表的重视实际的社会调查的传统。此时,各学派对资本主义社会的运行和发展的机制问题探讨得更细致,维护性的特点表现得更明确。

(一)埃米尔·迪尔凯姆的社会学思想

埃米尔·迪尔凯姆(Émile Durkheim,1858—1917)是法国著名社会学家,主要著作有《论社会分工》《社会学方法的规则》《论自杀》等。

迪尔凯姆的方法论特点是坚持社会唯实论和社会整体观,反对还原论。他认为社会是独立存在的客观实体,同时也是一个不可分割的整体。社会学的研究对象是社会事实,即在社会层次上发生的种种现象,而这些社会事实构成了社会,因此,迪尔凯姆主张在社会整体层次上对社会事实进行实证性研究。

迪尔凯姆的社会学理论观点是以社会团结为主线展开的,在他看来,社会学是以事实为研究对象,而社会团结是一种最基本的社会事实,它影响、决定着其他社会事实。所谓社会团结是指在资本主义社会里把个体结合在一起的社会纽带,是一种建立在共同情感、道德或价值观基础上的个体与个体、个体与群体、群体与群体之间的,以结合或吸引为特征的联系状态,是维系和控制社会成员的力量,是建立社会秩序的保证。按照社会发展的程度,迪尔凯姆把社会团结分为"机械的团结"和"有机的团结",前者是指不发达的和古代的社会中的团结,后者是指发达的、具有严格的社会分工的资本主义社会的团结,这种社会分工是社会团结的重要源泉,是维持现代社会和谐运行的机制。

另外,迪尔凯姆又是以研究社会反常现象、偏离行为著称的。他认为社会是一个自我调节系统,社会分工会加强人们之间的联系,同时也会带来不可回避的现实危机,如果社会调节系统发生故障,就会使社会联结纽带松弛或断裂,出现社会解组、失范状态以及越轨行为。为了预防和治疗对社会团结的破坏,迪尔凯姆主张建立一种多层次的社会道德规范体系,加强它的调节功能。因为,社会危机在本质上是一种道德危机。迪尔凯姆在他最著名的代表作《论自杀》一书中,通过对自杀现象的分析研究,提出自杀的真正原因在于社会变化速度过快,道德意识未能跟上遇到的危机,使人们失去集体感、纪律感和社会团结感,因此,要巩固社会道德秩序,加强社会整合,以摆脱资本主义危机。

综上所述,迪尔凯姆的社会学研究基本分为两部分:一部分是从正面研究资本主义社会的团结与分工等问题,另一部分是从反面研究资本主义的危机表现。他的基本观点是:资本主义社会是协调一致的、团结的、和谐的。资本主义社会的弊病是不需要改变基本制度就能消除的,体现出他的维护特性。

(二)马克斯·韦伯的理解社会学

马克斯·韦伯(Max Weber,1864—1920)是德国著名社会学家,公认的西方现代社会学奠基人之一。他一生著述颇多,研究领域很广,主要著作有《新教伦理与资本主义》《经济与社会》等。

韦伯所处的时期,正值孔德、斯宾塞创立的实证社会学处于进退维谷的境地和西方社会学发展的转折时期。在这种情况下,韦伯提出了新的反实证主义社会学研究方法。他认为,社会学研究方法主要是两方面:一是价值判断,二是理解。社会学是保持社会科学价值判断中的客观性和中立性变化的一门学科,通过对各种社会行动的观察理解,找出这些行动的意义和合理性来说明社会性行动。韦伯把社会行动区分为四种类型:(1)目标合理的行动。即能够达到目标,取得成效的行动。(2)价值合理的行动,即按照自己信奉的价值所进行的行动,不管有无成效。(3)激情的行动,即由于现实的感情冲动和感情状态而引起的行动。(4)传统的行动,即按照习惯而进行的活动。在传统社会中,后两种行动占主导地位。而在工业社会中,前两种行动占主导地位,而且只有这两种行动才属于合理的行动,这种目标合理的行动的作用日益加强、范围日益扩大的过程就是"合理化过程"。资本主义社会就是合理化过程的结果,该社会整个都趋向于与目标相连的合理的组织,即以科层制来管理经济和国家。(科层制是一种以正式规则为主体的管理方式,这种组织具有大量的分工和复杂的规章制度体系。这是现代社会组织管理的典型方式。其特点是:有明确的分工,有明确规定的职权等级,有稳定不变的规章制度体系,私人关系和公务关系分离,量才用人,管理权力依附于职位而不依附于个人。)

由此可见,韦伯的"理解社会学"就是通过社会行动理论所阐明的"合理化",为资本主义社会的产生和存在作理论的论证,并通过科层制对资本主义社会运行机制作具体的探讨。

韦伯社会学的维护性,还表现在对马克思的理论采取两面态度,拒绝用革命的手段来改造资本主义。韦伯一方面承认马克思是杰出的学者,赞同马克思关于资本主义经济形式是比封建主义的经济形式更强大的进步发展因素的论点;另一方面,他又认为马克思对资本主义的分析结论是空想的,建立新型的社会主义社会是不可能的。韦伯把他社会学方面的著作看作是对马克思的唯物史观的论战,自觉地奉行他的维护性质的社会学。当前在西方学术界,韦伯的理论已成为与马克思主义抗衡的主要思想武器。

四、第二次世界大战后的社会学发展

第二次世界大战以后,一方面,由于资本主义社会相对稳定,经济繁荣,促进了西方社会学的发展;另一方面,社会主义国家也开展了社会学研究;此外,拉美非等发展中国家的社会学也逐步发展起来。这样,社会学作为一门科学已经成为不分社会制度、不论文化背景、不分国家发展状况的一门世界性的学科。这里主要介绍以美国为中心的资本主义世界的社会学发展状况。

发展时期社会学呈现多元化的发展趋势,这种趋势在当代变成了现实。这一时期的社会学从研究对象的规模说,分为宏观社会学和微观社会学。初期社会学是对社会的整体性描述,发展期的社会学表现出对描述的否定,要求把握社会的本质,其本质是某一单个要素。在当代社会学家中,有些人不满足发展期的这种观点,他们在接受其他新的学科理论之后,在社会学理论上又进行了一次否定,要从整体上把握社会的本质。

美国社会学是19世纪后期从欧洲传入的,创始人有沃德、吉丁斯、萨姆纳、斯莫尔。1873年,萨姆纳在耶鲁大学教授社会学;1883年,沃德出版《动态社会学》;1892年,斯莫尔在芝加哥大学成立社会学系,形成芝加哥学派;1903年,成立美国社会学学会;到20世纪80年代,1 936所大学开办社会学系,312所大学培养社会学博士。之所以社会学能够得到发展,一是科研经费充足,;二是教育普及;三是社会需要;四是学术自由化方针,观点多元化。

(一)美国芝加哥学派

美国芝加哥学派是以芝加哥的一些大学社会学学者为主的,以重视调查研究社会现实问题,尤其是城市生活问题为风尚的城市社会学派,是城市社会学领域内生态学派的先驱。该学派于20世纪初形成,直到第二次世界大战之后,由于帕森斯功能学派的兴起而逐渐衰落。一方面,他们对芝加哥市的外来移民区、流浪汉、盗贼、舞女等问题进行实地调查,目的是减轻社会弊病,改善城市的运行;另一方面,他们又提出了城市区位安排的模式,提出城市不是一个杂乱无章的庞然大物,而是有一定内部结构的统一体,以此来肯定资本主义性质下的西方产业城市区位分布的合理性。这两类研究都表明了他们是属于维护性社会学。

(二)帕森斯的结构功能主义

结构功能主义是当代最有影响的两种宏观社会学理论之一(另一种是冲突论)。结构功能论把社会看作一个均衡的、有序的和整合的系统,系统中的每一部分都对系统整体的生存、均衡与整合发挥着必不可少的作用。整个社会系统及其各个子系统的运行基本上是协调的,协调运行表现为社会状况的主流。

1. 结构功能主义的来源

结构功能主义的基本观点最早发源于19世纪的英法两国。英法两国的许多古典社会学家(包括孔德、斯宾塞和迪尔凯姆)和20世纪两位人类学家(指马林诺夫斯基和布朗)都对现代结构功能主义的形成起了重要作用。孔德和斯宾塞认为社会中的个人、团体和制度对整个社会的作用十分类似于生物器官对有机生命的作用。迪尔凯姆更进一步指出任何社会学解释都应该首先指出某一现象的原因,其次要指出它的功能。这些早期的功能主义思想通过马林诺夫斯基和布朗的努力而得到了进一步的发展。功能学说在早期的人类学那里主要是针对进化论、传播论和历史论等思想而产生的,受迪尔凯姆的影响人类学家主张理解文化特质的功能是研究社会的必备工作。布朗的功能论强调整合是每一个社会生存的必备条件,所以社会里的结构与组织都是为此而存在、而运动的。经济结构、宗教仪式和亲属家族组织都是为社会整合而存在的。马林诺夫斯基也对功能论的形成起了关键作用。马林诺夫斯基提出了四种需求体系:生理的、心理的、社会的、文化的,社会制度之起源乃是人们为了满足生理需求。他认为每一种风俗、概念、物质、思想、信仰都具有很重要的功能,是社会整体不可或缺的一部分。马林诺夫斯基的思想是帕森斯社会学理论的基础之一。

2. 塔尔科特·帕森斯的结构功能主义理论

塔尔科特·帕森斯(Talcott Parsons, 1902—1979)是现代结构功能主义的创始人。他出生于美国的科罗拉多州,早年曾就读于安姆赫斯特学院,先主修生物学后又转修社会科学。之后他留学英国伦敦经济学院,在那里认识了人类学家马林诺夫斯基,并受他的社会制度之起源乃是人们为了满足生理的、心理的、社会的、文化上的需求理论影响。后来他又留学德国,深受韦伯的理解社会学的影响。其后一直在美国哈佛大学工作至退休。帕森斯的工作使得结构功能主义真正成为一种系统的理论。

帕森斯的结构功能主义思想主要体现在他的著名的《社会系统》(1951年出版)、《现代社会体系》(1971年出版)两部著作中。但他的《社会行动的结构》(1937年出版)一书为他的结构功能思想奠立了理论基础。帕森斯结构功能主义中的主要概念和基本思想可以概括为如下几方面:

第一方面,帕森斯在他的早期著作中(主要是1937年出版的《社会行动的结构》)确立了将社会秩序作为他的社会学理论的中心议题,从而也确立了结构功能主义的理论趋向。帕森斯假定任何社会中都存在着一种大体一致的价值观念和行为准则,而社会秩序正好来自人们这种大体一致的价值观念。价值观成为人们行动的指南。比如西方社会里的宗教就代表着此类价值观念,它告诉人们什么是可以做的和什么是不可以做的,而社会结构(角色、组织和制度)则实行这些社会价值和目标。

第二方面,帕森斯在他晚期的著作中重点发展了他的社会系统论。帕森斯认为任何社会系统在满足其基本生存需要的过程中都分化出了四个子系统,即经济子系统、政治子系统、法律子系统和亲属子系统。经济子系统主要满足适应环境的功能,即如何从外部环境取得资源并分配给社会成员;政治子系统主要满足实现目标的功能,即为整个社会设置目标并配置资源去实现目标;法律子系统执行社会的整合功能以保证整个社会的团结与整合;亲属子系统执行模式维持功能,即保证社会价值观的稳定和传递。总之,帕森斯认为社会是具有一切必要生存功能的社会系统,是社会行动者之间相对稳定的社会关系模式的组合,在社会系统中,个人之间的相互作用是按照一定规范进行的。帕森斯提出,任何一个生命系统应具有四种功能:第一,适应功能,即系统必须适应环境并从环境中取得资源,使之得以生存和发展;第二,目标实现功能,即系统必须确立自己的目标及目标轻重缓急,并确定达到目标的手段;第三,整合功能,即系统必须协调内部各部分之间的关系,以维持一定的和谐;第四,模式维持功能,即系统必须使各单元具有动力和动机并按照一定的规范和秩序参与系统内部的动态过程,以维护原模式的存在。在社会系统中,这四种功能分别由经济组织、政治制度、法律制度和家庭与教育制度来执行。帕森斯强调,一个系统的运行状态是否稳定,不仅取决于它是否具有满足一般功能需求的子系统,而且还取决于这些系统之间是否存在着跨越边界的对流式交换关系。对于一个社会系统来说,维持其内部各个子系统之间边界关系的最低限度的平衡是至关重要的。若能维持它们之间的平衡,就可以达到社会运行的良性状态,就能发挥社会系统的正功能,若失去了这种平衡,社会就会出现冲突,出现病态,使社会运行成失调状态,这是社会系统所具有的负功能。

第三方面,帕森斯在他的晚期著作中还发展了他的社会进化论。帕森斯的进化论主张人类历史的过程是一种进化的过程。这种进化包括四个过程:(1)分化。它是指当一个系统或单位分解成二个或二个以上的单位或体系的过程。比如,生产功能从家庭制度内分化出来而形成独立的单位——企业。(2)适应能力的提升。它是分化的结果。如生产功能从家庭中分离出来的结果既提高了专业生产单位的生产效率,也增强了家庭在小孩教育方面的作用。(3)容纳。指一个社会单位容纳新的成员的能力。帕森斯认为一个社会的容纳能力越高则其整合程度和效率也越高。(4)价值的通用化。是指社会对新分化出来的单位的承认。社会的均衡和稳定要依赖于社会是否发展出一套新的价值体系,这种体系承认和容纳所有新的单位。

3. 罗伯特·金·默顿的中层社会学理论

罗伯特·金·默顿(Robert King Merton)1910年生于美国的费城,曾就读于坦普尔大学和哈佛大学。默顿在很多方面将他的导师帕森斯创立的结构功能论发扬光大。

首先,默顿严厉地批评帕森斯的理论过于抽象和宏大,他认为建立这种宏大理论的时机尚未成熟。他主张大力发展所谓的中层理论,即介于经验总结性微观理论和宏大社会理论之间的理论。

其次,默顿还批评了过去的功能主义理论中的三个错误:(1)功能同一性观点,认为社会系统的任何局部都对整个社会具有功能。默顿指出,在现代社会中,有许多东西并不具有全社会的功能,而仅仅对社会的某个部分具有功能。(2)功能普遍性观点,认为社会的任何一种活动或仪式都完成了某些对社会有益的功能。而在默顿看来某些活动或仪式对社会的某些部分具有功能,而对社会的其他部分则可能不具备任何功能,甚至可能具有负功能。(3)功能不可替代性观点,就是把某些制度看成是不可替代的。默顿则认为,可以有一系列相互替代的社会制度来满足同样的功能性前提。

默顿对结构功能主义的最大贡献在于提出了显功能和潜功能这两个重要概念。所谓显功能是指那些人们可以预料到的和容易为大多数人所认识的功能。而所谓潜功能则是指那些不明显、不为人们所预料的和不易为大多数人所认识的那些功能。

追随帕森斯的当代结构功能主义者形成了社会学史上独特的帕森斯学派。帕森斯学派中的戴维斯和摩尔曾分析过社会不平等的功能，树立了结构功能主义分析具体社会问题的典范。他们的这一研究以"社会分层的某些原则"为标题发表在1945年4月的《美国社会学评论》杂志上。该文代表功能学派对社会分层的基本观点是：社会分层是不可避免的，而且对社会是有用的。他们认为，适当的工作要有适当能力的人来承担，而人的能力需要个人长时期的努力才能获得，获取这种能力的过程充满痛苦，为了能吸引人们接受这种痛苦的训练，社会就必须许诺这些人拥有很多社会稀缺资源，所以，社会不平等是不可避免的，而且对社会是有用的。

(三)符号互动理论

符号互动论认为人们之间的互动主要由沟通组成。通过语言、手势和行动，人们实现了互相之间的沟通。但是与猪的呼噜声和狗叫声不一样，人类互动主要依赖符号。符号就是代表某物的东西。"牛"这个字并不是一头牛，它只是代表牛这种动物。如果人类不能使用符号的话，那么只有当牛仔牵着一条牛来到你面前时你才知道牛。这正是儿童早期社会化过程中，他父母必须教的东西。不言而喻，符号沟通的效率是非常高的，但是它取决于其他人破译和理解符号的能力。

符号互动论长期统治着微观社会学。它的目的就是要解释通过符号而完成的互动如何使人真正成为人。这一理论重点研究人们在不同符号上所赋予的意义，互动者如何把握互动情景，符号对不同的人是否具有同样的意义等。这些问题曾经引导符号互动论者完成了许多面对面互动的详细而具体的研究。符号互动论者们尤其注意研究小孩理解符号的能力的发展过程。

查尔斯·霍顿·库利和乔治·赫伯特·米德被公认为是符号互动论的奠基人和主要代表。他们都关注人类是如何发展自我的，同时都同意每个人的自我是社会创造的。

1. 查尔斯·霍顿·库利的符号互动论

查尔斯·霍顿·库利(Charles Horton Cooley)1864年生于美国密歇根州的一个牧师家庭，早年在密歇根大学学习工程学，但后来又选修了经济学的研究生课程，并且开始广泛阅读社会学方面的书籍。最后他不是成为一个工程学专家而是成了一位社会科学家。库利对符号互动论的最大贡献在于他创造了"镜中我"这一概念。他用这一概念来描述人们自我意识的发展。通过符号互动，人们彼此成为对方的镜子，我们对自己的看法取决于我们和他人的联系。

2. 乔治·赫伯特·米德的符号互动论

乔治·赫伯特·米德(George Herbert Mead)1863年生于美国马萨诸塞州的一个牧师

家庭,早年就学于奥柏林学院,1887年进入哈佛大学学习哲学。其后米德曾先后在密歇根大学和芝加哥大学任教。米德的一生擅长讲课而不擅写作。他的大部分出版物都是他的学生根据他的讲课内容整理而成的。其中以《心灵·自我·社会》一书影响最大。米德区分了社会化过程中形成的人的两个方面:心灵和自我。米德认为人们必须掌握某些技术以便互动,因此人们必须学会使用和理解符号。米德用心灵来表示我们对符号的理解,并且指出心灵完全产生于与他人重复进行的互动。米德三部曲的第二部分是自我。他把"自我"定义为对他人对我们行动所做的反应的了解和认识。通过长期观察他人对我们行动的反应,我们不仅知道了我们是谁,而且也知道了如何从他人的角度来看待我们和整个世界,米德把它称作"扮演他人的角色"。这样一种过程经多次重复以后,"我们"便有了一个关于"他们"的一般认识——"他们"需要什么、希望什么,以及"他们"将如何回馈"我们"。换句话说,要知道"我们"是什么,就必须了解"他们"是什么。通过这样一个过程,我们才能真正通过他人之眼了解我们自己。

米德认为自我和心灵一样产生于社会互动过程。米德将自我的发展分为下面三个阶段:第一,预备阶段。此阶段由婴儿出生一直到能用他人的眼光来处理自己的行为。模仿他人的行为是此阶段的主要特点。第二,嬉戏阶段。在此阶段,儿童开始了解别人对自己的评价。这一阶段对个人人格的发展具有重要影响力,因为儿童开始发展自我意识。第三,游戏阶段。在这一阶段里,儿童开始不仅了解自己的角色,而且也能了解他人的角色,开始使自己成为社会团体的一分子。米德指出,游戏阶段与嬉戏阶段的根本区别在于,在游戏阶段里,儿童必须了解其游戏对象的态度。

3. 哈伯特·布鲁姆的符号互动

哈伯特·布鲁姆(Herbert Blumer)1900年生于美国的圣路易斯,曾在密苏里大学和芝加哥大学学习过,是米德的学生。他曾先后在芝加哥大学和加州伯克利大学工作。其代表作是《符号互动论:观点与方法》。布鲁姆不仅使库利、米德的一系列微观社会学获得了"符号互动论"这一名称,而且对整个这一学派的理论和方法作了系统的概括和充分的解释。在理论上,布鲁姆坚持认为"人类社会应该被看作是由行动着的人构成的,社会生活应该被看作是由人们的行动构成的"。因此,布鲁姆认为研究社会就必须研究人的共同行动,而不是专注于他认为是含糊不清的系统和不易捉摸的功能先决条件。另一方面,布鲁姆又反对心理学还原主义。他认为仅仅从刺激反应的角度研究社会互动是无法弄清互动的性质的。他认为人类互动具有两个重要特征:其一,人类互动是以符号为基础的。其二,与动物之间的非符号互动不同,符号互动并不是简单的"刺激—反应"关系,它还涉及对行动的解释。我们都知道咳嗽可以清喉咙,但假如一个听众在与他不同观点的人演讲时咳嗽一下,这声咳嗽就成为一个用来传达反对意见的符号。

在方法论上,布鲁姆批评了社会科学和心理科学中占统治地位的主流方法论。他认为达到对经验世界的准确认识,"不能靠建立和解释骗人的理论,不能靠设计精巧的模式,不能靠追赶自然科学的先进程序,不能靠采用最新数学或统计学方案或创造新的概念,也不能靠发展精密的定量技术或坚持某种调查统计的准则"。布鲁姆认为经验性的社会是由人类以及他们在生活进程中的日常活动构成的。对这种活动的认识,只有通过第一手观察和参与到一个群体中去才能获得。因此,布鲁姆倡导使用生活史、自传、个案研究、日记、信件、非结构性访问和参与观察等方法。

(四)社会交换论

社会交换论是美国社会理论的主要流派之一,产生于20世纪50年代末期,70年代趋于衰退。社会交换论与结构功能主义理论不同,它重点研究人际关系中的交换现象,属于微观社会学。宏观社会学理论主要研究社会结构,包括研究社会结构是如何形成的,社会结构的不同方面如何相互影响。而微观社会学则主要研究个人以及贴近个人的周边社会环境。换言之,即主要研究人与人之间的互动。所有的微观社会科学家都认为选择是人类行为的最基本的特征。生活就是没完没了的选择。所有的人类行为都是建立在合理化选择的基础上,而人们的行为总是趋向于最大限度的合理化——以最小的代价获取最大的报酬。微观社会学家在上述观点的基础上,将"代价"与"报酬"的含义扩大化,使它们不仅仅包括物质的东西,而且包括精神的东西。不仅如此,微观社会学家们还指出人们所追求的报酬中的大部分只能来自他们互动的其他社会成员。这样,微观社会学就试图通过研究互动与交换来解释所有的社会行为。互动与交换过程的规则与模式也就成了微观社会学的核心内容。社会交换论的主要代表人物是乔治·霍曼斯和彼得·布劳。

1. 乔治·霍曼斯的社会交换论思想

社会交换论的创始人乔治·霍曼斯(George Homans)1910年生于美国波士顿。他一生中学习和工作的主要地方是哈佛大学。对霍曼斯学术生涯影响最大的可能是工业社会心理学家梅奥和行为主义心理学家斯金纳。霍曼斯的交换理论开始于他对功能学派的不满。他认为社会学的主要研究单位是人,而不是功能学派所说的社会角色或社会结构。他说社会学中所研究的制度、组织及社会都可以分析成人的行动,利己主义、趋利避害是人类行为的基本原则,因此,人与人之间的互动基本上是一种交换过程,这种交换包括情感、报酬、资源、公正性等。霍曼斯的社会交换理论包括以下六个命题(由于社会交换论的基调是霍曼斯确立的,所以我们把他的所有这些命题陈述如下,以便更好地了解交换学派后来的发展)。

(1)成功命题。在一个人所做过的所有行动中,若其中某一特定行动经常得到酬赏,那么这个人就越愿意重复该行动。

(2)刺激命题。如果一个人在过去对某一种或某一组刺激做出的某一行动获得了报酬,那么,当类似于过去的那种刺激再发生时,这个人就有可能做出与过去相同或类似的行动。

(3)价值命题。如果某种行动带来的结果对一个人越有价值,则这个人就越有可能做出该种行动。

(4)剥夺—满足命题。某人在近期越是经常得到某一特定酬赏,则随后而来的同样酬赏对他的价值也就越低。

(5)侵犯—赞同命题。这一命题包括两个副命题:第一,若一个人的行动没有得到预期酬赏或甚至受到没有预期的惩罚时,此人会被激怒并可能采取侵犯行为;第二,若一个人的行动获得了预期的酬赏或得到的酬赏比预期的还多,或此人的行动没得到预期的惩罚,则这个人会产生喜悦的心情,并可能做出别人赞同的行动。

(6)理性命题。在面对各种行动方案时,行动者总是选择价值最大和获得成功概率最高的行动。

2. 彼得·布劳的社会交换论思想

彼得·布劳(Peter Blau)1918年生于奥地利维也纳,后于1939年移居美国。布劳在很多方面修正和发展了霍曼斯的交换理论。首先,布劳指出,虽然大部分人类行为是出于对交换的考虑,但并不是所有的人类行为都是交换行为。他指出使行为变为交换必须具备两个条件:一是某行为的最终目标只有通过与他人互动才能达到;二是该行为必须采取有助于实现这些目标的手段。布劳还进一步将行动者期望的酬赏分为"外在酬赏"(如金钱、商品和服务)和"内在酬赏"(如爱、尊敬、荣誉和职务等)。布劳认识到霍曼斯理论只适合于解释小群体内成员面对面的互动。而在布劳看来,面对面互动的小群体内的交换与大型和复杂社会群体内的交换是不同的。于是,布劳在霍曼斯理论的基础上分析了大型复杂组织中的交换与权力。在大型复杂组织中普遍存在着权力分层。权力既可以是合法化的(权威),也可以是强制性的。在这种权力分层体系中,只有当这种关系无论是对下层成员还是对上层成员都有好处时才是交换关系。但实际上,这种对等关系可以被强制性的权力所取代,地位较低的成员只能取得较少的报酬。强制性的权力关系是一种不平等的交换关系,这种关系是用消极的惩罚手段来维持的。这种复杂群体内的分层体系一旦建立,它就是用权力关系而不是用社会交换来维持的。

社会交换理论通过交换概念发现社会资源分布的不平等和由此产生的权力地位的分化,并从各个权力层次之间的对立和冲突中找到社会系统发展、变迁的动力。它更贴近研究社会现实,更加强了社会学与社会运行之间的相互联系。

(五)社会冲突论

社会冲突论是社会学史上与结构功能论并驾齐驱的另一种宏观的社会学理论。现代冲突论在很大意义上是建立在对结构功能论的批判的基础上。当结构功能论如日中天的时候,很多冲突论者指责和批判功能论者的有关社会整合和社会协调的社会均衡论观点,并与之相对抗,冲突论者指出了社会中对抗与冲突的普遍性及其在社会变迁中的作用。

西方社会学家一般认为马克思和齐美尔分别影响了拉尔夫·达伦多夫和科塞的社会冲突论。

1. 拉尔夫·达伦多夫的社会冲突理论

拉尔夫·达伦多夫(Ralf Dahrendorf)是德国社会学家,但对美国社会冲突论影响深远,所以在此一并介绍。达伦多夫1929年5月1日生于德国汉堡,1952年在汉堡大学获得第一个博士学位,1956年又获得伦敦大学博士学位。达伦多夫一生曾在很多单位工作,1969年和1970年他曾担任伦敦经济学院院长。他一生中最著名的著作是1959年出版的《工业社会的阶级与阶级冲突》。在此书中达伦多夫想完成马克思在《资本论》第三卷最后一章"阶级"中所未能完成的工作。许多西方社会学家认为达伦多夫是马克思理论在 20 世纪工业社会的代表。

达伦多夫对马克思理论的修正主要表现在：(1)达伦多夫认为，阶级冲突只是最一般社会冲突的一种形式，社会中还存在许多其他冲突，如种族冲突、年龄冲突、性别冲突等；(2)阶级之间的冲突与斗争也并不一定是残酷的和革命的，可以通过罢工、议会辩论和协商等形式；(3)达伦多夫还抛弃了马克思关于阶级的"财产来源"的观点，因为他认为在现代资本主义工业制度下，法律上的所有权和实际支配权已经分离了，代之而起的是权力成为阶级形成和阶级冲突的决定因素。正是各种单位内统治者和被统治者对权力和权威的争夺造成了社会冲突，并由社会冲突导致了社会变迁。

达伦多夫对帕森斯的均衡论的批判：在 50 年代末期，达伦多夫不断指责帕森斯的研究方案和功能主义理论。他认为均衡论者提出了一种过于统一、整合和静止的社会观，这样一种社会观描绘的是一种乌托邦的社会形象。为了摆脱这种乌托邦的思想，就需要用一种偏重于冲突的理论模式去代替偏重于功能和均衡的理论模式。在冲突论者看来，社会每时每刻都在变化，因此变迁是普遍的和经常的；变迁的根源在于社会冲突；冲突的根源在于利益的对抗；这种利益的对抗产生于社会结构之内。达伦多夫认为社会是由一个个"强制性协调联盟"组成的，权力和权威作为短缺社会资源在任何"强制性协调联盟"中的分配都是不均的；任何特定的"强制性协调联盟"都可以典型化为两种基本的角色类型——统治和被统治，统治者(个人或团体)的利益是维持现状，而被统治者(个人或团体)的利益是对权力和权威的再分配，正是这种统治者和被统治者对权力和权威的争夺造成了社会冲突并进一步导致了社会变迁。

2. 刘易斯·科塞的社会冲突论思想

刘易斯·科塞(Lewis Coser)1913 年生于德国柏林，后在法国巴黎学习，然后又迁居美国，并先后在芝加哥大学、布兰代斯大学和纽约州立大学石溪分校任教。主要代表作是《社会冲突的功能》(1956 年出版)。

科塞的理论深受齐美尔形式社会学思想的影响。他将他的理论集中于探讨冲突在社会体系内的功能上。与那种把结构功能主义理论与冲突理论看作两种互不相容的观点的社会学家相反，科塞致力于探索把这两种理论方法结合起来的可能性。因而有些社会学家认为科塞的理论其实是帕森斯功能论与齐美尔形式社会学的结合。科塞承认有些结构的形式是结构功能主义者所强调的共识和一致的结果，但他也指出了社会群体得以形成和建立的另一个过程，即社会冲突。科塞认为社会体系内的各个部分是相互关联的。这种相互关联里一定会存在紧张、失调和冲突等现象。冲突的起因主要是由于社会报酬的不均衡分配以及人们对社会合法性的怀疑和否定。社会冲突的严重程度取决于社会结构和人们心理因素的交互作用。冲突具有一系列积极的社会功能。其中包括：冲突可以促进群体的形成，可以促进团体界限的确立，可以促进团体的团结。当然，冲突的功能主要取决于冲突产生于其中的结构类型等许多因素。为了论证在什么条件下冲突对社会结构的维持产生积极功能，科塞还区分了群体内和群体外的冲突、核心价值冲突和表面性冲突、产生结构性变迁的冲突和从安全阀制度中释放出来的冲突、松散关系中的冲突和紧张关系中的冲突、现实性的冲突和非现实性的冲突等。

科塞对帕森斯均衡论的批判：科塞一方面批评帕森斯没有对冲突问题作出说明乃至经常忽视了权力与利益方面的问题；另一方面又批评达伦多夫等人低估了冲突在维持社会体系方面的积极功能。科塞认为社会体系内各个部分都是相互关联的；这种相互关联的各个部分之间存在着不平衡、紧张和利益的冲突（整合失衡）；这种社会整体内部各部分间的失调和冲突又会引起社会的重组（系统的临时性在整合），从而使得社会系统的弹性增强，解决由冲突带来的进一步失衡的能力增强，以及使社会体系对环境的适应能力得到提高。

研究现代冲突论的几乎所有的学者都受到马克思理论的影响。然而，由于现代冲突论者拒绝接受马克思的社会结构概念，所以，他们的有关社会冲突和变迁的理论就失去了坚实的理论基础。与此相联系，就产生了一系列其他的理论问题，如：冲突的定义问题（即什么是冲突？）、冲突的单位问题（冲突单位可以是个人、群体、阶级、民族、社区，等等），以及在冲突起因和功能方面的混乱的问题。冲突论在某些方面增加了我们对变迁问题的认识，但要想科学地解释社会变迁，社会学家们还必须回到马克思的社会变迁理论上。

（六）欧文·戈夫曼的戏剧论

和交换论与符号互动论一样，戏剧论的代表人物欧文·戈夫曼（Erving Goffman）也把个人（而不是更大的结构现象）作为分析单位。但是，与霍曼斯（他大量借用行为心理学和经济学的内容）、米德与布鲁姆（他们二人本身就是社会心理学家）不一样，戈夫曼并没有利用其他的科学理论来形成自己的社会学模型，他主要使用戏剧和舞台的比喻来描述人的行为。戈夫曼的成名作是他的《自我在日常生活中的表演》（1959年出版）。戈夫曼运用戏剧中的语言和形象对那些将自己展示给他人的行为进行社会学分析。虽然戈夫曼的戏剧论并没有忽略舞台的结构和戏剧的脚本，但他的分析则是集中在个体演员的表演上。他认为人是按照社会环境设计的脚本在生活中进行表演的演员。他们部分地是按脚本来演，部分地则是对脚本的反抗。在戈夫曼后期的著作中（主要有《庇护所：关于精神病人及其他受庇护者的论文》《际遇：对互动的两项研究》和《瑕疵：有缺陷者管理笔记》），戈夫曼强调社会学家要研究非稳定的社会群体。这种临时性的群体包括：大街、公园、饭店、剧场、商店、舞厅、会场，以及其他聚集场所中的面对面的际遇。他的研究也涉及在某些方面有瑕疵的人，研究他们在有瑕疵的情况下是如何展示自我的。他反复强调的是印象管理，即当别人观察他们时，人们是如何表演自己的。

（七）哈罗德·加芬克尔的日常生活方法论

哈罗德·加芬克尔（Harold Garfinkel）的日常生活方法论（也有人将其翻译为"本土方法论"）提供了一种非常独特的社会学理论途径。加芬克尔是功能主义者帕森斯的学生。加芬克尔除了在哈夫接触到帕森斯的理论外,他还曾与现象说家舒茨一起在新社会研究学院学习。所以,加芬克尔同时受到了功能主义和现象说的影响。但比较而言,现象说对日常生活方法论的形成更为重要。此外,日常生活方法论也受到符号互动论的影响。事实上,日常生活方法论与符号互动论有许多共同之处(有些社会学家甚至把它看作符号互动论的一个分支),这些共同点包括:他们的分析都集中在个人的面对面的互动上,都强调语言的重要性;都力图从被研究的人的角度来解释经验性的现实;都认识到社会的主观和客观两个方面;都对传统社会学所作用的方法论提出了批评。

但是,日常生活方法论在本质上与我们前面介绍的各流派社会学是不同的。日常生活方法论批评标准的社会学只是盯住社会中的秩序问题。日常生活方法论者认为所谓社会秩序并不是真正存在的一种实体。确切地讲,他们认为秩序只不过是互动中的人们的一种感觉而已。因此,无论人们从事什么活动,或是遇到什么情形,总是要使得它们"有意义",并"创造出秩序"。简单地说,日常生活方法论所关心的是,人们是怎样使他们的日常生活世界有意义的。换言之,日常生活方法论者重视和致力于研究人们建构日常现实的技术与方法。他们认为这种研究将为社会知识提供基础。许多日常生活方法论者还企图利用这种新知识与新方法去分析一些社会学中的传统问题(如越轨与犯罪)。例如,日常生活方法论者在研究社会控制组织(如警察局和医院)的统计资料(如犯罪率和精神病率)时,不是将这些资料看作是"真实"犯罪和精神病率的指标,而是把它们看作组织特征和组织运作的指示器,即这些社会控制组织建构现实世界的方法。许多人认为日常生活方法论是对传统社会学理论的最严重的背离。在这一理论内部也存在着严重的分歧。日常生活方法论的前景如何,我们目前还无法判断。

(八)伊曼纽尔·沃勒斯坦的"世界体系论"

20世纪末社会学理论中的另一重大事件是诞生了伊曼纽尔·沃勒斯坦(Immanuel Wallerstein)的"世界体系论"。这一理论引起了社会学界的广泛关注。世界体系论产生于20世纪70年代的美国。沃勒斯坦在《现代世界体系》一书中,首先区分了世界经济体系和世界性帝国。前者是建立在国际性分工基础上的一种世界性经济关系体系,而后者是建立在军事征服基础上的政治体系。沃勒斯坦考察了世界上第一个跨区域跨国界的世界经济体系(资本主义世界经济体系)产生和发展的历史。他把这一世界经济体系的形成时间追溯到16世纪的西欧,并认为16世纪的欧洲乃至整个世界最为关键的历史事件就是这一资本主义世界经济体系的形成(虽然这一体系在当时只具有欧洲意义)。这一前所未有的世界经济体系是由四部分组成的。它的第一部分是所谓的"中心国家"、第二部分是"次边缘国家"、第三部分是"边缘国家"、第四部分是"圈外国家"。中心国家是最先出现现代企业和发生工业革命的国家(包括英国、荷兰、法国),然后又有德国加入。地处南欧的国家如西班牙则形成次边缘国家。东欧诸国如波兰则形成边缘国家,主要向中心国家输出农产品。当时的亚非大陆国家尚未纳入这一体系而成为"圈外国家"。资本主义和工业化在中心国的发展最初就是建立在对边缘国家和次边缘国家的剥削上的。这种剥削不同于以前政治帝国(如古罗马帝国和古埃及帝国)对其附属的剥削。它不依赖武力和贡赋。沃勒斯坦认为工业革命发生的原因不应在最先工业化国家的内部而应在工业先发国与工业后发国的这种经济联系中去寻找。

而在当代,沃勒斯坦指出,"中心国家"俱乐部又增加了美国和日本两成员。亚欧大陆的许多国家经过殖民主义时代和跨国公司时代而被纳入"边缘国家"的队伍,而苏联和前东欧的社会主义国家则在某种程度上仍属于"圈外国家"。在当代,"中心国家"可以通过跨国公司继续过去在殖民时代就开始的对"边缘国家"的资源掠夺和对劳动力的剥削。世界体系论被认为是所有研究国际不平等结构方面最成熟的一种观点和方法。

第三节 社会学的研究方法

一、方法论与方法的含义

（一）方法论

方法论,指的是认识社会和改造社会的方法的理论,其中包括作为研究基础的各种假说和价值,以及研究者用以解释资料和引出结论的标准或原则。方法论决定研究者怎样提出假说,在什么情况下证实或证伪。

（二）方法

所谓方法指的是搜集资料的研究方式、技术或工具。方法是在方法论指导下的研究方式、技术或工具。社会学的方法包括不同层次的方法,并构成了完整的方法体系,主要有哲学社会学方法论、一般社会学研究方法和社会学研究的具体方法,其中,具体研究方法从属于一般社会学研究方法。故本书不赘述。

二、社会学方法论

对社会学方法论探讨的阐述,是建立和发展社会学的必要条件之一。社会学方法论主要有三种:一是实证主义方法论,二是反实证主义方法论,三是历史唯物主义方法论。

（一）实证主义方法论

孔德在近代经验论哲学、理性实验科学和社会思想成就的影响下,系统地提出了他的实证主义方法论。这种方法论把理性限制在感觉经验范围之内,以区别于过去神学的、形而上学的方法论。他把"实证"解释为实在、有用、确定、精确、有机、相对,认为只有在经验的范围内,理性才能是实证的,超出这个范围,理性就要走向自己的反面,变成虚妄、无用、不确实、不精确、机械、绝对。正是在这种实证主义方法论的指导下,孔德提出用自然科学的观点和方法来研究社会,创立社会物理学,亦即社会学。孔德提出的实证主义方法论到了斯宾塞那里又得到进一步论证和补充,并引进了生物进化论的观点研究社会。孔德和斯宾塞的实证主义方法论是直接比照自然科学的观点和方法来研究社会,从严格意义上讲,他们并没有真正建立起属于社会学的实证主义方法论,这个任务是由迪尔凯姆完成的。迪尔凯姆认为社会现象和自然现象一样,都是受客观必然性支配的,可以用研究自然现象的实证方法来研究社会。但他又指出不能直接用物理学、生物学或心理学的观点来解释社会,必须用社会学的观点来解释社会。所谓社会学的观点,就是他认为社会现象是实实在在的客观事实,它独立于个人之外并支配着个人的行为。社会学研究的对象和单位就是这种独立存在的社会事实。社会事实并不直接和人的生理因素、心理因素相联系,而是和社会类型、社会环境联系在一起,所以对社会类型的分析和对特殊的社会环境的考察才是解释社会现象的钥匙。因此,迪尔凯姆认为,不能从个人方面,必须从社会结构方面来解释社会现象。社会结构是一个客观实体,对这个实体本质的认识只能用实证主义的经验方法去获得。迪尔凯姆还专门研究了社会学的方法,提倡用社会调查的方法来获得经验资料。

孔德、斯宾塞和迪尔凯姆是早期实证主义方法论的代表。早期实证主义方法论的基本观点可以概括如下:①社会学的研究对象和自然科学的对象一样,都是纯客观的。社会现象背后存在着必然的因果规律,虽然各个社会的性质和类型不同,但相同的原因必然产生相同的结果,这是必然的、无差别的。②社会现象是可以被感知的,经验是科学知识的唯一来源,只有被经验证明了的知识才是科学,否则就是乌托邦或形而上学。③作为一门科学的社会学,它的任务在于说明社会现象是什么,而不是应该是什么,科学只回答真与假的问题,不能回答善与恶、美与丑的问题,因此,事实和价值的区分是社会学研究者必须遵循的基本原则。

19世纪末、20世纪初实证主义方法论从欧洲传入美国并得到了广泛的应用和发展。美国是实用主义哲学的故乡,这一思潮建立在经验主义的基础上,强调实验和工具的作用并把"效用"视为判断真理的标准。效用总是和主体的某种需求联系在一起,带有价值的意味。实证主义坚持的是与价值无关的纯客观的研究,寻求事物的纯客观的因果联系。这两种哲学方法论本来并非完全一致的,为什么它们在美国这块土地上相遇之后能结合得如此紧密呢?这是因为这两种方法论都认为经验是证明真理的标准。实证主义摒弃主体需求的求真和实用主义联系主体愿望的求真,都需要以经验来证明。在美国许多社会学理论中虽然只有结构主义理论与实证主义方法论是吻合的,其他理论都对实证主义方法论持保留或批判态度,但这并没有妨碍实证主义方法论在美国的传播与发展,而且只有在美国才使这种方法论具体化,变成一套完整的可以操作的研究方法。

实证主义方法论在美国的具体化主要表现为研究理论的模式化。一种研究理论必须包括两个至两个以上可以被人们的经验证明的变项,并说明它们之间的关系,以此来建立一定的理论构架。同时也表现为研究过程的程序化,即把研究过程变成可以操作的固定程序,研究者像自然科学实验那样按照规定的程序操作,他人也可以按照同样的程序再现这个过程,以检验研究结论。具体化还表现在测量分析工具的精确化。美国学者早在20世纪40年代末就提出尽量用自然科学惯用的厘米、克、秒来制定测量工具,尽量用数量统计的方法来分析资料。自60年代以后,由于电子计算机的推广使用,使大量的更精确的测量和统计分析成为可能。

实证主义方法论在社会学的形成和发展过程中起了重要的作用,但也不断地遇到非实证主义方法论的诘难,这是由这种理论自身的缺陷引起的。社会现象是有人的意识参与其中的,实证主义没有考虑这个特点而把它视同于自然现象,必然会遇到许多无法解释的问题,于是引起了各种早已存在的非实证主义观点的诘难,形成了反实证主义的方法论。

(二)反实证主义方法论

在用科学的精神认识社会的问题上,西方学术界自文艺复兴运动以来,一直存在着两种对立的思潮,即占主导地位的自然主义、客观主义等实证主义思潮;强调历史科学、人文科学的特殊性,强调主观意义的反实证主义思潮。早在17世纪20—40年代意大利历史哲学家G.维科写成的《新科学》中,就区分了"关于自然界的科学"和人类理解自身产生的"历史科学"。维科这一思想在18—19世纪得到了广泛的承认。其中,对理解问题作出重要贡献的有德国神学家和史学家F.施莱尔马赫等人。施莱尔马赫分析了理解过程,指出要理解的东西不仅是文字及其客观意义,而且包括作者的心理个性。这一时期,关于理解的论述重点是强调把自然科学的"说明"与人文科学、历史科学的"理解"区分开来,为人文科学、历史科学自立要求作论证。这可以看作是反实证主义方法论的酝酿时期。

首先对19世纪中后期在社会学中占统治地位的实证主义发起理论挑战的是德国生命哲学家W.狄尔泰,他在继续强调人文科学特殊性及其与自然科学的区别性的同时,着重提出了理解的三原则:①历史知识是自我意识;②理解与说明是有差别的;③理解是从生命到生命的运动。他的目的是反对实证主义把自然科学方法绝对化的独断论。

在反实证主义方法论的提倡者中,韦伯占有十分重要的地位。韦伯一反过去实证主义的传统,不是从社会整体结构方面,而是从个人及其行动方面来研究社会。韦伯认为,人类活动有两个方面——主观方面和客观方面,社会学在研究人的行动时,必须把这两个方面结合起来,否则就不属于社会学研究的范围。行动的客观方面是可以被观察和体验到的,可以用实验方法和调查方法获得这方面的经验。但是行动的主观方面,即行动的意义和动机是不能被直觉所观察到的,必须联系具体的历史环境,建立一种概念工具,加以解释和理解。只有深入行动的主观方面理解其意义和动机,才能说明行动的原因、过程和结果;只有把直觉的经验结合到由理解而产生的因果说明的理论结构中去,经验知识才能变成有效的知识。韦伯并不反对用实证的方法研究社会现象,他认为归纳和抽象的科学方法,适用于研究自然现象,也适用于研究人类行为。自然科学和社会科学都必须从经验入手,然后进行抽象和概括。在经验面前,事物是一种客观存在,是具体的因果联系,不是应当如何的价值判断,所以韦伯把"价值中立"当作是科学研究的规范原则。但是,韦伯并没有把价值中立绝对化,并不主张从全部研究活动中排除价值判断,相反,他的"价值中立"是以"价值关联"为前提的。所谓价值关联,首先是指任何一种人类行动都是由一定的价值支配的;其次,研究者对什么问题感兴趣以及他要得到什么样的说明,取决于他们的理论范式;再次,研究者对社会现象的解释,必须联系行动者的主体价值。所以,研究对象的选择、理论结构的建立,以及对经验事实的解释,都是与价值关联的,这正是社会科学研究与自然科学研究的区别。

如果说在上述反实证主义社会学方法论中,行动者只是作为行动的有机体和价值的载体而存在的话,那么在 C. H. 库利的"镜中之我"和 G. H. 米德的"心灵自我"理论中,"个人"的形象就更加清晰了。库利反对把个人和社会二元化,认为社会和个人没有谁先谁后、谁主谁从的问题,社会就是一群互相想象着的个人,社会和个人是同一对象的"集体"方面和"分散"方面。他认为,自我是在人们之间相互想象中产生的,个人想象他人对自己的印象便产生自我形象,自我是"镜中之我"。米德在评价库利的理论时,认为库利使用的是内省的方法,这种方法认为心灵是相互作用的自我的活动场所,而对于这种心灵活动的客观规则,他认为是一个形而上学的问题且撇开不谈,这是一个缺陷。米德试图从外在的实践经验和内省的意识经验两个方面来分析自我的发生。他认为自我既是主体,又是客体。作为主体,即"主我",是对别人态度的反应;作为客体,即"宾我",是承受别人态度的有机体。因此,自我是"主我"与"宾我"的统一,它是在社会互动中实现的。米德的"心灵自我"理论比库利的"镜中之我"有明显的进步,他把心灵自我与社会互动联系了起来。库利认为社会是一群互相想象着的个人,米德则进一步指出社会是一群互动着的个人。心灵在社会互动中获得反思能力和创造能力,从而形成自我。自我形成的过程也就是社会过程。社会不是一个已经定型的静态实体,而是一个动态的互动过程。库利和米德的理论显然不是用来指导宏观的社会结构研究,而是用来指导微观的行为研究的。

从米德的心理学理论发展起来的符号互动理论认为,人是唯一能够创造并使用口头语言、身体语言以及其他各种符号进行沟通和互动的特殊动物。有了互动,才有社会。互动是社会存在的前提,社会就是相对稳定的互动模式,因此社会学研究的对象是社会互动。米德的"自我"在互动理论中仍然是一个关键的概念,在这里"自我"被看成是"角色扮演"。角色扮演是个人在一定的情境中想象他人的观点和态度并作出相应反应的过程,即把自己看作是情境中的适当的客体,以此来和他人交往。没有这种角色扮演就没有互动,而角色扮演得是否得当,取决于个人对符号的解释和运用能力,即获得自我形象的能力。社会的存在,即较稳定的互动模式的产生,依赖于人们这种解释情境的能力。互动论者认为,他们的理论给社会学研究者提供了一个参考框架,研究者可以用这种理论直接观察行为,而不是去检验各种具体的理论假设。互动理论的代表人物 H. G. 布鲁默批评实证主义的研究方法,认为它只是借助一种先验的理论体系来进行教条式的程序化研究,使理论分析脱离对经验世界的直接观察,使研究者无法看到现实社会的真实情况,助长了先入为主的不良风气。他还认为实证主义的研究是由研究方法来决定研究对象,而不是由经验世界的性质来决定使用何种研究方法。布鲁默强调研究活动本身是一种互动过程,研究者在研究活动中应扮演研究对象的角色,通过观察和抽象概括来建立理论和命题。这实际上是把社会研究方法归结为参与观察法。

和互动论相近的有20世纪上半叶在美国发展起来的现象学社会学,它的创始人是A.舒茨。舒茨把E.胡塞尔的通过现象还原去发现"纯粹意识"的现象学理论引入社会学,并把胡塞尔的纯粹抽象思维从哲学中解放出来,放到社会互动过程中去发现"生活世界"的主观意义。舒茨认为社会学研究的对象是对个人具有意义的行动,而对意义的理解既不是纯粹主观的,也不是纯粹客观的,而是"互为主观"的。"互为主观"是舒茨现象学方法论中的一个中心概念。行动者必须创造一个共同的主观世界,亦即必须达到对行动的主观意义的共同认识,方能实现互动,维持社会秩序。怎样达到这一点呢?这取决于在互动中行动者对情境理解的互为主观性。

受舒茨的影响,H.加芬克尔创造了一种叫民俗学方法论的理论和方法。这种方法论使现象学方法论更加具体化。民俗学方法论认为,社会秩序是建立在行动者对行为的主观意义共同理解的基础之上的,而这种共同的理解或"共同的现实感"是通过语言运用的技术来实现的。语言是在特定的互动场合中用来指示某种意义的,对意义的共同理解必须与特定的互动场合、行动者的意图和以往的经验密切联系起来才能达到准确无误;也只有这样,互动才能顺利进行,社会秩序才得以维持。从这个理论出发,加芬克尔主张社会学研究的对象应是人们在日常生活中如何运用指示性的语言来建立对互动的共同理解,并从中发现人际交往的一般规律。加芬克尔还做了"反规律实验",使平时不被人们注意,却在日常生活中默默遵守着的规则显现出来,以此说明在互动中使用语言、符号的技术和规则对于维持社会秩序的重要性。

综上所述,反实证主义方法论的基本观点可以概括如下:(1)强调在自然现象和社会现象之间作出区分,突出社会现象的特殊性、不可重复性,要求社会学使用与自己研究对象的特点相适应的方法,反对把自然科学方法绝对化,主张把客观研究与主观研究结合起来。(2)突出社会行动者的主体性、意识性和创造性,反对把人当作非人格的物化现象。(3)主张借助"价值关联",理解人的主观意识在社会认识上的重要作用,在社会认识上要求对社会事实的价值判断、理论和实践三者之间作出分别处理。(4)社会现象不仅取决于社会规律,而且也是人的有意识行动的结果。研究者可以深入被研究者的内心世界去理解他们的行动及其所产生的社会后果。理解的方法是人文主义方法论的一种典型的研究取向。(5)反实证主义方法论强调定性研究的重要性,它认为定性研究可以对社会生活作更为深刻和细致的描述。

(三)历史唯物主义方法论

尽管马克思从来没有把自己的学说称作社会学,但是由于他在社会宏观理论方面所作的贡献,后世学者都把他看作理论社会学的创始人之一。马克思的宏观社会学理论的基本观点是:①人们的社会存在决定人们的社会意识,而不是社会意识决定社会存在。②社会存在主要是指物质生活的生产方式,生产方式包括生产力和生产关系,其中生产力归根结底是决定的因素,生产关系是适应生产力的水平而建立起来的人与人之间的物质关系。③生产关系的总和构成社会的经济基础,在它上面建立起来的政治法律制度以及社会意识形态是上层建筑。社会形态就是经济基础和上层建筑的统一。④生产力和生产关系、经济基础和上层建筑构成社会的基本矛盾,其中生产力对于生产关系、经济基础对于上层建筑归根结底起着决定性的作用。在阶级社会中,这两种基本矛盾反映为社会阶级之间的矛盾和斗争,阶级斗争是推动阶级社会发展的根本动力。

马克思创立的唯物史观,把社会学置于科学的基础之上,第一次使人们有可能科学地对待历史问题和社会问题。唯物史观作为一种研究社会现象的科学方法论,其基本特点是:①从社会生活的各种领域中划分出经济领域来,从一切社会关系中划分出生产关系来,并把它当作决定其余一切关系的基本的初始关系,也就是要从经济条件出发解释社会现象及其关系。但同时又要注意不忽视其他参与交互作用的社会因素,避免把经济因素看作是唯一的决定因素。②把社会看作处在经常发展中的活动机体,必须客观地、辩证地分析组成该社会形态的生产关系,研究该社会形态的活动规律和发展规律。一方面,要承认这些规律是必然的,是不以人的意志为转移的;另一方面,它们又是可以被认识的,人在客观规律面前不是完全消极被动的。③矛盾分析法是研究社会的根本方法,在阶级社会里,阶级分析法是研究社会的根本方法。马克思的《资本论》对资本主义所作的深刻分析,是运用这些方法论原则的范例。

三、一般社会学方法

一般社会学方法是以哲学社会学方法论为指导,主要是提供经验研究本身不能揭示的社会学研究的条件、前提和基本概念,勾勒出社会各部分相互作用的具体理论模式,以保证对具体社会发展与运动规律的探讨。经过一百多年的发展,现代社会学已经形成了自己比较完整的研究方法体系,由研究目标、研究范式、质性研究和量性研究四个部分组成。

1. 研究目标

研究目标包括宏观社会学研究和微观社会学研究两类目标。其中,宏观(macro-level)社会学研究主要有三种理论——功能主义、冲突理论和社会系统论。功能主义(structural functionalism)是从社会功能的角度出发探究社会、文化、机构。冲突理论(conflict theory)是从冲突的角度探讨社会阶级等话题。社会系统论(social system)则把社会看作四个子系统(即经济子系统、政治子系统、社会共同体子系统和文化模式子系统)构成的体系。微观(micro-level)社会学研究则包括 W. 詹姆斯和 G. H. 米德提出的符号互动理论和戈夫曼提出的拟剧理论。

2. 研究范式

研究范式主要分为四大类型:

一是实证主义(positivism)研究范式。实证主义研究范式是一种按照科学方法进行研究的方法。实证主义来自社会学创始人孔德,实证主义认为客观实况是可以通过实验方法研究获得的,它从理论中取出假设,通过实验来验证理论的合理性,它认为研究的结果是完全独立于个人主观看法和偏见的。

二是解释主义(interpretivism)研究范式。解释主义起源于19世纪末20世纪初,主要受德国哲学家威廉·迪尔泰(Wilhelm Dilthey)和马克斯·韦伯(Max Weber)的影响。解释主义作为一种社会科学研究范式(paradigm),强调理解和解释人类行为和社会现象的内在意义。解释主义有助于理解社会结构、社会互动和文化传统等现象。例如,通过研究不同社会阶层的生活方式和价值观,研究者可以更好地理解社会不平等和阶层现象。它与实证主义相对立,实证主义关注规律性、可预测性和可量化的现象。

三是后实证主义研究范式(post-positivism)。后实证主义是在批判和修正实证主义基础上发展起来的,它融合了孔德提出的经典实证主义和罗素等人提出的逻辑实证主义的思想。实证主义者强调研究者和研究客体之间的独立性,后实证主义者则认为,研究者的理论、背景、知识和价值观的预设会影响研究的客观性。后实证主义者认为,在研究中要确保研究的客观性,必须警惕这些主观因素对研究的干扰。后实证主义仍然认为客观真实是可能和应当探求的,仍然坚持经验研究的方法。

四是后现代主义研究范式(post-modernism)。后现代主义最初出现于20世纪20年代,认为当代人的思想和行动需超越启蒙时代,20世纪70年代被法国社会学广泛使用。后现代主义是对现代化过程中出现的主体性和感觉丰富性、整体性、中心性、同一性等思维方式的解构,也是对西方传统哲学的本质主义、基础主义、在场形而上学等的解构,是一种反建构、反共识的世界观,它主张世界和文化的多元性,热衷于用话语分析方法和民族志方法关注边缘群体,如青年亚文化、嘻哈文化、同性恋等亚社会现象。

3. 质性研究

所谓质性研究,就是"以研究者本人为研究工具、在自然情境下采用多种资料收集方法对社会现象进行整体性探究、使用归纳法分析资料和形成理论、通过与研究对象互动对其行为和意义建构获得解释性理解的一种活动"。

质性社会学研究方法的含义包括五个方面。第一,研究场域。注重人在情境中。质性社会学的研究方法在研究过程中不仅不"预设立场",而且必须从理解具体研究议题情境出发,强调在情境化的生活空间下采用多种资料收集方法,对所研究的社会对象进行整体性考察。第二,研究角色。体现主体与客体的互构。研究者在研究中要把握好"无我"与"有我"以及"无为"与"有为"。第三,研究内容。嵌入社会发展脉络。质性社会强调以系统性、整体性的观点开展人类社会和人们行为研究,强调社会脉络对了解社会事实的重要性。第四,研究发现。凸显知识的建构意义。第五,研究文本表述,强调深描。质性社会研究的关注焦点是"人"的世界。人的"主体性"是研究者最为关心的部分。而关心人的主体性便是关心其行为背后的意义建构。所以,质性社会研究者的研究过程与其说是一个搜集、整理资料的过程,还不如说是一个"理解人"的历程,是一个"思考、觉察与对话"的过程。

质性研究有五个特点。第一,自然主义的探究传统。质性研究是在自然情境下,研究者与被研究者直接接触,通过面对面的交往、实地考察被研究者的日常生活状态和过程,了解被研究者所处的环境以及环境对他们产生的影响。自然探究的传统要求研究者注重社会现象的整体性和关系性。在对一个事件进行考察时,不仅要了解事件本身,而且要了解事件发生和变化时的社会文化背景以及对该事件与其他事件之间的联系。第二,对意义的"解释性理解"。质性研究的主要目的是对被研究者的个人经验和意义建构作"解释性理解",从他们的角度理解他们的行为及其意义解释。由于理解是双方互动的结果,研究者需要对自己的"前设"和"偏见"进行反省,了解自己与对方达到理解的机制和过程。第三,研究是一个演化的过程。随着实际情况的变化,研究者要不断调整自己的研究设计,收集和分析资料的方法,建构理论的方式。因此对研究的过程必须加以细致的反省和报道。第四,使用归纳法,自下而上分析资料。质性研究中的资料分析主要采纳归纳的方法,自下而上在资料的基础上建立分析类别和理论假设,然后通过相关检验得到充实和系统化。因此,"质性研究"的结果只适用于特定的情境和条件,不能推广到样本之外。第五,重视研究关系。由于注重解释性理解,质性研究对研究者与被研究者之间的关系非常重视,特别是伦理道德问题。研究者必须事先征求被研究者的同意,对他们所提供的信息严格保密,与他们保持良好的关系,并合理回报他们所给予的帮助。

"质性研究"就是一种"情境中"的研究,通常使用于以下问题的研究:第一,特殊性问题指的是一个特殊的个案所呈现的问题,研究只对这个个案本身进行探讨。第二,过程性问题探究的是事情发生和发展的过程,将研究的重点放在事情的动态变化上。如"网上辅导在电大学生学习过程中起到了什么作用?"第三,意义类问题探讨的是当事人对有关事情的意义解释。如:"常德地区电大教师是如何看待自己的职业的?"第四,情境性问题探讨的是在某一特定情境下发生的社会现象。如:××大学教师每天是如何履行自己的职责的? 这类问题是质性研究者经常使用的问题。因为它们反映了质性研究的两个重要长处:(1)对被研究者的意义建构进行研究;(2)在自然情境中进行研究。一般来说,质性研究通常使用"描述性问题"和"解释性问题",因为这两类问题可以对现象的本相和意义进行研究。

现代社会学的质性研究主要方法有以下几种:

(1)阐释主义方法(interpretivism)。基于阐释学(interpretivism),站在被研究对象的立场上建立一个论述。先归纳,根据全部的数据提取出一个假说(assertion),然后再演绎,根据假说在事实中去求证。

(2)后实证主义方法(post-positivism approach)。通过不同的研究方法去获得一个总体的把握,最接近于定量研究,在田野调查之前,有完整的思考框架;先提出范畴和命题假设,进行田野调查,进行数据归类和数据罗列,最后推导结论。强调研究结果可以被不同的方法证明。

(3)扎根理论(grounded theory)。扎根理论是由哥伦比亚大学的安塞姆·施特劳特(Anselm Strauss)和巴尼·格拉索(Barney Glaser)两位学者共同发展出来的一种研究方法。是运用系统化的程序,针对某一现象来发展并归纳式地引导出扎根理论的一种定性研究方法。研究者在研究开始之前一般没有理论假设,直接从实际观察入手,从原始资料中归纳出经验概括,然后上升到系统的理论。这是一种从下往上建立实质理论的方法,即在系统性收集资料的基础上寻找反映事物现象本质的核心概念,然后通过这些概念之间的联系建构相关的社会理论。扎根理论一定要有经验证据的支持,但是它的主要特点不在其经验性,而在于它从经验事实中抽象出了新的概念和思想。在哲学思想上,扎根理论方法基于的是后实证主义的范式,强调对已经建构的理论进行证伪。

扎根理论的研究思路是:问题产生(question formulating)—选取研究对象(theoretical sampling)—数据初步整理(interview transcribing and contact summary)—资料分段与命名(data chunking, data naming)—提出概念范畴(developing conceptual categories)—同步持续比较(constant comparison)—分析备忘录(analytic memoing)—发展理论(growing theories)。

(4)民族志方法(ethnography)。民族志既是一种研究方法,也是一种文化展示的过程与结果。它运用田野工作来提供对人类社会的描述研究。民族志呈现一个整体论研究方法的成果,这套方法建立在一个概念上:一套体系的各种特质未必能被彼此个别地准确理解。这种写作风格在形式上与历史上,均与旅行家书写与殖民地官员报告有所关联。某些学术传统,特别是建构论与相对论的理论典范,运用民族志研究作为一个重要的研究方法。

(5)叙事研究法(narrative research)。叙事研究是指以文字(口头与书面)、视觉等方式,通过讲述故事,去分享某一件事或者经历,传递它的意义。叙事研究认为,因为我们人类可以通过故事去理解我们的体验与经验,我们可以尝试去了解、去认识。作为一种错综复杂的质性研究,它属于主观与解释为主的研究方法,通过讲述故事给人的经历赋予意义与价值。叙事研究的特点如下:第一,研究过程中聚焦于历程和细节,拒绝摘要和解释的冲动;第二,重视过程大于结论;第三,通常适用于对教育领域的研究;第四,关键是在别人的讲述之中抓取到一些现象作为数据,并合适地去阐释它们。

(6)个案研究(case study)。个案研究法亦称个案历史法。追踪研究某一个体或团体的行为的一种方法。它包括对一个或几个个案材料的收集、记录,并写出个案报告。在现场收集数据的叫做"实地调查"。它通常采用观察、面谈、收集文件证据、描述统计、测验、问卷、图片、影片或录像资料等方法。个案研究的对象可以是个人,也可以是个别团体或机构。在社会学研究中,个案研究主要采取参与观察法和访问法进行,辅之以文字资料的利用和研究。个案研究法广泛应用于社会科学,允许对一种情况进行全面的调查和透彻的分析说明。数据收集的方法可以多种多样,可以集中在用数量难以表示的变量上。由于概括时有许多困难,个案研究后有时可能要进行大规模的调查研究。

4. 量性研究(quantitative research)

量性研究即定量研究,是指对事物量的规定性的研究,首先对客观事实特征按某种标准进行数量化描述,进而分析、考验、解释这些数量,最后获得研究对象的变量间关系。

(1)定量基础研究设计

在设计定量研究之前,必须确定是描述性的还是实验性的,因为这将决定如何收集、分析和解释结果。描述性研究受以下规则支配:受试者通常只测量一次;目的是仅在变量之间建立关联;该研究可能包括数百或数千个受试者的样本人群,以确保获得变量之间广义关系的有效估计。实验设计包括在特定实验之前和之后测量的对象,样本总数可能很小并且是有目的地选择的,旨在确定变量之间的因果关系。

①介绍

定量研究的介绍通常以现在时和从第三人称的角度编写。它涵盖以下信息:

确定研究问题,与任何学术研究一样,必须清楚简洁地陈述要研究的问题。

审查有关该主题的学术文献,综合关键主题,并在必要时使用分析方法的研究。注意存在哪些主要差距,以及研究如何帮助填补这些差距或阐明现有知识。

②描述理论框架

提供支撑您的研究的理论或假设概述。如有必要,定义不熟悉或复杂的术语、概念或想法,并提供适当的背景信息,以将研究问题置于适当的背景下,例如,历史、文化、经济等。

③方法

定量研究的方法部分应描述如何实现研究的每个目标,确保提供足够的详细信息,以使读者可以对用于获得与研究问题相关的结果的方法进行明智的评估。方法部分应以过去时表示。

数据收集:描述用于收集信息并确定要测量的变量的工具和方法;描述用于获取数据的方法;并且请注意该数据是已经存在(如政府数据)的,还是您自己收集的? 如果您自己收集的,请描述您使用的是哪种类型的仪器以及原因。要注意的是,没有任何数据集是完美的,需要描述清楚收集数据方法的任何限制。

数据分析:描述处理和分析数据的过程。如果合适,请描述用于研究每个研究目标的特定分析工具,包括数学模型和用于处理数据的计算机软件的类型。

结果:研究结论应客观、简洁、准确地撰写。在定量研究中,通常使用图表和其他非文本元素来帮助读者理解数据,确保非文本元素不是独立于文本,而是用于补充结果的整体描述并帮助阐明要点,可以在此处找到有关如何使用图表有效显示数据的更多信息。

④讨论

讨论应具有分析性、逻辑性和全面性。讨论应将研究发现与文献综述中确定的发现融合在一起,并置于支撑研究的理论框架内。讨论应该以现在时进行。

⑤结论解释

重申正在研究的问题:将发现与研究背景的研究问题进行比较,以肯定预测的结果,或是通过数据进行反驳。

趋势的描述:比较变量之间的关系,描述分析中出现的任何趋势,并解释所有意外的和统计上所有的发现。

讨论影响:根据总体结果突出显示主要发现,如何帮助填补研究问题的空白。

局限性:描述研究中的任何局限性或不可避免的偏见,并在必要时指出为什么这些局限性不会抑制对结果的有效解释。

(2)定量研究设计的主要方法

定量研究设计的主要方法有调查法、相关法和实验法。

调查法是一种古老的研究方法,是指为了达到设想的目的,制订某一计划全面或比较全面地收集研究对象的某一方面情况的各种材料,并作出分析、综合,得到某一结论的研究方法。

相关法是指经由使用相关系数而探求变量间关系的研究方法。相关研究的主要目的,是在确定变量之间关系的程度与方向。变量关系的程度,有完全相关、高相关、中等相关、低相关或零相关;而变量关系的方向有正相关和负相关。

实验法是指操纵一个或一个以上的变量,并且控制研究环境,借此衡量自变量与因变量间的因果关系的研究方法。实验法有两种,一种是自然实验法,另一种是实验室实验法。

思考题

1. 简述社会学的学科特征及学科功能。
2. 论述社会学产生的时代背景。
3. 简述奥古斯特·孔德的社会学理论。
4. 论述西方社会学的发展历程。
5. 简述社会学方法论的类型及研究范式。
6. 简述质性研究和量性研究各自的特征。

扫码看拓展资源

第一章 社会

第一节 什么是社会

一、社会的定义

社会的定义有多种。

在中国的古籍中,"社会"一词始于《旧唐书·玄宗上》(本记第八)。书中记载:"礼部奏请千秋节休假三日,及村间社会,并就千秋节先赛白帝,报田祖。然后坐饮,散之。"此处"社会"一词是村民集会的意思,是一动名词,由"社"和"会"两字演进而来。

(一)"社"的含义

"社",一是指用来祭神(最初为祭土地神的地方)的一块地方。二是指一定区域的户数,如"二十五家为社",为一定目标而聚集在一起的人们和场所。

(二)"会"的含义

"会"为上下两物相合、人与人之间相遇和聚集之意。还有"仕宦商旅"汇集之处,如都会。

(三)"社会"的含义

"社"和"会"两字连用,意指人们为祭神而集合在一起。综合起来,中国传统中,关于社会的概念有如下几个意思:节日里人之集会;志同道合者集会或乡村为谋求共同目标的组织;有关联的若干团体之汇合的大群体;共同生活在某一地方的人们;某一阶层的人。

在西方,英语 society 和法语 société 均源于拉丁语 socius 一词,意为伙伴。society 的概念有如下几个意思:合伙(合作)的关系;同一生存环境下的同种群体;所有的人构成一个相关的大群体;为共同的利益和目的而结合的组织、群体。

社会学对社会概念的界定有两种,一种是一般概念,即社会是自然生态环境、人和文化三者的总和形态;二是学术概念,广义上社会是在特定环境下生存的同种生物群体,狭义上是指存在和发生着社会行为和社会关系的人类群体。

综合上述定义,本书对社会的定义是:社会是在一定的地域内进行的以物质生产活动为基础的相互作用的人群。这个定义包括了三层意思:一是在一定的地域内;二是以物质生产活动为基础;三是有相互作用的人群。

二、社会的特征

社会的特征主要有:社会的空间占有性,社会分子的相互作用性,社会的交叉重复性,社会的持久性,社会文化的继承性和社会的变异性。现代性社会内在特性主要包括时间性、价值性、科技性、创新性、人文性、合理性、变异性、整体性和世界性。

三、社会的功能

社会的功能有以下四种：

1. 适应环境、满足需要的功能

社会的建立与发展，首先是为了帮助人们适应环境以满足人们的各种需要，如家庭社会、学校社会、工厂社会等。

2. 社会整合、协调发展的功能

所谓社会整合，是指调整或协调社会中不同因素的矛盾、冲突和纠葛，使之成为统一体系的过程或结果。社会整合，主要包括文化整合、规范整合、意见整合、功能整合等。

3. 社会导向、达到目标的功能

人一生下来就生活在社会中，要成为一个合格的社会成员，就必须按照社会的导向去社会化，即接受社会中已有的社会规范、行为模式等。社会导向，主要包括以下几种：自我导向、他人导向、团体导向、传统导向和现代导向等。

4. 社会通信、维护模式的功能

通信是社会的"混凝土"，也是社会的一种重要功能。

第二节 社会的构成要素

社会的构成要素是指所有社会具有的基本要素，主要由自然环境、人口、生产方式和文化四个要素构成。自然环境是构成社会的物质空间条件，没有自然环境，社会的存在是不可思议的。人口是构成社会的必备要素，没有人口就没有人类社会。生产方式是社会生存与发展的最终决定因素，没有生产方式，人类社会就无法生存和发展。文化是人区别于动物、人类社会区别于动物社会的主要标志，没有文化就没有人类社会。

一、自然环境

（一）自然环境的定义

环境有自然环境与社会环境之分。自然环境是社会环境的基础，而社会环境又是自然环境的发展。自然环境是指和人类社会的生存与发展密切相关的那部分自然界，是社会所依赖的各种自然条件的总和，如大气、水、植物、动物、土壤、岩石矿物、太阳辐射等。其特点是稀缺性和非独占性。这些是人类赖以生存的物质基础。人类是自然的产物，而人类的活动又影响着自然环境。

（二）自然环境与人类的关系

人类与自然环境之间存在依赖、顺应、掠夺、和谐四大关系。人类社会对自然环境的作用表现在开发、利用、改造、破坏、污染、治理及保护等方面。

自然环境对人类社会的影响主要表现为基础性影响、限制性影响、原生环境和次生环境问题的影响。我们这里讲的环境问题是指生态环境问题,包括原生环境和次生环境问题。环境问题具有历史性与现实性的统一、局部性与整体性的统一、事实性与建构性的统一、地区性与全球性的统一等特征。

社会学关于环境问题的理论阐释主要有三种模式,即结构功能主义模式、社会冲突模式和建构主义模式。结构功能主义模式侧重于对社会系统的制度性结构进行功能分析;社会冲突模式认为社会不仅有整合还有冲突,社会秩序是建立在压制基础上,跳出结构功能理论的思维方式;建构主义模式就是在超越行动者和结构、个人与集体的对立和背反,理解个人和主体间的意义和动机,寻找一条新路径。

因此,实行可持续发展是保护环境、解决环境问题的正确途径。可持续发展,即在不损害后代人满足他们自己需要的能力和条件的前提下,满足当代人需要的发展。其思想的基本内容为可持续的经济发展、可持续发展中的资源环境保护、可持续的社会发展、可持续的人口发展。基于可持续发展战略,中国大力发展教育事业、发展公共卫生事业、发展人类住区、建立合理消费模式、发展社会保障事业、消除贫困和保持社会公平等。

二、人口

人口是指生活在一定时空内,具有一定质量和数量,由一定社会关系组合起来的有生命的个人的总体。人口是社会的主体和社会构成的中心要素。

这个定义强调以下几点:

一是地域性,即人口必定是指特定地域内的人口;

二是历史性,即人口是指特定历史条件下的人口;

三是社会性,即人口是指一定社会关系中的人口;

四是自然性,即人口是指有生命的个人的结合体;

五是整体性,即人口是指一定数量和质量的个人的结合体,而不是指单个人。

人口的特征分为静态和动态特征两种。人口的静态特征,有人口数量、人口密度、人口构成等。人口的动态特征,有出生率、死亡率、自然增长率等。

(一)人口的数量

一定数量的人口是构成社会的必备要素之一。

第一,社会总是由一定数量的人口构成的。第二,人口是进行物质资料生产和人本身生产的主体。因此,人口数量较多的社会可以相较人口少的社会创造出更多的物质生活资料和更多的生产者。第三,人口不仅仅是生产者而且是消费者,并且,在社会中总有一部分人是只消费不能从事生产的,如失去劳动能力的老人、无劳动能力的儿童等。因此,人口的数量必须适度。第四,适度人口论。适度人口是指以最令人满意的方式达到某项特定目标的人口。适度人口的标准不是任意确定的,而是根据人口的数量和物质生产资料的数量的比例关系确定的。

(二)人口的质量

人口的质量是指人口的素质,即一个社会(国家、地区乃至整个人类社会)全体成员的体质、智能与文化程度、劳动技能等综合因素。它是衡量一个社会发展水平的重要标准,包括人口的健康素质和智力素质。所谓健康素质,世界卫生组织把健康定义为:"不但没有身体缺陷和疾病,还要有完满的生理、心理状态和社会适应能力。"智力素质,包括人口的晶体智力素质和流体智力素质。晶体智力是指在实践中以习得的经验为基础的认知能力,如人类学会的技能、语言文字能力、判断力、联想力等,与流体智力相对应。流体智力是一种以生理为基础的认知能力,如知觉、记忆、运算速度、推理能力等。

(三)人口密度

人口密度是指人口在各个地区的密集程度,通常以每平方公里住多少人来衡量。人口密度也有三种情况:人口密度过大、人口密度过小和人口密度适中。

(四)人口构成

人口构成,是指从不同的方面和层次,按照不同的规定和标准区分的人口内部的组合状况和比例关系。任何社会的人口都是由一定数量、不同质量的人类个体组合而成的,呈现出一定的分布状况。人口构成主要包括人口的自然构成、人口的社会构成和人口的地域构成(人口空间分布)等几个方面。

(五)人口增长速度

人口数量或人口规模是由人口增长速度决定的,衡量人口增长速度的指标通常有两个:人口自然增长率和人口倍增时间。人口增长速度可分为过快、过慢和适中三种。

(六)人口变动

人口变动,是指人口状况受社会经济、自然及人口自身等各方面因素的影响,随着时间的推移而不断发生的变化。人口变动有三种:自然变动、迁移变动和社会变动。它们分别反映人口变动的不同侧面。人口变动的三种形式具有不同的非凡规律,但各种人口变动互相联系,并且归根到底都取决于一定的社会生产方式。

自然变动。因出生和死亡而引起的人口数量增减及年龄、性别结构的变化。既受人类生理因素制约,又深受社会经济、文化、政治及自然环境因素影响。自然变动决定着一个人口群体的发展规律和速度,对社会经济的发展起着重要作用。

迁移变动。又称机械运动,指人口在空间上的移动。既包括以长期改变定居地点为特征的人口迁移,又包括暂时性、往返性的人口流动。社会经济特征及其发展水平的地区差异,是导致人口迁移变动的主要原因。随社会发展和交通条件改善,迁移变动已成为越来越活跃的一种人口现象,并成为促进经济发展和社会进步的一个积极因素。

社会变动。它是指人们所属的社会集团、所处的社会经济地位的变化。按不同出身、民族、职业、文化、收入等社会经济标志,任何人在社会中都处于一定的社会集团和层次,构成了一个人口群体的社会结构。人口的社会变动还随整个社会的进步、发展而变化。

(七)人口问题及解决途径

人口问题是指人口的数量、质量、人口密度、人口增长速度、人口变动以及人口构成等要素与人类的物质资料生产和社会发展不和谐、不相称的现象。

中国目前的人口问题主要表现在以下几个方面：人口基数大、增长快；过剩人口多；人口素质差；人口老龄化进程加快。

解决人口问题要做的工作很多，主要有以下几项：大力发展经济；控制人口；发展教育；制定人口老龄化问题对策并迅速采取措施；全球共同行动。

三、生产方式

生产方式是指社会生活所必需的物质资料的取得方式，在生产过程中形成的人与自然界之间和人与人之间的相互关系的体系。生产方式是社会必备的要素，是人们求生存所必需的谋生方式。生产方式的物质内容是生产力，其社会形式是生产关系，生产方式是两者在物质资料生产过程中的统一。

生产方式是社会发展与变革的最终决定因素。第一，人类要生存，第一个历史活动就是进行物质生活资料的生产，正是生产劳动创造了人自己，同时也创造了社会。可以说，是生产创造了社会。第二，生产方式决定着一个社会的基本面貌。第三，生产方式的变化决定着社会从一种形态向另一种形态的更替。

生产方式是一个以人为中心的多种关系的复合体。马克思和恩格斯指出，人在社会生产中必然具有三种关系：第一是人与自然的关系，人用自己的劳动创造了工具并改造自然，从而使劳动人口和劳动工具与劳动对象相结合，构成社会生产力；第二是人与人在生产中的关系；第三是人和自身的再生产以及繁殖后代的关系。这就是人口再生产过程和相应的夫妻关系、父母和子女关系，亦即婚姻关系和家庭关系。

生产方式作为社会的最终决定因素，还表现在自然环境、人口和文化对社会的作用只有通过生产方式才能实现，这体现了生产方式的中介作用。

四、文化

(一)文化的定义

关于文化的定义可从广义和狭义两个角度来理解。从广义上看，文化包括人类在物质和精神活动过程中所创造的一切，即人类所创造的物质财富和精神财富的总和。从狭义上看，文化是指人类精神活动的成果，即人类创造的精神财富的总和，如哲学、科学、艺术、道德等。

文化具有创造性、系统性、多样性、习得性、象征性、传播性、变迁性、共享性等特征。

(二)文化的分类

最普遍的分类是二分法，即把文化分为物质文化和精神文化。物质文化是指人类有意识地加工改造物质世界的一切产品或者说它是人类作用的第二自然物。物质文化一般来说是有形的、具体的,它体现人类改造自然的能力和技术水平。精神文化特指狭义文化,它是广义文化的一个组成部分,指语言、艺术、思维方式,又称非物质文化。

另一种分类法是分为主文化与亚文化。主文化又称"主流文化",是指在社会中居于主导地位、为大多数人所接受的文化。主文化代表并支配着一个社会主体价值观念,引导着人们思维方式和行为方式的主体方向。亚文化又称"副文化"或"支流文化",指整体文化的一个分支,是仅为社会上一部分人所接受或为某一社会群体所特有的文化。其中亚文化又分为民族亚文化、职业亚文化、越轨亚文化、反文化。民族亚文化为社会少数民族群体特有的文化。职业亚文化为各种职业群体特有的文化。越轨亚文化为一些反社会集团特有的文化。反文化是指对现存主文化进行抵触或发生对抗的文化,一般认为它是一种特殊的亚文化。

中国传统文化类型是伦理政治型文化。它的基本精神主要有:人文主义精神、"天人合一"精神、求真务实精神、贵和持中精神、达观会通精神、自强不息精神、崇尚节操精神、以道制欲精神等。中国传统文化与现代化的契合点主要表现在:政治上,贵民、选贤和行仁政;经济上,国家导向经济和家族或泛家族经济的统一;社会生活上,城市中心化;精神生活上,世俗化和理性化;教育上,重视教育,有教无类;等等。中国传统文化现代化的战略抉择是中国现代化建设离不开中国文化,现代化进程有赖于传统文化的变革,中国现代化建设需要创造新文化。

(三)文化的结构

文化的结构分为内外两种结构。

1. 文化的内部结构

文化的内部结构分为文化特质、文化丛、文化模式。

文化特质是组成文化的基本要素或最小单位,如字、笔、钢琴等。特点为独立单位,不与其他特质混淆。

文化丛也称文化特质丛,指因功能上相互联系而结成的一组文化特质,如年文化。它往往与特定活动有关,并且是物质文化与精神文化的特殊结合。

文化模式是一个社会中所有文化内容组合在一起的特殊形式和结构,如中国文化。它可再分为特殊的文化模式和普遍的文化模式。

2. 文化的外部结构

文化的外部结构分为文化中心主义、文化相对主义、文化震惊。

文化中心主义是指将本民族的生活方式、信仰、价值观、行为规范看成是最好的,优于他人的。这是一种常见的倾向,但可能产生极端,如美国中心、中央之国等。

文化相对主义认为各种不同的文化模式之间没有优劣之分,不能比较。它否认了事物的绝对性以及历史进步性。

文化震惊也叫文化震荡,是指人们在接触另一种文化模式时所产生的思想混乱和心理压力。

（四）文化的功能

文化是社会或民族分野的标志。只有文化，才能表现出两个社会或民族的本质区别；文化使社会有了系统的行为规范。文化使人们有了行为标准，通过风俗、道德、法律、价值观念等表现出来；文化使社会团结有了重要的基础。文化具有的整合功能可以统一人们的价值观念；文化塑造了社会的人，这就是所谓的"人的社会化"。

第三节 社会存在的条件

社会的定义，即在一定的地域内进行的以物质生产活动为基础的相互作用的人群。这个定义包括了三层意思：一是在一定的地域内；二是以物质生产活动为基础；三是有相互作用的人群。可知，社会存在的条件为地理环境、生产方式、人口因素。

一、地理环境

地理环境是指人类生存和发展所依赖的各种自然条件的总和，是人类社会生存和发展永恒的、必要的条件，为人类提供生活资料和生产建设的资源。地理环境是人类物质生活的必要条件之一，但是并不起最主要的决定作用。

（一）地理环境为人类提供生活资料和社会生产资料的来源

这些资源可以分为三类：一类是生态资源，如太阳辐射、气温、水分等，它们不依人类意志为转移。这类资源具有明显的地区性，如能因地制宜，发挥所长，合理利用，可以长久使用。二类是生物资源，如森林、草原、鸟兽鱼虫等动植物以及菌类和土壤。此类资源具有再生机能，如能合理地加以使用，并给以科学管理和抚育，不仅能生生不息，而且可以根据人类意志，有计划地繁殖扩大。三类是矿物资源，包括煤、铁、石油、天然气等各种矿藏。此类资源储量有限，基本上属于非再生资源，一定要有计划地合理采用。如果胡乱开发和浪费，将造成矿藏能源危机，危害人类的生产和生活，后患无穷。

（二）地理环境影响人类的生产和生活

地理环境影响社会生产部门的分布和发展方向，并通过生产而影响社会的发展速度。不同国家在生产门类、布局上的差别以及经济发展中的不平衡，往往同其所处的地理环境有着不可忽略的联系。

地理环境对于社会的存在和发展的重要意义是不容忽视的。历史唯物主义历来重视自然环境的作用，并对它作出实事求是的科学分析。但是，决不能把自然环境对社会发展的影响作用夸大为决定作用。否则，就会陷入地理环境决定论的泥坑。

二、生产方式

生产方式对社会发展起决定作用。生产方式包括生产力和生产关系。在人们的社会物质生活条件中,生产方式是社会历史发展的决定力量。生产方式决定社会制度的性质,制约着整个社会生活、政治生活和精神生活的过程;生产方式决定社会制度的更替;生产方式是划分社会类型的基本标志。

首先,物质生产活动及生产方式是人类社会赖以存在和发展的基础,是人类其他一切活动的首要前提。其次,物质生产活动及生产方式决定着社会的结构、性质和面貌,制约着人们的经济生活、政治生活和精神生活等全部社会生活。最后,物质生产活动及生产方式的变化发展决定着整个社会历史的变化发展,决定着社会形态从低级向高级的更替和发展。

生产关系是社会的基础和本质。按照马克思主义观点,人类要生存,第一个历史活动就是进行物质生活资料的生产和再生产。而任何生产都必然产生各种各样的生产关系,如生产、消费、交换和分配领域的各种关系,同时,生产又是在特定的生产关系条件下进行的,没有生产关系生产是不可想象的。所以,马克思说,生产从一开始就是社会的生产。因此,生产与生产关系是相互作用、密不可分的,但生产是最初动力。随着生产关系的产生和发展,人类的社会关系也产生和发展起来,并随着生产关系日趋丰富复杂,人类的社会关系也日益丰富复杂起来。这些丰富复杂的社会关系的总和就构成了社会,而且是一定历史阶段的具有独特特征的社会。在这里,生产关系是起决定作用的,其他的社会关系随着生产关系的变化而变化。正因为如此,社会的基础和本质只能是生产关系而不是别的关系。

三、人口因素

人口因素也是社会存在的必要条件之一,对社会的发展起着影响和制约的作用,人口因素对社会发展不能起直接的决定作用。

(一)人口因素对社会的存在和发展有重要影响

社会的存在和发展离不开一定数量的人口。马克思指出,全部人类历史的第一个前提无疑是有生命的个体的存在。人是物质生产的主体和生产成果的消费者,是一切社会关系的承担者。只有在一定数量的人口的基础上才能进行社会的生产,才能形成社会。没有一定的最低限度的人口,便不能有社会生产和社会生活,人类社会也不可能存在。

人口状况能加速或延缓社会的发展。人口的数量、密度和增长速度必须与一定社会的生产力水平以及自然环境相适应。一方面,人是生产者,人口的增加会使劳动生产力增长;另一方面,人也是消费者,与生产力水平、环境资源不相适应的人口数量和增长速度会对生活资料、自然环境造成压力,影响社会发展。人口的构成、分布和质量也与社会发展密切相关。因此,社会的发展需要与物质生产及自然环境相适应的人口数量和增长速度、人口构成和人口分布相适应,需要提高人口质量,实现人口因素的最佳化。

(二)人口因素不是社会发展的决定力量

人口因素虽然重要,但它不能决定社会的性质。人口的数量多少、密度大小和增长快慢不能说明一个国家的社会性质。人口因素不能决定社会的更替。人口的变化不是改变社会制度的革命的根本动因。人口因素的变化和发展受一定社会的生产方式、经济发展水平和社会制度的制约。马克思说,每一种特殊的、历史的、生产方式都有其特殊的、历史地发生作用的人口规律。只有在以生产资料公有制为基础的社会主义社会里,人类才能对人口状况实行自觉调节。

第四节 社会的结构和类型

一、社会的结构

社会结构是指整体社会中各要素之间比较稳定的关系或构成方式。简单地说,社会结构是社会关系的稳定形式和构成方式。社会结构包括社会的自然结构、社会的分析结构、社会的逻辑结构。

(一)社会的自然结构

社会的自然结构是指社会在自然的进化发展过程中所形成的社会结构。与自然进化发展的血缘关系、地缘关系和业缘关系相对应,自然结构依次发展出血缘群体、地缘群体和业缘群体,也就是家庭、社区和社会组织。

1. 家庭

由婚姻、血缘或收养关系所组成的共同生活的人类群体,是社会生活的基本单位。

"家庭"一词的基本含义是指一家之内。在罗马,famulus 的意思是一个家庭奴隶,而 familia 则是指属于一个人的全体奴隶。罗马人用 familia 一词表示父权支配着妻子、子女和一定数量奴隶的社会机体。对"家庭"含义本质的认识是从近代才开始的。美国社会学家 E. W. 伯吉斯和 H. J. 洛克在《家庭》(1953 年出版)一书中提出:"家庭是被婚姻、血缘或收养的纽带联合起来的人的群体,各人以其作为父母、夫妻或兄弟姐妹的社会身份相互作用和交往,创造一个共同的文化。"中国社会学家孙本文认为家庭是夫妇、子女等亲属所结合的团体。中国社会学家费孝通认为家庭是父母、子女形成的团体。家庭有广义、狭义之分,狭义的指一夫一妻制个体家庭;广义的则泛指人类进化的不同阶段中的各种家庭形式。

因此,家庭是指以一定的婚姻关系、血缘关系或收养关系为纽带组合起来的社会生活基本单位。家庭是最古老的社会结构形式,家庭关系也是最早出现的社会关系。家庭的一般分类为核心家庭、主干家庭、联合家庭和其他家庭。

家庭的主要特性有社会性、多功能性、亲密性、持久性和普遍性。家庭具有生产、生育、满足性生活、抚育和赡养、教育、消费、情感和娱乐等功能。

一个家庭从建立到消失的过程便是一个家庭生命周期：一是形成期，即从结婚到第一个孩子出生；二是扩展期，即从第一个孩子出生到最后一个孩子出生；三是稳定期，即从最后一个孩子出生到第一个孩子离开父母家；四是收缩期，即从第一个孩子离开父母家到最后一个孩子离开父母家；五是空巢期，即从最后一个孩子离开父母家到配偶一方死亡；六是解体期，即从配偶一方死亡到配偶另一方死亡。这是一个完整的家庭生命周期。

2. 社区

"社区"一词德文为 gemeinschaft，源于德国社会学家 F. 滕尼斯 1887 年出版的《社区和社会》（又译《礼俗社会与法理社会》）一书。英文 community 一词含有公社、团体、社会、公众，以及共同体、共同性等多种含义。因此有的社会学者有时会在团体或非地域共同体这种意义上使用 community 一词。中文"社区"一词是中国社会学者在 20 世纪 30 年代自英文意译而来，因与区域相联系，所以社区有了地域的含义，意在强调这种社会群体生活是建立在一定地理区域之内的。这一术语一直沿用至今。

社区是一定地域内具有社会联系、彼此交往并具有认同感的人们按一定制度、规范组织起来的生活共同体。社区的基本要素包括一定的人群、一定的地域、一定的行为规范和生活方式以及一定的认同感。

根据综合标准，社区分为农村社区、城市社区、精神社区、网络社会。农村社区是指居民以从事农业生产为主要谋生手段的区域社会。城市社区是指在特定的区域内，由从事各种非农业劳动的密集人口所组成的社会。精神社区是指具有共同或相似精神活动和智力活动的人所组成的相对稳定的互动的人类群体。比如，共同信仰一个宗教的人、共同参加一个学术活动的人。网络社区是指在互联网上共同活动的人类群体。

3. 社会组织

社会组织是人们为了达到特定目标，实现某种特定功能而有意识地建立起来的、结构比较严密的制度化群体。社会组织的构成要素包括组织目标、组织成员、组织制度、组织领导和组织设施等。社会组织的特征有：组织目标的特定性和明确性；组织成员的角色化；稳定、明确的正式规章制度；权威体系和科层化管理体系。我国通常把社会组织分为政治组织、经济组织、文化组织、宗教组织、社区组织和群众组织。

（二）社会的分析结构

社会的分析结构是指从理性上把社会结构（近似地看作一个圆）分析到最小单位。这是类似于物理学中原子论的分析方法。这种方法把社会结构近似地看作一个圆，由圆的外周一直分析到内核。圆的不同层次之间都是相互作用的，邻近的结构相互作用较大，其中阶级结构是整个社会结构的决定性力量，对社会结构的演变有着决定性意义。

（三）社会的逻辑结构

我们把社会关系归类后就会发现，社会是由几类最基本的社会关系构成的，即由经济关系、政治关系和意识形态关系构成的。这三类关系也就成为构成社会结构的基本要素。我们把社会经过逻辑抽象出的基本要素所组成的社会结构叫逻辑结构。逻辑结构分析的目的在于对社会结构进行系统分析,它是对分析结构原子论式分析的补充,也是对自然结构的简化。逻辑结构分析所依据的就是历史唯物主义的经济基础、上层建筑和意识形态相互适应、相互作用、相互依赖的原理。

其具有整体性、自我调节性、动态性、系统稳态结构的多样性、结构取代性的特点。

二、社会的类型

根据不同的分类标准,社会的类型分为以下几种:

(一)史前社会和文明社会

根据历史记载情况,可分为无文字社会与有文字社会。无文字社会又称史前社会;有文字社会又称文明社会,是指有历史记载的全部人类社会。

(二)无阶级社会和阶级社会

根据阶级状况,可分为无阶级社会与阶级社会。无阶级社会,是指原始社会和共产主义社会。阶级社会,是指奴隶社会、封建社会、资本主义社会和社会主义社会。

(三)封闭式社会和开放式社会

根据社会流动速度,可分为封闭式社会和开放式社会。封闭式社会,是指阶层很少流动的社会。开放式社会,是指阶层流动很快的社会。

(四)原始社会、奴隶社会、封建社会、资本主义社会和共产主义社会

根据生产关系的性质,可以把社会划分为原始社会、奴隶社会、封建社会、资本主义社会和共产主义社会。社会主义社会是共产主义社会的初级阶段。

(五)渔猎社会、农业社会、工业社会和信息社会

根据生产力的发展程度,按经济部类,可把社会划分为渔猎社会、农业社会、工业社会和信息社会。

(六)自然经济社会、商品经济社会和产品经济社会

根据社会经济的发展水平,可分为自然经济社会、商品经济社会和产品经济社会,这就是马克思的著名的社会"三形态论"。在马克思看来,任何社会都必然要经过上述三种形态。自然经济社会,是与渔猎和小农经济相适应的;商品经济社会,是与工业和社会化大生产相适应的;产品经济社会,是与公有制和产品极大丰富可按需分配相适应的。

(七)传统社会和现代社会

根据社会的现代化程度,可分为传统社会和现代社会(包括后现代社会)。传统社会是以农业为基础的乡村化社会;现代社会是以工业为基础的城市化社会。

第五节　社会变迁

一、社会变迁的定义和类型

社会变迁是社会的发展、进步、停滞、倒退等现象和过程的总称。它与社会发展密切相关,是社会关系基本形态的变异。

社会变迁的类型可从不同角度进行分类,主要有:整体社会变迁和局部社会变迁;社会进步与社会倒退;社会进化、社会改革和社会革命;无计划的社会变迁和有计划的社会变迁。

二、社会变迁的理论

(一)社会进化论

社会进化论,是社会学中最早出现的社会变迁理论。这种理论是把自然界的进化规律运用到社会中来。社会进化论认为,社会和文化具有渐进的趋势,总是经过由简单到复杂、低级到高级的发展过程,进化导致社会和文化的分化、复杂化和进步。

(二)历史循环论

这种理论认为社会历史是周期性的重复变化的。循环理论把社会的多次交替的变动看作是一种重复,认为社会历史就是在一个限定的范围内循环摆动。

(三)社会均衡论

这种理论认为社会是一个自给自足、自我调节的系统。系统是由相互依赖的各部分组成的,一部分的变化必然会引起其他部分的变化,甚至会改变整个系统,造成一种暂时的平衡失调。但均衡论认为,社会现象的变化、发展总是趋于均衡、稳定的,社会只有渐进式进化而没有质变飞跃。均衡是绝对的,不均衡则是暂时的、相对的。社会均衡论是一种功能主义社会变迁理论。

(四)社会冲突论

这种理论是建立在反对均衡论基础上的,它认为社会,尤其是现代社会不是经常处于稳定状态中,而是处于冲突状态。社会生活的基本状况不是协调一致的,而是个人与个人、个人与集团、集团与集团之间的权力和利益争斗。因此,导致社会变迁的是无休止的利益、权力之争。

(五)结构化社会变迁理论

英国社会学家吉登斯力图用自己创立的结构化理论来解释社会变迁。他批判了以往结构决定论的、进化论的和历史唯物主义的社会变迁理论,认为它们是把人类历史强塞到一个模型里面,而这些理论常常与一系列站不住脚的支点相联系。他认为,人类社会的变迁历史并不是按照进化论的既定模式展开的,人类对自身历史的认识具有反思性,即利用对历史的确定认识来进一步促进变迁。这种人类能动性的思想也是对其他社会变迁理论批判的基础。

(六)马克思主义社会学的社会变迁理论

马克思主义社会学的社会变迁理论,是马克思主义社会学的重要组成部分,是指导我们进行社会变迁研究的理论工具。其主要观点有:

(1)马克思主义社会变迁理论认为社会变迁的根本动力是生产力与生产关系的矛盾运动。

(2)生产关系的总和构成经济基础,经济基础的变化会带来建立于其上的政治、法律等上层建筑的变化。社会存在决定人们的意识,意识及其冲突的根源在于物质生活中的矛盾。上层建筑对经济基础也具有反作用。

(3)阶级斗争或阶级关系变迁是直接推动阶级社会发展变迁的重要动力因素。

(4)社会变迁具有整体性特征,经济基础的变化会带来整个社会的变化。

(5)人类社会的变迁在总体上具有发展的特点,即由低级社会向更高级社会发展。社会的发展最终是由生产力的发展推动的。

(6)人的主观能动性对社会变迁有着重大影响。人们不仅要适应社会的变迁和发展,而且能动地推动社会的变迁和发展。

(7)社会的变迁和发展,呈现出由无阶级社会到阶级社会,再到无阶级社会的发展规律。社会经济形态也呈现出由自然经济到商品经济,再到产品经济的发展规律。但东西方社会的变迁和发展过程有着不同的特点。

三、社会变迁的因素

(一)生产方式的变迁

生产方式是社会发展和变革的决定因素。生产方式是由生产力与生产关系构成的,而生产力与生产关系的矛盾运动则不断引起社会的变化和发展。

(二)阶级关系的变迁

我们承认生产方式是最终决定社会变迁的因素,但整个社会的变迁还有赖于社会各因素的相互作用、相互促进。生产力总是通过生产关系才能对社会产生作用,而在阶级社会里,生产关系又总是表现为阶级关系。因此,推动阶级社会变迁的实际或直接动力是阶级斗争。有什么样的阶级关系和性质,就有什么样的社会。

(三)自然环境的变迁

自然环境始终是影响社会变迁的关键因素之一。第一,自然环境的不同造成了不同社会文化与社会结构的巨大差异。第二,纯粹自发的自然力量即原始自然环境所引起的社会变迁。第三,由于人类参与而形成的"人化的自然"所引发的剧烈的社会变迁。第四,在不同的社会发展阶段,自然环境对社会变迁的作用方式有所不同。

(四)人口的变迁

人口是社会变迁的基本前提。一定的人口状况是社会生存和发展的必要基础。

(五)社会成员的继替

社会成员的继替是社会变迁的经常性的社会内容。社会成员的继替可分为领导集团成员的更替、组织成员的更替和代际继替。

(六)文化的变迁

文化的变迁有着极其广泛的内容,它是指人类所创造的一切东西的变迁。主要包括意识形态的变迁、生活方式的变迁、科学技术革命、社会制度变迁、文化传递、文化传播、文化融合等。

四、社会变迁的一般过程

(一)社会需要的增长是社会变迁的基本前提

人类社会要维持下去并求得发展,必须首先满足人们的吃、穿、住等基本的生活需要(即必须进行物质生产)。这些社会需要的增长,是社会变迁的基本前提条件。

(二)新要素的产生和导入是社会变迁的初始动因

社会需要本身并不能直接导致社会变迁,而是要借助于一定的中介环节。新要素的产生和导入就是这样的中介环节。新要素,用我们习惯的说法叫"新生事物",是一个比较宽泛的概念。新思想、新活动、新经验、新理论、新技术都是新要素。

(三)新要素的传播和扩散是社会变迁的具体途径

不管新要素是在系统内部产生的还是从系统外部导入的,都要经过传播和扩散才能形成社会变迁。正是在这种意义上,我们说新要素的传播和扩散是社会变迁的具体途径。

(四)社会结构的分化与整合是社会变迁的实际过程

社会需求的存在,新要素的产生和导入,新要素的传播和扩散,这些只是社会变迁在现象层面的启动和运行过程。从社会的结构功能角度来考察,社会变迁实际上就是社会分化和社会整合交替进行的过程。所谓社会分化,就是指社会结构的构成要素的分割、互动关系的增加和功能的分化,它标志着社会复杂程度的提高。所谓社会整合,是指通过制度、组织、价值体系等连接纽带把各种不同的构成要素、互动关系及其功能结合成一个有机的整体,从而使社会具有更强的维持生存和适应环境的能力。

思考题

1. 社会是如何被定义的?它包含哪些基本要素?

2. 哪些因素被认为是社会变迁的主要动力?它们是如何影响社会结构和文化发展的?
3. 人口因素在社会发展中扮演什么角色?它是如何影响社会变迁的?
4. 文化在社会中具有哪些功能?它是如何影响社会成员的行为和价值观的?
5. 社会从一种类型向另一种类型转变的过程中,通常会遇到哪些挑战和机遇?

扫码看拓展资源

第二章 人的社会化

社会化是许多学科共同研究的课题。不同的学科根据自身的性质和任务,从不同的角度进行研究。社会学研究人的社会化则是偏重于人与社会的互动过程,关注社会规范的内化以及社会角色的形成这样一些内容。

第一节 社会化的含义及内容

一、人的社会化的含义

我们知道,一个婴儿自呱呱落地来到人间,便处在了与社会的互动关系之中。一方面,刚出生的婴儿是一个毫无自助能力的有机体,对外界一无所知,他必须依靠他人及整个社会的帮助才能生存;另一方面,每个得到社会帮助的婴儿同时又对社会秩序构成了威胁,他的生物潜能既广泛又不确定,任何社会都不会对他不加以引导而任其自由发展。所以,无论从个人方面,还是从社会方面来说,这个有机体都必须被转变为能够有效地参与社会,能够为社会所接受的人。这个转变过程就是我们所说的人的社会化过程。

那么,究竟什么是人的社会化呢?社会学对其含义的理解有一个发展的过程。传统的观点认为,人的社会化过程就是个人接受社会教化、从"生物人"向"社会人"转变的过程。这一理解在现在看来至少存在着以下几方面的局限性:(1)它将人的社会化过程局限于人的社会性成年之前,似乎人的社会性成年即是社会化的完成,它忽视了个人成年后与社会的互动作用;(2)它以学习社会群体的行为模式或社会规范等局部内容代替广义的文化教化;(3)它侧重于社会的教化,片面强调了个人被动地接受社会教化的一面,而忽视了其对教化能动选择与调适的一面。

现代社会学对社会化的理解尽管也是多种多样的,但概括而言,一般的观点认为,人的社会化过程,就时间而言,它是贯穿人的一生发展的过程;就内容而言,它涉及个人生活与其中的全部社会文化遗产;就途径而言,它强调社会教化和个人内化的统一,认为它不是个人单纯地、被动地接受社会教化的过程,而是个人与社会之间交互作用的过程,在这一过程中,个人具有较大的能动性。在上述理解的基础上,我们对人的社会化的含义做出如下概括:人的社会化是指个人学习他所生活于其中的那个社会长期积累起来的知识、技能、观念和规范等,并把它们内化为自己的品格和行为,在社会生活中加以再创造的过程。简言之,也就是社会对个人文化教化和个人对社会能动参与、选择与创造的统一过程。

人的社会化是个人学习社会和参与社会的统一,在社会塑造个人的同时,个人也在改造着社会,改造着自己。人不仅接受社会文化,而且参与社会文化的再创造活动,并将它推向一个新的发展阶段,传授给下一代。个人与社会的相互作用是理解人的社会化含义的关键;同时,人的社会化也在形成和维持人与社会的联系中起着重要的作用。

另外,对"人的社会化"这一概念还需要解释一点,从人与社会互动的角度来看,互动的主体不仅仅是单个的人,也包括群体和由群体生活构成的社会。因此,社会化的主体也不应仅仅是个人,同样也可以是特定的群体。不过,就现在理论研究的一般观点来看,探讨人的社会化主要是研究个人的社会化。有人直接称之为"个人社会化"或"个体社会化",至于群体的社会化则探讨得不多。因此,我们在本章所探讨的人的社会化只是就个人的社会化而言的。

二、社会化的研究角度

20世纪30年代以来,随着人的社会化的心理学研究和文化人类学研究的巨大进展,社会学界对人的社会化研究明确形成了三种角度:文化的角度、个性发展的角度和社会结构的角度。

1. 从文化的角度看

人的社会化过程是人类文化的积累、传递和延续过程。人的社会化的实质是人类文化遗产的转移。这种研究形成于社会学的初创时期。20世纪20年代,美国社会学家W.奥格本十分重视对社会现象中的文化因素的探讨,系统确立了社会学研究的文化角度,同时对人的社会化研究确立了一种重要解释。

2. 从个性发展的角度看

人的社会化过程是人的个性和人格的形成与发展过程。该角度的研究认为,正是在人的社会化的过程中,一方面,个人不断与社会认同,学习、内化社会的规范和行为模式,培养自己的共性;另一方面,也正是在这一过程中,了解到了自己与他人的差异,并在探讨他人对自己的评价和自己的实际形象的基础上,逐渐形成了自我观念,从而也形成了自己的个性,个性的中心内容及其形成和发展的标志就是自我的完善程度。而人格就是人的个性和社会共性的统一体。从个性发展的角度研究人的社会化属于社会学内部的社会心理学派的立场。该派别对社会化的研究历史较为悠久,影响也很深远。代表人物如美国早期的社会学家C.库利,他认为,自我和人格是社会的产物,只能通过社会互动而产生,在社会互动中,我们每个人作为社会的人存在于他人的心目中,一个人的自我意识无非是他意识到的他人对自己的看法的反映。在此基础上,C.库利提出"镜中之我"的概念。具体说,"人们彼此都是一面镜子,映照着对方"[①],而每种社会关系也都反映着自我,进一步,由这种反映构成了我的身份。换句话说,正是通过理解我们在他人那里造成的反应,我们完成了社会化,用费孝通先生的话说,每个人的自我意识就是通过"我看人看我"的方式形成的。

3. 从社会结构的角度看

人的社会化是使人变得更具有社会性,就是个人通过角色学习,逐渐了解自己在群体或社会结构中的关系和地位,领悟并遵从群体和社会对自己的角色期待,从而学会如何顺利地完成角色义务,以维持社会结构的完整,实现世代交替,推进社会的进步和发展,它侧重于人

---

① [美]查尔斯·霍顿·库利:《人类本性与社会秩序》,包凡一、王湲译,华夏出版社2020年版,第129页。

的社会化过程中的社会方面。该角度的社会化研究始于20世纪50年代。1950年美国社会学家S. 萨金特在其《社会心理学:综合的解释》一书中,首先把角色概念引入人的社会化研究,认为角色承担是社会化的本质。T. 帕森斯则直截了当地认为,人的社会化过程就是角色学习的过程。

上述三种角度的研究实质上是对人的社会化的三种不同的解释。随着社会化研究的深入,它们之间也出现了融合的趋势,逐渐变为相互联系、相互补充、融为一体的社会化理论研究的不同方面。

三、社会化的基本内容

人的社会化的内容极其广泛、丰富。就广义而言,个人所处的历史时代的全部文化遗产都应是社会化的内容。在这里,我们从个人与社会互动的基本需要出发,将人的社会化的基本内容介绍如下:

1. 生活技能社会化

一个人要在社会中生存,必须具有两方面的技能:一是衣食技能,即维持生存的能力。初生的婴儿虽有衣食的需要,但无获取衣食的本领,除了吸吮的本能外,其他的生活知识一无所有。因此,他必须依靠别人抚养,从社会中学习基本的生活知识,接受第一步的社会教化。二是职业技能,即谋求生存的本领。人不能总是依赖他人生活,他要通过劳动自谋生路,这就必须接受第二步的社会教化,掌握职业技能。生活技能的获得不仅是个人生存的基础,同时也是个人发展的基础,特别是在现代社会,随着社会生产的发展和文化的进步,人的基本生活知识在不断丰富,社会对个人的劳动技能的要求在不断提高,相应地,人的社会化在这方面的内容也在不断扩大。

2. 行为社会化

每个社会都必然有一套本社会所特有的行为规范体系,用以规定着人们的行为,维持着社会的秩序。这些行为规范是社会对个人行为的一种定型,即社会为每个社会成员确定的一套行为模式,每个成员都必须根据社会规范的要求去行动。

规范的行为不是人生来俱有的,而是从小培养的。一个人出生以后,总要不断接受来自各方面的规范的训练和影响,首先是接受典范的模仿、训练和影响,逐渐伴以说明,然后是系统的灌输。随着年龄的增长和实践经验的丰富,个人就会懂得应该做什么,不应该做什么,并形成一些习惯、观念、方法等,从而掌握不同形式和内容的行为规范,以保持自己与社会的一致性。

3. 政治社会化

政治社会化是指个人逐渐接受被现存的政治制度所肯定和实行的政治信念和规范,形成特定的政治态度和政治行为的过程。政治社会化的本质要求就是塑造与一定社会政治制度相适应的"政治人"。

政治社会化是人的社会化的重要内容。这是因为,在一切社会关系中,经济关系是最基本的关系,而政治是经济的集中体现。生活在特定社会中的人,不能不与特定的政治关系发生这样或那样的联系,并因此形成特定的政治价值判断标准,用以指导、支配自己的政治观点和态度。

政治社会化对于一个社会政治制度的稳定,以及公民参与政治生活水平的高低都有着重要的作用,这也是当代资本主义国家注重政治社会化研究的根本原因。第二次世界大战后,西方国家的人民逐渐学会利用自身的政治权力进行合法斗争,从而影响了这些国家的稳定,并造成了60年代西方社会出现的对当代资本主义的全面抗议,这一切促使统治者认识到进行合乎其统治需要的"公民训练"的必要性。于是,资产阶级的政府利用学校、教会、党派组织、大众传播媒介等一切可能的渠道,进行广泛的政治教化,向人们施加资本主义政治文化的影响。

在我国,政治社会化是伴随着建设社会主义民主政治的任务一起提出的。建设社会主义的民主政治,不仅要改革目前的政治体制,不断扩大人民的民主权利,而且要通过一定的政治途径,使人民具备相应的政治文化素质。因此,科学地进行政治社会化,使人民充分享有和正确行使宪法赋予的民主权利,广泛深入地参与社会政治生活,既是建设社会主义民主政治所必需的,也是现代社会人的全面发展所不可缺少的。

政治社会化不仅要学习政治知识,形成政治态度,而且还必须掌握政治参与的技能。政治社会化的基本标志,就是个人对国家及其事务活动能表明相应的态度,并且能按照这种政治意识去参与社会政治生活。

4. 性别角色社会化

性别角色社会化是人们根据自己的性特征而获得特定文化中性别角色特征的过程,它是人的社会化过程中一个十分重要并延续终身的内容。

研究性别角色的社会化,首先需要区分性角色(sex roles)和性别角色(gender roles)这两个概念。英国社会学家 S. 德拉梅特指出,"'性'这一概念准确的含义应是指男性和女性的生物特征……而性别这一概念的准确含义应是指男性和女性之间的一切非生物方面的差异,诸如在衣着、兴趣、态度、行为、才能等方面存在的差异,正是这些差异把'男人的'和'女人的'生活方式区别开来。"[①]

最先对性别角色社会化进行研究的是奥地利精神分析学家弗洛伊得,他认为,男女两性所具有的不同生理解剖结构决定了两性具有不同的心理成熟过程。这种"生物决定论"的观点一经提出,就遭到猛烈的抨击。其中最有影响的是美国人类学家 M. 米德和法国存在主义哲学家德·波娃。米德通过跨文化研究证实,性别角色及其差异是特定文化的产物。波娃则从女权主义的立场出发,申明"女人不是天生的,而是变成的"。这些观点都力图说明性别角色是由社会模塑的。

现在,西方理论界认为,父母及社会对男女儿童的差别对待和儿童本身对符合自己的性

---

① [美]珍妮特·S. 海德、约翰·D. 德拉马特:《人类的性存在》,上海社会科学院出版社2005年版,第1页。

别角色模式的认同,是性别角色社会化的关键所在。

从父母及社会对男女儿童的差别对待来分析是社会学习论的观点。该理论认为,在儿童的早期生活中,那些受到父母和社会赞许、奖励的行为会保留下来,而那些受到惩罚和阻挠的行为则会减少以至消失。从孩子出生之日起,父母就会通过取名、衣着、玩具、护理等途径给予儿童与其性别相适合的对待,并提出相应的要求。长此以往,儿童便会按照父母的要求和社会所约定的行为方式举手投足,逐渐形成与自己的性特征相适应的性别角色。

从儿童本身对符合自己的性别角色模式的认同来分析是认知发展论的观点。该理论认为,儿童对性别角色的认知是其整个认知发展的一个组成部分,它主要涉及两个阶段:(1)性别自认阶段,即对自我性别的认同,该阶段始于2岁左右儿童掌握语言之时;(2)性别恒常性阶段,即不仅认识到自己的性别,而且开始意识到自己的性别不会因名字、服装或行为的变化而变化,该阶段始于四五岁之时,完成于7岁左右,这两个阶段是儿童性别行为的定型和性别角色习得的基础。

对于上述两方面的观点,我们认为,社会学习和认知发展是相伴而行、交织在同一个过程之中的。这也充分体现了人的性别社会化过程也是主观与客观、外在因素与内在因素相互作用的辩证统一。

第二节 社会化的条件

人的社会化的条件是双方面的:一方面,个人自身具有能够接受教化的基础和能力;另一方面,社会又具有能够教化人的条件。正是这两方面条件的结合,人的社会化才能得以进行。

一、个人的生物基础条件

个人的生物基础条件主要包括天赋的生理条件和潜在的能力条件两个方面。

天赋的生理条件是指上代人为下代人提供的有利于从事社会活动的特殊遗传素质,主要有以下几点:

(1)人有异于其他动物的身体结构形态。人具有完全直立的姿势,使前肢获得了自由,嘴也摆脱了携带和攫取东西的任务;人手的结构也较奇特,能完成多种复杂的动作,为使用工具,从事劳动提供了方便。人的直立行走和手足分工,使身体其他部位的结构也形成了相应的特质,如人的直立姿势,克服了其他动物眼睛向下看的局限性,开阔了视野,使肺和声带能得到较好的发展,为学会说话准备了物质基础。所有这些都为人发展自己的社会性,准备了首要的先天的生理条件。

(2)人有一个组织特殊的大脑。这是每一代初生个体认识世界、学习社会文化、接受社会教化的生理物质基础。现代科学也证明,人脑比其他动物的大脑,无论在脑量、结构还是精细程度上，都要优越得多。

(3) 人具有高级神经活动系统。人不仅具有第一信号系统，而且具有其他动物所没有的第二信号系统，即接受语言刺激而引起条件反射的神经系统。语言一方面是社会的产物，另一方面它又是社会化的强有力的工具。

总之，由于人类具有在长期进化中形成和发展起来的特殊形体结构和器官功能，为人的社会化提供了天赋的生理条件。

另一方面，从个体角度看，人还具有社会化的潜在能力条件，这主要表现在：

(1) 人有较长的生活依赖期。人类个体在初生时是十分孱弱的，其生存能力没有其他动物出生时强，如果没有抚养者的保护，就不可能生存下来。从生物学上说，人必须度过 6 年的幼儿期，即完全的依赖期。稍后的 14 年虽然有了一定的自主性，但仍处于依赖和半依赖状态。一个人在自己的全部生活中，大约有 15%～25% 的时间依赖父母和家庭。这为个体接受人类文化提供了必要的时间，而且，通过依赖还形成了使个体贯穿一生的与他人和整个社会不可分割的社会联系和感情联系。

(2) 人无先天的行为模式。由于人无先天的行为模式，从而人的行为具有可塑性，即能通过文化教化，实现社会化。19 世纪以来，科学家已经认识到，虽然人的个体行为也受遗传因素的影响，但为什么人类个体通过不同的文化环境和社会化途径可以培养出不同的个性和人才呢？为什么社会为了培养特定方向的人才可以有目的地选择环境和教育方式呢？原因都在于人的行为具有可塑性。

(3) 人有较高的学习能力。人类所特有的语言能力和思维能力，使人类个体在社会化过程中表现出其他动物所不可比拟的学习能力。有些高等动物虽然也具有学习能力，如通过训练，猴子可以用钥匙开门、给主人梳头等，但它们所谓的学习，只不过是一些简单的模仿，缺乏创造力。而人的学习一般包括模仿、内化和创造三个相互联系、逐步递进的过程和层次，能够达到认识事物本质的水平。人学习的过程也就是人社会化的过程。

(4) 人有促进与他人交往的生物需求和情感需求。婴儿自诞生之日起，便处在与周围的人的关系中。首先是母亲对他的爱护和照料，提供奶汁和食品满足他的生理需求，以温暖的母爱去抚慰他，满足他情感上的需求；他则用哭声反映饥饿和疼痛，以此引人注视并与亲人发生感情交往，获得亲人的喜爱。当婴儿获得生物需求和情感需求的时候，他便与他人建立了最初的交往关系，迈出了社会化过程的第一步，并且这种需求的满足也是他以后经由社会化发育成情感健康的前提。如果这种需求得不到较好的满足，就会影响社会化的正常进行，中外研究都证明了这一点。

二、社会环境条件

人的社会化的环境条件即个人生活于其中的特定的社会环境，它直接影响着人的社会化的过程和结果。一般而言，它主要包括家庭、学校、群体、工作单位和大众传播等要素。虽然这些要素在人的社会化的过程中的作用是相互渗透的，但各个要素仍有自己独特的社会化功能。

1. 家庭

家庭是人的社会化的第一课堂,是个体最早接受社会教化的场所。它在人的社会化的过程中有着特殊的地位,主要表现在:(1)童年期是人一生社会化的奠基时期,而这一时期的社会化主要是在家庭中进行的,包括建立亲密情感、学习语言、掌握简单的衣食技能、内化基本的行为规范等。父母施教是最初的社会化途径。(2)个人首先通过家庭获得社会地位,并且这一地位在很大程度上会影响个人在社会生活中的起点乃至人生的诸方面。(3)家庭成员的状况深刻地影响着个体的行为模式。在人的基本社会化过程中,父母的素质及相互关系的状态、兄弟姐妹的数量和构成情况、家庭生活的类型等,对个体行为模式的影响尤为深刻。家庭成员的行为是个体行为的第一参照。

总之,家庭在人的社会化过程中起着非常重要的作用,在现代社会中,这种作用仍然是不可替代的,而且其内容还在不断拓宽,其自觉性也在不断加强。

2. 学校

在现代社会中,学校是将儿童引向社会的第一座桥梁。学校是有计划、有组织、有目的地向社会成员系统传授价值观念、社会规范、生活技能、科学知识的制度化机构。当儿童进入学龄期之后,学校的影响便取代家庭上升到首要地位,成为社会化的首要因素。它在一定程度上决定着一个人今后的发展方向和职业生涯。

作为社会化机构,学校的重要性首先表现在它是在较长时间内对学生进行全面系统的教育,这种教育对儿童社会行为的模塑在现代社会中是无以替代的;其次,学校的重要性还在于它有着独特、完整的机构,它是社会的雏形。儿童在这里进入了社会结构,扮演着学生、同学、朋友等社会角色,并在课堂里和其他公共场合进行着各种形式的社会互动,以独特的方式帮助个人为进入成人世界做准备。

3. 同龄群体

同龄群体,又称同辈群体或伙伴群体。它是由地位相近,年龄、兴趣、爱好、价值观和行为方式大体相同的人组成的一种非正式群体。

在童年时期,随着年龄的增长,同龄群体的社会化影响也日益增强,这种影响在青少年时期达到顶点,并有可能超过父母和老师的影响。一项对13~15岁的青少年进行的调查证明,被调查者将心里话告诉他人的首选对象是同性的同龄伙伴,而母亲则被排在其后。美国学者U. 布朗芬布伦娜的研究也证实,美国学龄青年与同龄群体交往的时间是与父母交往时间的两倍以上。

同龄群体在社会化过程中起着非常重要的作用。这是因为:(1)同龄群体是一种非正式群体,它是由个人自由选择的,因此,其成员往往有较高的心理认同感;(2)同龄群体往往会形成独特的亚文化群体,这在青少年同龄群体中表现得尤为明显,它们有自己的价值标准、自己心目中的英雄、榜样、自己的语言、交往方式、消费方式乃至服装和发式等,成员往往按自己的兴趣进行社会化;(3)同龄群体的社会化过程往往不是经过认真规划、反复思考和有目的有计划进行的,而是在不知不觉中进行的,较少带有强制的性质。

同龄群体对人的社会化作用的后果,往往表现出明显的两极性,尤其对青少年同龄群体而言。一方面,有益的同龄群体对于青少年结束对成人的依赖、认识社会、步入社会具有重要的意义;另一方面,是脱离成人控制,实现独立性的一个重要活动场所,所以,在某种程度上作为一种对成人控制的反抗,它常常会成为反主流文化的背景,并因此在社会化的方面带有不可低估的消极影响。某些青少年犯罪就是由于"近墨者黑"的缘故。

4. 职业背景

如果说家庭、学校主要与儿童的社会化有关,同龄群体主要与青少年的社会化有关的话,那么,职业背景则是成人社会化的一个重要因素。特别是在现代社会中,职业以及工作是个人自我发展和表现自己能力及成就感的一个重要场所,也是个人身份的源泉。

职业背景对个人社会化的作用表现在:(1)通过工作建立以职业为纽带的基本社会关系;(2)职业不同,人们的社会地位、生活过程和经济状况不同,因而人的社会状态不同;(3)职业影响着人们的社会威望和价值观念,因而影响着人的社会化目标;(4)人的工作过程是一种特殊的社会角色的调适过程,这一过程始终表现为以适应职业目标要求的角色学习过程。

5. 大众传播媒介

大众传播媒介指的是人们用来进行沟通信息的各种通信与交往的手段,包括报纸、杂志、广播、电视、书籍、互联网等。它可以迅速地向人们传递有关社会事件和社会变革的信息,提供社会角色模式和流行的价值观等。特别是"二战"后电视的普及和当今互联网的普及,极大地拓展了人们的视野,使人们的生活空间得到了意想不到的扩展。

大众传播媒介在现代社会生活中的作用可以说是无所不在,已经在很大程度上改变了人们的交往方式。有人统计过,即使在 21 世纪初,一个城市居民的闲暇时间有 70% 是用于面对面人际交往的,而今天的 70% 的闲暇时间是用于和大众媒介交往的,这种由大众传播媒介提供的信息所组成的"拷贝世界",对人的社会化产生了比真实的"感性世界"更深刻、更广泛的影响。

大众传播媒介对人的社会化的积极作用表现在:它使人们能够有效地了解社会、分享经验、增长知识,能够促使人们接受社会所公认的价值观和行为方式。大众传播媒介是全体社会成员进行社会化的"第二课堂",而其中的电视更是成了千家万户最富色彩的"第五堵墙"。

当然,大众传播媒介对人的社会化的消极作用也是不容忽视的,如电影和电视中的暴力节目直接影响到了儿童的侵犯行为,再如电视的播放方式可能妨碍人的想象力的发挥、破坏主动学习的能力等。

三、社会化的途径

人的社会化不是自然而然地实现的,社会化的条件只是提供了个人实现社会化的可能而不是现实。要使可能转化为现实,还必须经过一定的途径。社会化的途径,也直接影响着社会化的效果。

人的社会化的途径包括两个基本的环节,即社会教化和个人内化,这两者是相辅相成、密切联系的。没有社会教化,就没有个人内化;而没有个人内化,社会教化也就毫无意义。

社会教化,即广义的教育。它是指社会通过社会化的机构及其执行者实施社会化的过程。它可以分为两大类:一是有系统的、正规的教育,如各级学校对学生的教育,以及监狱、劳动教养所对违法犯罪者的改造和教育;二是非系统的、非正规的教育,如社会风俗、传播媒介对人的影响和教育。后一类社会教化往往是在无形中发挥作用的,因此,它对个人的成长、心理的成熟与变化以及行为方式的选择,往往起着潜移默化的影响。

个人内化,是指社会化的主体——人经过一定方式的社会学习,接受社会教化,将社会目标、价值观、规范和行为方式等转化为自身稳定的人格特质和行为反应模式的过程。这一过程一般包括下列一些阶段:(1)观察学习,又称模仿学习。既包括有意的模仿,也包括无意的模仿。(2)主观认同。一般认为,当个人理解了模仿对象的内在意义,并再现他人的行为时,就发展成为主观认同。认知加工是主观认同过程的重要环节。(3)角色扮演。它是指个人对社会的角色期待和自己所扮演的角色有所认识的基础上,完成角色行为的过程。表现为两种情况:一是扮演真实的角色,即与自己所处的社会地位相一致的角色;二是扮演假想的角色,如儿童在游戏中扮演医生、护士、教师等,这种假想扮演对人的社会化也有重大促进作用。(4)自我强化。个人在某种活动中达到了自己的目标,便会得到精神上的满足,这就是一种自我强化,它会增加个人在以后的活动中依照曾经获得满足的行为模式行动的可能性。个人内化充分体现了人的社会化过程的主动性,但是,在特殊情况下,服从也是个人内化的一种形式,它是指个人被迫地做出符合社会要求或群体规范的行为。服从在一定条件下是必要的,它在一定程度上也反映着社会教化的强制性。

社会教化和个人内化是内在统一于人的社会化过程之中的,联结二者的中介是个人与社会的互动,这是人的社会化过程的必由之路。而社会互动在本质上是一种社会性的实践活动,正如马克思所言,"社会生活在本质上是实践的"[①]。从这个意义上讲,实践是人的社会化的根本途径。同时,实践还是检验人的社会化的成效的根本标准。一个人社会化的效果如何,既不能看他本人的自我感觉,也不能由他人凭想象下结论,而只能在社会生活的实践中才能做出客观的评价。

第三节 社会化的历程

一、社会化是人的终身课题

人的社会化历程,是个人与社会不断互动、相互影响、相互适应的动态过程,这一过程要

---

① 《马克思恩格斯全集》,人民出版社1995年版第三卷,第3—6页。

伴随人的一生。

对于社会化的研究也有一个发展过程。在20世纪四五十年代以前,由于受弗洛伊德"童年决定论"的影响,当时的理论基本上认为社会化是一个童年课题,认为家庭是社会化的主要场所,对家庭以外的社会化因素较少涉猎。50年代以后,社会化的研究领域日渐拓宽,理论界不但开始重视青少年的社会化,而且也注意对成年和老年社会化的研究。人们比较一致地认识到,社会化是人的终身课题,在生命历程的不同阶段,它有着不同的内容和任务。

随着社会化研究领域的拓宽,相应地,人们提出了基本社会化和继续社会化的区分。所谓基本社会化,就是"生物人"通过社会文化教化,获得人的社会性,取得社会生活资格的过程,其任务可以概括为两方面:一是生理性成熟,形成完善健全的身心基础;二是社会性成年,即成为具有独特个性与行为能力的社会成员。所谓继续社会化是指在基本社会化之后,社会成年为了适应社会文化环境而继续学习社会知识、价值观念、行为规范,进一步调适与社会的角色关系的过程。

人的基本社会化完成之后,为什么还要继续社会化呢?或者说为什么社会化是人的终身课题呢?这主要基于两方面的原因:其一,个人发展的终身性。在生命的不同时期,人有不同的要求,因此,他必须不断掌握不同的满足自身要求的社会行为模式。其二,社会发展的连续性。社会在发展变化,生活于其中的个人不仅要适应这种变化,而且其本身又在促成这种变化。特别是在现代社会,社会变化发展的速度太快,成人不仅要面向过去和现在进行以适应为目的的"维持性学习",还要面向未来进行以变革为目的的"创新性学习",继续社会化变得尤为重要。

二、生命不同时期的社会化

对生命不同时期的社会化及主要内容,社会学家、心理学家和文化人类学家各自从不同的角度进行过精辟的论述。其中最有影响的是E. 埃里克森的八阶段理论。1950年,他在《儿童期与社会》一书中将人一生的社会化历程划分为八个阶段,并指出了每一阶段所需解决的主要问题。

(1)婴儿期,从出生到1岁左右。其具体内容是获得基本信任与克服不信任。埃里克森认为,婴儿如果得到父母或他人的良好照料,各种需求得到充分满足,就会对周围环境有一种信任感,而未能得到良好照料的,会对他人和环境产生不信任。一定程度的不信任是必需的,它可以应付和防范人生的挫折与危险,但个人正常发展的前提应是信任感多于不信任感。

(2)幼儿期,从2岁到3岁左右。其具体内容是获得自主性,避免产生怀疑和羞耻感。在这一阶段,儿童开始学习对自己的肢体活动加以控制,用自己的感官去熟悉周围的环境,父母应有意识地鼓励孩子的这种自主性的活动,但要避免过多的责怪或限制,否则会使儿童产生羞耻感,对自身的能力和周围的环境产生疑虑,不利于青年期建立独立自主的个性。

(3)学前期,在4岁到6岁之间。其具体内容是获得主动性并克服内疚感。在这一阶段,儿童由于有了语言能力和从事游戏活动的能力,开始表现出与他人交谈和一起从事游戏活动的主动性,父母如果对儿童的要求不予理睬或管束太多,会使儿童的一些带有创造性甚至荒诞性的做法遭到取笑和惩罚,会使他产生内疚感,影响他的想象力和创造力。

(4)学龄期,在7岁到12岁之间。核心问题是克服自卑感而获得勤奋感。在这一阶段,儿童对周围事物的用途和构造的好奇心增强,乐于使用工具进行操作活动,成年人应鼓励儿童积极动脑并努力完成自己喜爱的活动,培养儿童完成工作的勤奋性。埃里克森认为,适度的失败是有益的,它可以提高人们对挫折的忍耐力,但过度的失败却会导致自卑和缺乏信心,因此,该阶段最重要的课程是"体验以稳定的注意和孜孜不倦的勤奋来完成工作的乐趣"。

(5)青春期,在13岁到20岁之间。核心问题是获得自我同一性,避免同一性危机与混乱。青少年在这一阶段应特别注意观察和认识各种社会角色的意义,学会扮演不同角色,实现角色的自我认同。而同一性危机指的是一种无法正确认识自己、自己的职责、自己承担的角色的人格发展的异常现象。

(6)成年早期,时间约在21到24岁之间。核心问题是获得亲密感,避免孤独感。处在该阶段的人,是在家人之外寻求情感归属对象的时候,包括与同性朋友建立友谊、与异性朋友恋爱等,若情感无所归属,不能与他人正常交流,就会处在痛苦的孤独中。

(7)成年期,该阶段历时较长,约从25岁到65岁左右。其社会化的关键问题是获得效能感并避免自我关注,避免过分沉溺于对自我、事业和生活的关注中。

(8)老年期,主要任务是获得完满感,避免失望感。在这一阶段,人会经常回忆和总结自己一生的活动,力图给自己的一生做出一个满意的解释,如果他不能找到满意的解释,就会产生一种追悔和失望感。

埃里克森的上述理论,将社会化视为终身的课题,并对其各个阶段的基本矛盾进行了卓有成效的分析,在学术界有着较大的影响。但也有明显的不足之处,尽管他将人的社会化从童年期扩展到了老年期,但他对青春期之后的几个阶段的描述是贫乏的,其中带有极大的想象成分。

三、再社会化

再社会化是指改变原以习得的价值标准和行为规范,建立新的价值标准和行为规范,确立新的生活目标的过程。在再社会化的背景中,社会化的过程一般更加集中、更加紧张,其目标是人的改造而不是人的形成。

一般来说,再社会化主要有两种类型:一是强制性的再社会化,它是通过法律等强制手段来实施的,如对战犯和一般犯罪分子的改造。二是主动性的再社会化,它是个人主动地和自觉地适应新的社会生活的过程,多是由于社会文化急剧变迁或生活方式陡然改变造成的。如改革开放中出现的观念和行为更新,要求人们在一定程度上抛弃原有的价值观念和行为模式,接受新的社会认可的生活态度和行为方式。

四、双向社会化

在传统的社会化理论中，人的社会化是一个单向教化的过程。一提到社会化，人们想到的往往是父母教育子女、教师启蒙学生、上代人指导下代人。这种理解强调了社会化的执行者和社会化的对象的确定性，这是值得肯定的。但是，这种理解不可避免又带有片面性。实际上，社会化的执行者和社会化的对象的关系既是确定的，又是不确定的，二者之间是相互作用的。由此，人的社会化也具有双向性，除了传统理论所理解的正向社会化之外，还有一种反向社会化，即传统的受化者对施化者反过来施加影响，向他们传授社会知识、价值观念和行为规范的社会化过程。

双向社会化理论是现代社会的产物。在传统的社会中，人的社会化一般都是比较纯正的正向社会化，"父为子纲""师道尊严""长幼有序"。而在现代社会，科技飞速发展，知识更新加快，老一辈的知识有许多方面可能变得陈旧过时，而年轻人对某些新情况、新知识有着较多、较及时的了解。同时，在强调平等、民主和法制的现代社会里，年轻人的自主意识、创新与进取精神也大大增强，他们在接受老一辈传递给他们知识的时候，往往会以自己的创造注入新的内容。这一社会事实有力地改变着人们对传统社会化概念的理解。人们开始认识年轻一代的独立性、主体性，认识年轻一代在批判、改造和创新社会文化方面的作用。双向社会化理论就是在这种背景下形成的。

反向社会化的存在，表明社会化是一个双向交流、引导的过程。有学者将这一社会文化现象称为"文化反哺"，这一概括是十分确切的。文化反哺虽然没有社会主流文化的正向传递教化那样对人具有强大的作用，但是，其社会意义仍然是不可忽视的。通过文化反哺，使年长一代接受了新的价值观念和行为规范，从而为他们继续站在社会的前列，引导历史潮流创造了条件；同时，文化反哺也强化了年轻一代的独立意识和创新精神，提高了他们为社会的发展进步积极创造新文化的自觉性，增强了他们的历史责任感。特别是，文化反哺还是解决代沟问题的一种有效途径。在社会生活中，代沟是一种自然的社会现象，无论是在社会急剧变动的时代，还是在文化变迁较慢的时期，都存在着年轻一代与年长一代在生活态度、价值观念、情感倾向和行为方式等方面的差异和矛盾，这主要是由于两代人在成长环境、社会经历以及心理特征等因素上的不同造成的。代沟的存在会影响代际之间的交流。从社会化的角度来看，要减少和消除代沟，一种途径是利用正向社会化，加强对年轻一代的教导和熏陶，使他们正确理解上一代人的思想、情感，自觉继承社会优秀文化；另一种途径是利用反向社会化，使年长一代了解年轻人的所思所想，理解和鼓励年轻一代的创造性和进取精神，承认和接受青年亚文化中的合理内容，并积极加以引导，使之成为社会大多数成员共同拥有的主流文化因素，从而缩小代际之间的差异，共同维持社会的稳定，促进文化的延续和发展。

第四节 社会角色

一、社会角色的概念

人的社会化的目的,就是要培养出合格的社会成员,使其在社会生活中担当一定的角色。那么,什么是社会角色呢?

"角色"本是戏剧、电影中的名词,本意是指演员所扮演的剧中人物。美国社会心理学家 G. H. 米德较早地将这一概念用于社会心理学中,认为社会是一个大舞台,社会中的人就是他扮演的各种角色的总和。现在社会角色已成为社会学的基本概念之一,一般认为,它是指与人们的某种社会地位、身份相一致的一整套权利和义务的规范与行为模式。具体来说,可从以下四个方面来理解这一概念的含义:

(1)社会角色是社会地位的外在表现。社会地位是人们在社会关系中所处的位置,它是社会角色的内在根据。无论怎样复杂,社会地位总是要通过角色表现出来。

(2)社会角色是一整套权利和义务的规范与行为模式。任何一种社会角色总是与一定的行为模式相联系,都具有特定的权利和义务,如作为一个护士的角色,她有权要求病人服从她的安排,另一方面,别人也有权要求她表现出护士应有的义务,送药、打针、换药都要认真负责,要关心爱护病人等。

(3)社会角色是一种社会期待。个人处于什么地位,就应该表现什么行为,这是一种社会期待,通过行为模式反映出来。

(4)社会角色是社会群体和组织的构成要素。社会群体和社会组织都是人与人之间形成的特定的社会关系体系,而这些社会关系体系正是由形形色色的角色联结而成的,角色是社会群体和组织的基本单位。

二、社会角色的类型

根据不同的标准,我们可以将社会角色划分为不同的类型:

(1)根据人们获得角色的方式不同,可以将其划分为先赋角色和自致角色。先赋角色是指建立在血缘、遗传等先天的或生理的因素基础上的社会角色,如一个人从一出生就被赋予性别、种族、民族等角色;自致角色,又称自获角色或成就角色,是指通过个人的活动与努力而获得的社会角色,如一个人通过努力成为科学家,另一个人堕落为罪犯等。自致角色的获得既是个人活动的结果,也是个人选择的结果,当然它也要受一定的主、客观条件的限制。

(2)根据人们承担角色时的心理状态,可以将其划分为自觉的角色和不自觉的角色。人们在承担某种角色时,明确意识到了自己所担负的权利和义务,这一角色对他而言,就是一种自觉的角色,如所谓"新官上任三把火"就是这个道理;而当人们在承担某一角色时,并没有意识到自己正在充当这一角色,只是按照习惯性行为去做,此时,他所表现的是一种不自觉的角色。在这里,究竟自觉好还是不自觉好,不能一概而论。一个人在长期的社会化训练后,他所担负的角色规范已经融合到他的每一项行动之中,这时,尽管他没有明确意识到自己承担的角色,却能出色地表现这一角色,这是一种比较理想的不自觉的角色。

(3)根据社会角色的规范化程度,可以将其划分为规定性角色和开放性角色。规定性角色的权利和义务有着比较严格而明确的规定,如法官在处理案件时,要以法律规定为唯一尺度,不能任意为之;至于开放性角色,则没有严格、明确的规定,比如,妻子这一角色,在我国的典型模式是"贤妻良母",但是,这绝不是成文规定,一个妻子完全可以有自己的选择,可以根据自己的意愿去追求个人的前程。

(4)根据角色所追求的目标不同,可以将其划分为功利性角色和表现性角色。功利性角色是指那些以追求实际利益为目标的社会角色,如商人、企业家、经理等;表现性角色则不以获得经济上的效益或报酬为目的,而是以表现社会制度与秩序、社会行为规范、价值观念等为目的的社会角色,如党政干部、法官、警察等。

三、社会角色的扮演

当一个人具备了充当某种角色的条件,并按这一角色所要求的行为规范去活动,这就是社会角色的扮演。

任何一种社会角色的扮演通常要经过角色期待、角色领悟和角色实践三个阶段。

角色期待,也叫角色期望,是指社会对某一角色的行为模式的要求,它是人们在扮演某一社会角色时首先要面对的。无论是扮演父母、子女等家庭角色,还是扮演干部、工人等职业角色,哪怕只是承担一些微不足道的角色,人们都会感到社会对这些角色的限制和要求。因此,人们在扮演某种角色时,应首先尽可能正确地了解社会对这一角色的期望。

角色领悟,也叫角色认知,是指角色扮演者对角色规范和要求的认识和理解。如果说角色期待是一种社会观念,是一种外在的力量,那么角色领悟则是个人内心的一种观念,是一种内在的力量。由于每个人的思想觉悟、道德水平、价值观念以及所处的环境不同,人们对同一角色的理解常有差别,甚至截然相反,由此也形成了千差万别的角色行为。

角色实践,也叫角色行为,它是角色扮演的实际过程或活动,是角色领悟的进一步发展。在多数情况下,人们的角色领悟和角色实践是一致的,但也会有不完全一致的情形,这是因为,角色实践除了受角色领悟的指导外,还要受当时多方面条件的制约,使得一个人不可能完全按照自己的意愿去做。

社会角色的扮演不可能都是一帆风顺的,有时也会产生矛盾、遇到障碍,甚至遭到失败,这就是角色扮演的失调现象。常见的角色失调有以下几种情况:

(1)角色冲突。它是指外部的不同角色之间或内部的多重角色之间发生的矛盾、对立和抵触。角色冲突有两种基本类型:一种是角色间的冲突,即不同角色承担者之间的冲突,常常是由于角色利益上的对立、角色领悟的差别以及人们没有按角色规范行事等原因引起的。

例如,在家庭生活中,当丈夫的认为妻子的主要精力应该放在家务上,而妻子则认为她的主要精力应投入事业中,两种不同的角色理解可能会产生角色冲突。另一种是角色内的冲突,即一个人承担了多种角色后,在他自身内部发生的冲突,这种角色冲突一方面是由于角色紧张引起的,如一位女医生,既要给病人看病对病人负责,又要做好母亲教育好孩子,还要做好妻子分担家务活,多重角色常常会使她在时间和精力上出现紧张的感觉;角色内冲突另一方面是由于不同的角色规范相互矛盾所引起的,如家庭中出现婆媳之争时,儿子往往处在角色冲突的地位,作为儿子,其角色规范要求他维护母亲的尊严,但作为丈夫,其角色规范又要求他维护妻子的利益,这种左右为难的现象就是角色内部的冲突。

(2)角色不清。它是指社会大众或角色的扮演者对于某一角色的行为标准不清楚而引起的角色矛盾,常常是由于社会文化的急剧变迁而引起的。随着社会文化的变迁,总会产生一些新的社会角色,并且一些旧的社会角色的行为标准也需要发生变化。对于这些角色,社会还没有来得及对它的权利、义务作出明确规定,角色承担者本人不清楚,其他人的看法也有分歧,角色不清便由此产生。

(3)角色中断。它是指一个人所承担的前后相继的两种角色之间发生的矛盾,其根源是由于人们在承担前一角色时,并没有为后一阶段所要承担的角色做好准备。例如,一位一心渴望能上大学的青年学生,因高考分数不够,突然成为待业青年,他没有任何准备,不能很快适应新的角色,这便是角色中断。

(4)角色失败。它是指由于多种原因而使角色扮演者无法成功地扮演其角色,从而出现的严重的角色失调现象,通常分为两种情况:一种是角色的扮演者不得不中途退出角色,如干部被免职、夫妻离婚等;另一种是角色扮演者虽然还处在某种角色的位置上,但实践证明其角色扮演已经失败,如受处分的干部、考试不及格的学生等,都属于此种情况。

思考题

1. 简述社会化的含义及基本内容。
2. 简述实现社会化需要具备的条件和途径。
3. 简述不同生命阶段的社会化。
4. 简述再社会化的含义和类型。
5. 简述社会角色的类型。

扫码看拓展资源

第三章　群　体

第一节 群体概述

一、群体

(一)群体的含义

人类每时每刻都在表现着自己,呈现出千姿百态、变幻莫测的情景。人类表现自己的主体,首先是有思想、有目的、有情感的个人;个人一旦开始表现自己的存在的时候,便与或多或少的他人组合起来。人类世界的所有成就与变化,都不是孤立的个人所创造的,而是由各种个人组合的内外部的相互协同活动或冲突斗争的结果。似乎个人可以单独做许多事情,其实个人做任何事情都处在一定的与他人的组合之中。人类活动的基本单位,就是这样或那样的个人组合,即群体。因此,群体是指具有共同评价与情感、持续地进行相互作用与共同活动的个人有机集合体。按照结构性程度可以分为三个层次:一是正式群体,即组织;二是非正式群体,即初级群体;三是准群体,即没有组织结构的,仅有某种松散联系的人群。

(二)群体的特征

群体的特征主要有以下五点:

(1)有一定数量的社会成员,群体成员至少有两人,这是构成群体的主体基础。

(2)有一定的为群体成员所接受的目标。群体目标是群体功能的具体体现,也是组织的灵魂。

(3)有明确的成员关系,并形成归属感。

(4)有一定的行为准则。

(5)群体的组合时间上具有一定的持续性。

(三)群体的普遍性与二重本质

1. 群体是人存在的普遍形式

任何人类历史的第一个前提无疑是有生命的个人的存在。因此,第一个要确定的事实便是个人是怎样存在着的。首先,个人的存在,是通过自身生命的延续来表现的。个人自身生命的延续,包括自己身体组织的维持与他人生命的产生这两个方面。他人生命的产生不是孤立的个人所能做得到的,而是异性的两人组合。个人在任何瞬间都不是一种静态的、孤立的存在,而是有着一系列个人与个人相互作用的背景。因而个人还要通过自身要素的输出表现自己的存在。个人自身要素包括来源于肉体组织的体力、智力与情感,它们输出后作用的对象,是他人与自然。当个人自身的要素输出向他人的时候,就会引起他人亲密的、仇恨的或其他形式的反应,就会形成这样或那样的关系。当个人自身的要素向自然输出的时候,就会引起自然的变态,形成这样或那样的人工制品。个人在输出自身要素的同时,还通过摄入他人的要素与外物来表现自己的存在。个人输出自身要素主要表现为劳动与创造,摄入他人要素与外物则主要表现为享受。享受他人体力与智力的物化结果,或者他人的情感,一般须用同等或者相似的自身要素的输出作为代价,在现代社会尤其如此。

个人无论怎样表现自己的存在,都要与他人发生联系。一个幼儿至少是母子(女)关系中的一方;同时又是其他亲属关系中的一方。长大了,又多了同学关系、师生关系、朋友关系、同事关系等。离开了这些关系,他(她)就不能生存下去。个人的存在只有在与他人的联系中才能得到表现。因此,现实的个人为避免孤立状态而聚合成群体,群体是个人存在的普遍形式。

人存在的群体形式是自然进化的产物。根据生物学家考察,地球上有 15 000 多种昆虫是过集体生活的。蜜蜂是典型的一例,它们有严密的分工和组织形式。其他较高等的生物,如鸟、猴、猿等,一般也都集体营生。达尔文指出,动物对于环境的生存竞争形式有两类:一是结群进行生存竞争;二是孤立地进行生存竞争。前者叫"社会的动物",后者叫"非社会的动物"。社会的动物比非社会的动物,有更强的生存竞争能力。人是最高等的"社会动物",人群比其他动物群在合作方面要体现得更多、更丰富。人群在广义的"动物群"中,是最适宜生存的"动物"。狄德罗说过,人天然是一种社会性的生物,在进行社会生活之前,人已经实行群居了。因此,自然状态和社会状态并不是完全对立的。

2. 群体的二重本质

群体是一个外界的对象,是向个人提供某种或某些满足的实体。在一个群体的内部,每个个人之间首先表现的是互助的形态。从原始人到现代人,都通过群体内部的互助来实现个体的自卫。我国古人说:"上古之世,人民少而禽兽众,人民不胜禽兽虫蛇……构木为巢以避群害"。"构木为巢"就是人的一种自卫方式。而这些"巢"或房屋,从各种考古的发现上都表明,它们并不是孤单个人永久居住的地方,而是由若干个人一起经营生活的住所。人在脱离狭义的动物状态,实现自然界最伟大的进步的过程中,面对残酷的自然力量,必须"以群的联合力量和集体行动来弥补个体自卫能力的不足"。即使在发明了弓箭等武器的时代,人还是无法单身去同自然力量和猛兽作斗争。自从人能被称为人的时代起,就以群体的形式同野兽与各种自然力量进行了顽强而巧妙的斗争。法国的索柳斯特尔,曾经发现在悬崖峭壁之下,约有 10 万具野马、长毛象、大熊和野牛的骨头。这些骨头有火烤过的痕迹,经过考察研究,推测是原始社会人们打猎的结果:人们成群结队用各种办法把同样成群结队的野兽赶向悬崖,野兽飞快地跑到悬崖边,收不住脚,就成群地跌下悬崖,跌得血肉狼藉。这时,人们就获得大量的食物。要把大量的野兽赶到悬崖边,需要许多个人的互助与一致行动,而任何单个人的力量都是办不到的。现代社会中,人们自卫的形式、内容与对象,都有许多变化。在大多数情况下,野兽不再是自卫的对象,取而代之的是敌对的人的威胁。同时,生命的自卫已扩展到职业的自卫(例如组织工会),这在西方资本主义世界表现得尤为显著。保住职业虽然不如保住生命那么重要,但对于雇佣劳动者来说,职业也称得上是他们的第二生命。

人们还通过群体内部的互助,进行生活资料的生产。在古代社会,"人,力不若牛,走不若马,而牛马为用何也? 曰:人能群,彼不能群也"。① 人们利用牛马来进行生产以及为自己的生活服务,是凭借了人们互助的力量。进一步来说,是凭借了人们在群体的生产活动中逐步发展起来的智慧与能力。原始社会人们共同劳动"不是生产资料公有化的结果",而"显然是单个人的力量太小的结果"。在现代社会,单个人的力量大大增强了,但仍然需要"在一定社会形式中并借这种社会形式"而进行生产活动。一个人在任何群体之外孤立地进行生产是不可能的。这一点,随着人类的进步与文明的发展,不是削弱了,而是加强了。生产本身是一系列群体行动,产品也是群体的产品。生产与产品的群体性特征,在现代流水作业的生产线上表现得十分明显。现在工厂所出产的纱、布、金属制品,都是许多工人的共同产品,都必须顺次经过他们的手,然后变为成品。他们当中没有一个人能够说:"这是我做的,这是我的产品。"

群体内部的互助,不仅发生在穷人之间,也发生在富人之间,不仅发生在实行公有制的群体之中,也发生在实行私有制的群体之中。也就是说,群体内部的互助作为一种普遍的形式,是不以群体及其成员的性质或特征为转移的。群体及其成员的性质或特征,只决定互助的具体形态、互助的内容与程度。贫苦的卖花姑娘向互助基金会借少量货币去趸卖花篮与鲜花,百万富翁在家庭和朋友的范围内直接借贷或馈赠巨额款项,这两种类型的授受都属于互助,区别只在于授受的数量与用途。

互助是群体的内向本质。任何一个群体的存在,首先是为了向内部成员提供互助的条件与机会。同时,群体还有另外一种相反的属性,即互争。群体本身也不是孤立存在的,群体与群体之间往往表现互争的形态。互争是群体的外向本质。人们互助主要是为了适应互争的环境。人们为了抵御外侮,防止其他人群干扰与破坏自身的生活,或者去侵占他人财产,都需要形成一种集体的力量。恩格斯曾经指出:自从财产私人占有之后,"住得日益稠密的居民,对内和对外都不得不紧密地团结起来","邻人的财富刺激了各民族的贪欲……以前进行战争,只是为了对侵犯进行报复,或者是为了扩大已经感到不够的领土;现在进行战争,则纯粹是为了掠夺"②。古典社会达尔文主义者把"生存竞争"看作人类进化的主要因素,新社会达尔文主义者把"斗争就是一切"看作人们行动的准则,二者都只看到了群体行为的一个方面。其实,像动物界那样你死我活的"生存竞争"只是互争的一种极端形式,而不是互争的唯一形式,互争具有不同等级、程度的多种表现形式。斗争也不是一切,在大多数人的行动过程与场合中,互助的作用远比互争的作用大。有互争的地方,必然有互助相随。例如,在炮火纷飞的战场上,你死我活的残杀之中,往往弥漫着战友之间的深厚感情与舍生救援。

任何群体都具有互助与互争这二重本质。互助主要表现在群体内部,互争主要表现在群体之间。互助把人们往群体中心吸引与凝聚,互争把一部分人与另一部分人分开来。群体的力量主要通过互助发挥出来,群体的界限主要通过互争显现出来。随着社会的发展,不同群体的包容与交叉日益繁复,在一定条件下,群体的内向本质会外化,群体的外向本质会

---

① 《荀子·王制》,第164页。
② 《马克思恩格斯选集》(第四卷),人民出版社1995年版,第164页。

内化,出现了群体间的互助与群体内的互争,从而使群体内外的区别模糊了起来,互助与互争交织在一起。群体进步的标志,是群体内向本质外化的扩大,以及群体外向本质内化的缩小。在未来的理想社会,必然是群体的内向本质的充分外化,外向本质最低限度的内化。

(四)群体的要素与结构

一个人类群体,是若干个人的一种有机集合形式,但并不是任意集中在一起的一些个人都可以称为群体。公共汽车上的乘客、电影院里的观众、菜场中的顾客,一般不称之为一个群体。那么,什么样的个人集合才形成群体呢?

1. 群体的要素

在一所学校,教师构成一些群体,学生构成另一些群体,有的(或有些)教师与部分学生也构成一些群体。在一个工厂中,一个班组是一个群体,一个车间是一个群体,整个工厂也是一个群体。一定数量的人们之所以被称为群体,是因为他们具有某些共同性与特殊的联系,并由此而连结在一起。这些共同性与特殊的联系,就是群体形成与发挥功能不可缺少的成分。群体具有如下四种基本要素:

(1)共同活动。若干个人共同活动的前提是个人的独立活动。个人总是以某一方面的独立的能力,成为群体的成员。若干个人共同活动的对象,是外界的某些人或事物,因此通过共同活动会使若干个人与另外的人区别开来,会出现若干个人在其他人中的界限。若干人共同活动的方式,既可能通过分工展开,也可能分别做同一种事情,既可能大家在一块儿集中进行,也可能大家不在一起而分散地进行。若干个人共同活动的性质有两种:一是异质。例如,一个盲人与一个跛子相依为命,跛子看得见,可以指方向;盲人看不见,腿脚却好使。他们配合起来的所作所为,就属于异质的共同活动。二是同质。例如,一批退休工人每天都在一个固定的地点集中打拳与下棋,我会的你也会,你有的我也有,大家在一起做同一种事情,这属于同质的共同活动。

(2)共同评价与情感。若干个人的共同评价,就是这些人判别是非与好恶的相同标准,就是这些人对于自己与他人行为的相同规定。它们不判别与规定个人的所有一举一动,而是判别与规定个人与他人联系的那部分行动,确定那部分行动可以发生和不能发生的范围。这些标准与规定通过两个层面发生作用:一是每个人都要遵守的标准与规定,二是只适用于处于特殊地位的个人的标准与规定。遵从这些共同的标准与规定就会受到其他个人的欢迎和接纳,否则就会受到其他个人的讨厌以至抛弃。个人的共同情感,包括对于成功或失败的共同感受、情绪上的温暖、同情和归属感。归属感也即"我们感"。归属感不等于志愿感。如果个人的归属感增强,那么个人间的凝聚力就会扩大。如果个人的归属感降低,那么个人间的结合就会松弛。如果某个成员的归属感一旦消失,那么他(她)就会脱离原来视之为"我们"的人们。归属感的增强、降低或消失,并非纯粹个人心理的自身表现,而是"我们"的现实状况在其成员身上引起的心理反映。

(3)相互作用。首先,指个人与个人之间的沟通。沟通工具是示意动作、语言与文字这三种符号。符号作为若干个人共同的意义而存在,可以把一种情况或一种物体的含义从这一个人传递到另外一个人。个人都通过有含义的符号与他人进行沟通。沟通的内容,一是情报信息,二是情绪,三是观点。在若干个人的沟通中,会形成一定的沟通网络与沟通渠道。网络越牢固、渠道越畅通,则沟通越可能有成效。其次,指个人与个人之间的操作,即一个人的活动引起其他个人的相应活动。其中,以相互肯定的活动为主,相互否定的活动为辅。例如,骂架与打架,属于相互否定;响应与酬答,属于相互肯定。相互肯定为主是若干个人聚合的基础,相互否定为主会导致若干个人的离散。在这里,相互作用不是单纯的"刺激—反应",而是"刺激—理解—反应"。理解他人的活动,不仅仅依据生理的欲望,还要依据以往的个人经验与共同的评价。个人之间的沟通与操作,可能是直接面对面地进行,也可能通过若干中介环节间接地进行。从来不发生相互作用的若干个人,不构成现实的群体。偶然或无意发生了一次或数次相互作用的若干个人,也往往不构成现实的群体。人们相互作用的频繁程度,一般与相互的吸引力成正比。也就是说,人们相互作用的频率在一定的条件下,反映这些人相互之间的吸引力。

(4)时间的持续。一批人要成为一个群体,必须有反复的相互作用与共同活动。只有在时间上有一定持续性交往的个人,才可能形成群体。街头巷尾的一个货摊旁边的一堆人,相互间有可能存在个别的相互作用或共同活动,但由于这种相互作用或共同活动瞬息即逝,人堆一散就结束了,因此不称为一个群体。人们之间相互作用与共同活动的若干个人及其行动方式表现出相对稳定性。这些个人及其行动方式的可观察性,就是建立在这种相对稳定性之上的。通过时间的持续,若干个人的主观与客观的活动才能形成一定的过程,并以一定的形式从若干个人的组合中输出。群体四要素的输入,通过一定的群体结构而转换,会形成一定的效率、团结、积极性、成果四种输出。

如果把这些要素概括起来,我们就可以找到群体的定义。群体,就是具有共同评价与情感、持续地进行相互作用与共同活动的个人有机集合体。

二、社会群体

社会群体是最基本的社会实体形式,是现实生活中人们的社会行动的集合。社会群体根据不同的标准可以区分出许多类型。作为联系个人与社会的中介,社会群体在为成员提供必需的归属感和归属场所的同时,也为社会的稳定提供基础。每个成员只有在群体生活中才能获得稳定的角色意识、价值取向和行动模式。这一过程也被称为社会化。

(一)社会群体的定义与特征

社会群体的定义可能是诸多社会学概念定义中分歧较少的一个。尽管也有不同的界说,我们仍比较容易从诸多说法中找出一些共同点:互动、个性、低组织化水平、持续性、目的或功能、分工、角色、感情归属等。各种群体定义一般都包括下列基本含义:第一,社会群体是一定数量人群的持续集合,不是偶然的集合;第二,这种集合并不是无条件的,而是有某种共同的因素把他们联系在一起,或者是相类似的身份,或者是共同目标,或者是共同兴趣,或者是相互期待。如前所述,社会群体的实质是社会行动的集合,目标、感情、兴趣与期待都依赖于现实的社会行动;另一方面,群体成员通过群体性社会行动才能实现自己的各种需要和归属,并在客观上把自己与外在的社会结构有秩序地、有意义地联系在一起。这也就是社会群体的基本含义。社会群体具有哪些特征呢?

第一,社会群体的规模和组织化程度有一定的限度。它是社会行动过程中特定阶段的产物,也是一种特定的形式,属于人类社会最初的、最基本的实体形式。本书后面要分析的组织、社区都属于更具广泛特征的社会实体。有时候,社会群体概念还被用来指称更大规模的社会群体类型(比如人口群体、性别群体、职业群体、阶级阶层群体等),但社会学关于社会群体的研究主要集中在有一定规模的社会实体方面。在哪种规模之下群体才能具有实体特征,无法做出硬性规定。而最能体现社会群体基本特征的规模和组织化程度,则是可以通过社会学分析来把握的。

一定规模之下的人际互动关系必然具有非正式规范、情感依恋等特点,像家庭群体、邻里群体、同学群体、友伴群体等。这些群体的功能自然限于满足人类最基本的需要,而且活动方式也比较自由。规模的限制也影响到群体的组织化程度。群体规模越小,人际互动关系越简单,维系关系的手段也越简单,越具有感情色彩,无须更高的组织程度。当然,不能把组织化程度当作衡量社会群体发展水平的绝对标准。社会群体不能被看成是低水平的社会实体形式,这些群体在社会结构关系中,在满足成员的各种需要方面,具有独特的、不可替代的功能。人类社会行动及其集合本来就是在不同领域中、在不同层次上进行的,自然要由不同的社会实体形式来载负。例如,家庭的一些功能不断被取代,但是,作为独特的社会结构的基础单位、作为人类特定情感满足的重要场所,它永远不会失去其价值。

第二,群体成员的关系一般是明确的。这既指互动的直接性,又指这种互动所带有的鲜明情感色彩:个性的暴露、感情的投入和相互交流。这使得群体成员之间的相互理解比较全面,比较深入。在社会群体生活层次上,成员关系的这种特点有助于成员个体对身份的自我认定,对社会责任和义务的把握,对情境和他人行动意义的理解;从另一方面看,群体成员关系也不是刻板的、无序的,而是显现出一定的结构状态,成员角色的规定虽然不像社会组织那样严格,但可以为群体成员提供可供依循的规范,从而使各种互动关系变得有意义,即为群体目标达成服务。

第三,社会群体往往具有独特的规范和价值体系,具有明显的亚文化色彩。这种独特性主要反映在:群体意识是一种超越于群体成员个体意识之上的、较为统一和完整的意识,它显然有别于其他社会群体或组织所具有的意识;同样,群体的独特规范决定其活动方式的独特性,而不能对群体之外的成员施加影响。这构成了一种独特的和完整的文化情景。甚至可以说,每一个群体都是一种亚文化,是它所依附的大文化的翻版,它的意义在于它为群体成员提供了满足各种需要的场所,同时又构成了社会结构中的独特的单位。失去了这种意义,群体就成为个人的简单集合。群体规范、意识或价值观体现的群体水平(而不是成员个体水平),对社会行动具有特殊意义,它反映的是一种对行动情境的把握、行动意义的理解与行动的抉择的相对统一的过程。我们可以从群体成员的角色变化来理解这一点。一个人在家庭群体中的角色可能是父亲,当他理解家庭之外的群体的事物并做出行动反应的时候,就摆脱不了父亲角色规范的种种约束;当他作为朋友群体成员行事的时候,必然受制于该群体的规范和价值观,受制于群体其他成员的角色期待,做出与该群体相一致的理解、反应和行动抉择,以显示出该群体的独特性来。由此可以引申出关于社会群体在社会结构中的地位的一般性认识。在社会结构中,群体的地位与作用并不取决于其规范、价值观与其他社会结构的相应部分的一致程度,恰恰相反,取决于它的独特性以及在满足社会结构与成员个体的两方面需要的不可替代性。

第四,社会群体的目标与功能往往具有多元特征。每个群体都有其存在的目的。许多社会学家把目的理解为最终的目标、结局或意图,而目标常被指涉一种为目的服务的结果。若从功能角度理解群体目标的话,就能发现,各类社会群体并不仅仅具有单一的功能,除了其主功能之外,还有一系列相关的功能,从而构成了群体的多元目标,另外,各类社会群体之间有时具有相同或相似的功能。举例说,家庭群体不仅具有生儿育女、性行为规范、消费等功能,而且在人类历史发展的一定阶段,还具有生产组织功能;游戏群体所满足的不仅仅是娱乐的需要,还具有满足人的情感交流和个性培育的功能。从另一方面看,满足成员的情感需要是大部分社会群体(特别是基本群体)的功能,家庭也好,友邻群体也好,同事群体也好,自助群体也好,都是如此。社会群体的功能多元性表明,构成社会群体的成员之间的社会关系及其社会行动本身就具有多元意义,而群体这一实体形式使这些意义转化为一种整体水平上的多元性功能。

(二)社会群体的内部结构与动力

1. 群体规模和成员交往

偶然聚集在一起的人群不能被看成是社会群体。比如,电影院里的观众,他们之间的互动可能有一定程度的情绪成分(如情绪感染),但没有共同一致的目标,对其他观众来说,没有必要也没有可能为对方投入全部的感情。观众之间的互动不具备成熟的形式。成员之间的目标的一致性、情感的沟通以及互动的持续,实际上已经构成了一种稳定的结构形式。所以,在社会群体这一概念里,结构是题中之义,它被社会学家们用来作为深入分析社会群体的视点。群体规模又是群体结构的最为外在的、最明显的同时也是具有重要意义的要素。

最小规模的社会群体无疑只有两位成员,如由一对夫妻组成的家庭。在这种群体中,两人之间的互动就是群体的全部活动,每个成员对群体目标的达成、对情感交流的实现负有几乎完全相等的责任和义务,成员之间必然形成高度的亲密感,各方的情感、个性的全部投入是保证群体活动的重要条件。维持这一群体的生存与发展的,是一种贯穿在两人之间的单一纽带。每个成员的观念与行动必然引起对方的全面反应,他或她对情境的理解与反应必然受到对方的影响。有人称这种小群体为"独特的两人组合"。群体的存在依赖于每一成员,任何一方的退出,必然使群体瓦解。同样,两人之间的关系状态(合作、竞争或冲突)及其后果,必然直接影响到群体的活动。超过两人以上的社会群体成员关系就具有了一种全新的结构特征。三人组合就形成了三角关系,成员之间的互动关系就不再是单一的。成员数量的增加使群体内的成员关系数量呈几何级数增长,至于它对成员的观念等的影响、对群体活动特征的影响,则不是数量所能揭示的。首先,每个成员对群体、对其他成员所担负的责任就不是同等的,也不是单一的。更为重要的是,两个成员以上的群体就意味着可能会出现成员之间关系的亲疏,甚至是权力关系。在这样的群体里,成员组合关系必然多于两人群体,成员 A 可能与成员 B 比较亲密,而相对疏离于成员 C。这样,群体社会逐渐形成某种核心,围绕这一核心,成员的分布有所不同。以与核心的距离为标准,就有核心成员与边缘成员之分;与此相应,就有对群体规范的不同程度的遵从。这种结构状态显然是群体规模的变化的结果。由此引申开去,我们就发现,群体气氛或群体活动机制是更为复杂的层面,它可能是结构状态的产物,也可反过来影响群体的结构状态。例如,参加研讨会的同业群体,可能以意见倾向为基础,形成不同的组合,从而影响到成员之间的互动关系。

在一定规模的群体里,成员之间的直接的、面对面的互动关系是可以维持的,它往往是群体情绪气氛状态的决定因素。若以成员关系的直接性为标准,群体规模的扩大总有一个重要的转折点,表明群体结构出现全新的变化,即在较大规模的群体里,成员之间不再有可能维持直接互动的机会,或不再以面对面互动作为主要关系形式。这样,我们就能划分出不同结构特征的群体类型。

成员关系的间接性表明,群体结构的维持和活动的开展,必须依赖于一种非情感特征的、较为正式的规范。群体规模的扩大使得成员之间的"社会空间"增大,社会活动范围拓宽,由此,成员个体对情境、对他人行动的理解和反应就有了较多的多义性,相互之间的交往也不再是即刻的和直接的,其结果之一是成员之间相互的感情依赖以及相应的义务感有所减缓。由于这种多重性,成员的行动与观念的一致性程度开始降低,若没有一种或一系列超越于个体之上、超越于情感成分之上的规范或价值观或信念,群体就不可能维持。我们发现,结构变化的后果是广泛的,它直接涉及群体的目标、规范、群体气流等方面。所以,群体规模的扩大不仅仅是群体成员人数的增加问题,它通过成员关系状态和性质的变化影响群体的结构特征以及群体活动的所有方面。

2. 群体凝聚力与群体内部冲突

群体凝聚力指的是社会群体成员在观念与行动方面显示出来的一致性,这种一致性往往是群体目标实现的前提。群体规模的增长客观上会导致成员之间关系的疏离,从而产生新的结构状态,群体的一致性程度随之下降。这并不意味着规模因素是群体凝聚力实现的唯一条件。从群体内部结构看,凝聚力的形成不是指一种状态的固定或是一致性的单纯结果,而是指群体成员通过一系列实实在在的活动所表现出来的以对某种共同目标、价值或规范的认同或依从。具体地说,可以是群体成员关于情境的理解与反应趋向一致的过程,可以是成员对他人行动的附和,也可以是成员共同持有一种特定的价值观。那么,群体凝聚力实现的条件是什么呢?

第一,群体目标的一贯性以及成员对这种目标的认同。诸如球队、同业群体、士兵群体、同乡会群体等,都具有比较明确的目标,成员资格的前提就是对这一目标的认同或认定,只有通过群体活动才能达到这一目标。这种目标一致性,首先把不认同者排除在群体之外,从而明确地划分了群体的界线,就像对音乐没有爱好的人自然不会成为音乐兴趣群体的成员一样。在此基础上,群体目标对群体成员的活动起到一贯的导向作用。群体成员由于对目标的认同,所以不会认为自己追求目标实现的活动是被动的,而是积极的,他们自觉或不自觉地把对情境、对他人行动的理解与反应归诸群体目标。但是,在一些社会群体,像家庭群体、朋友群体,其目标不一定很明确,这样,凝聚力的实现的最好途径就是感情上的依恋或融洽一致。每个成员若能感到在群体生活中投入全部感情而不会受到伤害,还能获得最大限度的满足,那么,群体凝聚力就形成了,群体活动自然而然地开展起来,并维系下去。

第二,群体成员对自己在群体中的地位、角色以及相关的责任义务,对成员关系状态有比较明确的认识,这也意味着对群体规范的依从。这实际上把对目标的认同转化成为行动的一致性,从而构成了社会群体在行动层面上的高度一致性,若成员对自己在群体中的地位、角色和职责不甚了了或认为无法履行角色义务,那么,群体目标的认同只能停留在观念上,对情境、对他人行动的理解与反应就会产生偏差,行动的迷失就难以避免。与群体一致性相反的过程就是群体内部的冲突,也就是凝聚力的化解。一对夫妻因某种原因而争吵不休,在一些重要问题上常常意见相左,难以实现感情的沟通和行动的一致,这样的家庭群体实际上已经失去了凝聚力,已有关系的维持非但不能满足成员的各种基本需要,反而成为一种沉重的负担。兴趣群体的瓦解,也经常起源于成员的兴趣转移或分化而引起的不和与冲突。

内部冲突对群体活动的影响的性质和程度,可以首先通过群体规模这一角度来分析。在规模较小的群体里,内部冲突一旦发生,就会直接涉及每个成员。不仅导致凝聚力丧失,还会影响群体自身的存在。这是因为在小群体中,成员交往是直接的,而且具有明确的感情特征。冲突一旦发生,会引起成员关系的全面紧张,并深入人们的感情领域,不仅使行动一致性程度大大降低,还使成员的价值观和信念方面的认同全部丧失;另外,由于群体中成员的不可替代性使得任何一位成员的退出,都会直接威胁群体的生存。在规模较大的群体中,冲突的作用比较复杂,局部冲突不会直接引起群体的崩溃。因为如上所述,成员关系由于群体规模的扩大而比较疏远,带有次属性质。"社会空间"增大,交往中的感情成分较少,冲突在未涉及多大的层面时,就被瓦解掉,成员之间的宽容性也使冲突的激烈程度受到限制。当然应该看到,冲突必然导致群体凝聚力的减弱,会影响群体目标的达成,因为群体冲突的实质是成员对群体目标的理解、对他人行动或情境的反应失去了同一标准。

在探讨群体内部冲突的起因时,社会学家从不同的角度提出了多种见解,有的认为这是在群体活动过程中(而不是在一开始)群体目标得不到认同的结果,有的认为这是群体活动的本来之义,是其主要特征,并不是后来才出现的,因为"要组织起来,群体必须使各部分相互协调,而这样做就一定会限制某些部分的自由"。引起冲突,不断解决这种冲突,正是群体活动的特征。还有的社会学家指出,群体结构中成员关系方面存在天然的不平等,导致内部冲突的必然发生。不管群体内部冲突是"天然的"还是"后天的",它是群体活动过程的重要因素这一点已得到公认。

(三)群体领袖的产生与作用

群体领袖问题是社会学关于群体研究涉及最多的主题之一。它既是群体结构与成员关系状态的反映,也涉及群体活动的主要特征。只要仔细观察一下社会群体就能发现,即使在最具有感情色彩的非正式群体(如家庭、游戏群体)中,权力及权力的运用是一个很关键的因素,也是群体活动过程的很重要方面,由此提出了群体领袖的一系列问题。

同正式组织(如企业、机关、部队)相比,社会群体的领袖的产生不经过严格的正式程序。全体成员的认可是领袖产生的最重要前提,在这一前提下,任何选择领袖的方式都是可以被接受的。这里,领袖产生的核心问题就集中在怎样获得成员认可的问题上,也就是领袖的素质问题或标准问题。哪种人能够充任群体领袖,并没有严格的条文规定,我们可以通过对一系列因素的分析来归纳出领袖资格,首先是能力因素和个性因素。另外,与其他成员关系的融洽程度也是重要因素,这决定了能否获得成员的一致认可,以便顺利行使权力或发挥影响。这一因素涉及诸如相处能力、表达能力、准确地反应能力以及处理公共事务能力等,有时这被看成是领导艺术问题。显然,并不是所有具有出色的专业技能的人都具备这种能力,也就是说,有的成员可能在群体活动的专业方面出类拔萃,起到带头作用,但由于缺乏协调与其他成员的关系的能力,而不能被接受为群体领袖。要指出的是,成员的认定本身使得领袖的素质或资格标准成为一种相对的东西,即使某个成员具有领袖素质,他或她能否成为群体领袖,则取决于其他成员的承认;他或她越符合其他成员的要求,越可能成为领袖。群体领袖产生的这种特点充分体现了社会群体中成员关系维持的特征,也说明了群体成员关系的协调对群体活动、对成员个体的极端重要性。

许多社会学家从群体功能的分类出发,把群体领袖的领导作用形式分成两大类,一类是"工具性",指的是领袖指导群体成员运用各种方式来实现群体目标;另一类是"表意性",指的是领导的作用在于造成群体成员的团结和和谐,而不以目标的达成为主要追求。这种分类与我们上面提到过的领袖的两种基本素质有关。这两类领导作用并不是可以截然分开的。

我们还可以从另一角度把群体领袖分成两类:独裁型和温和型。前者是群体事务和活动的最高主宰,不容其他成员对此提出挑战和异议。这种领袖的权力运用之有效性并不取决于全体成员的一致性赞同,而依靠压力,这种压力又是领袖通过各种方式加以操纵的。在许多情况下,独裁型领袖能在"工具型"作用发挥方面产生积极的效果。相比之下,温和型领袖注意和其他成员平等地交换意见,通过激发成员的自主积极性来获得他们对权力运用的一致性赞同和依从。这样的领袖注意群体内部的公平关系的形式和维持,力图不干预成员之间的交流。在温和型领袖之下,群体成员的情感、个性与创造性能够较好地发挥与表现,成员行动的一致性具有有机性质,而不是在压力之下的机械性反应。这是群体领袖更多地显示出表意作用的结果。

在许多社会群体(特别是在功能多元的群体)里,群体领袖往往不止一个,比如在家庭群体中,所谓"父主外,母主内"的传统模式反映的是不同事务中两种不同的领袖的必要性。这主要是因为群体诸多功能之间存在着不一致性,而很少有群体成员能够独自全面地担负起领导的责任。同样地,在这一群体中充当领袖的人物,在另一群体未必就能胜任或获得成员的认可,哪怕是在同类群体之间的移动中,群体成员的认同,也不太可能从某个成员过去的地位中自然而然地引申出来。他或她能否充任新的群体领袖,取决于他或她在所属群体的价值实现和成员需要的满足方面显示出来的才干。这也是群体成员的不可替代性的重要侧面。由此我们也就能够理解,在同一群体的生命历程中,不可避免地会出现新的领袖取代原有领袖的现象。

(四)群体规范和群体决策

群体规范指的是群体成员的行动准则,它具有明确的价值判断含义。这种规范并不完全具有书面形式,经常以非正式的默契或约定俗成的形式发挥作用。只要群体成员共同认可,它就成为一种超越成员个体之上的外在力量,来约束他们的行动的方向和方式。一般说来,最遵从群体规范的成员是与群体达成高度一致者,他们具有坚定的忠诚感,完全接纳群体的目标及其价值。然而,在群体中,总有一部分成员出于各种原因,对群体规范的遵从不那么始终如一、不那么全面,甚至视之为个性表现和情感表达的羁绊。这样的成员对群体目标的认同程度很低,行动上难以和遵从者保持一致。他或她被认为处在群体的边缘,最有可能从群体中游离出去。可见,群体规范的遵从情况直接反映了群体的凝聚力。

群体规范最初可能是自然而然地形成的,也可能由某个成员提议、其他成员赞同而固定下来;它也不像社会组织的规章条文那样正式化。但一经形成,规范就成为一种外在的力量,反过来调节群体成员的行动。规范能否被遵从,直接关系到群体功能的实现乃至群体的生存,只要规范尚未被修正,它就是群体成员活动的准则,并决定成员之间的关系模式、成员个体的角色和义务。

关于群体规范的另一个重要问题涉及群体与外界的关系状态。作为一种亚文化型规范,群体规范只是在群体范围内才被认可为规范并发挥作用,其存在的价值通过与其他非群体性规范之间的差异反映出来。在现实生活中,某一群体规范与其他群体或组织的规范发生冲突是常有的事情。有的社会学家正是从这种冲突出发来深入分析群体之于成员的归属感、价值的实现和情感的交流方面的绝对重要性。群体规范实际上成为一种"掩蔽所",使成员在对群体之外的规范理解和遵从方面遇到挫折时,得以"躲回"到所属群体的规范之下,摆脱困境。有些在更大的范围中被禁止的行动,在某些群体中则成为合法。显然,群体规范与其他社会规范之间的冲突,常常会导致社会秩序的混乱,引起社会结构的动荡。只有当这种冲突被局限在一定范围里,它才有助于群体的结构性功能的发挥,满足成员的基本需要。

关于群体决策问题,是群体实现自身的目标、维持正常活动的重要方面。群体决策的概念,排除了由独裁型领袖独揽决策的现象。我们大体可以从形式上把群体决策过程分成四个阶段:第一阶段,旨在发动全体成员发现实际问题,分析已经掌握的事实。例如,球队要击败对手,就必须分析已经掌握的彼此情况。第二阶段,着重进行评价,由全体成员对问题发表各自的看法,作出必要的评价,其中最重要的是成员应对其他成员的观点和意见做出明确的反应,申明自己的主张。在这一阶段,往往会出现意见分歧,意见一致或接近的成员可能会组成一定的派别。第三阶段,展开商议和争论,达成妥协,最终拿出一致的决策。和正式组织的决策程序不一样,群体决策过程还有第四阶段,即群体成员开始以各种方式消除在第三阶段因争论或意见不合而形成的一时的关系失衡,回归到原有不协调状态,以便使全体成员能够依从决策,采取一致行动。没有第四阶段,群体情绪气氛就处在不正常状态,对成员实施行动、开展正常的群体活动产生消极影响。至于群体决策的正确性的获得,有赖于全体成员克服在认识过程中可能会出现的各种干扰正确判断和决策的因素,如从众心理、心理压力、集体幻觉等。

第二节 社会群体的分类

作为社会实体形式之一的社会群体具有许多类型,在认识社会群体的特征时,各类型之间的差异并不是可以忽略不计的。社会群体具有的复杂性导致了许多种分类标准和分类结果。

1. 大群体和小群体

以群体的规模为标准,可以区分出大群体、小群体。最典型的大群体就是统计群体(如职业群体、性别群体、年龄群体等)和利益群体(如阶级群体等)。这类群体人数众多,其活动方式和组合形式超出了我们所说的作为实体的社会群体范围,但它们依然是社会学的研究对象。统计群体是根据成员所具有的某一特征的共同性而被划分出来的,必然涉及广泛的人群,而且根据其内部结构,还可以划分出许多具有实体形式的群体。如工人阶级,就可以划分出产业工人群体、知识分子群体等;对产业工人群体,还可以划分出更具体、更直接、更密切的群体(如车间班组)。社会学家还常常把有一定规模的社会组织看成是大群体,这当然是仅从人数众多这一角度来定义的。小群体指的是成员人数不多、规模有限的社会群体,具体人数没有必要做严格的规定,但其无疑具有实体形式。例如,家庭群体、朋友群体、街头青年群体等。人数的有限使成员之间可能形成面对面的互动关系,相互了解比较全面,情感投入也更多。这就是小群体比大群体更具实体性的重要标志。群体成员多寡的限定是相对的,数十人的小企业不能被看成是工人群体,而数十人的大家庭依旧是小群体。

2. 初级群体和次级群体

以成员互动关系特征为标准,可以划分出初级群体和次级群体。这是社会学研究中最经典的划分类型之一。初级群体是指成员之间的互动具有面对面的交往、合作特征的群体,在这种群体里,成员之间在空间上极为接近,并具有强烈的群体一致感和自我意识。所以,"初级"的含义除了指涉面对面直接互动之外,还指涉社会成员在其人生道路上最初进入的群体,如家庭群体、游戏群体、同学群体等。而在次级群体中,成员的互动形式主要是间接的,成员之间的相互了解就比较有限,个人的情感投入受到一定限制。间接互动必然使群体内部关系层次增多,这不能不影响到成员对情境与他人行动的理解和反应。次级群体的另一含义指的是社会成员进入初级群体之后所具有的群体归属,比如同学群体、工友群体、同业协会群体等,这是一个人的社会活动领域扩展、活动能力增强的标志。次级群体的规模常常比初级群体大。这两类群体在内部结构、凝聚力的形成、规范与价值观以及对成员个体需要和社会结构需要的满足方面,也存在着重要的差异。以群体的功能或目标为标准,可以划分出像家庭、游戏、娱乐、工作、朋友、邻里等多种群体类型。这种划分带来的问题是,无法明晰地对具有多元功能的群体(特别是初级群体)进行归类。所以,这种划分很多是以群体活动方式(如游戏群体)或以成员身份(如同学群体)来作为群体区分的特征。

3. 正式群体和非正式群体

以群体的结构特征为标准,可以划分出正式群体和非正式群体。从成员关系形式看,成员资格和职责不受到严格的规定,其活动也不受到明确的规范,就是非正式群体;反之,就是正式群体。工作班组或陪审团就属于正式群体,群体被赋予明确的职责,成员资格都有严格的规定,群体活动排除了随意性。而友伴群体、兴趣群体就是另外一种情景了:成员的进入或退出不必有严格的程序,其职责分工也不固定化,个别成员的退出也不影响群体活动。这种随意性就是群体的非正式特征的主要标志。一般来说,群体的正式程度越高,功能与目标越明确、越专一,就越接近于社会组织,成员的活动余地就越小,情感投入也越少。从形成的基础上来看,非正式群体具有以下六种类型:

(1)友谊型。即以感情为基础而形成的亲密朋友群体。在友谊型群体中成员之间有诸多的共同点,彼此情投意合,成员感情投入较多。

(2)同好型。即以共同的兴趣爱好为纽带结成的群体,如棋友等。在这些群体中,成员之间未必都是知心朋友。

(3)利益型。即以共同的利益为纽带的群体,如在一个商场中,一群消费者感到商家有欺诈行为,就联合起来"讨说法",如此形成的临时性群体是利益型的,非正式的。利益型群体可以是稳定的,例如美国国会以外的"院外集团",他们没有明确的规章制度,没有明确的成员身份,属于非正式群体,又是共同利益促成的联合体。

(4)信仰型。即以共同的理想、价值观、信仰为基础结成的非正式群体,如自发组织起来的学习小组。

4. 所属群体和参照群体

以群体成员的归属为标准,可以划分出所属群体和参照群体。前者指的是成员所处的群体,后者指的是被成员用来作为某种参照对象,并对成员的态度、认识发生重大影响的非所属群体。根据成员不同的参照需要,会形成不同的参照群体;而同一参照群体的意义在不同时期则可能发生变化。参照群体总是与所属群体同类的群体,如某一家庭群体选择另一家庭群体作为消费水平的参照。有时候也有例外,如某个班组群体成员以感情融洽程度为参照目标时,他可能以同学群体为参照群体。

与这种分类标准相联系,还有内群体和外群体之分。内群体指的是一个人从属于并对之有忠诚感的群体;相应地,除内群体之外的其他群体都属于外群体。在社会生活中,一个人总是同时归属于不同的群体,例如,既是某一家庭群体的成员,又是某一同学群体的成员,还可能是某一同业群体的成员。这样,他所归属的内群体就不止一个。所有的内群体都可能被看成是所属群体,但并不是所有外群体都可能被选作参照群体。在群体成员关于情境和他人行动之意义的理解与反应方面,在关于群体目标和价值观的认同方面,不同的群体归属所产生的差异是极其明显的。

5. 先赋群体和后致群体

以成员归属方式为标准,可以划分为先赋群体和后致群体。前者指的是那种与生俱来的、非个人能选择或改变的群体。对任何人来说,家庭是第一个,也是最主要的先赋群体。每个人既无法选择自己的家庭,也无法选择所归属的种族群体、性别群体,其一生就成为这一群体的成员。随着社会生活领域的拓展,个人介入的群体越来越多,可能更多地具有对归属群体的选择权,还可以更改。诸如此类的、后天获得的群体归属,被称为后致群体。先赋与后致这两类群体之间的差别,主要反映在成员所归属的社会关系的特征,以及由此对成员归属感形成的重要影响方面。可选择性与不可选择性,直接影响到个人对自己作为群体成员的地位、感情倾向和行为模式的理解。就家庭这一群体而言,先赋性就意味着感情的全部投入,与其他成员的亲密无间和协调一致,意味着感情融洽就无比快乐,感情抵触就极度痛苦,这对人的个性的影响是显而易见的,退出这一群体就表明个人命运的一种挫折。而对后致群体的归属来说,由于存在着可选择性,成员若在群体中感到难以适应以致无法实现感情和行动方面的一致,他就会脱离这一群体,而选择另一群体重新投入,或者干脆不再介入类似的群体活动。

6. 实体群体和统计群体

所谓实体群体指的是像家庭、友伴、班组这样的具有实在的成员联系与群体活动特征的群体,而统计群体则不具备这样的特征,它是人们根据某一特征而划分出来进行统计归类而形成的。例如,我们很难单纯地从群体活动的角度来把握性别群体或年龄群体的基本特征,因为所有男性都可以被归入同一群体——男性群体,尽管他可能载负着相似的社会角色规定。在实际社会生活中,所有男性个体之间未必会发生任何直接或间接的社会联系。我们根据什么把他们看成是一个社会群体:怎样评价他们的社会结构意义和满足成员基本需要的功能?从对实体群体的分析中无法引申出相应的结论。这就必须从新的角度来理解统计群体的意义:首先,统计群体若要涉及群体成员需要满足这样的层次,就必须以实体群体为基础,即只有从家庭、友伴、同业这样的实体群体的实在活动中,才能理解某一统计群体成员的活动特点。比如在家庭活动中,反观丈夫或兄弟之类男性成员之于性别群体的意义。其次,只有在社会结构层次上,统计群体的活动才被认为是一个整体,具有不可替代的独特性,其社会意义的体现,并不取决于那种与个体成员需要满足相关的成员之间的联系,而取决于那种超越于个体活动之上的结构特性。

总而言之,社会群体类型是极其繁复多样的,而且每一种分类未必都能涵盖分类对象的全部特点。但不管怎么说,社会群体的分类,从一个特定侧面提供了社会学关于社会群体的基本特征及其社会行动意义的认识成果。

第三节 婚姻与家庭

一、婚姻

(一)婚姻的含义和本质

对于婚姻也同样具有多种解释。东汉班固等编撰的《白虎通》说:"婚者谓昏时行礼,故曰婚,姻者妇人因夫而成,故曰姻。"先秦的礼仪选集《礼记》则说,"昏礼者,将合二姓之好,上以事宗庙,而下以继后世也。"人类学家威廉·斯蒂芬认为,婚姻是:(1)社会的合法的性结合;(2)开始于一种公众宣告;(3)具有某些共同的思想职能;(4)假设有一个多多少少明确的婚姻契约,详细说明配偶之间、配偶和子女之间的责任义务。社会学家欧内斯特·伯吉斯及其合作者对婚姻所持的观点是:"动物求偶,而人结婚。"其意义不同是简单而明了的。求偶是生物性的,而婚姻是社会和文化的。婚姻是指一种仪式,一种被社会认可的结合,一种一旦进入就要对社会承担某种认可责任的关系……婚姻还可能被解释为一种一个或数个男人和一个或数个女人出于某种愿望的被社会认可的联合,他们将分别扮演丈夫和妻子的角色。围绕着婚姻的目的和意义,也有着不同的认识。在西方,在中世纪宗教力量十分强大的时代,禁欲的人生观被列为正统。两性关系被认为是神秘的,婚姻则是由上天决定的,是神意的表现。它不是由凡人而是被上帝耶稣或某些超人建立和保留下来的,因而是一种神圣和至高无上的制度。在宗教的认识规范中,人的存在、人的思想和欲望与上帝的意志相比都是次等重要的,婚姻是神赐予人并将人与神联系起来的"圣物"。在这样的社会信条下,婚姻的仪式和有关事务都为宗教所主宰和控制,不同宗教信仰的人也无法缔结婚姻关系。认为"婚姻是神的表现"这一普遍看法,到了20世纪有所转变。比较流行和普遍的看法是,婚姻的目的和意义在于社会责任和义务,在于履行和服从亲属团体和社会的意愿。宗教对婚姻的干涉虽然有所减弱,但民族、种族团体、家族、社会阶层或阶级仍然是操纵婚姻的强大力量。婚姻被认定为上述团体和组织存在和继续的某种利益需要,男女双方作为婚姻当事者的主权地位仍然被忽视。因此,门第的高低、家族的根基构成婚姻关系的基本条件,婚姻的目的主要在于服从家族或社团的客观义务,对离婚、婚前孕、不同社会等级之间的通婚,社会有严格的规范予以规定。

随着民主制度替代专制统治而成为社会的普遍原则,社会的哲学观点、伦理观念、风俗习惯也都发生了深刻的变化。民主、自由和平等、博爱的观念要求代替独裁专制和血统等级,生而平等,个性自由发展,成为人人崇尚的真理和权利。民主制的实行增强了人们的民主意识。同时,经济上的联系逐渐成为社会生活中人与人之间最基本、最普遍、最有效的联系。社会现实中的宗教关系、血亲关系的主宰地位逐渐为政治上的组织关系和经济上的利益关系所替代。民主制度、工业革命帮助人们树立以自身的自由发展为主体的人生观念。而随着家长制瓦解,妇女获得解放,婚姻关系的本质属性也必然被改变。物质和经济利益占主导地位的婚姻关系有所变化,爱情在婚姻的诸多支配因素中越来越占突出地位,这为自由婚制的普及创造了条件。由此,关于婚姻和家庭存在的意义的看法,也由"神的表现""亲属团体和社会存在的需要"变成自我个性的需要,对婚姻的选择成为个人的权利,而不是为履行对上帝或社会的义务。婚姻行为本身也越来越游离于民族、宗教、种族团体或社会阶层的某种限制力量。婚姻的存在与否在于个人的个性选择,而不是决定于某种团体结构和社会状况中的他人意志。

总之,人们对于婚姻的目的和存在意义的理解是分歧的,或者认为是一种宗教神圣,或者认为是一种社会契约,或者认为仅仅与个人的个性与独立性相联系。这些看法帮助我们得到以下关于婚姻本质的认识。

从表现形式上看,婚姻是男女两性的生理结合。两性结合是生理和心理发展的需要,是人的一种自然本能和生理性的行为。从这一角度说,婚姻必然会受生物规律、自然规律的制约。男女两性的结合形成了婚姻,它是婚姻的基础和属性,亦即成婚姻的自然基础和生物属性。但是,并非所有的两性结合都被认定为婚姻。两性结合只有符合一定的规范,才会被认为是婚姻。即只有在特定的法律、伦理和风俗的规定之下建立起来的两性关系,才是婚姻关系。

因此,从本质上讲,婚姻是男女之间在特定条件下的社会结合。婚姻的社会性是其本质的属性,婚姻不仅是道德伦理、习俗和法律所规定的产物,同时也与特定的社会结构相联系。婚姻的生物基础是其自然起源,而婚姻的社会基础则体现了婚姻的本质。

婚姻是一种社会行为与社会过程。婚姻的缔结是婚姻的起点,它包括婚姻的预备与正式结婚两个阶段。在婚姻的预备过程中,一般发生婚姻媒介与婚姻当事人两种社会角色的作用。在我国现阶段,婚姻媒介一般没有强制性,由婚姻当事人周围亲近的人担当,主要是父母、亲戚、朋友或婚姻介绍所。婚姻媒介的存在,使婚姻可能具有市场的某些特性。婚姻介绍所是一种仪式,它的作用是通告亲友并使夫妇双方取得社会承认。各地的婚礼大多搞得很隆重,这表明我国人民比较重视婚姻的社会承认。我国传统的婚礼是举行拜天地祖宗的仪式(把神灵与祖宗当作证婚人与婚姻的监督者),同时宴请亲友邻里以扩大影响。现行婚礼保留了传统婚礼中的酒宴,其他形式大多更新了。另外,还有少量旅行结婚、茶话会、集体婚礼等形式。我国的婚姻登记是立即生效的。通过结婚登记与婚礼,婚姻当事人即开始承担了对对方、对后代、对社会的权利与义务。权利与义务是婚姻的社会实质。

(二)婚姻基础与择偶标准

人们建立婚姻关系的原因,是为了满足某些需要。婚姻需要不是单一的生理需要,还有丰富的社会内容。在不同的社会历史条件下,作为婚姻基础的需要及其主要成分是不同的。恩格斯在《家庭、私有制和国家的起源》一书中指出,原始社会婚姻的基础是自然条件;私有制社会婚姻的基础是经济条件;未来社会的婚姻基础是爱情。德国社会学家穆勒里尔分析了婚姻基础的基本内涵及其表现。他认为,婚姻有三大动机,即经济、子女及爱情。在上古时代,经济第一,子女第二,爱情第三;在中古时代,子女第一,经济第二,爱情第三;在现代,则爱情第一,子女第二,经济第三。这种排列虽然并不确切,但有一定的启发性。恩格斯等人的观点可以上升为如下一般化的命题:婚姻需要及其引发的动机是多种类与多层次的,其主次关系处于变动的过程之中。现代社会的婚姻基础,还不能一概说成是"爱情第一,子女第二,经济第三"。在资本主义社会,婚姻无法摆脱商品化的潮流。虽然封建社会的买卖婚姻的形式正在消失,但它的实质是指定的选择性婚姻。第二阶段为同代权衡,即婚姻当事人直接充当利害权衡者,权衡的对象是对方本身的条件。西方社会学家称之为自由市场性婚姻。美国社会学家 W.古德指出:"一切择偶制度都倾向于同类联姻,即阶级地位大致相当的人才可结婚,这是讨价还价的产物。""如果不考虑选择具有类似社会背景的人作配偶,婚姻就会缺乏坚实的基础。"[①]

婚姻的自然性与社会性都是婚姻的内在必然性。婚姻的自然性导致人们把相貌、身体、年龄等作为择偶的标准。婚姻的社会性导致人们把经济、政治、道德、文化或宗教等作为择偶的标准。这就是说,人们择偶的标准是多方面的,并且双方试图在每一个标准上都贯彻等同性原则。虽然任何人实际上都不能完全在每一个标准上实现等同,但等同性作为一条主观评价标准是普遍存在于婚姻当事人或长辈们之中。美国社会学家霍林沙德曾于1948年调查研究了美国纽哈文城的1 980对夫妇,最后得出结论说,美国文化对男女择偶有确定的限制,其影响因素主要是:种族、宗教、年龄、民族来源、阶级地位及教育。"当所有的这些因素合并起来的时候,它们便把一个人择偶的范围弄成狭小的了。"

我国的传统婚姻主要讲"门当户对""传宗接代"。选择相当的地位,是为了找到社会经济的依靠;选择相当的身体,是为了保持种性血统的延续。因而这是一种工具性的婚姻。我国现阶段的婚姻处于非工具化的过程之中。爱情与个人条件共同构成多数现实婚姻的基础。婚姻当事人个人条件相当,成为择偶的主要现实原则;家庭条件仍有一定的影响,不过它们的作用日益减少。目前,婚姻当事人在哪些方面追求相当呢? 主要是职业、收入、文化、相貌与身体。爱情、相互了解和情投意合等因素正在上升为结婚的主要动因。当事人条件相当或个人条件差异较大,与爱情之间还存在一定的矛盾。例如农村青年与城市青年之间相爱还有户籍、职业等障碍,这些个人条件的差异并不完全由个人本身所造成,因而个人条件有时还可能影响爱情的产生与发展。从现实的情况来看,女青年择偶的标准,一般是才干、文化、职业、收入、礼貌、自信、热爱生活等。男青年择偶的标准,一般是贤惠、相貌、职业、忠实、理家能力等。这些标准的重要性程度,在择偶实践中因人而异。

---

① W.古德著:《家庭》,魏章玲译,社会科学文献出版社1986年版,第208页。

二、家庭

(一)家庭的含义

很难对家庭下一个科学而明确的定义。家庭在其古典结构中通常是包括父母、子女和亲缘关系相近的人们,由于来自相同的祖先,有着因婚姻而产生的特殊关系,因此形成一个系统。同时,这个系统又牵连着社会系统。而现代社会由于个人对生活形式的选择有较充分的自由,家庭结构和形态亦呈多元化趋势,传统的家庭定义很难适应这种现状。

在这里,我们认为,家庭依然是以婚姻、血缘关系为主要纽带的人类社会生活的基本单位。同时需要把握的是:第一,家庭也可以是以法律领养关系为基础的共同生活体;第二,共同生活、具有密切的经济交往、情感交流是家庭成员之间的必要关系;第三,"家"与"户"是两个有区别的概念,户是以共同居住为标志的群体,"家"则是主要以婚姻、血缘关系为标志的群体;第四,有婚姻关系但无血缘延续的自愿不育夫妇和有血缘关系但无婚姻形式的未婚父母及其子女组成的共同生活群体也应列入家庭的范畴;第五,某些个别和例外事例并不影响对家庭的普遍和一般含义的表述。

(二)家庭的性质

从家庭的概念入手,可以进一步认识家庭的有关性质。

1. 家庭是自然关系和社会关系的统一

家庭是一种社会生活组织形式,但这种组织形式是以婚姻关系为基础的。家庭来源于男女两性的结合,通过婚姻而构成,并以婚姻为依据。这是家庭区别于其他社会组织的基本特征之一。

家庭的基础是两性的结合,但这种结合必须是男女两性依一定的法律、伦理和风俗的规定而建立起来的两性关系,为一定的社会制度所确认,从而成为婚姻关系。一方面,婚姻是一种自然关系,是男女两性的生理结合;另一方面,婚姻也是一种社会关系,是以生理结合为自然基础的社会结合。婚姻总是为一定的社会条件下的道德、法律所承认的两性结合,自人类摆脱血亲杂交的两性关系状态以来,风俗、伦理和法律便成为维护两性关系的规范化、制度化的主要手段。同时,人们对婚姻的需求也不仅仅限于生理的满足,还包括感情、经济等多种动机,夹杂了复杂的社会因素。因此,婚姻是家庭的基础和根据,是家庭成立的标志。作为男女间结合的关系和行为,婚姻是自然的结合,又是社会的结合。

男女之间建立起稳定的两性关系以后,将生儿育女、繁衍后代。一般而言,有婚姻即有生育,由生育而形成父母与子女、兄弟姊妹等血缘亲属关系。血缘关系包括同自身有直接生育关系的直系血亲和同出于一个祖先但却是间接生育关系的旁系血亲。直系血亲和旁系血亲共同构成个人的血缘亲属关系网。血缘关系从婚姻关系而来,如果没有父母的两性结合,也就无所谓后代的繁衍。血缘关系成为家庭中人与人之间相互联系的特定形式,是组成家庭的自然纽带,对家庭的存在与维系起着加固的作用。

一方面,血缘关系是一种自然血统关系,具有生物和遗传的基础与意义。亲子关系、兄弟姐妹关系是人类的自然亲情关系。另一方面,自然的亲属、血缘关系由于被赋予了一定的社会权利和义务的规定,因而也具有社会属性,成为一种社会关系。另外,人们之间的亲属称谓有时也并不完全根据相互之间的血缘关系,而是由社会所确认的某种权利义务关系来认定。如在母系制家庭中,孩子往往只认识母亲,却不知道生父为何人,父子之间不存在相互的权利义务,因而虽有自然的血亲关系,却不存在社会确定的亲属关系。通过领养关系组成的养父母、养子女,虽然彼此没有血缘关系,但由于彼此存在权利和义务关系,因而被社会赋予一种亲属的地位和关系。

由此可见,家庭是建立在血缘和姻缘关系之上的,无论从其中哪一种关系看,家庭都具有自然属性和社会属性。在家庭里,自然关系和社会关系是统一的,自然关系是前提,但自然关系寓于社会关系之中,社会关系是主导。所以,要认识家庭,首先必须看到,家庭就是夫妻之间的关系、父母和子女之间的关系,而这两种关系都具有自然性和社会性的两重属性。因而家庭是自然关系和社会关系的统一。

2. 家庭是一个历史的范畴

两性结合本质上是一种自然关系,但家庭是为法律和道德观念所认可的两性结合,因此便打上了社会的烙印。作为人类社会生活的组织形式,家庭并不是从来就有、一成不变的。家庭有其产生和发展的历史,因而它是一个历史范畴,是人类社会一定历史阶段的产物,家庭的职能、性质、形式和结构都随着生产方式的变化而变化,又反过来对一定生产方式的发展起着积极或消极的作用。在生产、交换和消费发展的一定阶段,总会有一定的社会制度,也会有一定的家庭制度。

在人类社会初期,人们长期过着群居的生活,异性之间可以随意地发生两性关系,因而也就无所谓家庭。这种男女杂交的状况是当时极其低下的社会生产力发展水平所使然,是人类从动物状态向人类状态过渡的阶段所特有的性交关系。随着社会生产力的发展,劳动产品有了剩余,加之交换的媒介作用,一夫一妻的个体家庭就从人类的原始状态中分化出来,逐渐成为社会的细胞。人类在进步中不仅排除了父母与子女之间的两性关系,也排除了兄弟与姊妹之间的两性关系,这样就排除了血缘近亲之间的婚姻,人类因此获得了体能和智能上的巨大发展。家庭的产生与发展是与人类配偶关系的逐步稳定相联系的。个体家庭的孕育、诞生和发展是以自然条件为前提,以经济条件为基础的结果,这一过程基本上是与私有制逐步取代原始公有制的过程相一致的。个体家庭的出现,顺应了历史发展的必然趋势,促进了私有制的发展,从而推动了社会进步。

家庭有不同的形式,各种形式总是不可避免地被打上时代的印记。如果说人类依次经历过蒙昧时代、野蛮时代、文明时代,那么血婚、伙婚等群婚制家庭是与蒙昧时代相适应的,而偶婚制家庭产生于蒙昧时代与野蛮时代交替的时期,一夫一妻制家庭则出现在野蛮时期的中级阶段和高级阶段的交替时期,它的产生是文明时代到来的标志之一。以后,一夫一妻制家庭也随着社会制度的进化而发展。

人类从血亲杂交依次经历血婚制家庭、伙婚制家庭、偶婚制家庭,到实现个体婚家庭,任何一种家庭形态都不是偶然产生的。家庭形态的发展的根本原因是社会生产力的进步。在社会生产力十分低下的时候,人们通过群居生活来对付大自然,血亲杂交成为必然。以后,一定地域内有限的生活资料养不活日益繁衍的人口,造成原始群分裂;同时由于年长者掌握一定的生产经验,社会逐渐形成长幼区别,出现了血婚制家庭,继而又出现伙婚制家庭。弓箭发明后,偶婚制家庭开始出现。畜牧业的发展,剩余产品的出现,私有制的产生,又造成了一夫一妻制家庭的萌现。这一切都发生在原始社会里,经历了两三百万年的历史。家庭发展史就包含在这两三百万年的人类发展史中,并以社会生产力的发展为基本前提。其次,自然选择在家庭形态的演变中也起了不可忽略的作用。由于自然法则的警示作用,人类在婚配关系中逐渐排除父母与子女、兄弟与姐妹之间的性交关系,人类体质增强,智力发展,人口数量增多。大自然的规律对人类自身的发展具有一定的选择作用。当然,与其他生物不同,人是通过自己的实践活动而自觉认识大自然选择的作用的。据此,社会生产力和自然选择是理解家庭史的两条基本线索。抓住这两条线索,家庭形态的演化就有规律可循。

历史的发展是一个否定之否定的过程,是螺旋式前进的过程。家庭的发展过程同样是复杂曲折、螺旋式上升的。虽然在人类发展的不同时代有相应的家庭制度,但这只是从总的方面大体而言,实际情形要复杂得多。例如,当大多数地区进入个体婚姻家庭时,有些地区还残留着群婚的遗迹。社会生产力的发展造就了家庭的变化,这也只是就大体而言,实际上家庭的演进并不是整齐划一的。因此,要从历史的总体上看待家庭发展史。

家庭有其产生和发展的过程,有过去的历史和现状,也有未来。因此,家庭是一个历史范畴。

3. 家庭是社会群体

群体是社会学所关心的问题。社会群体泛指通过一定的社会关系结合起来进行共同活动的集体。

家庭是初级群体,它通过血缘关系结合起来。所谓初级社会群体,是由面对面互动形成的、具有亲密人际关系的社会群体,它反映着人们最简单、最初步的社会关系,是社会组合的雏形。家庭具备了初级群体的三个基本要素:(1)面对面接触;(2)成员较少;(3)有频繁的互动。

作为人类群分的一种特有形式,家庭是人类社会生活的需要。人为了满足物质和精神的需求,为了生存和发展,必须生活在一定的集体之中。而家庭是建立在婚姻和血缘关系基础上的、以夫妻子女为基本成员的共同生活集体,它满足了人类生活的多种需要。家庭这个社会细胞,集中体现了初级社会群体的多种特征。

第一,家庭是社会自然产物。在家庭中,自然的血缘关系和世代关系是维系家庭存在的重要纽带,生育子女、繁衍后代,增加新的家庭成员,也是在自然状况下发生的。家庭的形成虽然要经过婚姻形式中的法律程序,有人为因素,但却是以自然形成为条件的。与正式的社会组织不同,家庭不是按照社会契约,为满足某种社会需要而人为加以建立的。家庭在本质上是通过一定的宗教和法律仪式被规范化的由两个以上个体组成的社会自然产物。

第二,成员关系带有感情色彩。在家庭中,个人投入自己全面的个性和全部的情感。家庭成员在共同生活中相互帮助,在感情上相互慰藉和支持。与正式社会组织不同,家庭中的成员关系是一种亲密无间、心心相印的情感性关系,其成员的活动交换,并不是严格按照等价交换的原则进行的。

第三,家庭有一定的群体规范。家庭中有成员互动和家庭生活所遵循的准则。但家庭中的行为规范并不是十分严格的,不是明文规定的,个人的自觉性起着更大的作用。

第四,家庭具有持续性、稳定性。家庭成员由于有着血缘上的联系,因而形成较深的关系,家庭成员间的互动具有持续性和稳定性,家庭在这种持续的互动中得以巩固。互动一旦中止,家庭便会走向解体。

家庭这个初级群体比较全面地反映着人们的社会需求。它的功能是多方面的。

首先,对大多数人来说,家庭是实现社会化的基本单位。作为基本的社会群体,家庭为人们的社会生活提供了基本的环境,是人们进行社会化的最基本条件,它帮助人们形成个人的社会性和理想,使人的观念和态度社会化和内在化。人出生以后,有一个较长的依赖生活期,这个时期是在家庭中度过的。家庭帮助一个婴儿完成自我认识的过程,完成自我与父母关系的认识过程;家庭帮助一个幼儿形成最初的个性倾向,培养语言和表达能力;家庭还为儿童提供游戏和活动场所,帮助他们按照规范承担角色,并且随着年龄的增长,最终将个人引入社会。即使是成年人,其个性也仍然会受到家庭的影响。因此,家庭作为初级社会群体的最重要作用,是培养儿童的社会化和儿童的个性。

其次,家庭满足人们的各种需求。家庭是关系到个人生命健康和幸福的初级群体,为每个人提供的福利、情感支持、自我价值实现、社会安全等。有充分的证据证明,若没有家庭和它所提供的各种支持,人们罹患各种生理疾病、心理疾病的可能性将会增大。许多人一旦离开家庭,独自在社会中生存,就会"思家",就会怀念家庭中的亲密关系。可见,一旦割断与家庭这一初级群体的直接联系纽带,没有了亲密的家庭环境,个人生命的健康和幸福将会受到严重的损害。

最后,作为一种初级群体,家庭还是一种实现社会控制的基本工具。家庭对越轨行为、规范行为分别具有惩罚和奖励功能。

正因为家庭担当着初级群体的多种功能,而这些功能又是社会的必需,所以它在社会中占有重要位置。

4. 家庭是社会制度

家庭的构成和存在并非任意的、随心所欲的,而是具有一定的规范和准则。家庭是一种社会制度。

制度是社会公认的复杂而有系统的行为规范体系。每种社会制度都由一组相关的社会规范构成,围绕着某种社会目标进行一系列规范化的规定,因而也是一种相对持久的社会关系。每一种社会制度都在人类社会生活的某些确定的特殊领域中有其广泛的存在。

家庭制度是社会制度的一种。家庭是社会的基石,包括婚姻制度在内的家庭制度被认为是一切制度中最普遍、最基本的制度之一,对人类社会生活具有重大的影响。家庭制度是对家庭在组织结构和行为活动上的一些规定,它是一定社会历史条件下的家庭关系和活动的规范体系,是属于社会中某一领域的制度。

与一般社会制度一样,家庭制度具有以下主要特征:

(1)普遍性。作为社会的主要制度之一,家庭普遍存在于一切民族、国家和社会之中,对人们均无例外地发生着制约作用。在时间上,家庭制度是最古老、最原始的制度之一。当人类脱离血亲杂交的蒙昧时代,两性关系受到辈分的限制时,第一个家庭形态——血婚制家庭便出现了。这是最简单又最古老的家庭制度。血婚制家庭显示了人类在进步阶梯中的最低级状态。在中国,根据对元谋人的考古遗存推断,这种状态约存在于170万年以前。由于人类第一次对配偶关系作了最简单的限制和规范性规定,家庭便作为一种制度开始出现。以后,关于家庭关系和行为的规范越来越多、越来越复杂。文明社会有了文字记载以后,开始有了比较系统和完整的家庭制度的记录。在空间上,家庭制度是各国、各地区最普遍的制度之一。不同空间范畴的家庭制度有着共同的规范规定,同时,由于社会制度、宗教信仰、风俗习惯的差异,家庭制度又显示出不同的特点,具有不同的内容规定。

(2)相对稳定性。随着时代和社会的变迁,家庭制度有形态的演变进化,也有内容的修改更新。在不同的时空条件下,有不同的内涵。但是作为制度,家庭又是相对稳定的规范体系,一经确立就会在相当长时期内制约人们的行为。家庭制度的建立有其客观根据,它是一个逐渐完善、扩充并在一定空间上得到普及的过程,一旦被制度化,就具有稳定性。当然,一定的家庭制度在发展演变过程中也会出现障碍和问题,需要及时调整不适应的部分和环节。当某一种家庭制度存在的基础丧失之后,新的制度会逐渐取而代之。但原有的家庭制度还会在相当长时期内继续发挥作用。

(3)复合性。家庭制度是由一系列制度组成的一个行之有效的制度体系,其中包括婚姻制度、生育制度、继承制度等。每一种制度都表现了它对家庭存在的一定功能,它们相互配合,构成家庭关系和行为的准则和规范。值得注意的是,这些不同层次的准则和规范,既是由社会制定和认可的,也是人类长期生活中糅合不同文化特点而逐渐形成的。

由上所述可见,家庭制度是被规范化并且具有法律效力的思想内容,不是主观想象的产物,而是对一定时空状态下的现实的婚姻和家庭状况的确认,是家庭成员在家庭生活中的相互关系的反映和规定。有了制度的规定性,家庭方可正常有序地运行。在社会生活中,家庭制度的重要作用表示在以下几个方面:

首先,规范家庭生活。家庭生活是一种社会行为,需要某种规定性,否则就会发生紊乱。家庭制度通过一系列规范,规定了结婚年龄、条件等家庭成立的准则,规定配偶的人数,规定家庭中个人(如母亲、父亲、丈夫、妻子、儿女等)不同的地位和角色,不同的权利和义务,规定家庭成员间的关系模式。家庭制度具有行为导向的功能,以避免家庭中个人之间、个人与社会之间的矛盾和冲突,使家庭生活规范化。

其次，整合社会。家庭制度通过调适家庭人际关系、规定家庭中的行为准则，而调整整个社会的人际关系，协调社会行为。家庭制度通过建立稳定、和谐的家庭生活，进而帮助实现社会的整合与安定，帮助建立正常的社会秩序。

最后，传递文化。制度本身就是一种文化，并且其中包含了一定的思想、信仰、风俗、习惯等文化因素。通过制度化的过程，文化在家庭中保存、积累、继承和传递，世代沿袭，并在空间上得以普及，因而促进人类的进步。

家庭制度是社会制度的一种，但很少有哪种制度能得到比家庭制度更多的认可。另一方面，家庭制度也受社会制度的制约和影响。在社会生活中，家庭制度执行着它对社会存在的特有功能。

(三)家庭的本质

通过对家庭概念和性质的讨论，可以看出家庭的本质特征。家庭的本质是什么？这是家庭社会学研究的一个根本问题。早在20世纪80年代中期，正当中国的家庭社会学重新起步时，对"家庭本质"问题就展开过热烈的讨论，形成了以下几种观点：

(1)有相当部分的意见认为，家庭的本质是经济关系。这一观点的主要内容为：家庭是按血缘和姻缘关系建立起来的经济组织，简单地讲，就是"血缘＋经济＝家庭"。在血缘(姻缘)与经济两大类因素中，经济更为重要。因此，家庭的本质，归根结底是一种经济关系。生产、交换、分配再分配、消费都是以家庭为单位进行的。正是家庭内部在经济上的相对平衡，促使家庭成为社会的基本单元。说"家庭的本质是经济关系"，这可以从两个方面理解。一是从根源上讲，家庭的形式、性质、职能、结构等都是与一定社会的经济基础相适应的，是随着社会经济的发展变化而发展的。二是家庭内部的人际关系是由客观的社会经济关系决定的，有什么样的社会经济关系，就有什么样的家庭关系。家庭是按血缘和姻缘关系联结的人们在一定经济基础之上建立的社会生活组织。经济职能和子女生育职能构成家庭存在的基础。经济关系和人口再生产关系构成家庭中的物质关系。经济关系是其中的物质基础，人口生产关系则是其中的自然基础。此外，家庭中还存在着基于家庭经济关系和人口生产关系的思想文化关系，构成家庭的上层建筑。但这种关系是派生的，不能说明家庭的本质，人口生产关系也是以经济关系为基础，因而家庭的本质只能是经济关系。

(2)另有观点认为，家庭的本质是人口生产关系。"按血缘和姻缘关系而建立的经济组织"并不是家庭的真正目的，而是手段。人们建立这种经济组织的真正目的是进行人口的生产和再生产。因此家庭是以一定形式的经济为基础的人口生产组织。人口生产关系是一切家庭所共有的、最基本的、最普遍的、最本质的东西。

(3)家庭的本质是感情关系。随着社会物质生产和精神文明的发展，经济关系在家庭中的作用越来越小。人口的生产和增殖也只是家庭的一项功能。而感情上的互爱已成为家庭建立、组成或离异、分裂的决定因素，它是纽带，是基础，因而也就是家庭的本质。家庭是建立在一定经济基础之上的作为人类感情的物质体现的最小的社会组织。

(4)家庭的本质是社会关系。人们的婚姻关系是构成家庭的基础。血缘亲属关系是结成家庭的纽带。家庭是人们社会生活的基本组织。家庭是在生命生产过程中形成的人们的自然关系和社会关系的矛盾统一体。自然关系即使在远古没有家庭时就存在,而家庭则从一开始就作为一种特殊的社会关系而存在和发展。这种社会关系包括经济关系、法律关系、道德关系、思想关系和感情关系。家庭中的社会关系支配和制约着自然关系,从而成为家庭的本质。

(5)家庭的本质是多层次的。对家庭本质的认识有三个层次,首先,家庭关系是社会关系而不是自然关系;其次,是物质的社会关系而不是思想的社会关系;最后,是人本身生产的生产关系而不是物质资料生产的生产关系。无论从哪个层次去认识家庭的本质,都不能割裂该层次与其他层次的联系,否则就难以得到全面的认识。

应该说,对家庭本质的认识,是对所有家庭的历史的和现实的全部活动的高度抽象概括。尤其需要探讨的是家庭区别于其他社会组织的内在规定性和家庭运动变化过程中的规律性。以上的讨论从不同的认识角度揭示了家庭所共有的基础和特征。

(四)家庭结构

家庭结构是指家庭成员的代际与亲缘关系的组合状况。现代社会的家庭结构有如下三种主要模式:

1. 核心家庭

由一对夫妇及其未婚子女组成的家庭,叫核心家庭。这种结构内部只有一个权力和活动中心,核心家庭取名的意义也就在这里。我国目前的核心家庭大多是一对夫妇带一两个未婚子女。其中一对夫妇与独生子女组成的家庭近年来发展很快。除了这些标准的核心家庭之外,还有几种特殊或不完整的形式:(1)配偶家庭。即只有一对夫妇而没有子女的家庭。其中,一类是未育配偶家庭,即尚未生育子女的一对夫妇所组成的家庭;另一类是空巢家庭,即子女均已成婚并单独生活,只剩下夫妇两人的家庭。(2)单亲家庭,即由于死亡或离婚而只剩下夫妇中一方与未婚子女组成的家庭。其中,一类是父单亲家庭,即只有父亲与未婚子女的家庭;另一类是母单亲家庭,即只有母亲与未婚子女的家庭。

2. 扩大家庭

由两对或两对以上夫妇及其未婚子女组成的家庭,叫扩大家庭。我国目前的扩大家庭大多是异代扩大家庭,即由两对异代夫妇与未婚子女所组成的家庭。由两对或两对以上均异代的夫妇与未婚子女所组成的家庭,叫主干家庭。主干家庭是核心家庭异代、纵向扩大的结果。我国目前的主干家庭大多属于如下两种类型:(1)一对夫妇与男方(或女方)父母以及未婚子女所组成的家庭;(2)一对夫妇与男方(或女方)父母、未婚子女、未婚弟妹(或姐兄)所组成的家庭。同时,主干家庭还有一些特殊与不完整的结构形式:(1)配偶主干家庭,即只有两对或两对以上均异代的夫妇而没有未婚青少年的家庭;(2)单亲主干家庭,即夫妇或父母缺损一方的主干家庭。

扩大家庭还有另外一种结构形式,即至少有两对或两对以上同代夫妇及其未婚子女所组成的家庭,这种家庭叫联合家庭。联合家庭是核心家庭同代、横向扩大的结果。联合家庭主要有两种结构形式：(1)异代联合家庭，即两对或两对以上的同代夫妇及其未婚子女与父母所组成的家庭；(2)同代联合家庭，即两对或两对以上同代夫妇及其未婚子女所组成的家庭。联合家庭一般是兄弟们结婚后不分家而形成的，兄弟们不分家大多是出于共同继承财产的需要。父母房屋多或经济宽裕，可以提供住房或补贴，婚后子女才可能在一起共同生活。另外，如果已婚子女缺少分开居住的住房条件，那么他们除了与父母共同生活外没有别的选择。也就是说，我国目前的联合家庭大多是由于经济上的原因而形成的，仅仅以感情为基础而形成的联合家庭是很少的。曹雪芹的《红楼梦》、巴金的《家》、老舍的《四世同堂》，反映的都是联合家庭。中国家庭扩大的路线是单系的，即只包括父亲这一方面。

3. 断代家庭

只有一代未婚青少年或一代未婚青少年与祖父母（或其中一方）组成的家庭，叫断代家庭。

这三个类型的家庭结构，在现代社会存在的普遍性相差很大。其中，最大量的是标准核心家庭，主干扩大家庭次之。核心家庭比重不断上升是迄今为止现代社会的一种普遍现象。

(五)家庭的功能与变迁

1. 家庭的功能

家庭建立以后，首先对于夫妇双方，然后对于子女或父母等家庭成员发生种种效用，同时还要与社会相互作用。家庭对于内部成员和社会的价值与贡献，就是家庭的功能。家庭的功能主要有六个方面：

(1)性爱功能。男女两性缔结婚姻关系之后，性爱就成为维系相互关系的主要纽带。现代社会的性爱是从恋爱发展而来的。恋爱是两性之间的相互吸引与眷念；性爱是两性之间的相互依赖与结合。性爱是性欲的升华，是社会化了的一种生物性。性爱与性爱行为是家庭生活的重要内容。人们一般把家庭看作是满足夫妇性需要的场所，其实家庭从来就是这样或那样限制夫妇性行为的单位。在现代社会，家庭保证夫妇之间性需要满足的功能，一般是与排除家庭之外各种性行为的功能同时实现的。社会把人们的性生活限制在家庭的范围之内，有利于性需要的普遍满足，以及避免由满足性需要而引起的社会混乱。限制与排除家庭之外性行为是习俗、道德、法律等社会规范中有关两性关系的规定与要求。在我国现阶段，只有家庭内的性生活才是道德的、合法的。在婚外性关系中，通奸是不道德的，卖淫是非法的。专一的家庭性生活已成为大多数夫妇的自觉意识与行动，正在越来越充分地体现性爱的本性，即排他性。现代家庭的文明，不是对于婚外性行为的宽容，而是第一次真正地、广泛地使性爱的本性得到了实现。性爱如果受经济、地位等因素的左右，它就会抑制自己的本性，歪曲地表现自己的本性。性爱越是不受经济、地位等其他因素左右，则越有可能表现它的本性。因此，只有社会主义社会才能使性爱的本性在全社会普遍实现。在现代西方社会，不少家庭的性爱是以通奸和卖淫为补充的，因而这种性爱是掺杂了附加物的不纯洁的性爱。在中国历史上，许多家庭的性爱是以妇女单方面的忠实为特点的，因而这种性爱是抛弃了妇女权利的片面的性爱。封建社会里，丈夫出门，妻子守家，不管丈夫出门多久，妻子只有等待的义务。在外做官的离家举士,游宦异乡;经商的重利轻家,几年不回,作为牺牲品的常常是妇女。唐代王昌龄在《闺怨》一诗中写道:"闺中少妇不知愁,春日凝妆上翠楼。忽见陌头杨柳色,悔教夫婿觅封侯。"李益的《江南曲》诗云:"嫁得瞿塘贾,朝朝误妾期。早知潮有信,嫁与弄潮儿。"这些诗歌都反映了古代妇女等待丈夫但又不见丈夫归来的哀怨。

(2)生育功能。人们组织家庭的目的,一方面是性爱本身,另一方面却不是性爱本身,而是性爱的延续,即生育。当夫妻不能或不愿生育,夫妻间的性爱仍然存在,所以生育与性爱是家庭两种不同的功能。生育首先表现为生殖。家庭是人类繁衍后代的唯一社会单位。迄今为止,人们寻找这一功能替代物的企图与尝试,都没有普遍的意义。"试管婴儿"只是作为极少数家庭生育功能的生物性辅助手段。西方国家出现的"代人生子公司"则是为个别资产者家庭服务的不文明的特殊机构。现代社会提倡优生,要求各个家庭都为社会生殖健康优秀的下一代。智力和体力缺陷者的出现,不仅在人群中保存和积累了不良的遗传基因,而且也为社会增加了负担,给家庭和个人带来了不幸。保证健康与其他良好素质的孩子出生,不仅关系到家庭和未来,而且也关系到社会的未来。减少或消除不良遗传因素,是提高人口质量的首要措施。禁止近亲(直系血亲和三代以内的旁系血亲)、缺陷(智力、体力失常)、特殊病患者(麻风病等)组织家庭,是减少与消除不良遗传因素的社会措施。同时,保持良好的心理素质、文明的生活方式,也有益于提高下一代的先天性素质。列宁曾经指出,子女生产状况如何,是否合理,对社会发展起到巨大作用。生育的第二内容,是婴幼儿的抚育。我国现阶段婴幼儿的抚育,仍然主要依靠家庭。婴儿的入托率很低;幼儿的入托率也不高,在城市一般也不超过50%。城市家庭正在越来越多地雇请保姆分担婴幼儿的抚育以及其他家庭事务。其中,核心家庭比主干家庭更多地雇请保姆;主干家庭中,退休老人帮助照看(外)孙子女的隔代抚育现象则比较普遍。

(3)教育功能。家庭不仅负责新一代的身体再生产,还负责新一代的精神再生产。家庭是人们接受教育的第一个场所。家庭教育功能表现为长辈对于未成年后代言行的引导、熏陶、影响、矫正,以及传授文化知识、价值观念等作用。家庭教育对未成年人性格的形成、生活习惯的培养、智力的开发等,都有重大的影响。家庭教育功能的主要承担者是父母。(外)祖父母隔代教育也有一定的作用。家庭教育主要有三方面的内容:第一,日常生活知识与技能,包括饮食起居、待人接物等内容。第二,人生态度与行为评价,包括生活志趣、互动准则等内容。第三,职业评价与职业知识技能,包括选择职业、劳动活动等内容。而在过去社会的家庭教育更有明显的职业化特征,所谓"家传技艺""祖传秘方"等,都是在家庭之内世代相传的,并往往使下一代获得与这些技能相应的职业。现代社会的家庭教育出现了非职业化的趋向,职业教育功能发生外移。其中城市家庭尤为显著,其下一代主要的不再是从家庭中获得传统性职业技能,而是从各类学校中获得越来越专门性的职业技能。

(4)感情功能。家庭内的人际关系是最亲密的人际关系,家庭是思想感情交流最充分的场所。所谓"天伦之乐"就是指家庭成员之间的欢聚与共同生活所带来的乐趣。家庭的感情功能主要表现在如下三个方面:第一,通过相互理解,表露与交流内心的深层情绪与感受,形成共同的思想情感基础。第二,通过相互关怀与支持,消融家庭外社会生活中带来的苦恼与挫折,形成和谐的心理状态,得到家庭以外无法得到的精神安慰与寄托,缓和与协调个人与社会的某些紧张关系。第三,通过共同的娱乐活动,调节身心,恢复体力,并增强家庭成员之间的亲密程度。和睦温暖的家庭可以激发人生的种种依恋和工作的上进精神。

(5)保障功能。家庭保障的内容,主要是针对老年人的,同时也针对病患伤残者以及一切家庭成员。针对老年人的家庭保障,就是承担老年人的生活费用、料理老年人的日常生活,即赡养。子女对于父母经济上的供给、生活上的照护、精神上的慰藉,是赡养的三项基本内容。现代社会享受退休金的老人日益增多,子女对于父母经济上的供给在减少,而随着少子女与独生子女家庭增多,子代对老人日常生活的照护、精神上的慰藉则需要承受更重的负担。我国大多数地区的农民年老之后,即失去了经济收入,需要子女负担其日常生活与医疗等费用。目前,我国老年人的社会保险还不够普遍与全面,因而家庭赡养十分重要。我国历来重视家庭的赡养问题,并在赞扬与批评人们实际赡养行为的社会监督中发展出了"孝道"等一套传统观念。尽心尽力赡养父母是中国人的一种传统美德,从而呈现出一种"反哺模式"。在美国等西方国家,子女给父母经济的援助很少见,子女成人之后便一一成为离巢之燕,虽然不是所有的子女都遗弃老人,但关系逐步疏远、缺乏经常性的照护却是普遍现象,大多数情况下只能两老相依,呈现"空巢模式"。除了赡养老人之外,家庭还需要供养伤残病患者。同时,还需要保护家庭成员,其功能在于保证家庭成员的安全而不受外来的侵犯与骚扰,稳定家庭的界限与秩序。

(6)经济功能。家庭的经济功能在于组织生产与消费两个方面。家庭曾经是占有生产资料、组织生产劳动的基本单位。这种现象伴随私有制的产生而产生,并一直延续到现代社会;但在现代社会,已不再是一种普遍存在的现象。近代工业从家庭手工业中脱胎出来而进入大生产时期,家庭的生产功能首先在城市雇佣劳动者家庭中失去。有产者家庭一般只是生产资料的占有单位,经营管理越来越成为家庭以外人员的职能,现代社会城市家庭大多只保留了消费的经济功能。在资本主义社会,劳动农民的家庭,生产的经济功能一般并没有失去。直至今天,西方许多国家的自耕农家庭仍然是生产单位。在我国,工人、知识分子、军人、干部的家庭一般不具有生产功能;农民在集体生产时期,其家庭只具有辅助性的生产功能(副业生产、自留地劳动等)。实行大包干责任制之后,农民家庭又恢复为生产单位。有些农民家庭还购置了车床等工业机械,进行工业品的加工制作。农民家庭从过去的消费组织转化为生产与消费相结合的经济实体。农村中出现农业家庭化、工业家庭化与工农业集体化同时并存与发展的趋向。同时,少数城市家庭以如下两种形式全面或局部恢复了生产功能。第一种形式是"个体户",即以家庭为单位从事工商业活动,并以此为职业。第二种形式是"第二职业",即以家庭为单位从事职业外的生产劳动,并以赢利为目的,获得辅助性的收入。有些"个体户"虽然只有部分家庭成员从事个体经营活动,但另外的家庭成员也往往把该经营活动作为"第二职业",投入一定的劳动量。可见,家庭经营仍然是现代社会生产活动的一种形式,并将长期存在下去。同时,家庭是社会基本的消费单位,在现代社会,生活资料的消费部分地转移到了社会设立的一些服务机构,但主要还是在家庭之中进行,即以家庭为单位核算收入与支出,以家庭为单位购买与消费生活用品。家庭的消费功能,或者与生产功能一起,或者单独地成为家庭存在与发展的物质基础。

(7)家庭还有地位、宗教与政治功能。地位功能就是使家庭成员依靠家庭的背景取得社会地位;宗教功能是举行宗教仪式与传递宗教信仰的作用;政治功能是规定等级特权及其相互关系的一种作用。地位功能具有某种先天性,排斥个人的努力与实绩。宗教徒的家庭,一般具有宗教功能。家长制的家庭,一般具有政治功能。这三种功能在现代西方家庭比较普遍,在我国目前的家庭中只局部存在。

(六)现代社会的家庭关系

家庭关系就是家庭成员之间的人际关系。家庭关系是一种特殊的社会关系,具有三种特性:

第一,家庭关系的基础既有性爱和血缘关系等自然性的一面,又有权利与义务等社会性的一面;而其他社会关系(除去作为家庭关系的延伸的亲属关系之外)只以社会性为基础。

第二,家庭关系的社会性是全面的,包括道德、法律、经济、劳动、心理、情感等方面的关系,而其他社会关系则一般比较单一。

第三,家庭关系存在于大量、经常、频繁的互动之中,人们一般在家庭中要度过大部分时间,而其他的人际关系则处于相对稀疏、短暂、局部的互动之中。

现代社会的家庭关系种类日趋减少。在中国传统家庭中,反映相互关系的称谓很少,据原金陵大学卜凯教授1928年在安徽省的调查,农村家庭中同居亲属的称谓有41种。而现在,中国扩大家庭内的称谓一般不超过27种,核心家庭内一般不超过10种称谓。家庭关系越来越简单化了。

1. 夫妻关系

家庭的基础是婚姻,家庭关系的基础是夫妻关系。夫妻关系如何,不仅影响到其他家庭关系,而且决定家庭是否兴盛或解体。现代社会的夫妻关系一般以感情为相互维系的纽带,因此夫妻之间只有不断巩固与增强感情,夫妻关系才能保持稳定与充分发挥作用。

夫妻之间巩固与增强感情的基本途径,是相互谅解与相互调适。男女恋爱期间,往往各自努力表现自己的优点来吸引对方,而自觉或不自觉地掩饰自己的缺点。同时,恋爱期间的交往一般只局限在一定的范围之内,不可能全面了解对方,并且热恋中对于异性的偶像意识往往会把对方的缺点也蒙上一层悦目的光彩。结婚之后,什么都是现实的,夫妻要共同组织生产、消费、生儿育女、料理家务等。在夫妻共同生活的过程中,需要谅解与矫正配偶的某些缺点,需要改变自己婚前某些个人特性去适应配偶,需要适应对方与自己不一致的地方。夫妻间的相互适应,是微观的社会调适中复杂、深刻与经常的一种形式。夫妻关系的调适,关键在于结婚初期,同时也发生在家庭生命循环周期的其他各个阶段。西方社会学家通常描述的核心家庭中的家庭生命周期,最著名、最常用的模式之一是由杜瓦尔提出的模式。她把家庭生命周期分为八个阶段:第一阶段,结婚的夫妇,没有小孩;第二阶段,生育小孩的阶段;

第三阶段,一对夫妇,入学前的孩子;第四阶段,一对夫妇,学龄孩子;第五阶段,一对夫妇,十多岁的孩子;第六阶段,一对夫妇,孩子离开家庭;第七阶段,一对中年夫妇;第八阶段,一对老年夫妇。我们也可以把家庭生命周期分成四个阶段:从结婚到孩子出生前,为第一阶段;从生下孩子到孩子成年之前,为第二阶段;从孩子成年到结婚之后,为第三阶段;孩子结婚之后,为第四阶段。在家庭生命周期的不同阶段,夫妻关系处于不同的家庭生活环境之中。从第二、三阶段开始,夫妻具有配偶与父母双重角色,在第四阶段,夫妻则具有更多重的角色,从而夫妻关系中加入了新的价值观念、新的行为准则。巩固与增强夫妻间感情的另一基本途径是平等相处与相互负责。平等是针对权利而言的,负责是针对义务而言的。旧中国传统家庭中的夫妻关系是从属关系,即妻子服从丈夫的关系。这种从属性夫妻关系是以歧视妇女为前提。社会主义社会家庭内的夫妻关系,一般建立在夫妻权利平等的基础之上。妇女的地位已经发生了根本的变化,这种变化是从妇女与男子一样参加工作,在经济上不再依附男子开始的。在中华人民共和国成立前,许多妇女结婚时没有职业,从而把结婚看作取得生活依靠的手段。要改变这种状况,彻底解放妇女,使她们与男子真正平等,就必须有公共经济,必须让妇女参加共同的生产劳动。在社会主义社会制度下,妇女结婚时绝大多数已经有了职业,并且她们的职业分布的情况除了性别差异引起的不同外,其他的与男子基本相似,没有受到特别的歧视。妇女有了独立的经济收入,夫权就失去了存在的经济基础。夫妻之间的平等关系,表现在共同决定家庭经济生活,共同承担家庭事务,相互尊重对方的兴趣、爱好、工作等方面。夫妻之间的平等关系在资本主义社会的劳动人民家庭中也是存在的。美国社会学家R.路易斯指出,当代美国社会的男子比以前更多地参与了抚养子女的家庭活动,这表明婚姻与家庭关系正向着男女平等的方向发展。近年来,美国多项全国性调查显示,大男子观念在改变,男子正逐步扮演几十年前只有妇女才做的角色。对产妇进行的一项民意测验表明,她们中80%的人的丈夫在生育期间在场照顾产妇和婴儿,而在1975年这一比例只有27%。夫妻之间平等的互动,会产生强烈的责任感,即对配偶负责的热情以及对家庭、对社会负责的热情。当这三个方面的责任感结合在一起的时候,会增强爱情的持久与稳定。爱情具有特殊的社会品质,它不只停留在性欲上,还突出地表现为两个相互负责并拥有牺牲精神的优美心灵的统一。单纯停留在性欲上的异性情感,不是爱情,不是社会主义社会夫妻关系的基础,而是形成杯水主义的两性观以及不负责任的婚姻观的根源。

现代社会自主的婚姻缔结的时候,男女双方总是有一定感情基础的。即使是那些最终破裂的婚姻,也不是在缔结的第二、三天就破裂的,而是经历了成百上千个日日夜夜之后才分手的。为什么许多起初是那么炽热的感情,经过一段时间之后反而冷却了呢?这里的原因在于双方互动过程中的互动歧点。所谓互动歧点,即相互交往的人们之间发生矛盾与冲突的情境。夫妻关系中容易引起互动歧点的因素有:(1)开支失衡。即经济开支过程中导致夫妻之间的花销失去平衡。例如妻子"娘家人"多,支出大,丈夫如果不满意,就会出现矛盾,反之亦然。另外,夫妇消费需求不一,或者花钱自作主张,都可能导致一方对另一方的不满。(2)地位变化。夫妇中一方的地位变了,或者上升了,或者下降了,可能引起对方或自身的思想变化,引起夫妇间的隔阂甚至离异。(3)感情转移。原来热烈的情感,不再指向对方,而是转移到第三者身上。这时,夫妻之间就会出现裂痕。(4)缺乏约束。人们在工作单位、社会团体等内部,一般比较善于约束自己,而在家庭内部,特别是夫妻之间,有些夫妇对自己的行为则不加约束,由着性子来,任性以至放肆,要骂就骂,要打就打,要扔东西就扔东西,这样就容易伤害对方。(5)不良习性。不良的嗜好(例如酗酒、赌博等)、不良的性格(粗暴、猜疑或自私等)、不良的习惯(懒惰等),婚后如果不能矫正,配偶的容忍度又低,则会造成夫妻关系的紧张与冲突。(6)谁当家的问题。一方要当家,另一方却不能容忍,往往是夫妻冲突的重要原因。夫妻应共同当家,但可以不排斥以一人为主,根据威信、能力、性格、决定事情的正确性等因素,也可以选择一个较好的"一家之长"。(7)言语冗余偏差。所谓言语冗余,就是互动双方言语多余的程度。日常生活中的言语不要求十分精确、十分节约,"废话"不仅是不可避免的,而且是不可缺少的。夫妻之间言语冗余过多,或者冗余过少,都会影响与破坏互动。(8)性生活不协调。这也往往是引起夫妻关系不和谐的一个原因。

夫妻之间的感情,不只是面对面卿卿我我的亲热状况。经过考验的爱情,包含着养育子女、赡养老人以及共同完成社会业绩等丰富的内涵与价值。夫妻之间的爱情不仅仅是你望着我、我望着你,更重要的是两个人一起望着同一个方向,一个与社会目标一致的方向。

2. 亲子关系

亲子关系,就是父母与子女的关系。亲子关系是由夫妻关系派生出来的一种最基本的家庭关系。费孝通曾经把家庭关系比喻为一个三角形:父为一个点,母为一个点,子女为一个点,这三个点连成一个三角形,家庭关系就比较牢固了。

亲子关系首先是以血缘纽带为基础的感情关系。天然的遗传联系使亲子之间充满了骨肉情感,充满了纯洁与深沉的爱。父母与子女的爱是其他任何人之间的感情所不能伦比的。古人云:人之情性莫先于父母。父母的心,是爱的太阳,它的光焰温暖着子女的心灵深处。父母对于子女的感情,是支持他们、推动他们积极参加社会生活的重要因素。子女对于父母的感情,是他们学习父母的行为方式,建立理想以及接受社会规范的一种动因。如果子女比较持久地体验到父母的爱与温暖,那么他们就重视父母的愿望。父母对于子女的愿望不是纯粹按照父母的个人好恶设计出来的,而是各种社会期待在父母身上的反映。父母与子女的亲密程度,直接影响到子女的社会行为的效果。美国学者赫茨通过对20多个国家10万名8至14岁的儿童的调查发现,家庭是否温暖,对孩子的学习有着很大的影响,那些对父母没有什么不满的学生的学习成绩,比那些对父母有着极大不满、心里隐藏着很大痛苦的学生好得多。同时,父母对于子女的亲近方式,也对子女的社会行为发生直接的影响。不合理的亲近方式主要表现为溺爱与放任,即不论子女的要求与行为是否正确,父母一概予以满足,甚至对于错误与反社会的行为也加以庇护。古人常说,"为人父母,不患不慈,患于知爱不知教也。"正确的亲近方式主要表现为父母对于子女正确行为与意向的支持、赞扬和合作,对于错误行为与意向的引导、批评和矫正。

亲子关系是相互负责而且也是对社会负责的一种责任关系。父母对于子女的责任,是抚育与教育；子女对于父母的责任，是扶助与照应。亲子之间哺育与反哺的关系，一方面体现了父母与子女之间的个人恩惠与报答；另一方面也体现了家庭对于社会的贡献，既保证了世代传递，又减轻了社会负担。亲子之间的责任关系，主要是在骨肉情感的推动下发生的，是出于双方自觉的意愿。情感体验的深浅与意愿倾向的强弱，因人而异。这些特点决定了亲子之间的责任关系具有很大的弹性幅度。道德舆论与法律制度一般只能对很不负责或放弃责任的行为起到一定的社会监督作用。亲子之间的责任关系不断加强，是社会主义社会劳动人民家庭的基本特征之一。在现代资本主义社会，亲子之间的责任关系出现了危机。有的学者指出，目前大多数美国人认为，父母没有必要为了孩子牺牲自己的利益与兴趣；孩子长大后也不必怀有对父母的义务和责任感。父母只顾自己寻欢作乐，把孩子丢在家里而造成伤亡的消息，常常见诸西方社会的报端。

亲子关系是一种平等关系。这是现代家庭的一般特征。在社会主义社会，这种平等关系具有更普遍的意义。建立亲子之间平等关系的关键，在于父母方面。如果父母把子女看作可以随意支配的附属物，亲子之间就不可能平等相处；如果父母尊重子女，尊重他们的意见、兴趣、爱好与追求，亲子之间就可能平等相处。子女是父母生的，但不是父母的私有物，他（她）们与父母一样都是社会的成员。在实行家长制的社会中，社会与家长制剥夺了许多子女正当的社会权利。在现代社会，这种剥夺越来越有限，但并没有完全消失。利用种种压制的手段来保持父母尊严的方式，是不平等的。马克思为亲子平等关系提供了一个楷模。马克思常常说："孩子们必须教育他们的父母。"他对女儿们从来不摆父亲的架子，从不命令她们。如果他希望她们做什么事，他只是请求她们帮一下忙；如果他不希望她们做什么事，他也只是劝她们不要去做。但从来没有哪一个父亲的意见比他的意见更多地被接受了。在他的女儿们的眼睛里，马克思是一个朋友，对他就像对一个伙伴一样。

父母与子女的关系，是两代人的关系。在不完全相同的时代背景下成长起来的两代人，在生活态度、价值观念以及兴趣爱好等方面存在一定的差异。这些差异是由于两代人参与社会生活的先后与条件不同而造成的。参与社会生活先后不同，往往学习、试验与实行社会规范的成熟程度、取得的社会地位也就不同；参与社会生活的条件不同，往往由此产生的需要以及满足需要的方式、理想与追求也就有所不同。如果把这种差异叫作"代沟"，那么"代沟"不仅存在于社会之中，也存在于家庭关系之中。子女应尊重父母及他们合理的传统，父母应尊重子女及他们的创新与探索。父母如果过分地怀旧、自尊，子女如果过多地立异、自信，"代沟"就不易搭起联系的桥梁。家庭是两代人之间对话、理解与合作的重要场所。随着阶级对立现象的逐步消失，社会主义社会两代人之间的差异不断缩小，所谓"代沟"主要是新一代人合理与非合理创新的要求与行为，同老一代人的深思熟虑、趋于保守的思想与行为方式相互交织在一起时的某种不相融性。对于我国现阶段的"代沟"现象既不能夸大，也不能忽视，更不能采取否认的态度，应积极地从现实中寻找已经或可能架设在"代沟"上联系两代人的各种通道，并不断地拓宽这些通道。

3. 其他家庭关系

夫妻关系和亲子关系，是两种最基本的家庭关系。除此之外，现代社会的家庭中还有婆媳关系、兄弟姐妹关系、祖孙关系等。

婆媳关系是与夫妻关系、亲子关系密切相关的一种关系，是家庭中最难处与最微妙的一种关系。婆媳关系作为一种家庭关系，存在于扩大家庭之中。在核心家庭中，婆媳关系是两个家庭之间的一种重要关系。在封建社会，婆媳关系是不平等的，媳妇要俯首听命于公婆，"洞房昨夜停红烛，待晓堂前拜舅姑"，做媳妇不是那么容易的。同时，多年的媳妇可以熬成婆，从而形成一种妇女压制妇女的恶性循环。在现代家庭中，由于媳妇具有独立的社会经济地位，婆媳关系基本平等了，但相处融洽的婆媳关系却并不十分普遍。婆媳关系一般不如姻缘关系那么亲密，也不如血缘关系那么依恋。双方是由另一个家庭成员（婆母的儿子、媳妇的丈夫）为中介而相互联系着的。因此，这个"中介"角色对于婆媳关系具有重要作用。亲子与夫妻关系的感情延伸，婆媳各自"爱屋及乌"以及儿子（丈夫）善于从中斡旋，是形成比较融洽的婆媳关系的重要途径。同时，婆媳在共同生活的过程中相互尊重、体贴与合作，也是形成比较稳定的感情基础的重要途径。由于婆媳关系不是直接的姻缘与血缘关系，往往容易受他人的影响。妻母、小姑等角色可以直接影响婆媳关系。邻里、亲友也往往通过背后议论的形式破坏或改善婆媳关系。同时，婆媳关系也直接影响夫妻关系、亲子关系与其他家庭关系。俗话说："婆媳亲，全家和。"

兄弟姐妹关系是以血缘为纽带的一种关系。在现代社会，同一家庭中的兄弟姐妹关系一般发生在未成年期间；婚后由于各自分开生活就不再是家庭关系了，而是相互最接近的一种亲属关系。一般来说，作为家庭关系的兄弟姐妹关系要比作为亲属关系的兄弟姐妹关系更为亲密。兄弟姐妹从小在一起长大，共同生活，具有稳定的感情基础。影响兄弟姐妹之间的互动歧点主要有四个：第一，父母偏袒或援助不均衡。如果父母在经济援助、家务劳动等方面偏重于某个子女，容易引起其他子女的不满。第二，赡养父母的责任心强弱差别。责任心强的子女会对责任心弱的兄弟姐妹产生不满情绪。第三，财产继承分割不平均或过分要求。第四，姊娌关系紧张。一旦姊娌不和，往往会把兄弟也卷进去。

祖孙关系是家庭中矛盾最少的一种血缘关系。祖辈往往把对于子女的爱、传宗接代的喜悦倾注到孙子女身上；孙子女也往往把对于父母的爱、血统的感情倾注到祖辈身上，从而形成亲密无比的祖孙关系。在扩大家庭中，祖辈协助父辈抚养孙子女，或孙子女协助父辈赡养祖辈。在核心家庭中，祖孙关系是密切与调节祖辈与父辈两代家庭之间相互关系的重要因素。祖孙之间亲密的感情关系可以有效地督促家庭抚养与赡养功能的实现，祖辈不会容忍子女虐待孙子女，孙子女也不能容忍父母虐待祖父母。

家庭中还有翁媳、岳婿、姑嫂、叔侄、姑侄、舅甥、姨甥等关系，构成了一个复杂的家庭关系网络。其中，既有相互加强的作用，也可能有相互削弱的作用。在社会主义社会宏观环境安定团结的背景下，我国各类家庭的和睦关系日益普遍化，遍布各个角落的和睦家庭正成为巩固与发展社会安定团结局面的重要因素。

(七)现代社会的家庭问题以及家庭的未来

家庭问题是一个社会问题。广义的家庭问题,是指一切阻碍与破坏家庭功能正常发挥的现象。有些社会学者甚至把家庭问题扩大到婚龄青年找对象难等现象。目前我国广义的家庭问题,主要有以下五种:一是生育控制;二是家务劳动;三是家庭教育;四是老人晚年生活;五是离婚。研究与解决这些家庭问题,对于建立美满幸福的家庭,文明又有节制的社会,具有重要的现实意义。狭义的家庭问题,是指某些家庭的解体,即离婚。现代社会中的离婚现象越来越普遍,人们对于离婚问题的关心程度与意见分歧都超过了任何其他家庭问题。

离婚率上升的趋势是否会一直延续下去,这是目前人们普遍关心的一个问题。今后我国的离婚率将会继续有所上升,但这种趋势不会一直延续下去。引起离婚率上升的社会因素作用的潜力将不断减少,从而离婚率上升的趋势终究会减缓停滞以至逆转。目前,西方国家从60年代开始加速婚姻破裂的发展趋势已有所缓和,人们越来越乐于议论与体验家庭的温馨,对于家庭的热情近年来受到广泛的关注。美国学者 J. 埃尔什坦(Jean Elshtain)在《政治思想中的家庭》(*Family in Political Thought*)一书中提到,传统的家庭生活对于美国妇女来说仍然具有真正的号召力,家庭是当今无情世界中的庇护所,同时,家庭具有使人获得自由的潜力。她赞美富有人道主义的"母性的"价值观,说它是抵消占统治地位的市场经济价值观的重要力量。女权主义者与激进派对于家庭的猛烈抨击,现在已不那么时髦了。其实,许多抨击家庭的著作与理论,并不要求抛弃家庭,而是试图克服资本主义社会的家庭的弊端。例如,英国的米歇尔·巴雷特和玛丽·麦金托什在《反社会的家庭》一书中指出,家庭有四大弊端:第一,继续制造人类的不平等,最明显的表现就是使妇女不得不依赖和服从男人的统治;第二,为资本主义制度服务,例如小家庭的消费主义意识在很大程度上使公众的注意力从阶级关系的考虑转移到生活方式的考虑上去;第三,家庭至上的思想是一切个人主义和维护家长专制的借口和基础,与进步的利他主义、追求公众利益的思想相抵牾;第四,家庭本质上是与社会根本对立的,因为全部社会机制往往是根据现已不占统治地位的家庭模式来制定其运转程序的,这就必然造成许多不适应和社会不幸。显然,巴雷特与麦金托什所抨击的主要是资产阶级家庭的问题。这些弊端不是家庭这一社会组织所固有的,而是资本主义社会的弊端在家庭中的投影。因而,消除这些弊端的出路,不在于消灭家庭这种组织形式,而在于消灭社会弊端及其对于家庭的侵蚀。

家庭是否正在走向消亡呢?这不仅是资产阶级社会学者关心的问题,也是马克思主义者关心的问题。恩格斯当年就说过:"既然一夫一妻制是由于经济原因产生的,那么当这种原因消失的时候,它是不是也要消失呢?"他的回答是:"不会消失。"我国有的学者说:"将来全世界进入共产主义社会,国家、政党、阶级、民族全消失了,家庭和婚姻自然也会消失。"我们有时也听到一些青年人提出类似的观点。这种推测缺乏现实的依据。随着生产资料转归社会所有,作为两性正式结合形式的婚姻与家庭的必要性仍然存在。现代西方社会书籍、杂志和报纸上列出的"濒临灭亡的家庭"等一类标题,是一种过分的渲染,社会主义国家某些家庭最终要消亡的理论,是一种客厅式的空想。当社会主义社会过渡到共产主义高级阶段,婚姻会更加纯洁与美满,家庭会更加和睦与亲密,婚姻和家庭不会消亡。有人往往把家庭原有功能不断外移给社会的过程,视为家庭消亡的标志,这是一种误解。现代社会的家庭既有部分功能外移的过程,同时又有部分功能加强的过程。前者是家庭进化的必然过程,后者也是家庭进化的必然过程。随着社会主义事业的发展,家庭将越来越摆脱各种异化的形式而成为真正的家庭。所谓真正的家庭,就是以精神生活为主要内容的家庭。苏联社会学家尤里·鲁尔克夫说得好,"现在,家庭正站在十字路口:近一世纪来,紧紧把人拴在一处的物质利益的绳索变得越来越脆弱了,而精神的心理绳索变得愈来愈强有力了,并且人们开始认识到它们的重要地位了。从为人的存在服务的家庭转变到为人的精神服务的家庭,从单纯地为孩子的家庭转变为孩子与成年人的家庭,这一转变已经到来,完成这一转变是现代社会的进步。"

关于家庭的未来,是现代社会最诱人的课题之一,几乎所有的社会学者都要在这里显显身手。美国"世界未来学会"主席爱德华说:"今天越来越引起人们关切的是'家庭'这个文明世界的基本单位正处在困难之中。先进技术的出现通过各种途径影响着社会的各方面,损害着家庭的结构,也意味着破坏我们的社会。"他指出,人们设想了如下几种家庭变化的趋势:

(1)现在的趋势继续。离婚率上升,结婚率和再婚率下降;由丈夫、妻子和孩子组成的传统家庭日益消失;独身者越来越多,社会的"天然"细胞变为个人而不是家庭。

(2)维持现状。社会发展趋势多半是循环往复的,未来的生活方式与今天不会有很大差异,结婚率与离婚率上下波动。

(3)家庭的倒退。当前的趋势代表了一种与正常人类行为相违背的激进思潮,它最终必然会导致倒退,一步步恢复传统;社会更加强调结婚的神圣,恢复社区生活,改革电视节目,重新肯定男性和女性的职能,反对未婚先孕,禁止非婚性交等。

(4)家庭的复兴。它不是简单地恢复原样,而是在承认社会变迁和正确评价家庭对社会贡献的基础上寻求更理想的家庭模式。

此外,还有人设想家庭制度的废除以及由"人工家庭"代替"天然家庭"等的可能性。人类学家马格里特·米德提出,实行为期10年左右的婚姻契约制度。他认为这种年数有限的婚姻契约可能比原则上决定终身的婚姻带来更牢固和更持久的结合。

我们认为,仅仅就形式讨论问题是没有意义的,而要进一步探讨这些形式存在或产生的条件。家庭形式的变化有着深刻的社会经济原因。我们应该在全社会提倡健康的爱情、慎重的婚姻与稳定的家庭,从而,使家庭的相对稳定性与精神生活的丰富性成为社会精神文明的一个标志。

思考题

1. 简述群体的特征。

2. 简述社会群体的定义与特征。
3. 简述家庭的性质。
4. 简述家庭的功能。
5. 举例说明现代社会的家庭关系。

扫码看拓展资源

第四章 组 织

第一节 组织概述

一、组织的概念

我们许多人都在组织当中工作和学习,组织中的每一个成员构成了组织的最基本单元。那么,什么是组织呢?

社会系统学派的代表人物巴纳德将组织定义为"有意识地加以协调的两个或两个以上的人的活动或力量的协作系统"。他强调组织是一个协作的系统。

美国管理学家穆尼则认为,组织是一种在一个协调的整体里把具体的任务或者职能相互联系起来的技术。穆尼主要强调组织的技术功能。

哈罗德·孔茨则将其定义为"正式的有意形成的职务结构或职位结构"。可见,组织不仅是职位的结合,而且是一种特定的结构。

行为科学学派将组织定义为:一个企业组织的结构主要包括技术组织和人群组织两个方面。技术组织是指物的组织,如厂房、机器设备及建筑物、构筑物等,人群组织是指人的组织,其中又分为正式组织和非正式组织。

本书将组织定义为:组织是由结构、人与信息构成的互相联系的工作系统。上述三个因素中任何一个因素的改变,都可引起其他因素的变化和影响整个组织工作任务的完成。而组织的任务、结构、人和信息系统,都同时受外界环境所左右,如政府的控制、顾客的要求以及其他组织的影响等。因此,组织的各个构成因素必须和外界环境相适应。

从组织的概念可以看出一个组织具有如下三个基本要素:

(1)结构。这里所说的结构特指组织的框架体系。如同人类由骨骼确定体型一样,组织也由结构来确定形状。结构具体表现为组织纵向的层次设计和横向的部门安排,组织结构可以被分解为三种成分:复杂性、正规化和集权化。复杂性是指组织分化的程度,包括由分工导致的纵向层级的分化、横向部门的分化。正规化是指组织的制度、规则和程序对组织成员行为的引导和规范程度。集权化是指组织的决策权力的分布程度。集权在上,则为集权化结构;分权于下,则为分权化结构。

(2)人。人是组织最宝贵的资源,是获得其他资源和创造效益的根本源泉。没有人,就不称其为组织。组织中的人可以简化为两类人,一类是管理人员,一类是作业人员。人的数量与质量是组织工作成败的决定因素之一。

(3)信息。信息是组织运行的润滑剂,信息能够将组织的目标或目标指导下的某项工作和管理者的意志联系起来。信息也是组织决策的依据,信息的量与质是组织决策成败的重要变量。

二、组织的任务

组织的任务由组织的宗旨和目标决定。不同的组织有不同的任务,但组织任务也还是有一些共性的。组织的任务主要是通过组织设计,通过人力资源管理,获取组织生存和发展必需的资源,更好地完成组织的经营与管理工作,实现组织发展和组织的宗旨。

1. 组织设计

组织设计包括组织结构的建立和组织结构的变革。组织结构设计是管理者根据组织目标的要求,按照一定的原则对组织的管理幅度、管理层次、部门、职位进行设计的活动。随着组织规模的扩大,主管人员受精力和时间的限制,无法实现对所有组织成员和组织业务的控制,不得不委托一些人对组织的工作和组织成员进行管理,因此委托多少人,分别负责什么工作,这些受委托人在工作中的关系以及与委托者的关系,如何确定管理职务的类型和组合方法,规定其工作任务和相互关系等问题就成了组织结构设计需要解决的基本问题。组织结构设计的结果是在组织内部设置横向管理部门和划分纵向管理层次。这是组织有效开展各项活动的前提。

组织变革是组织发展过程中或多或少要进行的工作。其发生前提往往是组织面临逆境,管理者对逆境有清醒的认识,危机感会促使管理者抓住机会,主动调整组织的结构或工作流程,目的是保持组织的活力,防止组织的衰败。组织变革与组织发展不是轻易发生的,需要有胆识、有魄力的变革型领导者的推动。

2. 组织整合

组织结构设计完成之后,要想使组织结构有效运转起来,需要对组织结构进行整合,这好比人们买了一辆新自行车,在使用之前还需要对主要零件进行调适,以避免使用时出现这样或那样的问题。组织整合也就是组织的运行设计。组织结构的整合包括组织的集权与分权的合理配置,正式组织与非正式组织的相互配合,直线职权与职能职权、参谋职权的协作和配合,委员会的合理使用等。只有通过组织整合才能使组织的各种资源和各组成部分协调运转,发挥整体的系统功能。因此,组织结构整合的意义不可小觑。

此外,组织整合的另一个内容是培养良好的组织文化,这对组织的发展至关重要。因为,文化对管理来说是一种变量。德鲁克曾指出:"企业文化:利用它,不要失去它。"可以说,利用组织文化以提升组织的竞争力与效率是现代组织生存与发展的基本思路,政府组织也应如此。良好的组织文化能够创造良好的组织氛围,培养组织成员的团队协作精神,增强组织的凝聚力,有助于提高组织的工作效率。不良的组织文化则成了组织的束缚。因而,构建良好的组织文化也是组织整合的重要内容。良好的组织文化并没有一个统一的标准,它要与组织的类型和宗旨相一致。什么是良好的组织文化呢?一般来说,创新、开放、进取、合作的文化是良好的组织文化。什么是不良组织文化呢?在许多非军事组织中,官僚主义的文化是典型的不良组织文化。

3. 获取和配置资源

组织活动离不开资源。组织资源包括人力资源、财务资源、物质资源及其他资源。人力资源是指组织成员,财务资源是指资金,物质资源是指设备、厂房、办公用品等,信息、信用等属于组织的其他资源。组织的任务之一是要获取足够的资源,并有效配置资源。获取资源的手段有合法手段、非法手段两种基本的手段。企业常常通过向社会出售商品和提供服务来获取合法的财务资源,也可能通过逃税、欺骗等手段获取非法的财务资源。政府机构通过税收和提供某些公共服务的收费来获得合法资源,也通过乱收费、乱罚款来获取非法资源。资源的取得是维持组织运行、促进组织发展的必要保证。资源的有效配置是组织发展的基本途径。资源配置不当会造成直接经济损失或组织的灾难。人力资源和财务资源的配置是特别重要的工作。从宏观的角度来看,人力资源配置包括行政配置和市场配置两种主要模式。人力资源的行政配置是指政府采取行政手段,对人力资源进行配置,在市场经济条件下,它是一种辅助的配置手段。人力资源的市场配置主要是通过市场对人力资源的需求变化,以及经济杠杆作用、等价交换原则等市场因素,影响和推动人力资源的流动和调整。人力资源的市场配置是具有市场化交易行为的过程,它涉及劳动力、用人单位、劳动价格、人力资源流动媒介、人力资源供求关系等要素。从微观的角度来看,在一个组织中,人力资源的配置主要是行政配置。其基本任务是谋求人与事的协调,实现人力资源与物质资源的优化组合。科学合理的人力资源配置有利于形成组织内部良好的人际关系和工作关系,形成组织内良性竞争机制,产生双向激励作用。因此,组织必须重视人力资源配置。财务资源的配置得当与否直接关系到组织的生死存亡,它与组织的经营战略和发展战略密切相关,需要进行科学的论证和决策。

三、组织的特征

1. 组织的特征

(1)整体性。组织是人们为了实现某些特定的目标,各自分担明确的权力、任务和责任,扮演不同的角色,并制定各种规章制度约束其成员的行为,以保持组织的一致性和保证组织目标的实现。所以,组织本身是一个综合人力的机构,是一个集体实现目标的工具,是提供工作环境、决定目标、分配工作、完成目的的整体性的人群体系。

(2)实用性。由于科学技术的进步、生产的社会化程度越来越高,要取得任何一项成就都必须借助于组织的力量,依靠组织功能的发挥。例如,由于科学的分化,重大科学研究活动早已不是个人力所能及的工作,必须通过科研团体,甚至通过国际合作才能完成。这表明组织既是社会化生产的必然产物,又具有实用性。

(3)复杂性。一般来说,组织是由若干个集体和个体组成的,在集体和集体之间、个体与个体之间都存在着差异,如智力、能力、经验、人格等差异。这些差异既是团体和个体之间、团体与团体之间、个体与个体之间冲突的因素,也是人类社会需要合作的主要原因之一,是社会进步和创造的因素。组织中的领导者如何运用这些条件,处理这些差异,建立一个合作的、有较高效率的集体,则取决于领导的本领。组织要实现目标,还必须协调组织中所有的单位(团体)为实现组织目标而产生的各种联系;组织要发挥其作用,还需要有一个权力层次体系,并有严格的规章制度等。这些工作都是十分复杂的,决定了组织的复杂性这一特征。

(4)协作性。从组织活动的角度来看,组织本质上是组织成员之间的相互协作关系。协作的原因在于单个的人在社会生产和社会活动中不能独立完成任务和工作,必须通过人与人之间的相互协作来获得帮助。组织的协作性,突出体现在组织中职位的明确规定性和相互协调性,体现在组织成员在工作中的合作性与配合性。各方面的协调和配合,使组织表现出灵活的应变能力、整体的协作功能,使组织目标得以实现。

四、组织的功能

组织的功能是组织本身产生的能量和功用。虽然不同的组织有不同的功能,但组织也有其一般的功能。

(1)管理功能。无论是营利性组织,还是政府组织和非营利性组织,都要对本组织的事务和活动进行管理。不仅如此,政府组织和非营利性组织还承担着国家事务和社会公共事务的管理任务。组织本身是管理的载体,管理则是组织的机能。因而组织普遍具有管理功能。

(2)经济功能。营利性组织具有典型的经济功能。工商企业是典型的营利性组织,它们的宗旨是追求利润,要创造经济效益,并以此为最重要宗旨。即使是政府和非营利性组织,也需要获取经济上的收益来维持其活动,因而也都不同程度地具有经济功能。

(3)服务功能。组织(黑社会组织、恐怖组织等社会异类组织除外)虽然宗旨不同,但客观上都是要造福于社会的,因而都具有服务功能。以企业为例,企业虽然具有典型的经济理性,以追逐利润为第一要务,但企业的利润必须通过向社会提供商品和服务来取得。政府组织和非营利性组织更是以服务于人民和顾客为宗旨,因而,组织普遍具有服务的功能。

(4)交换功能。组织的交换功能体现在两个方面:一是组织以自身拥有的物质资源和其他资源来换取组织成员的奉献,二是组织以商品、服务来换取利润、收益和社会成员的认可,从而获得组织的信誉和合法性。如企业就是以商品和服务换取企业信誉和企业利润。政府以服务和管理换取公民的信任和组织的合法性。因而,组织具有交换功能。

(5)其他功能。如调节功能、协调功能、政治功能、监督功能等。这些功能与组织特性有关。例如,我国社会中介组织在社会管理和公共服务中主要发挥协助政府实现经济调节的功能,实现政府与民众之间沟通的协调功能,实现社会稳定与民主管理的功能。各国政党组织则具有政治功能和监督功能等方面的功能。

总之,组织既有一般性的功能,也有特殊功能,其特殊功能由组织的性质所决定,不同的组织有着不同的特殊功能,这一点需要结合不同性质的组织来具体分析。

五、组织的类型

依据不同的分类标准,组织可以分为不同的类型。

1. 按组织的活动内容和社会功能分类

(1)政治组织。政治组织是活动在政治领域的组织,其活动和社会功能在于实现某种政治目的,履行利益聚合的功能,协调各种社会矛盾和冲突,维持政治统治的秩序。它包括政党组织和国家政权组织,如各级各类政党、各级政府组织等都是政治组织。

(2)经济组织。经济组织是人类社会最基本、最普遍的组织,它承担着为人们提供衣食住行和文化娱乐等物质产品与劳动产品的任务,是与人民的生产和生活密切相关的组织。在现代社会中,经济组织的类型多种多样,涉及的范围相当广泛,如生产组织、商业组织、金融组织、交通运输组织以及一些服务性组织等。

(3)军事组织。军事组织是自古以来世界各地都普遍存在的组织,它服务于国家、民族和地区的政治和安全利益。军事组织的类型基本分为国家的军事组织、反政府的军事组织、跨国的军事组织三类。国家的军事组织一般由统治者掌握,非国家的军事组织则有可能是由政府的反对派所掌握,跨国的军事组织由参加的成员国共同选出负责人执掌。

(4)文化组织。文化组织是以满足人们各种文化需求为目标,以传播文化为主要活动内容的组织。如学校、图书馆、影剧院、艺术团体、科研机构等。

2. 按组织目标的公共性与非公共性分类

按组织目标的公共性与非公共性分类,可以把组织分成公共组织、非公共组织。在现代社会中,以目标为分类标准,可以把组织目标分成公共目标和非公共目标,由此把组织分成公共组织和非公共组织。公共组织是以实现公共利益为目标,以提供公共服务为职能的组织,它一般拥有公共权力或者经过公共权力的授权,是以负有公共责任、提供公共服务、管理公共事务、提供公共产品为基本职能的组织。

公共组织由下面两部分组织构成:

(1)政府组织。政府是公共组织的主体,它运用公共权力,管理社会公共事务。政府的管理具有合法性与权威性。

(2)非营利性的非政府组织。政府组织之外,以特定的公共利益为目标,运用政府的授权,不以营利为目的,而为特定区域的公众提供公共服务的组织,称为非营利性组织,比如学校、研究机构、医疗卫生服务机构、社区服务机构、文化团体、咨询机构、行业和部门协会、消费者协会等都属于非营利性组织。非营利性的非政府组织与政府组织一起构成了现代社会公共组织的重要组成部分。与政府组织不同的是,非营利性的非政府组织所运用的公共权力来自政府的授权,因而不具有强制性和权威性。

非公共组织一般不以公共利益为组织的目标,而追求个体的利益。非公共组织主要包括以下几种:

(1)企业。在市场经济条件下,企业作为市场的主体,是典型的非公共组织。它以追求利润最大化为目标。

(2)营利性的中介机构。以营利为目的的社会中介组织属于非公共组织,如房屋中介所、会计师事务所等都是非公共组织。

(3)特定利益集团。在政治生活中,服务于非公共利益的特定利益集团属于非公共组织。如美国的有色人种协进会、劳联、产联等。

(4)基于特定的生活兴趣而形成的组织,如桥牌协会、围棋协会等。

3. 按照组织是否人为设定分类

按照组织是否人为设定,可以把组织分为正式组织和非正式组织。

(1)正式组织。即为了有效地实现组织目标,遵循有关的制度、章程或其他文件而人为地建立的组织。正式组织明确规定组织成员之间的职责范围和相互关系,其组织制度和规范、规则对组织成员具有权威的约束力。例如,企业中的车间、工段、科室,党、团、工会等组织以及政府机关的司、局、处、科等组织均为正式组织。正式组织具有组织目标明确、专业分工、科层等级鲜明、相对稳定、有统一的制度和规则等特点。为了保证正式组织的整体性和一致性,必须有明确的组织目标、职权分工、组织制度和纪律,并要讲求效率,保证以最优的方式完成组织目标。

(2)非正式组织。非正式组织是基于组织成员的情感和心理需要自发建立起来的,并非按照有关的规章制度而人为建立的组织。非正式组织是人们在共同工作或生产劳动过程中,由于共同的思想感情而自然形成的组织。它所追求的是人与人之间的友谊、感情和共同利益。承认与研究这种非正式组织,对管理者至关重要。在管理中,不仅要考虑充分发挥正式组织的作用,而且还必须正视非正式组织的存在,并注意发挥非正式组织的积极作用,扼制或削弱其消极作用。任何正式组织中都有非正式组织的存在,两者常常相伴而生。而且正式组织的建立,往往要经过非正式组织的酝酿;同时正式组织的建立,又促成了非正式组织的形成。不管管理者如何想办法扼制,都无法阻止正式组织内非正式组织的产生。

正式组织与非正式组织有明显的差别,主要表现在以下几方面:

(1)有无明确目标的差别。正式组织以共同目标为维系纽带,非正式组织则以共同情感为维系纽带。

(2)有无明确的成文制度和规则的差别。非正式组织没有明确的成文制度和规则,正式组织则有明确的制度和规则。

(3)建立方式的差别。正式组织是人为建立的,非正式组织是自发建立的。

非正式组织对正式组织的作用是双重的,既有积极的促进作用,如有利于组织的稳定和形成凝聚力,有利于形成组织成员的协作关系,调节组织成员的精神状态、缓解焦虑等积极作用,又有消极的破坏作用,如妨碍组织的团结和稳定,可能造成组织分裂,破坏正式组织的制度和规则,妨碍管理目标的实现等。因此,在组织运行中,必须重视非正式组织的双重作用,通过正确的引导,发挥非正式组织的积极功能,削弱其消极功能。

4. 按组织的基本性质分类

按组织的基本性质分类,可以把组织分为营利性组织和非营利性组织。

(1)营利性组织。营利性组织是指在市场经济条件下,以市场为导向,追求经济效益,从事生产和经营活动,为社会提供各类产品和服务的组织。营利性组织主要履行经济功能。

营利性组织以企业为主体,有各种各样的类型,如企业、商业机构、银行、商会等。这些组织在人们的生活中发挥着不可缺少的重要作用。

(2)非营利性组织。它是不以营利为目的的服务于社会的组织,是介于政府组织、工商组织之间的一切组织,又称"第三部门"。它们为特定区域的社会成员提供某种不能由政府和企业提供的公共服务,主要履行公共管理和服务职能。

除了上述几种分类方法外,还有其他的分类方法。如根据权力配置方式的不同,把组织分为集权组织和分权组织;根据职责的不同,把组织分为权力组织、执行组织和监督组织;等等。

第二节 组织管理

一、组织管理理论的发展

组织需要管理,因为任何组织都不会自然而然地达成目标。组织管理是伴随着组织发展实践而展开的,组织发展的实践不断地推动着组织管理理论的发展,同时组织理论对组织的实践也有理性的指导作用。了解组织管理理论于有效地促进组织运行具有重要意义。

(一)组织管理理论的演进

随着组织及其管理实践的发展,人们积累起了日益丰富的组织管理经验,并形成了一系列组织管理理论。从组织管理理论形成和发展的历史来看,它经历了科学管理理论、行为科学理论和现代组织管理理论三大阶段。从组织与环境的关系看,三大阶段的理论体现了从封闭的理性系统取向组织观到自然系统取向组织观,再到开放的组织观的转变。

封闭的理性系统取向的组织观有两个基本特点:一是把组织看作是追求特定目标的理性行动者;二是将组织看作是与外部环境无关的或封闭的。这一理论取向的主要代表是泰罗(Taylor)提出的科学管理理论。泰罗的科学管理理论强调通过劳动过程的标准化、确定合理的日工作量或恰当的工作定额、招收适合岗位的第一流工人、实施刺激性付酬制度、采取职能管理原理或职能工长制等管理原则,试图建立一种理性、有序的组织管理格局,其管理原则预设了工人只有经济需求(即后来所说的"经济人"假设)。泰罗的理论虽然提高了组织效率,但因其忽略人的社会需要而遭到强烈批评。

20世纪30年代以后,一些从事企业和其他组织研究的学者发现了组织非理性的一面,使得对组织的看法更接近于现实,这就是自然系统取向的组织观。以著名的"霍桑实验"为标志,经由众多学者的努力,形成了行为科学理论。行为科学理论中的人际关系理论,由于人的需要、动机、激动的理论,关于组织中人性的"X理论"和"Y理论",关于群体动力和凝聚力的理论,关于企业领导方式的理论等,都对组织管理实践产生了深远的影响。行为科学理论反对将组织看作是一种无个性化系统并忽视组织中个体行为的看法,强调组织成员的组织过程而不是组织构成本身对组织效能的影响。行为科学理论认为,组织不是达成特定目标的工具,它们是试图适应特定情景并获得生存的社会群体。组织中的目标复杂多样,组织公开表述的目标与组织实际追求的目标之间有距离,同时组织的目标也不是支配行动者行为的唯一目标。组织中的个人不是简单的经济人,组织参与者不是孤立的、原子化的个人,而是所谓的"社会人",他们有社会心理需求,期望得到他人尊重和友情,有对归属感和安全感的需要。组织中存在着非正式结构,它以特定参与者的个人特点或资源为基础,对精心设计以达成组织目标的正式结构有着重要的影响。组织中的管理人员不能单凭个人的秉性和嗜好行事,必须了解组织成员的社会情绪,共同努力来完成目标。

开放的组织观把组织看作是处于环境之中并与环境有交换关系的系统。20世纪70年代出现的权变理论属于开放的理性系统取向的组织观,它认为不存在固定不变的最好的组织结构、组织技术和领导方式,组织要根据内部的复杂状况和外部环境来选择管理方式。如果组织内在的特征能够最好地满足环境的要求,组织就具有最好的适应性。

20世纪70年代中期以后组织研究取得了新的重要进展,这就是开展组织间关系的研究。这一时期形成了组织的资源依赖理论、种群生态学和新制度主义理论,这些被统称为开放的自然系统取向的组织观。

资源依赖理论认为没有一个组织在市场中是完全自给而自由的,所有的组织都与环境进行交换,并由此获得生存。在与环境的交换中,环境给组织提供关键性的资源,对资源的需求构成了组织对外部的依赖。资源的稀缺性和重要性决定了组织对环境的依赖程度,并决定了组织在环境(市场)中的自由度。种群生态学理论强调环境选择过程对于组织种群的影响,试图解释为什么一些类型(或形态)的组织生存了,而另外一些则消亡了。其基本的假设是分享系统资源的组织之间会因为争夺资源而相互竞争,竞争状况影响着组织的生存与发展。新制度主义强调组织的共识或文化对组织行为的影响。这些理论为全面理解组织和组织行为提供了新的视角。

上述组织管理的经验和理论基本是在西方国家工业化和经济全球化的背景下形成的,它们在组织管理方面发挥着重要作用,对我们也有重要的借鉴意义。列宁曾经指出,要"向资本主义的第一流专家学习组织托拉斯式的即像托拉斯一样的大生产的本领"。毛泽东也指出,要"学习资本主义国家的先进的科学技术和企业管理方法中合乎科学的方面"。邓小平提出要学习资本主义"好的管理经验和先进的技术"。这些论断都说明,许多组织管理理论实际上是人类的共同财富。

(二)组织管理实践与理论的关系

组织管理实践与组织理论有着密不可分的关系:

第一,组织理论来源于组织管理实践。工业化发端以来,随着企业组织的发展,组织管理实践不断地发展和深入,到19世纪末20世纪初形成第一个企业组织管理理论——科学管理理论。后来行为科学的管理理论也来源于大量的实践。100多年来的发展过程表明,没有丰富的组织管理实践,就不会有科学的组织管理理论,理论是对组织管理经验的科学总结和提炼,组织理论是随着组织管理实践的发展而演进的。

第二,组织理论有力地推动着组织管理实践的发展。理论来源于实践,也高于实践。组织理论不但对一般的组织管理实践有指导作用,从而提高了组织管理水平,而且也促进了组织管理实践的完善。例如,强调规范的科层制理论,强调组织需要管理,因为任何组织都不会自然而然地达成目标。组织管理是伴随着组织发展实践而展开的,组织发展的实践不断地推动着组织管理理论的发展,同时组织理论对组织的实践也有理性的指导作用。了解组织管理理论对于有效地促进组织运行具有重要意义。

二、组织管理的定义与属性

组织管理是指通过建立组织结构,规定职务或职位,明确责权关系等,以有效实现组织目标的过程。组织管理的具体内容是设计、建立并保持一种组织结构。组织管理的内容有三个方面:组织设计、组织运作、组织调整。

组织管理具有客观属性和价值属性两个属性。组织管理的客观属性又称自然属性或一般属性,是指各种社会组织中的管理共同具有的属性。社会智能性劳动是各种组织管理共同具有的行为属性,就是说组织管理和组织中的其他工作行为一样,也是一种劳动行为,是一种社会性的、智能性的组织劳动。其价值属性又称社会属性或本质属性,是指权益性质不同的社会组织中的组织管理所具有的区别于其他社会组织中的组织管理的本质属性。公有制组织中的组织管理的本质属性是服务性管理,私有制组织中的组织管理的本质属性是统治性管理。

三、组织管理的程序

(1)决策。制定决策是组织管理程序中的第一个环节,也是贯穿于组织管理全过程的一项基本工作,管理程序中后续环节的工作都是围绕着管理决策进行的。

(2)执行。执行决策是组织管理程序中的第二个环节,也是实现组织管理目标的关键环节,因为无论再好的决策方案只有通过有效地执行才能产生实际效果,也才具有实际价值。

(3)监控。监督控制是组织管理程序中的第三个环节,也是有效实现组织管理目标的必要环节,只有对执行过程进行全方位的监督控制才能保证决策目标的有效实现。

(4)调整。调整决策是组织管理程序中的第四个环节,也是组织管理实施过程中承前启后、循环发展的中间环节,组织管理的基本职能就是一个根据组织发展的需要和组织环境的变化,而不断调整原定的决策方案、不断制定适宜的决策方案的发展过程。

四、组织管理的工作内容

组织管理的工作内容,包括以下四个方面:

第一,确定实现组织目标所需要的活动,并按专业化分工的原则进行分类,按类别设立相应的工作岗位。

第二,根据组织的特点、外部环境和目标需要划分工作部门,设计组织机构和结构。

第三,规定组织结构中的各种职务或职位,明确各自的责任,并授予相应的权力。

第四,制订规章制度,建立和健全组织结构中纵横各方面的相互关系。

组织管理,应该使人们明确组织中有些什么工作,谁去做什么,工作者承担什么责任,具有什么权力,与组织结构中上下左右的关系如何。只有这样,才能避免由于职责不清造成的执行中的障碍,才能使组织协调地运行,保证组织目标的实现。

五、组织管理的主要特点

(1)它是围绕组织目标来进行的。组织目标是组织存在和发展的基础,组织管理就是为了有效地协调组织内的各种信息和资源,提高组织的工作效率,以期顺利地达到组织目标。

(2)它是一个动态的协调过程。既要协调组织内部人与人的关系,又要协调组织内部人与物的关系。

六、组织管理的层次

1. 行为层次管理实务

行为层次管理实务是指领导者在日常工作中的行为举止,对部属产生的影响,这是最直接有效的方法。作为高层主管不但要在工作管理中给员工以模范带头作用,还应采用不同的方式去关心过问部属的工作进展、生活情况、困难、解决的方法等。应记住,平时点点滴滴的积累,都会变成高层主管的影响力资产。帮助部属成功是最有效的激励办法。

2. 行为层次管理实务

虽然行为层次的领导力是极为有效的,但随着企业组织规模的扩大、人数的增多,高层主管是难以完全使用此法进行领导的,这种行为层次的领导只适用于资本、组织规模小的企业或家族性企业。此时需要行为层次的管理方法来搭配,以下几条基本原则应该掌握:

(1)让部属知道公司对他的期望。通过使用职位说明书、工作说明书、管理制度、培训指导来实现此项目标。

(2)让部属知道公司对他的看法。采用定期绩效评估、成果面谈、配合合理的奖惩办法,将会更有效。

(3)让部属对组织有归属感。让部属认识重要的人,与不同部门的员工交流来知道公司相关的信息,到陌生的部门时有人热情接待,到其他部门办事受到礼貌亲切的对待,这些会加强他的归属感。

(4)让部属得到启发。当部属感觉到自己进步了,会有高度的满足感。在工作上、为人处事上、业绩上、管理知识技能上能得到高层主管的帮助指导与启发,是非常重要的无形软激励、软管理。

(5)让部属的努力得到应有的回报。这可以是物质的、心理的、名誉的回报,也可以是培训学习机会、升迁等。

什么样的环境塑造什么样的人,这就是环境塑造人的真谛。一个领导管理者,必须有能力建立以上的环境与机制,才能使部属在大环境中得到滋养,以增进其向心力与工作能力。

3. 战略层次管理实务

战略领导是企业管理中的最高层次,这个层次对高层决策者的综合素质、理论指导水平、能力要求相当高。需要掌握以下几个要点:

(1)创造良好的企业文化。企业文化对部属的感染力是长期的、深远的。良好的企业文化是杰出领导者最重要的一环。

(2)战略规划。将帅无能累死三军。有效可行的战略,可以使部属产生高度的信赖,进而产生乐意跟随的意愿。

(3)设计合理高效的组织结构。部属对于不合理的组织结构与制度,深恶痛绝但又无能为力,所以企业高层决策者只有重视这项工作,才能确保部属的士气。

七、组织管理的方式

在近现代组织发展史上形成了许多管理制度和经验,它们反映了组织管理的复杂性和管理方式的演进。家长制和科层制是最有代表性的两种管理方式。

1. 家长制

家长制是历史上最早出现的一种组织管理方式,是前资本主义阶段比较普遍的管理方式。家长制组织是指建立在上级对下级的类似家长式的权力和下级对上级的个人效忠服从及信赖基础上的、实行家长式管理的组织。

家长制源于家庭、家族等血缘群体。在母权制和父权制的家庭中,家庭的主要权力集中于家长一人手中,其他家庭成员均服从于家长,对家庭或家族的管理与控制主要依靠习惯、习俗,并无具体的规章制度。

家长制组织在其构成上,既可能是以家庭成员为主,也可能由非亲属组成,但其管理方式具有明显的传统的家长管理家庭的特点。这表现为:第一,组织中的权力高度集中于组织上层,组织的最高领导人独揽大权。第二,组织领导人把组织当作自己的私人领地,不容别人干涉。第三,组织领导人和管理者基本上凭个人经验对组织进行管理。在这种组织中缺乏科学管理思想,领导人的人生经验、工作经验成为其决策的重要参考依据。第四,组织管理行为具有较大的随意性。最高管理者的个人情感、好恶常常对组织活动产生重要影响。第五,组织中缺乏严格的办事规则,没有明确的组织规范,或者正式的组织规则会服从于领导人的个人意志。

不过家长制组织并未随现代组织的兴起与发展而销声匿迹,现实中依然有大量家长制或者类家长制组织存在。比如中国民营企业在创业发展的初期多为家族式企业,多采用家长制的管理方式。以来料加工、分包生产为主的家庭作坊、家庭工厂等,也都主要采用家长制管理。家长制组织的存在与诸多因素有关:第一,家长制组织一般规模小、内部分工不发达,组织中的技术比较简单。第二,家长制组织与组织的形成方式有关。这些组织大多数是由其最高领导人一手创办的,他对组织的贡献使其在组织中处于绝对权威的地位。第三,组织成员的"臣民思想"也会助长家长式统治。

因此,家长制组织的存在有其现实基础,在某些组织建立初期,在组织任务比较艰巨的情况下,家长式管理也可能会形成较大的动员力,从而促进组织的统一行动和效率。但是家长制的管理方式造成组织中的权力只掌握在极少数上层手中,大多数组织成员只有执行命令的义务而没有过问组织事务的权利,所以这种管理方式抑制了组织成员的积极性与责任意识,不利于充分动员组织资源去实现组织目标,不利于组织的顺利发展,此外,家长制还会抑制组织成员的创造性,导致组织守旧,不能适应外部复杂环境的变化。因此,在现代社会,希望做大做强的组织,必定会随着现代化进程的发展而向现代化的管理制度转变。

家长制的基本特征包括:(1)组织内部的权力集中于最高领导人手里;(2)分工不明,责任不清;(3)任人唯亲,因人设位;(4)办事无章可循,无法可依;(5)终身制。家长制管理方式适合于组织规模不大、分工不发达的传统社会,管理的好坏取决于个人的经验和素质,因此,这种管理方式的局限性很大。

2. 科层制

(1)科层制的基本特征

科层制(bureaucracy)也称官僚制,是韦伯从纯粹理想型视角提出的组织内部职位分层、权力分等、分科设岗、各司其职的组织结构模式和管理方式。

韦伯认为,理想的科层制有以下特征:第一,组织内部有清晰的分工,且每一个成员的权力和责任都有明确规定;第二,职位分等,组织的职位之间形成自上而下的权威体系,下级接受上级的指挥;第三,行政管理人员是因具备专业技术资格而被选中的,他们有专业资格;第四,行政管理人员是专职的,组织中的职务是他们的职业或"天职";第五,行政管理人员的升迁根据年资或政绩而定,取决于上司的评价;第六,组织内部有严格的、统一的纪律,下级要接受上司的监督。韦伯认为,这种制度在企业、慈善机构和事业组织、政治或宗教组织中都适用,并且纯粹从技术上看,科层制是实施支配的最合理形式,也是与现代社会相适应的组织设计与管理制度。

S. N. 艾森斯塔特(S. N. Eisenstadt)认为科层制的发展需要以下六个条件:第一,主要角色类型和制度领域(经济、政治、宗教等)的广泛分化;第二,最重要的社会角色不是根据初级群体来分配的,而是根据普遍的和成就的原则,或者是根据更为灵活的专业、宗教等成员资格而分配;第三,有许多非嵌入于初级群体的功能专门群体,如经济和专业组织、各种自愿组织、俱乐部等;第四,对总体社区认同的界定不是基于初级群体;第五,社会中的主要群体与阶层发展、拥有并试图实现各种分离的政治、经济和服务方面的目标,这些目标在初级群体的有限框架下不能实现;第六,社会结构的分化使社会生活不断地复杂化。以上的发展使自由流动资源在某种程度上的发展,如人力、经济资源、对政治的忠诚等,不再嵌入于任何初级群体。科层组织的产生正是在这样的条件下,由精英或企业创建,旨在通过管理而控制资源。

（2）科层制的功能

科层制作为一种理性化的组织和管理方式,从纯粹技术的角度来看,它在保证组织及其成员行为的准确性、稳定性、纪律性、有序性和可靠性方面优于其他形式的组织方式,能够有效地实现组织的目标。因此科层制能促进组织的高效运转,高效率是科层制最明显、最重要的功能。

科层制相对于家长制是一个巨大的进步,但是科层制管理也可能产生负功能。主要的负功能表现为:第一,形成"官僚主义人格"。罗伯特·金·默顿(Robert King Merton)指出,严格的纪律、繁琐的规则使组织成员只照章办事,形成"官僚主义人格",他们有时会把遵守规则当作目标从而产生"目标置换"现象。第二,产生"训练出来的无能"现象。由于组织按专才选用人员,所以当那些专家遇到规则未能涉及的问题时可能会束手无策。第三,错失时机。科层制强调遵守规则,常常导致程序优先于实现组织目标。过于强调正确的程序,可能失去解决问题的最佳时机,失去对"大局"的把握。第四,科层制的事务主义原则把组织成员限制在工作范围内,组织成员之间的感情沟通缺乏,最终会影响其积极性。

因此,如何发挥科层制的优势,避免其弱点,是组织管理实践和理论研究所要探索的重要课题。

八、组织文化与组织管理

（一）组织文化及其功能

1. 组织文化的含义

组织文化是在组织长期运行和发展中形成的,指导组织成员活动的价值观念、道德规范、工作习惯及与此相连的经营理念。组织文化主要包含价值观念、组织意识、管理方式、组织规范、组织英雄人物和组织形象等方面。组织价值观念是组织中全体（或大多数）成员所赞同的关于客观事物、人、活动是否有价值和价值大小的看法与根本观点。价值观念作为一个组织为获得成功而具有的哲学观的核心,为其成员提供了一种共同的方向感并引导他们的日常行为。组织意识表现为成员对组织性质、地位、特征、组织兴衰存亡以及个人前途命运是否与组织依存等的看法,常表现为组织成员对组织目标的认同感,对组织的归属感、自豪感、满意感和使命感等方面。作为保证组织运行的管理活动,其本身也体现了组织文化,并凸显了各种组织之间的差异性。组织规范反映了为全体成员所接受和共同遵守的行为准则,主要包括组织的习俗礼仪、文化网络和规章制度三个方面。组织英雄人物是组织文化建设成就品质化的最高体现,体现在组织英雄个体、组织英雄群体和组织英雄类型三个方面。以组织英雄个体而言,他们往往卓越地体现了组织价值观或组织精神风貌,因而具有理想性;他们往往有着不可动摇的个性和作风,因人之不敢为的事项而具有先进性;他们的行为和境界超乎寻常却并不具有可学性;他们的精神不断地鼓舞着人们的斗志而具有持久性。组织形象则反映了公众对组织的整体印象和评价,包括组织的客观形象（如整洁的厂房、先进的设备、高质量的产品所展示的形象）、组织员工形象。组织文化有优劣之分,优秀的组织文化是能够促进组织良性运行和发展的文化。

2. 组织文化的功能

优秀的组织文化对于组织的运行和管理具有重要功能。第一,促进组织成员的组织认同,并促使成员为组织目标的实现而努力。第二,增强成员的集体意识,有利于处理好个人利益与集体利益的关系。第三,促进组织人力资源的整合,形成合力,促进组织目标的实现。第四,博取外部对组织的良好评价,发挥宣传示范作用,有利于组织成员的团结和组织发展。第五,优秀的组织文化作为组织的一种能力支持着组织的良性运行,支持着组织在竞争中发展。

(二)组织文化的形成与建设

1. 组织文化的形成

组织文化是组织在长期的运行过程中,通过组织成员的共同活动和经验积累而形成的。在组织实践中,组织参与者对价值观念、行为方式、合作方式进行选择,将他们认为适当的、有益的东西保留下来,逐渐形成组织文化。在组织文化形成的过程中,组织创始人、领导者的价值观念和行为风格具有重要的作用。他们对组织发展的期望会以各种方式渗入组织行为之中,使组织体现出某种风格。另外,组织的作风、组织中已有的行为风格会以老成员向新加入者传递的方式延续下来,并在他们的共事过程中得以保留和强化。在这里,实际上发生的是组织成员的社会化过程。比如,中国工商业界的"老字号"所反映的企业文化就是企业经营经验长期积累的结果。

2. 组织文化建设

组织文化是组织能力的重要组成部分,组织的文化资源实际上是作为软实力而发挥作用的。组织文化不但靠积累,而且要建设。在现代社会中,团结、合作、进取、诚信是组织所应有的文化要素。先进的组织文化建设要求组织的领导人要有远见,提出能催人奋进的组织发展目标,同时要身体力行、率先垂范;要进行理想教育、职业道德教育,宣传和肯定新的经验;要进行团队建设,增进组织成员之间的信任关系;另外,对违背组织所期望行为的控制也是必要的。由于组织文化建设是组织成员共享价值的过程,它是深深融入组织之中的,所以组织文化建设是一个长期的过程。

(三)组织文化与组织管理的关系

组织文化与组织管理有密切关系。一方面,任何组织文化都是在组织管理实践的基础上形成的,组织管理经验的积累塑造着组织文化;另一方面,优秀的组织文化对于组织管理实践具有积极的促进作用。这主要表现为:第一,组织文化有利于强化组织成员对管理规则的理解。组织文化是组织成员共享的价值,其中包括他们对组织的责任和组织成员之间相互关系的深层理解。了解组织文化有助于组织成员自觉地认同组织利益,认同组织的管理。第二,组织文化有利于促进组织成员的自我管理。组织文化强化了成员对组织目标的认同和责任感,从而有助于组织成员的自我约束和自我管理,以实现组织目标。第三,组织文化促进成员之间的协调,能减少管理成本。建立在共同活动和价值认同之上的组织文化,包含了组织成员共同接受的合作模式,这使组织成员可以通过相互协调,主动、有效地解决他们共同遇到的问题。第四,组织文化促进组织治理结构的形成。现代组织普遍建构参与式管理模式,即形成良好的治理结构。共享组织文化有助于形成良好的组织治理结构,促进成员参与管理,进而提高组织的能力,更有效地达成组织目标。

第三节 组织变迁

组织必然要进行变革,因为组织是一个不断与外在环境发生相互作用的开放系统。组织变革是适应环境和自我调整的必然要求,但组织变革并非一帆风顺,而是阻力重重。组织管理者需要不断强化变革的动力,以削弱变革的阻力,在对变革力量的合理干预和对变革过程的有效管理中实现组织目标。

一、组织变迁的性质

(一)组织变迁的原因

组织变迁之所以发生,是由多种因素相互作用的结果。但是最基本的原因可以归结为两个方面:外部环境和内部环境的变化。

1. 影响变迁的外部环境

组织变迁常常是由环境的变化引起的。环境的不确定性对组织方式产生了很大影响。这种不确定性主要取决于两个因素:一是环境复杂性,其高低取决于环境中有多少不同质的构成要素,它对组织的影响表现在结构复杂性和集权化程度上。随着环境复杂性的提高,组织就要设置更多的职位和部门来负责对外联系,并配备更多的综合人员来协调各部门的工作,结构复杂性就随之提高,集权化程度相应降低。二是环境变动性,它取决于环境中各构成要素是否发生变化及各种变化的可预见性有多大。稳定不变的组织,可以更多地依靠程序和规则来规范成员的行为,但如果环境多变动荡,则只能转而依靠不正规的手段来进行行为控制,而且在应付动荡环境的过程中,组织还要暂时地采取集权化。

组织的外部环境一般包括技术、法律、政治、人口、生态和文化等诸多因素。具体表现在以下几个方面:

(1)法律和政策环境的变化。组织在社会中的活动,是在国家法律和政策范围内进行的。国家出于多种原因,不仅会不断调整法律和政策,而且还会有意识地利用法律和政策去刺激组织进行变迁。当法律和政策改变之后,如果组织不进行相应的改变,其生存和效率就会受到很大影响,我国经济体制和其他体制改革对各种组织的影响,就充分说明了这一点。例如,在国家逐渐改变高度集权、大包大揽的体制后,如果一个组织不能及时调整专业结构、经费获得方式,在以后的组织运作中就会遇到很大的困难。法律和政策的变化,归根结底表现为体制或制度的变化,而制度是组织方式的基础。社会中的制度结构发生变化后,组织变迁是迟早的事情。

(2)科学技术的发展与变化。第二次世界大战以来,科学技术的发展日新月异,变化的速度越来越快,对组织的影响也越来越大。科学技术的变化,势必会引起组织中的工作方式、决策方式和信息处理方式的变迁。如在家办公,已经是许多发达国家的工作现实。又比如,随着科学技术水平的提高,企业生产的机械化和自动化程度日趋提高,企业中有越来越多的工作职位趋于单调乏味,另一些职位则变得充满趣味性和挑战性。科技的进步促使工作扩大化和丰富化的呼声越来越高,随着电脑技术和互联网的应用及信息管理系统的建立,重大问题的决策重新集权化,而次要决策则走向更大程度的分权化。

(3)竞争性环境的变化。组织所面临的外部环境是一个竞争性环境,即大量具有同一目标的组织在同时进行活动。由于信息和通信技术的发展,经济逐渐走向全球化和一体化,企业所面临的竞争更加激烈。除了企业组织之外,事业单位组织和政府组织也处于竞争的环境中。在一个社会中,政府虽然只有一个,但这个社会又处在更大范围的地区或全球社会中,其他社会政府组织的工作绩效,常常成为人们评估自己政府的依据。

(4)社会心态的影响。随着社会的发展和变化,人们的期望、价值观和抱负也在不断发生变化。过去人们只要找到一份工作就满意了,至于领导的专制、工作的单调都能容忍。但是,现代社会中人们开始追求自我价值、自我实现,自由主义的思潮正在发展,甚至个人主义也有了很大的市场。组织如果不能适应这方面的变化,就无法避免职员的高流动率所带来的副作用。

组织外部环境的变化,组织自身基本上无法加以控制,它属于客观实际。但是组织依然可以通过各种方式与外界环境保持联系,对总的外界环境进行监视。组织通常力图预测环境的变化,并做出相应的调整。然而,有些变化的发生是无法预测的,常常导致调整行动的混乱,除非组织能较好地做出回应而预先消除影响。经济上和技术上的预测和市场研究就是跨界活动,其宗旨就是使组织与环境保持联系,并能及时进行适应和革新。

2. 影响变迁的内部环境

组织内部环境的变化,主要是指职工的需求、心态和行为方式的变化。职工的需求、利益和人际关系不断交化,一种需求和利益得到满足,又会产生新的需求和利益。当收入差距拉大时,又可能对差距过大而产生不满,如此等等。总之,从组织内部来看,影响变迁的因素主要有如下几个方面:

(1)经营业绩下降。组织是实现企业目标的手段,因此,组织的实际成绩与期望目标之间的差距可在一定程度上反映组织的运行状况。尽管组织状态的好坏并不是决定绩效水平的唯一因素,但是长时期的绩效滑坡若从深层次原因上进行分析,通常可以追究到组织状况不良这一根源。美国通用汽车公司按照"集中政策下的分散经营"思想改组组织,纵然被称作"近代组织管理的一次革命",但分析其背景不难发现,该公司是在内部缺乏统一管理、外部面临经济恐慌的形势下,在财务上遭到惨重失败的紧要关头接受杜邦公司和摩根财团的金融援助才开始管理组织变迁的。而在皮埃尔·杜邦领导下的杜邦公司,是更早萌发分权管理思想的企业,但公司管理组织改组方案从1920年3月提出到1921年9月被正式接受,整整经历了一年半的时间。这漫长的决策过程,使得杜邦公司在推行"事业部制"新组织方案方面落后于其参股的通用汽车公司。而导致组织改组方案最终在杜邦公司被决定付诸实施的直接原因,则是该公司新扩展的业务部门出现了严重的亏损。1921年上半年,杜邦公司的老产品(火药)经营尽管面临不景气的形势,但仍获得近250万美元的盈利,而新产品却总计亏损了380多万美元,特别是染料部门亏损额高达100万美元以上。严重的亏损使开展多样化经营的杜邦公司濒临破产的边缘,也就是在这种情况下,早先提出的对公司管理组织进行大规模改组的方案才最终得到认可和接受。通用汽车公司和杜邦公司在20世纪20年代初先后进行组织改组的事例表明,组织绩效不佳虽然可能是由于受外部环境的冲击引起的,但它却能引发组织领导者和高层管理人员对组织现状加以深思,从而成为大规模组织变迁的导火索。

(2)组织自身结构的缺陷。组织设计和运行不可能完美无缺,其结构也会随着外在环境的变化而变化,尽管它不是经营绩效大面积滑坡的直接原因,但它作为"先导"指标已经预示组织出现了需要变迁的先兆。这方面的问题主要包括:

第一,机构臃肿,人浮于事,效率低下。组织机构的设置和管理人员的配备本是为了职能的需要,如果因人设事,机构膨胀,势必会影响工作效率,因而精简机构和裁减人员就成为迟早的事情。

第二,相互关系不顺,推诿扯皮严重,冲突矛盾频发。良好的组织状态应允许相互冲突的目标融入组织的一个目标体系中。当组织成员的行动与目标相悖,或为了实现本部门目标而不得不以整个组织的目标为代价时,通常就是组织结构出了毛病。这种目标可以表现为横向联系手段不足,或者纵向链条发生中断,基层出现的需要或问题不能得到有关部门和上层人员的支持、关注或解决。

第三,决策过于迟缓或失误过多,决策执行拖拉或反馈不及时,致使组织常常坐失良机。组织的决策者可能因汇集的问题太多而负担过重,也可能因得到的授权不够,或者信息没有及时传达给合适的人,从而影响决策的及时做出。另一种情况可能是,纵向或横向的联系不充分,难以确保决策的质量或决策命令的传达。还有,决策者可能过于分散,或现有的组织机构无法把各类人员融进决策的制定和执行过程。

第四,组织不能对环境的变化做出灵活的、富有创造性的反应。组织缺乏创新的一个重要原因是,各部门没有在工作上相互协调。如市场营销部门对市场需求变化的判断,必须同研究开发部门对技术发展的预测以及生产制造部门在模具制造与工艺改进方面的进度相协调。为此,组织结构必须对各部门的职责和协作做出明确的规定,使之在做好本职工作的同时积极主动地提供相互的沟通和协调。另外,对创新活动进行管理所采用的组织体制应该不同于日常生产经营活动的管理。美国著名管理学家德鲁克在对美、日汽车工业发展作了一番审视和比较后指出,最早应用事业部制形式改组取得成功的通用汽车公司,只能算是一个"日常管理性"的企业,而不是"创造性"的企业。事业部制虽然有利于管理者对已经存在和已经知道的事务加以出色地管理,但在提高企业创新能力方面却日益暴露出缺陷。事实上,正是创新组织方式不当,使底特律的汽车企业从20世纪70年代末到整个80年代一直受到日本厂家的挑战和威胁。长于日常管理的组织,在日益严峻的挑战和竞争形势下,必须大胆地探索和采用新型组织模式来改进组织管理工作。

(3)产品市场变动。市场是组织环境的重要部分。市场需要的产品种类和数量的变化,消费者习惯和偏好的改变,竞争厂家数目的增加和竞争规则的改变等,这些都会对组织产生一定程度的影响。比如,在市场扩大的情况下,企业必须扩大生产规模,随之而来的便是管理人员和管理机构增多。相反,在市场收缩的情况下,企业要么减少,要么开拓新市场,前者意味着管理机构要相应精简,后者要求增强市场营销和研究开发机构并相应改组部门之间的关系。

(4)组织战略改变。"结构跟着战略变",这是美国管理学家钱德勒早就提出的一个著名观点。组织在战略发展的每个阶段都需要相应的组织结构与之匹配。

如在数量扩大战略阶段,企业的组织结构就比较简单,往往仅有一个办公室执行单纯的生产或销售职能;在地域扩张战略阶段,简单的组织结构已不适应,需要代之以设有若干个职能部门的组织形式;在纵向一体化战略阶段,企业中出现了中央办公机构及众多职能部门,为保持各单位之间的密切联系,管理权力需要集中在上层,从而形成集权的职能型结构;而在多样化经营阶段,企业需要更多地分权,因此常采用分权的事业部制结构。

(5)组织规模扩大。大型企业与小型企业在组织上存在明显的区别。随着规模的扩大,管理层次增多,工作分工细化,部门数量增加,职能和技能日益专业化,这说明大型企业趋向复杂化。报表、文件和书面沟通增多,程序化规则取代直接监督而成为协调的主要手段,这表明大型企业趋于正规化,大型企业的集权程度通常较低,中层管理人员拥有较大的权力。同时,人员结构也发生变化,直线管理人员比率呈下降之势,而职能参谋人员的比率在逐渐扩大。所有这些特征都反映了企业随着规模的扩大,其组织设计需要在许多方面做相应的调整。

(6)人力资源变化。随着义务教育的普及和教育水平的提高,员工素质和能力也在不断提高。同时,随着社会文化的变迁,职员工作态度和需要也表现出了多元化特点,个体不仅对特定组织的忠诚度减弱,而且人生目标和价值观亦有很大变化。这种趋势对任何一个组织设计而言,都是一个巨大的挑战。适应人力资源开发的需要,组织设计和运行就必须为人的能动性和创造性的发挥提供有利条件,使职员可以进行自我管理和相互协调,以便更好地调动他们的工作积极性,并提高组织对内外环境的应变能力。

(二)组织变迁的阻力

在认清了组织变迁的原因之后,还必须进一步认识阻碍变迁的种种因素,如此才能实施有计划的变迁措施。

变迁已经成为我国社会生活中越来越重要的因素。那些涉及技术方面的变迁,或者对整体社会有积极影响的变迁很容易被人们普遍接受。但是,涉及社会关系方面的变迁却常常需要很长时间才能被接受。一般认为,这种阻力来自人类本性中的惰性。人们总是习惯生活在"曾经的"或"他们自己的方式"中。实际上,如果外部环境发生变化了,人格也会受到不断提高的愿望驱使而积极参加各种变迁活动。阿历克斯·英克尔斯(Alex Inkeles)认为,现代人是现代组织机构的产物,一个人在儿童时期形成的人格之所以不变,其原因是生活环境的恒稳性,并不是人格本身具有不可改变的特点。因此,只要生活环境发生剧烈的变化,必然会促使人格的变化,甚至在环境变化中,有些因素对人格的影响十分强烈。

从我国社会的改革实践看,人心思定也是总的趋势,个人并非总能随环境而改变,它涉及一系列复杂因素。因此,一方面要了解组织变迁的动因,另一方面也要认清阻碍变迁的因素,以便推进组织变迁。阻碍变迁的因素主要表现在以下几个方面:

1. 个人方面

组织成员出于个人原因,可能反对或抵制变迁,包括个人的能力、态度、性格和期望都会导致他们反对变迁。

(1)心理方面的阻力。人们一般都有安于现状的特性,觉得生活在原有的组织中比较得心应手,而且一旦熟悉了某种工作方式和人际关系后,就倾向于保持它,任何改变都会使他们感到是对原有安全的威胁,因而丧失了心理平衡。如果变迁带来了新的领导者和新同事,人们对他们也会存在诸多疑虑,采取不信任的态度,本能上就有一种排斥的倾向,甚至有时仅仅是对改革者本人的不满和反感,而否定整个变迁进程。

(2)在个人性格方面也存在一定阻力。有些组织成员不能容忍他人提出意见或别人率先做出变迁,因而只要不是他自己提出的变迁措施就一律反对。

(3)对大多数人来说,由于各种因素的限制,他们只能考虑眼前利益或短期事务,对于长远变化感到忧患,缺乏兴趣或信心,而且当变迁不能马上带来收益时就会反对它们。例如,人们很难预料未来变迁的结果,害怕自己的安全受到威胁,或者由于自己的技术、技能已经不适应时代的需要而被淘汰,也害怕自己的权力、地位在变迁中消失。同时,人们也对前景表示担心,因为变迁措施都是基于对未来的预测,而这些预测是出自某些人之手,不能令人信服,或者缺乏足够的理论和现实依据,由此导致组织成员的反对,民众信心的丧失,形成抗拒变迁的强大力量。

2. 经济方面

对于大多数人来说,工作基本上是谋生的手段,经济收入取决于成员在组织中的地位和工作性质。组织变迁基本上都会或多或少地改变组织的某些结构和工作方式。因此,那些被涉及的人会感到自己在经济上的损失,因而反对组织变迁。

组织成员常常从投入费用和既得利益方面来计算自己的得失,进而反对变迁。投入费用一般包括时间、精力和金钱。一项改革建议无论有多少优点,如果让某些人(往往是有权且老资格的成员)忘掉自己花费在现存组织系统中的心血是很困难的。投入费用可以说明不同年龄的人对变迁所持的不同态度。很显然,年纪大的成员投入费用的历史较长,从感情上来说,他们会认为自己比年轻人损失了更多的东西。这从另一个角度也说明为什么组织顾问或管理者的参谋人员极力主张实施变迁,因为他们在组织变迁时所要承担的风险比在该组织中已经投入大量时间和精力的直线管理人员少。

3. 工作方面

如果组织变迁涉及工作性质和技术方面,例如调整工作内容,使用新机器或采用新技术,也会遭到职工的抵制。因为职工在刚刚熟悉了某一工作后,就调换他去另一个岗位或使用新技术,他的工作经验和技术知识就可能不适应,或者他们需要重新进行培训才能胜任新的工作岗位,因此,他们宁愿不变迁,也不愿意适应新的工作。这与人们学习后安于现状的心理是一致的,只不过是加上了更为实际的考虑。

4. 社会方面

社会方面是指社会关系中的各种原因导致组织成员反对变迁,主要表现在:

(1)组织成员在工作中会形成多种多样的非正式人际关系,这些关系对于满足职工的各种需要能起到很大的帮助作用。当组织进行变迁时,尤其是进行结构和人事调整时,这些非正式的人际关系会因此遭到破坏,在长期工作中培养起来的友谊、相互谅解和协调关系将不复存在,其中还包括组织领导和普通职工之间形成的某种特殊关系,因此,组织成员便可能抵制变迁。因为人们一般习惯于建立起一种关系后,就竭力维持它,而不是毁坏这种关系。

(2)小群体的力量。霍桑实验表明,组织中的小群体或非正式群体,由于长期频繁的交往,会形成独特的非正式规范。如果群体成员不能遵守这些规范,就会遭到其他群体成员的排斥、打击直至被驱逐出群体。小群体的凝聚力越强,对组织成员的影响越大。因此,有些组织成员抵制变迁,不是出于上述原因,而是因为他所在的小群体抵制变迁,或是因为小群体的领导抵制变迁,其他人不敢表达相反的意见。

(3)组织结构本身的缺陷。科层制结构本身就具有稳定性和普遍性特点,它一般适合稳定的外在环境,很难适应偶然的、特殊的因素,更不会因人因时而发生变化。因此,当组织变迁发生时,首先会遇到与组织现有体制的冲突。

(4)组织中的既得利益者。无论组织在哪种状态下运转,它之所以存在下去的最主要原因之一是组织满足了部分人的利益需要。因此,这些既得利益者希望组织依照现有的方式继续发展。一旦组织发生变迁,必然会导致各种关系和地位的调整,触动某些人的既得利益,或者很难保障他们的利益不受损失,由此他们就可能成为变迁的反对者。

此外,还有许多其他阻碍因素,如组织变迁步骤的安排,没有采取先易后难,而是采取相反的步骤,或者在变迁条件尚不具备的时候,例如在没有建立起完善的社会保障制度之前就开始打破"铁饭碗"等,或者选择的变迁时机不佳而遇到重重阻力。经验表明,组织业绩处于上升阶段时,组织变迁较易推行,成功的可能性很大,反之则会阻力重重。

(三)消除阻力的方法

应当承认,由变迁所引发的这些阻力都属于正常的、必然的反应。对变迁的抵制或阻力并非一件坏事,它常常具有重要的积极功能。

阻力可以成为一种使变迁保持稳定、安全的因素。如果一项变迁导致激烈的反对意见，就会促使变迁的推动者更加慎重地思考变迁方案，更加仔细地考察方案的准确性与可行性。同时阻力还提醒人们从事情的反面来思考变迁，使变迁的方案更加完备，少出错误。在一定意义上，错误的变迁同不变迁一样，都会给组织的生存与发展带来损害。

阻力的出现，预示着变迁过程中可能发生的问题，使变迁推动者早做准备，在一些问题没有扩大化之前就予以解决，保证整个组织变迁顺利完成。

如果组织变迁没有遇到阻力则是一种反常现象，它不但不能说明变迁的正确性，反而说明这项变迁从设计到实施的整个过程或某些环节上存在问题，潜藏着巨大危机。组织领导者可以运用权力压制反对意见，但却无法运用权力保证自己决策的正确，其结果可能给组织带来更大的灾难。

接下来将讨论克服阻力的一些措施，只有尽量减少阻力，变迁才能获得最大限度的成功。

1. 参与沟通

鼓励职工积极参与变迁，是获得职工支持的基本手段。职工参与变迁是指允许他们对变迁方案提出自己的意见，发表自己的看法，并将这些意见吸纳到实际变迁中。对职工来说，变迁不再是领导强加给他们的任务，而是他们自己的事情，他们可以提出自己的要求，并对变迁的后果负责任；如果变迁出现某些问题，他们还可能帮助解决。研究证明，职工的参与程度与变迁的阻力成反比例关系。

参与不是走过场，必须实实在在地把职工提出的有价值的意见吸纳到变迁方案中。因此，参与活动从变迁设计之初就开始，而不是在交迁之中或之后开始，它以"征求意见"的方式出现。因为在变迁之初，人们发表意见会有参与决定的感受，以后则可能有被人操纵或走形式的感觉。

沟通与参与的质量有着密切关系。组织沟通可以使成员有效地了解变迁的有关情况。参与，尤其是直接参与活动，只能涉及部分职工，并且受到时间和地点的限制，而主动积极的沟通则可以弥补这些不足，它可以让更多的职工了解变迁的目的和意义，以便提供更多的建议和意见，并使员工随时了解变迁过程，随时消除对变迁的误解和谣传，从而获得职工对变迁的广泛的支持。在日本社会组织中，每项变迁之前往往都要花费很长时间进行广泛的讨论，直到所有成员都同意变迁的计划，这样的变迁计划和措施能够很顺利地在各个部门贯彻执行。美国社会的组织变迁则与此相反，他们为了抓住一个商机而来不及与所有的人进行讨论，或干脆不征求大家的意见，就开始变迁活动，结果常常遇到很大的阻力。近年来，美国这方面的工作也发生了一些变化，开始学习某些日本管理技术。但是，日本的这种技术是否具有普遍性，还有待于进一步研究，因为一项变迁计划能否得到有效实施取决于诸多复杂因素。

2. 群体氛围

群体动力学的研究表明，一个群体的凝聚力越强，个人对群体的归属感、认同感也就越强,反过来,群体对个人的影响力就越大,包括对个人的压力。如果组织在日常工作中的气氛和谐,群体活动的目标能够得到积极的认同,形成共同的知觉,领导具有很高的权威,那么变迁就容易得到职工的支持。因此,日常工作和良好的组织氛围都是变迁的有利环境。

3. 善待异己

在组织变迁中总有不同的意见,如何对待不同意见和提意见的职工是组织发展的动力根源。萧伯纳曾说过:"理智的人顺从于世界,没有理智的人希望世界顺从于他。但是,所有进步都依赖于不理智的人。"

对待不同意见,组织一般采取三种解决方法:(1)不允许存在;(2)接受并容忍;(3)理解和尊重。在实际生活中,多数组织倾向于采取第三种方法,因为现代社会人们很难达到完全一致,组织之间的合作基本上是建立在相互尊重和相互制约之上的,而且这种状况也并非能马上见效,它也要经历从不允许到容忍和接受、再到理解和尊重的过程。因此,若在组织系统中统一职员的行动和思想,无论领导者还是下级成员都要具备如下素质:

(1)公开性。管理者和组织成员要面对现实,组织工作成绩、出现的问题都要开诚布公地进行反馈,使每个人都能充分地发表意见,而且对环境保持高度的敏感性。因此,组织内部的公开性是形成一致性活动的基础。

(2)诚实可信。有些职工提出的意见正好切中时弊,这时候管理者应当乐于承认并加以检讨,而不是装作若无其事的样子。领导者应具有批评和自我批评的精神,允许职工发表不同意见,并对提出问题者加以保护,还要把这种方式转变为制度化,比如设立专门委员会,让意见有更多被采纳的机会,等等。

(3)相互尊重。这种素质表现为领导者对待下级职员的能力、技术和人格的态度。通常,下级职员总希望被重视,积极关心各种变迁,组织内部各阶层的管理者都应尊重他们的创造性。同时,上级领导应把实施变迁的原因告知下级职员,不要对下级职员的接受能力和认知能力表示怀疑,因为每一位职员都有发表意见的权利和义务,在这点上若能做到相互尊重,就会使许多组织的事情好办一些。

4. 协商对话

组织变迁涉及每一个人的利益,有时会使一些人或团体遭受损失,管理者要尽量与当事人进行协商,说明利害关系。如果变迁引起的是技能要求的变化,那就要对组织成员进行培训,使他们得到技术上的补偿。当补偿也不能解决问题时,要耐心说服他改换另一项工作,并从心理和情感上加以关照,使之能很快地接受这一现实。

5. 安全保障

当职员的现有状况被改变,将面临一种新的情况时,他们就会对未来的工作内容、经济收入、能否适应新环境等表示担心,可能会由于恐惧发展成为反对变迁的因素。因此,除了参与沟通外,变迁的推动者应当对未来的发展计划进行详细说明,并提出相应措施,保障职员的薪酬不低于变迁前的水平。对那些可能改变工作内容的职员,应提供再就业培训的机会。在变迁实施阶段,应该给职员一个熟悉新规则的时间,帮助他们尽快适应变迁,在此期间的不适应表现或失误应当得到谅解。

二、组织变迁的过程

(一)准备与计划阶段

准备和计划阶段的内容包括:首先要创造变迁的气氛;然后正确诊断组织,针对要解决的问题制定相应的变迁方案。

1. 创造气氛

组织变迁在准备阶段主要是创造变迁的气氛。组织气氛包括两种:一种是自然的、常规的变迁气氛,另一种是管理人员积极创造的变迁气氛。

自然的、常规的气氛是一种组织特征,在这种气氛中没有任何人加以外在的干预或鼓动而自然形成一种有利于变迁的环境条件。它的特征一般有:组织成员的异质性很强,领导成员由年轻人构成,组织结构是复杂的和分权的,组织自身对变迁有很强的承受能力,组织的外在环境变化迅速,等等。这是一种先赋的组织特征,是组织变迁的良好环境。

但是,组织变迁仅有这些特征还不够,还需要创造特殊的气氛来适应组织变迁,一般来说通过这样几个途径:第一,开放各种信息交流渠道,包括组织提供或开放各种资料,对各种调查提供方便的同时,在人际交往方面也要开通渠道,不能把人分成几个等级;第二,为组织变迁者提供宽松的工作环境,使他们能专心致志地从事变迁的研究工作;第三,不能只顾眼前利益,否则可能招致整个变迁的失败。

2. 认清现状

组织变迁一般有两种情况,一种是随着社会的发展而产生的自然变迁;另一种是自觉的变迁。所谓自觉的变迁就是组织对外在环境有积极的反应,主动且有针对性地进行某项变迁,这种变迁的基本前提是认清组织现状。

(1)确诊问题。对企业组织的现状和内外条件的变化进行全面诊断、分析,以便确定需要变迁的问题和组织变迁的目标。诊断方法一般有两种:纵向比较法和横向比较法。纵向比较法是根据组织自身活动的过去、现在和将来进行对比,找出差距和存在的问题;横向比较法则是一种发现自身问题的最有效的方法,它是将自身组织的活动及效果和其他组织活动及效果进行对比的一种方法。运用横向比较法的一个基本条件是两个组织所面临的环境和其他因素相一致。当然有时可能因环境不同,行业和经营领域相同也可进行对比。在此基础上,可把组织诊断具体分为三个步骤。

第一,调查现状。这是确诊问题的前提和基础。调查的内容包括两个方面:一是内外条件的变化,由此可以了解组织所承受的变迁压力;二是组织运行的状况,由此可了解组织现在或未来的状态是否与内外条件的变化相适应。

第二,分析资料,确认差距。对问题的认识,一般是以差距的形式来表示。差距包括绩效差距和状态差距,前者指组织运行的实际或预计结果与期望的绩效之间的差距,从这些差距中可以发现组织存在的缺陷和不足。当然,在确认问题时,不仅需要知道组织中是否存在差距,而且还应该了解差距的幅度及其发展趋向,这样才能确定是否有必要马上付出变迁的努力和一定的代价来消除这种差距。

第三,界定问题,分析原因,确定目标。对问题的性质、特点和范围如果没搞清楚,针对问题确定的变迁目标和方案就会偏离正确的方向。而要把问题抓准,就要在调查现状、确认差距的基础上,将组织中需要变迁的具体问题逐个排列出来,弄清各自的差距幅度、轻重缓急、价值大小、相互关系及产生据此提出变迁的方向和目标。

(2)制订方案。需要特别注意的是,一方面,变迁方案必须既能适应当前的情势条件,又能适应未来情势条件的要求,要有一定的预见性;另一方面,变迁方案又必须具有可行性,认为组织变迁可以在"真空"中进行,那是危险的。情势条件不仅给变迁提供了机遇和压力,同时也带来了限制和阻力。因此,方案制订过程不仅要考虑方案本身的准确性和科学性,更要创造条件确保方案切实可行,这也就是"寓实施于计划之中"的实质之所在。变迁方案的制订应考虑如下五个关键的问题:

第一,谁(who),即变迁过程中涉及的利益团体是些什么人?他们的需要和动机是什么?他们对问题的认识及渴望采取的解决方案是什么?如果让事态继续发展,谁将受到损害,谁又将受益?他们希望问题解决的迫切性如何?他们的权力各有多大?能对变迁决策者施加什么样的影响?

第二,什么(what),即产生冲突的重要问题是什么?该问题是否值得解决?如果问题没有得到解决将会造成什么样的损失?如果成功解决了,其收益会如何?

第三,何时(when),即这一问题需要在什么时候开始解决?在多长时间内解决完毕?它涉及的主要业务组成领域是哪些?范围有多大?该问题是否会因为其他问题的解决而在若干时间后自行消失?从长远看,该问题是否就这么重要?如果不予以解决,是否会对某些利益团体或负责该问题和管理者产生不利的影响?其后患是否会扩散、波及其他领域?

第四,为什么(why),即组织为什么没有达成预想的成果?是什么因素阻碍了理想结果的取得?是内部环境还是外部环境中的哪些因素导致了目前的问题?是否有哪些环境因素被忽略了,现在需要重新加以考虑?或者是否环境因素中出现了动态性变化,从而使目前的组织状态与之不相适宜?

第五,怎么样(how),即变迁成功的可能性有多大?是否值得投入时间和金钱去解决现存的问题?有什么资源可用于推行变迁?变迁过程中可能存在什么障碍?拟采取什么措施克服?如此等等。

(二)组织变迁的内容

在认清了组织现状后下一步的工作就是实施有计划的变迁。组织作为人群共同体,包括两个方面,即人的因素和物的因素,或者内在的人群结构和外在的物质利益。因此,组织变迁的内容也就围绕着这两个方面展开。

1. 以人为中心的变迁

组织的最终任务是改变组织内的人的行动方式,提高组织的工作效率。以人为中心的变迁致力于变迁人员的态度,以此导致对人员行动方式的修正,从而达到提高工作效率的目的。

(1)在招收选拔新成员时严格标准。在组织内部,改变组织成员能力及动机的方法就是招收和选拔新成员。在选拔之前,要规定几条严格的标准,如工作能力、兴趣特长和动机等。在我国社会组织中,录用人员常用的两种测量技术为考察和面谈。

考察的内容也包括两个方面:一是智力测验和某些技巧测验,目的是考察个人执行工作的能力;二是面谈方法,近年来在录用人才方面应用得较为普遍,通常被称之为供需见面。但是面试的效果很难确定,它受许多因素的影响,如面谈环境、面谈者的能力、面谈双方的情绪和容貌等都会直接影响结果。

(2)对组织成员进行各种训练,来改变他们的行动方式。在训练组织成员方面主要包括技术性的、人际关系的和观念性的技巧。技术性技巧是针对基层工人而言,如对设备、方法、程序、步骤以及技术的了解;人际关系的技巧是针对中层管理人员的,他们必须具备在一个群体中能与别人合作的能力;而对高层的管理人员,应使其具备一种观念性技巧,要把组织看成是一个群体,了解各部门的职能,以及部门与部门之间的相互配合问题。这三种技巧相互作用、相互渗透,彼此都有各自强调的重点。下面是八种训练职员的方法:

第一种方法:接受学校的正规训练,参加有关高等院校举办的相关培训班,时间长短不限,几周乃至几年都有。但这种训练费用较高,小型组织难以承受,但这种方法优点很多。例如,由于与原有环境相脱离,能够更好地改变旧的观念和行为,同时有充足的时间学习知识和技术。

第二种方法:组织内部训练。这种训练基本是边工作,边学习,如夜校的方法,此种方法省时省力,但却不如脱产到学校入读的效果好,主要是因为他们没有脱离现有的工作环境。

第三种方法:人际关系的训练方法,也称为感受训练。它主要是把个人放置于一个无结构的小群体环境里,由一个专业性的训练员进行指导,其目的是使受训者能够利用受训所体会到的新经验来修正他的行为,使他的人际关系变得更好。通过相互间的感受,使他能设身处地为别人着想,成为容易为别人接受和亲近的人,同样他也更加亲近和接受别人。当然这种方法也不是十全十美,有些人会由此而受到心理上的伤害。此外,这种训练通常都是暂时性的,效果很容易反复。

2. 以工作为中心的变迁

这种变迁方式不注重组织成员态度的改变,而是从变迁组织结构、技术、沟通、奖励制度着手进行变迁。管理人员希望通过工作环境的改变而带动人的行为变化。这种方式忽视工作人员的态度,强调通过结构和程序的变迁来实现组织目标。组织变迁按照涉及的深度不同可划分为如下几个方面:

(1)精简机构与划小单位。精简机构主要是针对人浮于事、机构臃肿状况而采取的变迁措施。一般来说,组织都会随着业务和规模的扩张产生"官僚主义"现象,即出现机构臃肿、繁文缛节、文山会海和人浮于事的组织问题,这就需要进行精简和调整。

然而,精简机构和人员还只是组织调整工作的第一步,随着企业组织对外部环境和市场变化的适应能力的要求不断增强,许多企业为了提高对外环境,尤其是市场环境的应变能力,在壮大和加强自身销售、经营力量的同时,将部分市场营销业务及其相应的决策权下放给基层单位,从而将高度集权的职能型组织调整为分权型组织。比较常见的做法是,按照产品或市场建立相对封闭的独立或半独立单位,通过划小核算单位、下放经营权限,使之成为利润中心。

(2)结构再设计或结构重组。精简机构和划小单位从某种意义上说也是结构重组的内容,但结构调整不仅是组织中工作职位和部门机构设置的调整,更是这些要素之间纵向和横向相互关系的重新整合。我国企业在变迁过程中对关系结构的认识是随着"系统观念"的深入普及而不断得到强化的。过去,我国大型企业常设有七名副厂长分管生产、技术、销售、生活等各线的工作,这种机构组合方式从表面上看似乎也能形成"系统",但实际上各分系统间往往职能交错、职责不清,使组织在运行中频频出现扯皮问题需要跨系统协调解决。

结构再设计与结构重组一样,也是立足于调整系统要素之间的关系,所不同的是,结构重组的对象是职位和部门这些"实体"构件。在传统的以分工为导向、以结构为轴心的组织设计中,一项活动过程要由许多职位或部门来分别承担其中某一部门或某一步骤的工作,从而造成了各部门衔接的困难和工作任务完成的低效率等问题。流程再造就是要打破传统"分工论"的束缚,以首尾相接的、完整连续的整合性流程来取代以往被各部门割裂的、不易看见也难以管理的破碎式工作过程。

(3)组织文化变迁与滞后。组织文化变迁是更深层次的组织变迁。组织文化是指组织成员关于如何开展业务、如何对待员工、应该奖赏哪些行为及如何解决冲突等问题的规范和价值观。这种被作为"行为准绳"的东西是由组织中相对稳定和持久的因素构成的,因此变迁起来具有相当的阻力,即便是在最有利的条件下,如组织创办时间短,规模比较小,具有较大的可塑性等,组织文化变迁也常需要经历若干年的时间(而不是几周或几个月)才能看出它的效果。不过,成功企业的实践证明,组织面临大规模的危机,或采取措施使员工们清楚地意识到所潜伏的危机,以及高层领导更换,这些都会形成有利于组织文化变迁的情境条件。文化变迁是最艰巨的变迁,也是最根本、最重要的变迁。

(三)试验与推广阶段

当人们对待变迁的态度及相应的能力都有了充分准备之后,变迁过程就可以进入实施阶段,这一阶段,通常分为典型实验和全面实施两个步骤。

1. 典型实验

典型实验的要求是审时度势、力求全胜。为此,需注意三个问题:第一,选择适宜的试验地点和规模。试验地点的选择要有典型性,能代表组织中的其他拟变迁单位,同时要将变迁控制在一定范围之内,并对投入变迁的人力、物力、财力和时间进行科学的预算和控制,保证变迁取得良好效果。第二,选择适当时机及时发动变迁,努力在组织内部形成浓厚的变迁气氛,这样可以争取更多的成员在思想上、行动上支持变迁,并跻身于变迁行列之中。第三,尽快使变迁初见成效。对典型试验来说,对变迁成效提出过高的要求诚然不合理,但取得阶段性成果却又是完全必要的,只有争取尽快产生成效,才能有力地证明变迁的必要性,使一些对变迁持观望态度的人转而支持变迁。

2. 全面实施

通过典型试验,变迁人员可以获得领导变迁所需的技能和本领,并根据试验过程的反馈信息对原变迁方案进行修正、完善,这样在试验取得成功之后,就可以转入大规模的全面实施阶段。然而,从典型实验推广到全面实施,虽然有前一阶段提供的经验作为基础,好像应该是水到渠成,但实际上,阻止变迁的力量依然存在,特别是随着变迁的深入,阻力会进一步增大。而且,在大规模全面实施过程中,由于涉及面更为广泛,面临的局势更为复杂,还会出现各种新情况、新问题,所以应该加强对实施过程的管理,以便将变迁持续进行下去,直至实现预期的目标。

(四)评价与巩固阶段

变迁方案的实施并不是变迁过程的终结,无论是在典型实验阶段还是全面实施阶段,都需要将变迁结果与变迁计划及期望目标进行对照,以保证变迁过程保持一种受控状态。

1. 评价和监控

变迁方案在实施中可能遇到的问题有两类:一类是执行偏离了方案,即执行者没有严格按方案办事;另一类是方案偏离了实际,这可能是原方案有重大错误,与实际情况不符,也可能原方案是正确的,但主客观条件发生了重大变化,使原方案与新的实际不相符。对于两类性质不同的问题,变迁推动者应善于区分。如果是执行问题,应立即采取措施促使执行者坚决地贯彻执行方案,如果是方案本身的问题,就要从实际出发进行追踪决策,及时修正和完善变迁方案。

2. 巩固和稳定

通过对实施过程的结果做出系统、客观的评价证实了变迁确已达到预期目标以后,变迁推动者还要采取必要的强化措施,使新的行为规范和行为方式巩固下来。在现实生活中经常出现一些变迁方案在试行初期产生了明显的效果,但经过一段时间的运行,效果反而降低,甚至恢复到原有状态的情况。为了保证变迁结果能巩固和稳定下来,需要采取某种合适的行为强化措施,使所希望的行为更经常、更可能地发生,所不希望的行为得到避免直至完全杜绝,从而长久地保持新的组织状态。

三、组织变迁的方式

针对组织存在的问题和面临的内外环境变化,以及所选定的组织变迁方向和变迁内容,组织需要采取适当的方式对其现状进行改造。组织变迁的方式可以从多种角度进行划分。选择组织变迁方式应本着权变、适用的原则,根据所处的具体情境而采用相应的变迁方式。

1. 量变式与质变式

按变迁程度,组织变迁分为量变式和质变式两种。量变式是以改变组织机构和人员的数量为主的一种变迁方式。变迁的重点在于增设或撤销部门单位,增加或减少管理人员等。这种变迁简单易行,适合在组织关系结构、责权体制和行为规范等方面都基本适宜的情况,用以解决机构臃肿、人员过多、管理费用开支过大等较为单一的问题,对管理职能强弱的调整也有一定的效果。但这种变迁,一般只涉及组织的表层问题,是一种以控制管理组织的规模为主要目的的变迁。

质变式是以解决组织深层次问题有重点的、能使组织效能和内部关系发生根本变化的一种变迁方式。按质变的广度区分,可以是局部性的,也可以是全局性的。

某个部门的组织形态发生质变,并不一定意味着整个组织也发生质变。部分质变对全局性质变的影响程度,不仅取决于这一部门在整个组织中所处的地位,同时还与它同其他部门联系的紧密程度有关。一个部门在组织中所处的地位越靠近中心,与其他部门的联系越紧密,那么它对整个组织变迁的影响也就越大。再从质变的深度来看,质变可以发生于组织中较浅的层次,也可能发生在深层次,越是深层次的变迁,越要涉及基本价值观念和制度体系的改变。机械式组织可以通过改变结构形式和规模以及划分职责权限等来提高组织运行的效率,而有机式组织除在结构设计上要给人的能动性发挥留有适当的空间并授予某些经营管理权限外,更要侧重于人们社会心理因素的变迁,以使组织在创新方面取得高效能。

2. 正式关系式、非正式关系式和人员式

按照变迁的对象,组织变迁可以区分为正式关系式、非正式关系式和人员式三种。

正式关系式,即以组织中经过正式筹划的、为实现组织的目标而围绕工作任务展开的、人与人或人与机构之间的关系为变迁对象;主要是通过管理机构和管理体制的设计和再设计实现的,具体包括职位和部门组合、工作程序设计、等级层次划分、横向联系手段以及职责权限分配等。

非正式关系式是以组织内部未经正式筹划而产生的相互影响和相互作用关系为变迁对象,具体技巧和方法包括相互交往分析、敏感性训练、群体发展、组际会议和组内人事调解等。

人员式是以改变组织成员的知识、技能、态度和价值观等为对象,具体变迁策略包括各种管理发展和教育培训计划。

3. 主动思变式和被动应变式

按照变迁的力量来源不同,组织变迁可以区分为主动思变式和被动应变式两种。

主动思变式的动力来源于组织内部,而且是在事先预见的基础上做出变迁的决策。由于组织变迁通常需要一段较长的时间才能产生效果,组织若能在危机来临之前就着手进行变迁,如在预见环境变化,提出组织发展新战略的同时就考虑现行组织的适应性及其所需要的改造,或者预料组织规模扩大、技术进步和人员素质提高后需要在组织方面进行哪些调整等,就可以避免企业在绩效大幅度滑坡或者生死存亡之际仓促地进行组织改组。

被动应变式是在迫于外部压力的情况下产生的,如由于经济绩效不佳的压力以及宏观行政干预和政治环境的压力而进行的组织变迁。

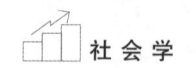

4. 突变式和分段发展式

按照变迁的进程,企业组织变迁可以区分为突变式和分段发展式两种。

突变式是组织在短时间内一次性变迁。这种变迁方式雷厉风行,解决问题迅速,一次到位。但由于涉及面广,速度快,容易引起社会心理震荡,并招致成员抵制。特别是当其他配套措施未能及时跟上时,容易造成疏漏,甚至半途夭折。因此,内容广泛而又深刻的突变式,除非是危机之际对变迁的客观要求十分迫切,必须在成员社会心理承受能力和国家政治经济条件都充分允许并做了认真准备和周密计划的基础上进行。

分阶段发展式既不是迅猛的革命,也不是逐步演变,而是在对组织现状和内外条件全面诊断及综合分析的基础上,有计划、有步骤地逐个实现变迁的分阶段目标,最终促成变迁目标的实现,这种变迁的优点是:(1)可以随时加以调整,因为它是分阶段进行的,每阶段目标实现后还可以及时总结经验教训,修正和完善下一阶段变迁的目标乃至总目标。(2)社会心理震荡较小,因为将变迁的总目标分解为若干个具体目标分阶段实施,可以逐步释放变迁可能引起的震荡,提高成员对变迁的承受力。但这种变迁见效比较慢,因为分阶段实现变迁总目标需要较长的时间,再加之前后阶段变迁的相互联系和相互制约使每一阶段变迁的效果未能很快发挥出来,甚至可能产生某些副作用。因此,一般用于客观因素发生重大转折需进行广泛、深入、大规模的组织变迁,而内部承受能力和外部条件还不能一下子适应的情况。采用这种变迁方式要注意使每一阶段的变迁服从并服务总体变迁的需求,并把各阶段之间的变迁有机地衔接起来,以保证有效实现变迁的总目标。

5. 强制式、民主式和参与式

按照变迁方案的形成过程,组织变迁可以区分为强制式、民主式和参与式三种。强制式是指变迁涉及者不参加变迁方案的制订过程,这样形成的变迁方案往往需要通过强制命令来付诸实施。民主式是与强制式截然相反的方式,是指在变迁中有关人员相互协商的基础上形成变迁方案。参与式,亦称民主集中式,是在变迁方案形成过程中既广泛地动员各层次人员参与,又对人们的思想观念有意识地加以引导,以便尽快形成统一的方案。

这三种方式具有不同的效果,强制式变迁方案的制订过程比较快,但由于有关人员对变迁没有事先准备,推行中可能面临很大的阻力,民主式是在有关人员对变迁有充分的思想和能力准备后才开始实施变迁方案,推行中的阻力较小,但变迁形成过程历时很长,因而整个变迁过程见效较慢,参与式的主要特点是把实施置于制定过程中,亦即在制定变迁方案时就充分考虑推行的各种条件,如变迁的时间紧迫性,变迁人员的权威以及减少阻力等,所以其优缺点介于强制式与民主式之间。

6. 自上而下式、自下而上式和上下结合式

按照变迁起始,组织变迁可以区分为自上而下、自下而上和上下结合三种方式。

自上而下式是指先从变迁中上层管理入手,再扩展到整个组织。自下而上式则是先从基层变迁入手,再考虑中上层组织的变迁。上下结合式,即对组织的上下各方面同时进行组织变迁。一般而言,企业战略目标的改变要求自上而下地进行变迁,而生产技术的变化则要

求自下而上地进行变迁。自上而下的变迁便于对总体组织做出调整,但其涉及面大、范围广,需要进行周密的计划,而且从减少阻力方面考虑应限于较浅层次的变迁。自下而上式便于"分块"进行变迁,待收到局部效果后再扩及整个组织,不过,由于组织中许多问题往往相互牵扯,所以,会拖延变迁的进程。鉴于组织是一个由高、中、基层构成的有机整体,通常变迁推行过程需要将上下各方面结合起来,统筹安排。

上述从不同的侧面对组织变迁方式所作的区分是相对的,它们在实际中往往相互交叉。组织变迁不能绝对地采取某一种方式,而应根据实际的情况灵活、综合地运用各种变迁方式,充分发挥它们各自的功效,使它们相互取长补短,相互借鉴,最终取得整体最佳的变迁效果。

四、组织变迁应该注意的问题

随着社会的发展,组织变迁已经成为大势所趋,但是,它们有的成功,有的失败。我们这里所讲的组织变迁多数还处于理论假设阶段,很多措施要等待实践的检验。从诸多组织变迁的成功和失败的经验教训看,应当在实施变迁的过程中注意以下几个方面的问题:

(一)变迁的措施问题

1. 切勿把手段当成目的

手段与目的常常容易出现置换性错误,尤其在大型组织中或完成一项长期工作任务时容易出现这种情况,例如,组织变迁中搞好人际关系是提高组织效率的手段,不能把它作为最终目的。再如,对组织成员进行培训,是为了改进成员的观念和技术手段,但却不能为了培训而培训,要使培训的内容始终与组织的实际需要相联系,也不能因为有了培训机构,就不考虑整体组织的利益,机构的存在是为组织目标做贡献的。

2. 防止急躁冒进

在组织变迁过程中,应按照预定计划步步推进,以防止急躁冒进,尤其要注意高层管理人员为了某项目标而出现急性病的错误,由于环境变化越来越快,各种信息蜂拥而至,组织所面临的机会也越来越多,但危险和陷阱也越来越多。因此,在面对机会和抉择时一定要保持头脑清醒,避免犯急躁冒进的错误。

3. 增进组织沟通,避免损失信息

在变迁过程中,为了能够消除阻力,实现预定的变迁目标,组织成员之间应保持密切沟通,避免损失信息,而影响组织变迁的成效。

4. 重视制度化结构的确立

任何组织问题都是结构性问题,如果仅从人事关系的角度去认识和处理,而不改变根本的结构,就很难保证不重蹈覆辙,尤其在涉及重大变迁措施时,更要从结构上持续使之固化,避免犯"断了香火不拆庙"的错误。

5. 要针对实际情况提出适当的变迁措施

不能过分依赖咨询专家的意见,否则有可能使组织理论脱离实际,犯冒进的错误。

(二)变迁的观念问题

1. 组织规模不是越大越好

庞大复杂的结构已经越来越不受欢迎,对管理者来说,权力的无限扩展与组织效率并不存在正比例关系。现代社会环境变化迅速,使组织目标很难保持长久不变,而且规模的扩大还会给目标的转换带来诸多困难,目前在西方发达国家,组织规模正在朝向小型化和灵活性方面发展,这种组织具有很高的自治权力,能够确定自己的服务方向,这就有利于效益和效率的提高。如项目组织,它是在一定时间内,集中了人才和资源完成某一特定项目的复杂组织,当任务完成后,组织便自行解散。这类组织的特点是目标集中明确,不受其他因素的影响,而在我国社会中,人们更多地强调权力的作用,为了自身的利益,无限度地扩大组织规模,管理人员更多的是把管理和控制组织作为一个目标,而不是作为职员生产或生活的手段。

2. 组织规则并不是越严密越好

以工作环境为中心的变迁往往强调规则的重要性,但并不是说规则是万能的。现代西方发达国家的社会组织多以权变理论为基础,设计出灵活多样的组织形式,组织规则也多为弹性结构,规则和固定程序很少,即使有规则也属于非正式的。例如,自由型组织结构,它在特定时间、特定要求下是一种比较适宜的结构形式。这种设计要求尽量减少等级制和硬性的规章制度,以及定型的上下级关系和指挥系统。这种组织有两个特点,一是广泛应用计算机系统核评组织经营绩效;二是重视使用年轻有为、敢冒风险的管理人员,我国社会组织变迁,由于非正式组织力量的强大,迫切要求新的体制以规则化的管理为主。况且由于国民教育水平的落后,也要求组织按照劳动分工和专业化规则确立基本结构形式,只有这样才能保证组织效率。但是长此以往也可能使职员养成死板、冷漠的官僚习气。因此,那种强调对人、对规则加以严格考核的措施也不宜无限度地推广,每个组织都应当按照自身的状况来指定变迁计划。

3. 组织结构的优劣并非以效率为绝对标准

什么是一个优秀的组织形式?从组织发展史看,优劣标准也在不断发生变化。古典理论强调效率,当然是以效率为绝对标准。随着社会的发展,人们价值观念的变化,以及各种要求的日益增长,人们也不再仅仅满足于组织效率,而更多的是在组织中寻求良好的人际关系、归属感和自我实现的理念,这是新古典理论时期的组织标准。到了现代多元文化的伦理时代,标准也就更加多样化。在组织中,人们开始强调"和谐"的人道主义精神,把组织看成是人类生活的共同体,反对那种只强调效率、强调规则、违反人性的组织形式,当然,人们的各种需要并不是在一个组织中就能够实现的,专门化的组织发挥着专门的功能。在这种以功能为目标的组织中,人的尊严、人的解放应始终放在首位,因为组织最根本的潜能是人的潜能,若想挖掘人的潜能就必须首先满足组织成员的各种需要。尤其发展中国家在现代化过程中,组织目标不应只注重实际效果的出现,而要在实现主要目标的同时,把人道主义标准放在一个很重要的位置。

以上三方面是组织变迁过程中不可忽视的基本观念,组织理论研究表明,没有哪一个组织是长期不变的,组织若想生存和发展,就必须不断改变自己,以适应环境需要。美国微软公司的成功就是在变化中取得的,而微软公司永远不变的就是变化。

任何组织在经过合理设计并运作一段时间后,往往要随着外部环境和内部条件的变化进行调整和变迁,这样才能更好地适应企业生存与发展的需要。组织变迁是在已有组织基础上进行的"再设计"。这种再设计与新组织的设计相比,虽然原理相同、基本内容相似,但它已不是在一张完完全全的"白纸"上画最新最美的组织蓝图,而是在原有基础上做出改变,因而难免要遇到各种阻力。能否冲破阻力的障碍,甚至化阻力为动力,是组织变迁成败的一大关键。因此,组织领导者在推行组织变迁过程中,必须注意采取适当的变迁方式及克服阻力的有效措施,以实现对组织变迁过程的良好管理。

思考题

1. 简述组织的特征与功能。
2. 简述正式组织与非正式组织的差异。
3. 论述组织管理理论的发展过程。
4. 组织管理的主要特点有哪些?
5. 简述组织管理的定义与属性。
6. 论述组织文化及其功能。
7. 简述组织管理的方式。
8. 论述组织变迁的原因。
9. 论述组织变迁的过程。
10. 组织变迁应该注意的问题有哪些?

扫码看拓展资源

第五章 社 区

社区是若干社会群体或社会组织聚集在某一个领域里所形成的一个生活上相互关联的大集体，是社会有机体最基本的内容，是宏观社会的缩影。社会学家给社区下的定义有140多种。社区是具有某种互动关系的和共同文化维系力的，在一定领域内相互关联的人群形成的共同体及其活动区域。

尽管社会学家对社区下的定义各不相同，但在构成社区的基本要素上的认识还是基本一致的，普遍认为一个社区应该包括一定数量的人口、一定范围的地域、一定规模的设施、一定特征的文化、一定类型的组织。社区就是这样一个"聚居在一定地域范围内的人们所组成的社会生活共同体"。

第一节　社区概述

"社区"一词源自拉丁文 communis，意即伴侣或共同关系和感情，19世纪以后，社会学家才逐渐确定其概念架构，唯其定义至今仍众说纷纭。有人认为社区是指有共同关系与功能的一个区域；部分学者认为社区乃是具有特定的地理界限、人群的心理结合及社会组织的一个基本单位。简言之，社区是指具有共同精神，休戚相关的一群人所定居的区域。

任何社区均要有一定的地理区域，全体居民的心理结合、共同意识和归属感，并有各种团体与组织。社区通常分为乡村、都市和国家三大类。其中以国家最为广泛，包括乡村与都市。对国家的研究，通常属于政治学的范围，社会学多半集中于乡村与都市两种社区的研究，专门研究乡村社区的称为乡村社会学，专门研究都市社区的称为都市社会学。

一般而言，社区提供各种教育文化设施与活动、卫生保健服务、娱乐休闲场地、就业与交易场所、宗教集会场所、各种社会福利，并维护社区秩序，保障居民安全。因此社区具有教育、卫生、娱乐、经济、宗教、社会福利及政治等多种功能。个人出生之后，不仅属于家庭，同时亦属于社区。社区对居民的生活方式、价值观念及人格发展极有影响。

一、社区的理论来源

"社区"的概念早在1881年滕尼斯时代就已经被提出了，立刻成为个人、家庭之后又一个研究社会构成的单元。从最初的含义，即"是由一种同质人口组成的具有价值观念一致、关系密切、出入相友、守望相助的富有人情味的社会群体"，已经延伸成为一个新的定义，即"人们的集体，这些人占有一个地理区域，共同从事经济活动和政治活动，基本上形成一个具有某些共同价值标准和相互从属的、情感的、自治的社会单位"。

地理区域、互动关系、共同情感三个特征决定了社区的构成结构。我国由于长期受城乡二元经济的影响，社区的形势主要分为城市社区和农村社区。近几年由于小城镇发展建设的速度加快，又出现了介乎二者之间的小城镇社区。从人口、密度、异质性、特性等方面分析，可以看出城市社区人口分布较集中、居住密度较大、群体成员间的异质性较强等特征。

目前,我们城市社区的概念在各省份之间存在一定的差异。例如,除上海以外,其他很多地区对于社区的概念都定义为"社区是街道或者居民聚居较集中的区域"。由于城市社区与城市化进程密切相关,我们不难发现:在东部城市化进程较快的地区,城市社区通常以居委会或者一定地域概念来界定,并且分为大社区与小社区两个较为模糊的界定,前者是以同质性来界定,后者是以地域来划分。城市社区的演变过程是逐渐从异质向同质过渡的过程。

二、社区的特征

社区是有一定地域范围的人们社会生活的共同体,它具有以下几个特征:

1. 社区是社会的缩影

由于社区是社会成员的生活基地,绝大多数社会成员的基本生产活动是在本社区内进行的,他们以家庭为单位消费各种生活资料,解决最基本的社会生活需求,以此建立多种社会人际关系,通过社区共同解决生活中遇到的困难和难题。因此,社区不仅包括一定数量和质量的人口,而且包括由这些人所组成的社会群体和社会组织;不仅包括人们的经济生活,而且包括政治、文化生活;不仅包括一定的地域,而且包括人们赖以进行社会活动的生产资料和生活资料。总之,社会有机体的最基本的内容全部包括在社区的定义之中,社区就是一个社会实体。

2. 社区是聚落的承载体

聚落是指各种形式的人类居住场所。它不仅是简单的房屋建筑的集合体,而且是与居住地相关的生产、生活设施和劳动用地的集合物。历史告诉我们,人类最早是从生存、发展的需要出发的,寻求适合自己的居住场所和各种活动的基地,并逐渐由临时的、移动的居住方式向着固定的、永久的方向转化,形成了以多所房屋组成的居住地,即以聚落为主体的居住生活方式。这种生活方式恰恰说明了聚落是人类改造环境的产物。聚落作为人类活动的中心,既是人们居住、生活、休息和进行社交活动的处所,又是人类进行生产劳动的场所。我国的聚落形式有村落、集镇、县城和城市等,它们都是社区的承载体。正是这些承载体的不同,造就了不同类型结构的社区。

3. 社区是多功能的集合体

从组织学的角度来看,社区与目标和功能单一化的社会组织不同,它的功能是多重的。就我国城市社区的状况而言,社区具有以下几个功能:一是协管功能。社区是类行政组织,具有对城市基层社会的管理功能。社区组织是党和政府连接群众的桥梁和纽带。社区的一项重要任务是协助政府做好基层社会的工作,维护社区的治安、调节民间纠纷、办理社区的公共事务和公益事业,做好群众的思想政治工作,保持基层社会的稳定。二是民主自治功能。社区是群众实行自我管理、自我教育、自我服务的行之有效的载体。所谓的民主自治,是指在党和政府的领导下,人民群众的依法自治,社区是承接政府剥离出来的社会事务的载体,是推进"政企、政社、政事"分离,实现高效政府格局的动力。三是监督功能。社区是人们参与社会生活和政治生活的主要场所,居民作为某一社区的正式成员,在本社区范围内享有参与社区管理、选举人民代表、选举社区工作者的权利。社区自治组织是代表群众监督政府依法行政、社区依法自治的组织机构。社区是扩大基层民主、推进政府决策的民主化和科学化的载体。四是文化功能。我国的基层社区担负着发展教育事业、组织开展文化娱乐和体育活动、组织开展群众性精神文明创建活动等功能。社区文化是基层社会对群众寓教育于服务中的最好形式,是凝聚人心的工程,因此,文化功能也就是凝聚力功能。五是场域功能。社区的场域功能,为人们求学求知、发明创造、成家立业、结亲访友等生存与发展的需要提供了机会和舞台。

4. 社区是可持续发展的

确切地说,自从有了农业,形成了村落,就有了社区。社区最早形成的形式是农村。随着社会的发展,在农村社区的基础上又形成了城市社区。城市社区在几千年的演变过程中,其内部结构、社会性质等发生了巨大变化,可以说,这些变化是随着社会的发展而发展的,起决定作用的是生产力的发展。进入现代化社会以后,社区的发展随着先进生产力的进步而步入良性的运行阶段,所以说,社区是可持续发展的。

三、社区的基本构成要素

一个社区至少包括以下特征:有一定的地理区域;有一定数量的人口;居民之间有共同的意识和利益,并有着较密切的社会交往。

构成社区的基本要素有:

(1)人群。一定数量的人群是社区的主体,也是构成社区的第一要素。

(2)地域。地域是社区存在和发展的前提,是构成社区的重要条件。

(3)生活服务设施。基本的生活服务设施不仅是社区人群生存的基本条件,也是联系社区人群的纽带。

(4)文化背景及生活方式。相对共同的文化背景和生活方式是社区人群相互关联的基础。

(5)生活制度及管理机构。相应的生活制度和管理机构是维持社区秩序的基本保障,是构成"大集体"的必要条件。

四、社区的功能

社区功能是指社区在社会建设与社会发展环境下对"社区人"、社区事务以及社区发展产生的影响活动和产生的效用和效果。

(一)社区功能的表现

一是生活层面。即物质生活和精神生活层面。

二是"人"的层面。即对"社区人"的教化,培育"公民意识",培养"公民义务",促进"居民"向"公民"的转化。

三是社会层面。化解社会问题,促进社会稳定,促进社会和谐。

(二)社区功能的构成

(1)社区自治功能。是社会生活共同体。共住共管,广泛参与社区管理既是社区人的要求,也是社区自治功能的本质体现。社区管理体制的特点是:社区自治与政府行政管理的良性互动;社区自治功能与政府行政功能互补;社区民主协商机制与政府依法行政机制互联。社区管理体制的优势在于:"社区人"的自我管理、自我教育、自我服务、自我监督与多元主体的广泛参与的有机结合。

(2)社区服务功能。社区的一个重要作用就是"服务群众"。服务居民是社区以及社区工作的主题。强化社区服务功能就是坚持以人为本,拓展社区服务领域,构建以社区为平台的社会服务网络;就是要发挥社区改善和提高居民生活水平、生活质量、生活品质的服务作用。

(3)社区教化功能。广泛开展"社区人"喜爱的社区文化体育,深入挖掘各民族的传统节庆文化,在潜移默化中使"社区人"受到教育,从而形成共住共生、相互依存、守望相助的社区生活理念。通过广泛参与社区事务和社区公益活动,使居民在参与中认识到自我价值,提升其社会功能,逐步树立公民责任意识和义务意识,使社区人向社会人转化。根据"社区人"的组织意愿,积极培育各类社区社会组织、发展社区社会组织,使社区成员"组织化"。制定自我约束的规则,开展自我组织活动。组织居民进行自我发现、自我发展、自我完善,发挥潜能,促进居民的全面发展。

(4)基层社会管理功能。社区是区域型社会。社区管理是具体的、可操作的社会管理。社区是社会构成的基本单位,家庭是社会构成的基本单元。社区是家庭与社会联系的中间环节。"社区—家庭"是城乡基层社会结构的第一层面;第二层面是无论什么性质的"单位",都在一个明确的社区辖区之内。社会管理的各项事务都可以分划到、落实到一个具体的社区。社区是社会管理的基本平台,是社区自治管理与社会参与的资源整合配置平台,是政府管理力量与社会调节力量互动的平台,是政府行政功能与社会自治功能有机互补的平台。

(5)化解社会矛盾、社会稳定功能。社区稳定是社会稳定的基础和基本保证。社会问题社区化,是大事化小;社区问题不能社会化,否则就是"小事化大"。

(6)实践、干预政策功能。社区是人们获取社会公共服务的平台。人们要通过社区获得应得的社会提供的均等化社会公共服务和适度普惠的社会福利保障。一方面,社区在让人民分享发展成果方面起着再分配的作用,要把"蛋糕分好",要"患不均"。另一方面,社区通过提供的均等化社会公共服务和适度普惠的社会福利保障活动和实践,还能发现问题,提出建议,促进社会公共政策的改进,促进社会保障制度的健全与完善。

(7)社会资源的整合功能。社区是社会公共服务的平台,是社区居民对公共服务需求信息的平台。无论社会管理还是社会公共服务社区都是不可或缺的。各个社区的自有资源不同,需求信息不尽相同,根据社区的具体情况,配置相应的资源,既可以有效发挥资源效应,又可以避免资源重置。政府公共服务、社会服务、市场商业服务以及社区服务的资源通过社区这个平台进行合理配置。需求直接对接,不仅可以降低服务成本,发挥服务资源的最大效益,而且能有效防止"纯商业化"的恶性竞争,使参与服务和接受服务的双方同时获益。

五、社区的作用

(一)是在提高人民生活水平和质量上的服务作用

社区是人们赖以生存的生活家园和精神家园。"以人为本、创建和谐"是我们社区工作所追求的目标,"以人为本、服务居民"是我们的原则。要充分发挥社区的作用,不断提升社区的服务能力和服务水平,转变社区居委会的工作方式,实现由"自己办事"变为"大家共同办事",由"管理居民"变为"服务居民"的转变,让社区居民共同分享社区建设的成果。通过不断完善社区服务和政府公共服务,为居民提供方便快捷的社区服务和公共服务,大力倡导社区志愿者服务,广泛开展邻里互助。深入了解社区居民需求,解决社区居民的物质生活和精神生活的多层次需求,形成出入相友、守望相助的良好生活氛围。

(二)是在密切党和政府同人民群众关系上的桥梁作用

社区是社会的基本构成单位,是人们生活的社会共同体。不管什么人,不管他从事什么工作,最终他要回归社区。各种意识形态要在社区有所反映,各种利益诉求在社区必然以多种方式有所表达。党和政府的重大决策的实施,最终也要落实到社区。社区已从传统的居委会协助政府部门开展工作,转变成把握、落实政策,确保人民共同分享社会发展成果的监督者。社区是熟人社会,社区不同利益群体的诉求要有序表达,社区成为征集和反映诉求的重要渠道,这种双向的(即政府和人民群众的)利益表达,依托于社区这一纽带形成上下贯通的重要渠道。

(三)是在维护社会稳定、为群众创造安居乐业的良好环境上的促进作用

社区稳定是社会稳定的基础。随着社会的发展,人们的居住形态不断发生变化,社区居民结构、利益诉求和参与社会管理、社会事务的需求等都在变化着。老龄人口增加、老人家庭空巢化趋势明显,外来人口在大幅上升;以物权为纽带的政治诉求逐渐成为社区的主要矛盾表现方式,这些如果不能得到有效治理,势必成为影响社会稳定的因素。社区要适时引导,因势利导,按照民主决策、民主管理、民主监督的原则,完善社区成员代表大会、社区居民代表大会、社区民主议事、社区听证会等制度,切实保障社区居民对社区事务的参与权、知情权、管理权、监督权,使社区居民参与社区建设制度化、经常化,逐步实现居民自我管理、自我教育、自我服务、自我监督,推进社区民主政治建设,为群众创造安居乐业、和睦相融的良好环境。

六、社区与社会、社群的区别

(一)社区与社会的不同

滕尼斯认为"社区"的联系是"自然的""本质的"和"有机的",表现为人与人之间强大的情感纽带,彼此之间亲密无间,相互认同,沉浸在共同的世界之中,具有明显的"我们的"意识。其典型是母子、夫妻、兄弟姐妹之间的联系,进一步地,在邻里、朋友以及宗教信徒之间也会存在类似的联系。而"社会"的联系则是"人为的",表现为人与人之间丧失"我们的"意识,而只存在"我的"意识,每个人都把自己视为独立的个体,互不关心,彼此冷漠,没有浓厚的感情联系;只是通过契约来达成彼此之间的交往,他人只是个人达到自己目的的手段。市场交换关系和都市生活便是典型的社会联系。

社区有五大功能:经济功能、社会化功能、社会控制功能、社会福利保障功能和社会参与功能。社会更多执行国家的功能,在功能方面更接近于国家,而社区则更加接近生活,与人们的生活息息相关。在发展前景上社会的功能逐步向社区过度,社区将越来越多地承担社会的功能,其中最主要的就是服务功能。在经济方面无论是社会还是社区,都是以经济为基础的,经济决定着社区和社会的发展。在文化方面,社区文化往往体现生活的方方面面,以和谐为主题,而社会则是社区的扩大化和抽象化,所体现的主要是理论层次的,具体方面很少或几乎没有体现。在政治方面,社区主要是控制,通过法律强制力和道德的约束力来实现,针对具体的事件两者所起的作用有所不同,而社会是一个大的整体,所体现的更多是建设法治社会,通过强制力保障其良性运转。在适用范围上社区相对于社会是一个小的群体,在某种程度上可以说是千千万万个社区组成了社会,社会是社区的集中体现,两者在归属感的问题上不存在差别,对内对外都没有差异,只不过归属感的程度有所不同,当归属感强的时候,表现为群体的一致性程度高,内部矛盾非常小,非常团结。当归属感弱的时候就会出现一系列问题,这就需要社会及社区发挥其功能来维护社区及社会的稳定。

(二)社区与社群的区别

社群虽然作为社交的衍生物,而社群与社区更像,成员都是有共同的爱好或目的,然后进行交流,产生内容。但对于内容,社群跟社区也有所区别,社群是即时通信工具,倾向于内容的及时性,但不具备沉淀性。在社群里,最常看到就是信息混乱,也就是群成员发表信息后,但彼此的关注点不同,随着信息数量越来越多,容易给其他群成员造成参与不积极,或消极不参与的社交压力,进而选择了"潜水"。而社区是圈子交流,具备沉淀性,倾向于内容的长期价值以及复利价值,也就是当优质内容产生后,感兴趣的人可以在几个月甚至几年后消费。

七、社区服务

社区服务是指政府、社区居委会以及数字社区等其他各方面力量直接为社区成员提供的公共服务和其他物质、文化、生活等方面的服务。

当前,随着我国经济成分、生活方式、社会组织形式和就业形式的日益多样化,越来越多的"单位人"转为"社会人",大量退休人员、下岗失业人员和流动人员进入社区,社区居民群众的物质、文化、生活需求日益呈现出多样化、多层次的趋势,经济社会的发展和居民群众的多方面需要给社区服务提出了新的更高的要求。加强和改进社区服务工作有利于扩大党的执政基础,体现政府的施政宗旨;有利于扩大就业、解决社会问题、化解社会矛盾、促进社会和谐;有利于不断满足居民群众需求、提高人民生活质量、促进人的全面发展。

当前要重点开展好的社区服务是:面向群众的便民利民服务,面向特殊群体的社会救助、社会福利和优抚保障服务,面向下岗失业人员的再就业服务和社会保障服务。社区服务是我国改革开放以来探索的一条贴近基层、服务居民的社会化服务新路子。

第二节 城市社区与农村社区

一、城市社区的概述

(一)城市社区的起源

最早的城市大约出现在公元前 3500 年,它的产生是人类历史上的一个重要里程碑。在我国古代,"城"与"市"乃是两个不同的概念,"城"是指在一定地域上用来防御敌人入侵而围起来的墙垣,所谓"筑城以卫君,造郭以守民",讲的就是这个意思。可见,"城"是当时的军事设施和统治中心。一般来说,大城为"都",小城为"邑"。而"市"则是指那种进行商品交换和买卖的场所。如古书有云:"处商必就市井,以其所有,易其所无,日中为市,致天下之民,聚天下之货,交易而退,各得其所。"可见,"市"是古代商品流通的中心。所以,作为政治、军事中心的"城"和作为经济、文化中心的"市"也就逐渐合二为一,形成了"城市",也就有了"城市社区"。

(二)城市社区的含义

城市社区,是指由生活在一定地域范围内、大多数有劳动能力的人都从事工商业或其他非农产业的一定规模的人口所形成的一种社会生活共同体。

聚集到一定规模的人口是城市社区形成的一个必要条件,而工商业及其他非农产业则是城市社区居民从事的主要经济活动。由于一定数量的人口长期生活在某一区域里,他们之间形成了某些共同的利益、共同的要求,并有一定的行为规范和生活方式,从而也就形成了一个相对独立的社区。

二、城市社区的特点

(一)人口高度集中是城市社区的一个基本特征

全国人口密度较大的城市,如上海中心市区人口平均密度为 2.0 万人/平方千米,人口密度最高的地方为 4.0 万人/平方千米,是东京的 3 倍,是巴黎的 1.75 倍;广州为 2.95 万人/平方千米;天津为 2.0 万人/平方千米;北京为 2.7 万人/平方千米。高密度、大规模的人口集中,将促使人类群体个性特征发生变化,如人口聚集地相互交往人数的增加,势必引起人口质量的提高。

(二)居民以从事非农产业为主

城市社区既是政治、文化中心,也是经济中心,由于经济活动主要以工商业和其他非农业为主的各种经济活动作为主要职业和谋生手段。

(三)社区成员的异质性强

异质性是不同个体、不同群体之间所存在的差异性。如,职业上的异质性——由就业结构的多样化造成;经济上的异质化——由职业收入差异造成;个性异质化——由成员来源不同的地域造成等。异质化的城市居民的相互交往、文明相互渗透造就了多元文化,也就有了见多识广的城市人。

(四)生活方式多样化

城市社区居民的生活方式多姿多彩,不但生活节奏较快,而且生活内容非常丰富。例如城市居民接受新思想、新观念的途径多,信息传播快,闲暇时间较多;在职业、收入、教学水平、文化背景上差异大;各类物质消费、服务和文化娱乐的机构设施比较齐全,如读书充电、种草养花、钓鱼养鸟、看文艺演出、参加体育比赛等。

(五)人际关系业缘化

现代社会劳动分工越来越细,各专业之间的相互依赖性越来越强,人际关系主要体现为业缘关系。主要体现在:(1)城市生活节奏快竞争压力大,业余时间需要不断充实自己,所以人际交往的时间减少;(2)在人际交往过程中,比较重法理,轻视感情,给人一种表面热情实际冷漠的印象;(3)领导要求下属遵循规章而不讲面子,下属相信职务不相信个人;(4)住宅条件由原来平房、大杂院转向高楼林立的独门独户格局,这种独立的居住环境、独立的经济利益、独立的生活空间,使得居民之间的关心、互动减少。

(六)居民的组织程度比较高

社区居民从事活动多样化,各种管理任务重,需要组织。其中有正式的、非正式的组织;有经济、政治、社会、文化组织;有政府职能部门、行业组织;有区域经济组织及各种经济联合体组织等。

三、城市社区的种类

(1)根据社区的规模不同,可以分为大型社区、中型社区、小型社区、微型社区等。

(2)根据社区的功能不同,可以分为工业社区、生活社区、商业社区、宗教社区、文化社区和综合性社区等。

(3)根据社区的区位不同,可以分为中心社区、边缘社区等。

(4)根据社区的形态不同,可以分为高级住宅区、一般住宅区、贫民区等。

四、城市社区的管理

随着我国经济体制改革的深入,加之我国社会管理体制的变化,我国城市社区管理体制也随之得到相应的发展和改革:居民与社区的联系日益密切,政府逐渐将权力下放,社区在社会性事务上的管理责任就更多。

(一)城市社区管理的含义

城市社区管理,是指在市政府及其职能部门的指导和帮助下,动员和依靠社区各方面的力量,对社区内的各项公共事务和公益事业进行规划、组织、指挥、控制和协调的这样一个过程。

(二)加强城市社区管理的必要性和重要意义

(1)它是适应城市化速度加快、城市管理任务加重和城市现代化发展的需要。

(2)它是适应全面深化改革、"单位体制"逐步松动和瓦解的需要。

(3)它是适应社区人口结构性变迁的需要。

(4)它是为了满足居民随着收入水平和生活质量的提高而要求全面改善社区状况的需要。

(5)它是加强社会主义精神文明建设,维护基层的社会稳定的需要。

(6)它是适应政治体制改革和政治民主化发展的需要。

(三)我国城市社区管理存在的问题

尽管近年来全国各地城市先后对社区管理体制和管理方式进行了有益的探索,取得了明显的成效,但从社区管理的现状和客观需要来看,还存在着不少矛盾和问题,主要表现在以下几个方面:

(1)社区管理体制的行政化色彩较浓

尽管这些年各地城市在改革行政型社区管理体制方面已经做出了不少努力,但社区管理的行政色彩仍然很浓。一方面,街道办事处政社不分的状况并没有大的改观,它仍然承担着过多的行政管理职能,工作量过大,经常处于疲于应付状态,其直接后果是既未能够明显减轻政府的社会管理负担,也没有能够很好地发挥自己应有的社会管理职能,致使社区成员对美好生活的向往难以得到满足,同时也没有从更深层次上提高广大居民民主参与社会管理的意识。因为在行政型管理体制下,社区生活带有浓厚的政治性和强迫性色彩,社区成员对行政任命的社区管理主体缺乏认同感,对社区缺少归属感,不能积极参与社区活动,从而造成社区管理中"上面雷声大,下面雨点小"的窘况。这种做法与社区建设的初衷相去甚远,只能说是政权建设,而非真正意义上的社区建设。另一方面,作为居民群众自治组织的居委会的工作方式也带有较浓厚的行政色彩。因为事实上居民委员会受街道办事处的领导,所以其日常工作不得不服从街道的安排,进而也陷入了繁杂的具体事务之中。过多的事务性工作必然会弱化居委会自治组织的管理职能。另外,我国城市的社区类型比较单一,基本上仍然以行政型社区为主。就正在推行的"两级政府,三级管理"的社区管理体制来说,所谓两级政府是指市级政府、区级政府。街道办事处是区级政府的派出机构,介于"两级政府"之中,它既是政府各项政策的具体执行者,又是调节社区政治、经济、文化等活动的中枢。三级管理是指市级政府、区级政府、街道办事处三者自上而下的管理模式。街道办事处管理着居委会,并通过它处理大部分社区事务。除了这种政治性的社区组织之外,几乎还未形成其他成熟的社区组织类型。

(2)社区管理的组织力量比较薄弱

社区机构设置、人员配备、经费来源、基本设施与所承担的职责任务不适应。有些工作区政府缺乏相应的机构,管理职责无法履行,有的虽然设置了机构,但由于人员或设备等力量较弱,而影响到任务的完成。作为社区管理主体的街道办事处,是人民政府的基层组织,为本辖区人民群众服务是义不容辞的责任,理应发挥"上为国家分忧,下为人民解愁"的作用。而街道尽管承担着诸多管理任务,但其权力小,只能行使部分政府职能,在城市管理、经济建设、社会保障等方面难以实现责、权、利相统一,难免造成执行部门有权执法却又没有力量直接把法律落实到基层,街道和居委会能够做到但却没有权力去做,结果出现条块之间推脱扯皮的现象,从而造成政出多头,相互配合不够和整体工作成效不高的状况。加上办事处和居委会还缺少年富力强、文化层次高、懂得现代社区管理、熟悉市场经济条件下的基层政权运作与广大居民之间互动规律的干部,而且,干部年龄老化,专业、文化知识结构不合理,业务素质不高的现象相当突出,在很大程度上也制约着社区管理和服务作用的发挥。

(3)社区管理的法制不健全

目前,社区管理的法制不健全,对管理权力缺乏监督和制约,主要表现在:其一,在社区管理中,一些具体的管理工作找不到法律依据。其二,监督的主客体错位。监督主体本应是居民,由居民来监督社区权力的使用,但事实往往不尽如此。例如,有的居民委员会因过分追求经济效益,不顾干扰居民日常生活的后果,在社区内允许或亲自进行违章搭建,这会进一步助长违章、违法行为。其三,监督运行方式单一,主要是由上而下,自下而上的上行监督较少。其四,监督缺乏必要的协调。社区内有各种监督组织,但因职权不明,协调不力,容易造成多方插手或相互推诿的现象。其五,监督制裁不力。监督组织没有仲裁权力或仲裁权力很小,往往只能督促、调解一些工作。其六,监督法规不健全,监督制度不完备,缺乏可操作性。总之,社区内由于监督体系不完备、机制乏力,很难保证社区权力的正确行使。

(4)社区管理重视"硬件"而忽视"软件"

在社区管理中,很多城市不能根据社区长期发展的要求,超前进行高起点的科学规划。相反,管理目标的制定常常带有当权者的主观意志,成为他们追求政绩的垫脚石。"领导意愿"的支配造成中国城市社区管理总是在"换一届领导,改一回模式"的怪圈中徘徊,管理规划几年一变,缺乏稳定性。而且,目前的中国城市社区管理过多地偏重于经济建设、市政建设等针对"物"的硬件管理,而忽视文化教育、公共服务等以"人"为中心的软件管理,造成实际工作中"一手硬,一手软"的畸形状况,也使得许多社区居民参与社区活动的积极性降低。比如在居委会的选举中,虽然有法律明文规定,但由于可以实行居民代表选举,许多地方都把居民代表选举居委会作为普遍通行的制度。这样,组织选举者可以随意确定居民代表因而省掉许多麻烦,选举有时成了走过场,居民对居委会缺乏认同,因而对居委会开展的各种社区活动也就缺乏主动参与的积极性,从而导致各类志愿者服务活动的开展面临不少困难。

五、农村社区的概述

农村社区是由居住在农村的一定数量和质量的人口所组成的相对完整的区域社会共同体。农村社区是人类社会最早出现的社区,形成于原始农业的产生时期。原始农业的出现,人们可以在相对固定的土地上通过种植农作物取得较为可靠的生活资料,为人类创造了比较稳定的居住条件,人们开始定居并形成了最原始的村落,产生了最早的农村社区。农村社区从产生到现代社会大体经历了原始农村社区、传统农村社区和现代农村社区三个发展阶段。

(一)农村社区的概况

农村社区是具有广阔地域、居民聚居程度不高、以村或镇为活动中心、以从事农业为主的社会区域共同体。

农村社会学家对农村社区的含义有不同的理解。有的强调农村社区有一个共同的中心点;有的强调其居民有较强的认同感;有的强调具有特定的社会组织和社会制度;有的则强调有特殊的生活方式等。概括各家的观点,构成农村社区的基本要素是:

(1)具有广阔的地域,居民聚居程度不高,并主要从事农业;

(2)结成具有一定特征的社会群体、社会组织;

(3)以村或镇为居民活动的中心;

(4)同一农村社区的居民有大体相同的生活方式、价值观和行为规范,有一定的认同意识。

(二)农村社区的类型

根据发展的时间顺序和居民点分布的状况,农村社区可分为散村、集村、集镇等类型。

1. 散村社区

散村社区是最初因特殊地理环境而形成的零散的小村落。这类社区的特点是:一般发育程度低,聚居程度不高,三五家、七八家在一起,非亲即故。居民大多从事种植、养殖业,经济单一,居民往来频繁,相知甚深,守望相助,关系密切。但这类社区一般与外界较隔绝,信息不灵,交通不便,居民传统观念强,比较保守,社区变迁缓慢,社会流动较少。随着社会经济的发展,散村社区一般逐渐向集村社区过渡。

2. 集村社区

集村社区是人数较多、规模较大、居住较集中的村庄,一般是几十户甚至几百户聚居在一起,多以平原、沿海、交通沿线、三角洲等地为聚居点。集村社区的人际关系不如散村密切,血缘氏族关系开始淡化,常以一个或数个大姓宗族和外来的居民共同聚居。社会组织、社会制度则较散村多。集村多有服务中心,有的集村已有"期集"或集市。

3. 集镇社区

集镇社区由集村发展而成,已成为农村小型政治、经济、文化中心。在现代集镇中,已有加工业、商业、服务业等,这类社区已成为农村小型商品集散地和农村工业基地。集镇社区中,经济结构和居民成分比集村更为复杂,人际关系比集村更为疏远,居民间的血缘关系和地缘关系逐步向业缘关系过渡,居民的传统观念也逐步向现代观念转变,社会组织和社会制度则更为健全。随着农村商品化、社会化、现代化的发展,集镇的社会功能日益多样。

除了上述的划分之外,还可按区位将农村社区划分为平原村、滨湖村、沿海村、山村以及城郊农村等;按所从事的行业划分为农业村、渔村、牧村、矿业村、综合村等。

(三)农村社区的特点

(1)具有较广阔的地域,对自然生态环境的依存性更强。生态环境对农村的生产与生活有着直接的影响,农业生产对生态环境的依赖性较强。如破坏了植被、森林,会造成水土流失,影响气候,导致自然灾害,造成农作物减产等。

(2)人口密度小、受教育程度较低。农村所据地域较广,人口密度相对于城市稀疏得多。一般发展中国家,农村经济结构单一,教育、文化、科技发展水平较低,卫生事业不发达,交通、信息较闭塞,传统文化积淀较深,人口的职业结构比较简单,同质性较强。

(3)社会问题不如城市复杂、集中和突出,犯罪率较低。

(4)居民所从事的职业以广义农业为主。农村社区是随着原始农业的产生和发展而出现的。农村社区的发展,产业结构发生着重大变化,非农产业比重将逐渐上升,农业劳动力逐渐向非农产业转移,第二、三产业有所发展,小城镇相应增多。

(5)农村社会组织较城市简单。在一般传统农村社区中,习俗组织(如宗族、宗教、帮会组织)较多而法定组织较少,分科执掌、分层负责的科层制组织尚不发达。

(6)经济、文化、技术相对落后。城乡的长期对立和分离,是造成农村经济、文化、技术相对落后的重要原因之一。教育普及程度没有城市高,先进科学技术的普及和应用程度也较城市低。

(7)居民的血缘、地缘关系较密切。特别是在自然经济长期占统治地位的农村,人际关系受狭小地域的限制,尚未摆脱血缘、地缘关系的束缚。

(8)生活方式比较单调,传统色彩较浓,时间观念不强,生活节奏较慢。在文化、教育、体育、娱乐等不够发达的情况下,闲暇生活比较单调;个人消费品结构较单一,消费水平不高;居民政治生活兴趣不浓,参政意识比较淡薄。由于长期受自然经济生产方式的影响,比较迷信保守,地域观念、乡土观念较强,不愿离乡背井,求稳怕乱,重农轻商,重生产轻经营,认同意识强,传统文化积淀较深。

(四)农村社区的问题

农村社区建设较之城市社区创建,存在不少问题,主要有以下几个方面:

(1)对农村社区建设认识不足,社会共同参与意识有待完善和提高。

农村社区建设处在探索阶段,是一个新事物,有的地方适应,有的地方不适应,乡镇党政领导主要重视经济建设和社会发展,对农村社区重视程度不够,为什么要建农村社区?建农村社区干什么?农村社区建设与村民自治、新农村建设、城镇化的关系是什么?对诸如此类的问题知之甚少。

(2)农村社区建设的投入不足,缺少经费,社区建设发展不平衡,运行成本较大,后劲不足。

农村经济发展水平低,农民纯收入不高,而有的农村又没有工业和企业,不可能拿出钱来发展公益事业。农村的公共设施投入明显不足,比如办学校、修道路、农村的医疗卫生等。农村是经济的原始区,农业是弱质产业,农民参加社区的热情并不高。缺少经济来源,社区就没有生存和发展的基础,资金的不足是社区开展工作存在的主要障碍。社区做的是公益事业,资金由上级拨付和群众自筹,如果丧失这两部分资金,社区工作就难以发展。

(3)社区建设以党政有关部门推动为主,村民参与不足,缺少社区发展内驱力。

从当前的状况看,社区建设宣传工作不到位,居民对社区建设认识不清,绝大多数农民没有真正理解社区自治组织是个什么机构,对其成立的目的、工作的职责不了解。社区自治组织是在新的形势下产生的一种以群众自发自愿为主参与社区建设的群众组织,如果农民都积极参加,将会对农村社会经济发展有极大的推动作用。现实是农村居民绝大多数没有兴趣和心思去从事社区服务工作,特别是社区自治组织,他们认为既要做工作,又没有劳动报酬,当前我国农村经济发展还远远没有达到农民自愿掏钱发展社区、提高社区服务和生活质量的水平,因而社区建设主要由政府组织由上到下的推动。在当前经济发展水平下,劳动还是人们谋生的手段,如果没有利益的驱动,不可能有很多农民参加社区自治组织,因而,政府在推动社区建设中就要付出更大的成本。

(4)村民缺少民主自治意识,对社区政治表现冷漠。

受传统封建思想影响,绝大部分村民不能正确认识和接受民主管理,对选举表现出一种被动和无所谓。当前的村级管理、社会管理往往是松散无力的,村民自治也有较大的问题。在社区自治组织成立的过程中,各县民政局、乡镇政府的积极推动和支持产生了决定性作用,如果仅仅村民自己筹备社区,在经济薄弱的农村地区是不可能建立起来的。政务公开、村务公开、财务公开远没有走向制度化、规范化的轨道。一些农村的基层干部民主意识、法制观念淡薄,对农民和农民的合法权益缺乏应有的尊重,不文明行政、不文明执法的行为时有发生,个别地方还存在乱收费、乱摊派现象。要真正发挥社区在村民自治和民主政治建设中的作用,需要一个较长的发展过程。

(5)个别地区党政组织对社区建设管理越位和错位,没有充分发挥村民的主体作用。

社区干部一般都是由乡村上层领导选定,不是由村民自己自愿选举或推举。当然,这与村民的素质、观念有关,但更主要的是权力对社区建设的操纵。村支部和村委对社区自治组织的指导,很容易变成领导,这样社区自治组织就成了村委或村支部的下属机构,改变了社区自治组织成立的初衷。从现实组织和行政角度来看,社区自治组织完全是在村委会的安排下、在官方的组织下开展各项工作,实际上相当于一级行政组织履行了一部分村委会的职能,它的存在只能说明村民自治功能的不完善和萎缩。

(6)社区的隶属关系不明确。

从政府来看,许多政府职能部门视社区为办事员,部门内社区建设自治不自主,社区职能得不到充分发挥,甚至偏离了服务村民的根本职能。

(7)社区干部与社区工作者综合素质不高。

首先,现任社区干部及工作者的年龄偏大、文化水平不高,解决社区建设各种问题的方法不活、招数不多,对市场经济在社区建设中产生的影响认识不清,对社区建设中出现的新事物缺乏应对能力。其次,社区干部及工作者待遇太低,在职的社区干部积极性不高,年轻有为的村民不愿意参与社区建设和管理,造成社区干部和工作者后继乏人。再次,对社区干部及工作者的培训力度不够。任职前普遍没有接受培训,任职后培训形式化,培训内容不全面,培训方式单一,参加人员缺乏全员性,为政府职能部门服务的业务培训较多,为社区村民服务方面的培训太少。

农村社区建设还处于探索阶段,从国外现有的模式和经验来看,结合我国农村的实际,农村社区建设具有广阔的发展前景,也有极大的推广价值。若政府积极引导人民群众广泛参与,真正坚持一切从实际出发,真正注重发挥人民群众的主体作用,农村社区建设就一定能够得到更快、更好的发展。

(五)农村社区治理策略

1. 转变政府职能,深化政治体制改革

治理不同于管理,治理的本意是服务。管理是政府通过发布命令、制定相关政策,实行自上而下的单向管理;治理是一个多样化的、自上而下的合作互动。在乡村社区治理中,居民也有可能通过正常的渠道,自下而上地影响政府。在乡村社区治理的运行机制下,虽然政府也对乡村社区进行一定的管理,但这与传统管理有着本质的区别。一是政府要加快行政职能的转变,进一步深化政治体制改革,适度地放权于民。政府要充分尊重乡村社区居民的自治权利,相信居民可以进行自我管理,给予适当的支持、帮助和引导,不可过多干预居民自治。二是政府必须扩大舆论的接受渠道,只有吸收不同阶层的意见,才能制定出符合乡村社区居民的需求,得到居民普遍认可的政策,真正做到"党的领导、政府辅助、居民参与",实现乡村社区的"可持续性发展"。

2. 提高居民素养

当前的乡村治理要充分遵循"可持续性发展""以人为本"的基本原则,在提高乡村社区财政收入、硬件设施等"硬实力"的同时,加强对乡村社区"软实力"的建设。一是在乡村社区全面开展思想教育和法制教育,大力推进乡村社区的文化建设,满足居民的精神文化需求,提高居民的文明素质,增强乡村社区活力。二是政府组织专业人员对乡村社区自治居民进行相关的农业技能培训,提高居民的农业收入,加快居民的思想转变速度。

3. 提高教育水平

大力推进公益性乡村社区教育基地的普及,对农业教学内容进行科学合理的规划,突破城乡差距,打破现有界限。同时政府应鼓励乡村社区自治居民积极参加各种类型的培训,例如给培训合格人员一定的奖励或补贴。

4. 加强人才建设

针对城镇化进程导致的乡村人才外流、留守人员文化素质不高的情况,政府应采取一系列相关措施,如:鼓励乡村社区发展个体经济,鼓励外出打工的人员回乡创业,广泛引进人才,改善乡村社区现有的人才结构,提高乡村社区居民的整体素质。在新形势下,乡村自治制度必须与时俱进,不断更新完善;必须坚持乡村全面振兴的战略方针,保障农民的主体地位。把发展农业,增加乡村社区居民收入作为乡村全面振兴战略工作的重中之重。要实现乡村社区高效治理就必须依据实际情况因地制宜,大胆创新改革,在党和政府的引导下,充分实现居民自治。加快乡村社区的建设步伐,把"青山绿水"改造成"金山银山",促进乡村社区的发展。

六、我国农村与城市社区间的差异

通过对农村与城市社区的比较,了解它们的特征,认识社区的发展趋势。我国正处于城市化建设的关键时期,把握农村社区向城市社区的发展趋势,对于建设社会主义新农村和促进城乡协调发展具有重要意义。

在我国,社区在农村与城市是存在明显差异的,以下从形成、经济活动、社会结构、人口结构、生活方式等方面进行具体分析。

(一)从静态角度分析农村社区与城市社区的区别

1. 形成上的不同

农村社区的形成,受自然进化的影响较为突出,具体有三条途径:(1)自然起源,即一个农业家族按自然进化过程扩大为一个农村社区。此种途径形成的村落的特点是,家族势力大,具有很强的整合性,在社会生活中起着重要的作用。(2)社会组合,即由若干独立的农业家庭联合而成。这些农业家庭一般是由不同地方迁移而来,没有血缘关系,相互之间社会往来增多,便形成了村落。在这种农村社区中,个人的作用相对提高,社会势力减弱,家族势力微乎其微。(3)农村建设,即在一块空地上建立一个新社区。它与自然起源的农村社区不同,是通过人为力量建设起来的;它与社会组合的农村社区也不同,不是在许多独立个人家庭的基础上结合而成,而是在群体运动的推动下产生的。

城市社区是随着人类文明的进步而出现的,从根本上讲,是生产力的发展,是社会经济、政治、文化进步的结果。它的产生一般需要三个条件:(1)生态因素,包括适宜的气候、肥沃的土地、充足的水源等。(2)经济因素,要有相对发达的农业,除自给自足外,有多余的产品能够拿到市场上出售。(3)社会因素,有比较复杂的社会结构与制度,有了劳动分工,出现了一批不直接与土地打交道的人。

2. 经济活动上的不同

农村社区的经济活动以农、林、牧、渔业为主,生产上受自然条件影响小,生产效率低,季节性强,专业分工差,社区经济活动简单。

城市社区的经济活动以工业、商业为主,生产上受自然条件影响小。城市的经济活动特点促进了人口集中,加速了人际间的交流,促进了社会分工、专业化生产、服务行业的发展,也缩短了物质和能源在流动转换中的距离,提高了生产效率。

3. 社会结构上的不同

农村社区组织结构简单,以家庭为单位进行生产和消费。生活资料基本上是自给自足,没有专门的生活服务系统。

城市社区由于社会生产与生活的分工精细,专业化强,相互之间联系紧密,形成一个严密的社会组织体系。此外,人口稠密,各种组织、机构林立,生产、生活的社会化,就需要有规模庞大、内部职能分工、权力分层复杂的科层管理结构。

4. 人口特征的不同

农村社区人们居住分散,人口密度低,流动性小。

城市社区人口密度高,人口结构的异质性特点突出,城市居民在职业、文化程度、生活方式上有很大的差异性。

5. 社会生活方式的不同

农村社区生产力水平较低,生活节奏松散。而且,由于交通不便、信息闭塞,思想上偏于保守。

城市社区生产水平较高,物质生活和精神生活水平较高,生活方式具有多样性特点,易接受新事物,思想开放。

(二)从动态角度分析变化中的农村社区与城市社区的区别

改革开放后,我国逐步由计划经济体制转入市场经济体制,使农村社区充满了活力,在社区发展中呈现出一些新的特征与功能。

1. 社区结构系统由封闭化趋于开放化

改革开放前,农村社区是以血缘关系为纽带,社会结构简单,社会化与阶层区分和分化的程度低,社会组织单位间的结构关系较为松散,而不同于城市社区社会化与阶层区分和分化的程度高、阶层复杂多样,次级群体是社会群体的主流。

农村经济改革后,市场经济的大潮冲击着千百年来形成的以血缘为纽带、小农经济为根基的社会关系,传统的封闭的乡村社会向现代工业社会转变,田园农耕式村落社区的结构开始分化。在经济快速发展的农村,形成了独特的与城市不同的工业、农业、商业、建筑、运输、服务业齐全的产业结构,以及特有的开放化的社区结构。

2. 劳动人口群体由同质化趋向异质化

改革开放前,农村社区居民无论从内在心理或外在表现上,均趋向于同质化,而城市居民则趋于异质化,加之农村经济落后,教育资源匮乏,社区居民与城市居民在受教育上存在着机会的不平等,致使农村社区居民文化素质普遍低于城市居民。

3. 社区经济活动由简单化趋于复杂化

农村改革带来了两个直接结果,一个是农村社区生产力的大发展,具体表现为粮、棉、油等农产品的大量增长;另一个是农村社区人口摆脱了千百年来对土地的依附关系,农业劳动力获得了空前的解放,具体表现为农业剩余劳动力的大量涌现,相对自由的劳动力要素流动,加快了农民向城乡二、三产业的转移。商品经济逐渐取代了传统的自然经济,由此带来农村经济的非农化趋势和乡镇企业的发展,突破了旧有的农村经济的封闭式的生产格局。市场经济中,社会分工是商品经济快速发展的基础,每种产品的生产都需要由专门的部门来完成,劳动分工越细,生产的社会化程度越高,产品的规模效益越能体现,社区内外的经济联系也日益频繁。城市发展乡镇企业、私营企业与个体工商业,为离开土地的农民提供了新的载体,由此农民从单纯的种植业这一经济活动中解脱出来,走向更加广阔的农、工、商、贸多种经营的生产与生活空间。

4. 社区组织由行政归属型趋于利益归属型

在市场经济条件下,原来计划经济下的经济、政治、社会组织,在利益的驱动下,其功能日趋分化、专门化,开始与行政组织进行结构关系重组,包括乡村组织的变迁,即初级关系(如血缘的或地缘的群体)的重要性日益下降,而次级关系(如具有共同利益的正式组织、政府机构和商业公司)的重要性在逐步提高。社区组织已不完全依附于行政部门,由于利益分化、具体化,形成不同组织和层次间的利益关系网络。村民自治在农村社区管理与发展中的地位与作用越来越明显。社会关系由乡村取向趋于城市取向,社会组织形式也从简单的行政依附型向复杂的利益归属型的运动成为农村社区组织变迁的基本趋势。

目前,值得注意的是,在传统农业社会向现代工业社会的变迁中,小城镇作为一种介于城市社区与农村社区之间的特定社区在城镇化过程中发挥着不可替代的重要作用。所谓小城镇社区,是指在一定地理位置内,以乡镇工业、商业以及手工业生产为主要社会活动的人口集聚区域。在地域结构、人口分布、组织形式、生产方式与生活方式等方面,它既具有与农村社区和城市社区相异的存在方式,又有与周围农村和城市保持着密切联系的自身特点。小城镇社区这种联系城市社区和农村社区的纽带与桥梁作用对我国城乡社区的发展和城乡一体化具有重要意义。

第三节　城市化

城市化又称城镇化,是指随着一个国家或地区社会生产力的发展、科学技术的进步以及产业结构的调整,其社会由以农业为主的传统乡村型社会向以工业(第二产业)和服务业(第三产业)等非农产业为主的现代城市型社会逐渐转变的历史过程。

一、城市化的内涵

第一,城市化是城市人口比重不断提高的过程。其内涵是指乡村人口以人口迁移的方式流入城市,在城市内定居生活,完成了从乡村人口向城市人口的转变,从而使得城市人口占总人口的比重不断上升。

第二,城市化是产业结构转变的过程。乡村人口是以农业为主进行生产活动的,而城市人口是以非农业为主进行生产活动的,产业结构的转变是指从事农业生产活动为主的乡村人口逐渐开始从事非农业生产活动,完成了劳动力从第一产业向第二、三产业的流动,创造更多的社会财富。

第三,城市化是居民收入水平不断提高的过程。在城市有着广阔的市场,更为先进的技术,城市财富积累的能力也远高于乡村,因而城市成为高消费群体聚集所在地,由于高消费,从而吸引了投资者,市场更加扩大,低收入群体从市场中获利,成为高收入群体,居民总收入水平日益提高。

第四,城市化是一个城市文明不断发展并向广大农村渗透和传播的过程。城市有着发达的经济,经济基础决定上层建筑,发达的经济决定了城市文明的先进性,随着城市文明不断发展,城市人口流动逐渐向乡村渗透,改变了农村与农民的生产方式与生活方式,城市与乡村慢慢融合,最后形成城乡一体化的发展局面。

第五,城市化过程是人的整体素质不断提高的过程。城市人口从事先进的生产工作,会形成先进的理念与思想,从而生活方式与价值观也会逐渐发生改变;城市人口会建立新的社会秩序,会开展多样丰富的社会活动,在人与人不断的交往与交流中,形成新的城市文明。

通常来说,城市化是一个漫长渐进的过程,这个过程不是一蹴而就的,而是要伴随经济发展、科技进步等多种因素。

二、城市化的阶段

通常,我们将城市化划分为三个阶段:

1. 初始阶段

初始阶段城市人口占总人口的比重在30％以下。这一阶段农村人口占绝对优势,生产力水平较低,工业提供的就业机会有限,农村剩余劳动力释放缓慢。

2. 中期加速阶段

中期加速阶段城市化水平达到了30％～70％的较高水平,人口和产业向城市迅速聚集,城市化推进速度极快。同时也出现了劳动力过剩、交通拥挤、住房紧张、环境恶化等局面,未来有郊区城市化的发展趋向。

3. 高级阶段

高级阶段城市化达到了70％以上的较高水平,城市人口比重的增长趋缓甚至停滞,中心区表现出衰落的迹象,出现城市的中心空洞化、逆城市化等现象。目前,达到高级城市化的只有发达国家,大部分发展中国家还处于城市化的初始阶段与中期加速阶段。

三、我国城市化中存在的问题

我国的城市化发展道路受到政治、经济和社会因素的影响,既表现出世界城市化的共性,又有着自身的个性差异。近半个世纪以来,我国的城市化速度极大提高,城市化水平也显著提高,但是,由于经济的快速发展与产业结构的转型升级,我国城市化中出现的问题越来越多。

(1)城乡差距逐渐增大。由于我国的制度作用,随着时间的推移,我国逐渐形成了城乡二元社会经济结构,这种结构不断固化乃至于不断强化,又由于户籍制度、社会保障制度和医疗制度等一系列制度的推行,形成了城乡有别的管理制度,城市本身有着区位优势,凭借城市广阔的市场,大量的投资,城市的发展速度与发展水平都极大提高,城市开始流入大量农村劳动力、农村的资源,这使得城市发展越来越好,而农村则越来越落后,城乡的差距逐渐拉大,城乡的公平问题也日益严重。

(2)由于城市发展的产业基础是第二产业和第三产业,工业和服务业会产生大量的垃圾,导致环境质量下降。同时,城市的承载力有限,大量的乡村人口向城市涌入,城市无法承载多余人口时,就会发生交通拥挤、居住条件差等一系列问题。由于人口的大量涌入,就业也变得困难,第二产业和第三产业可以提供的就业机会是有限的,一些人会失业,而失业问题又会引发城市犯罪等。

(3)城市化速度过快,城市化质量不高。我国经济自改革开放以来飞速发展,城市化速度增长快,但是有些地方的城市化是虚假城市化,经济水平尚未达到可以城市化的水平,高楼却平地而起,这样的城市化质量问题堪忧。

四、城市化过程中问题的解决措施

(1)乡村是城市的资源提供地,城市的发展离不开乡村作为后盾,所以,不能忽视乡村的发展,要在政策上首先打破城市与乡村间的壁垒,以城市的发展带动乡村的发展。

(2)解决环境质量下降的问题,城市管理者可以建立卫星城,开发新区,分担中心城市的压力,同时,改进产业生产技术,努力打造无污染产业。对于交通拥挤和居住条件的问题,可以在道路规划上下足功夫,打造通畅便利的道路交通。失业问题的解决需要政府和企业的协同努力,政府要为失业人群提供基本的生活保障,企业多开放就业岗位,解决失业问题。

(3)城市化水平要与经济发展水平相适应,尊重规律,不能人为地改变城市化速度,否则只会适得其反,非但城市化水平低,还会严重影响人们的生产和生活。

城市化是人类历史长河中一个必然的过程,城市化改变了人们的生产方式与生活方式,形成了新的文明。城市化有着不同的阶段,每个阶段都有着各自的问题,对于城市化进程中的问题,都会有相应的解决措施。城市化最终将带我们迈入一个新的时代。

思考题

1. 社区在人们的日常生活中发挥着怎样的作用?
2. 分析农村社区和城市社区的区别。
3. 如何完善农村社区和城市社区的治理?
4. 如何理解城市化的发展对城市社区的影响?

扫码看拓展资源

第六章　社会分层与社会流动

所有资本主义社会都存在着不平等：阶级、阶层的不平等，种族、民族、性别和年龄的不平等。社会不平等的制度化就构成了社会等级。不同等级的人享有不同的社会利益。而那些与社会利益密切相关的稀有资源，如财富、权力和声望，是怎样在社会成员之间分配的呢？

第一节 什么是社会分层

一、社会分层的含义

社会分层（social stratification）指的是依据一定的具有社会意义的属性，一个社会的成员被区分为高低有序的不同等级、不同层次的过程与现象。我们从以下几方面理解社会分层。

(1) 分层是一种社会过程。尽管在有些社会里的社会分层结构比较僵化，但没有任何一个社会的社会等级秩序是一成不变的。社会持续不断地把人们区分为拥有不同社会地位的人并在他们之间不平等地分配财富、权力和声望。

(2) 只有当财富、权力和声望根据人们的社会地位（如年龄、性别、教育程度、职业和种族等）被不平等地、有系统地（而不是随机地）分配时，这个社会才是分层的。

(3) 社会分层体现着社会不平等。社会分层是一种有等级的社会结构，通过这种结构，财富、权力和声望在不同社会地位的拥有者之间被不平等地分配，因此社会分层本身体现了社会不平等。

(4) 被分配什么样的奖赏或稀有资源，要视有关社会的文化价值观念而定。在一个贫困的小村子，或者是一个遭受水旱灾害的地区，食品和衣物的保障是最为重要的社会资源。而对一个经济发达、生活富裕、衣食无忧的现代工业社会来说，政治权力、闲暇时间、健康和豪华气派的消费品，是绝大多数人竭力追求的目标。

二、与社会分层相关的主要概念

（一）阶级与阶层

在社会分层研究中，"阶级"与"阶层"是同社会分层相联系的主要概念。国内学术界和民众通常采用的"阶级"和"阶层"，与英文中的 class（阶级）与 strata（阶层）的含义有些不同。英文中的 class 一词的含义较为广泛，包括了中文的"阶级"和"阶层"这两个词的含义。而 strata 一词的意思则比较窄，一般指的是由等级分化（stratification）而造成的连续性的等级排列。例如，按收入这一指标来分，从最低收入（每月 50 美元）到最高收入（每月 5 000 美元），可以排出连续的若干层（strata），层与层之间只存在量（数值）的差异，不存在质（属性）的差异。但是，如果要把连续的 strata 划分为几个区间，那么处于各区间的个人或家庭构成的群体，在英文中被称为 class 而非 strata，如 50～500 美元是 underclass（下层阶级），501～

2 000 美元是 middleclass(中间阶级),2 001~5 000 美元是 upperclass(上层阶级)。在中文中,情况有所不同,"阶级"这一词汇往往是指传统马克思主义意义上的阶级概念,即由生产资料占有来进行划分的、相互之间存在利益冲突、对立、斗争关系的群体,这一词汇让人联想到的是严重的社会冲突、动荡或人与人之间的争斗。而"阶层"常常被认为是不那么具有冲突性并带有等级性质的群体概念。①

(二)社会地位(social status)

社会地位是判断社会层级的重要标志,它指的是社会关系空间中的相对位置以及围绕这一位置所形成的权利义务关系。通俗地说,社会地位就是社会关系中的各个纽结,如女儿、公司经理、工程师等。社会成员通过有关途径(继承、制度分配、社会化、创造性活动等)获得资源,占据了各种社会地位,这些社会地位不仅能使他同其他人相互区别开来,更重要的是,通过各种相关的权利、义务而规范、制约着他所参与的社会交往过程。换句话说,在现实的社会交往过程中,社会地位既是人们相互识别、相互对待的重要标志,又是人们增强影响力的基础。

因此,一个人的地位决定了他在社会上"适合生存"的地点及其与他人发生联系的方式。例如,"公司经理"的地位决定了这一地位的占据者与雇员、股东、董事长、其他公司、税务人员之间的联系。一个人同时可能占有数个地位,通常,职业地位被确定为"主要地位"(master status)。

社会地位可以分为正式社会地位与非正式社会地位。正式社会地位是指那些长期存在并同其他相关地位发生稳定的制度化关系的位置或属性,例如职业。非正式社会地位则指那些偶然的或临时性的、同其他相关地位之间处于易变的、非制度化关系的位置或属性,例如个性类型、道德素质等。

有些地位,我们自己不能控制或改变,是先天赋予我们的,这种地位叫作先赋地位或既得地位(assigned or ascribed status),包括性别、年龄、种族等社会强加给我们的地位。另外有些地位,如教育和职业等,我们可以进行一定的控制,通过个人努力可以获得或个人行为可以起作用,这种地位叫作后致地位或获得地位(achieved or acquired status),如通过努力自己成为大学生、律师等。

三、社会分化

社会分化特指社会系统的结构中原来承担多种功能的某一社会地位发展为承担单一功能的多种不同社会地位的过程。社会分化具有两个重要特征:功能专一化和地位多样化,后者直接反映了社会发展过程中社会地位差别的扩大趋势。社会学正是从社会分化的角度考察社会结构的特点。用马克思主义的观点看,虽然社会分化发生于社会生活的各个领域,但其中最重要的、起决定性作用的却是社会经济领域中的分化,体现为劳动分工的不断深化及

---

① 陆学艺主编:《当代中国社会阶层研究报告》,社会科学文献出版社 2002 年版,第 6 页。

经济关系的不断变化。在经济领域分化的推动下,政治、思想文化以及其他一切社会生活领域相继出现了分化过程,整个社会结构呈现出从同质性向异质性的变化。

社会分化产生两方面的后果:其一,有助于提高社会的整体功效。社会正是通过内部结构的不断分化来适应环境,求得自身发展的,因此,社会分化程度可以作为社会发展水平的重要判定标准。其二,社会分化对整个社会系统的协调提出了更高要求,加大了社会整合的难度。并非任何形式的分化都必然伴随着各个结构要素的功能互补和耦合,都能促进社会的协调发展,有些社会分化会造成冲突、降低社会整合性、压抑社会成员的积极性。

社会分化分为水平分化与垂直分化。

水平分化指的是依据某种社会属性或特征,将社会成员分为不同类型的地位群体,这些群体从公认的社会价值序列看不存在高低差别,即他们的生活境况、互动影响力大体相等。处于水平分化中的各个地位群体在根本利益、基本态度、行为倾向、社会表现诸方面没有明显差别,具有较大一致性,易于相互协调和整合。

垂直分化指的是依据某种社会属性或特征,将社会成员分为不同层次的地位群体,这些地位群体从公认的社会价值序列看存在着高低差别,即他们的生活境况、互动影响力各不相同。处于垂直分化中的各个地位群体在根本利益、基本态度、行为倾向、社会表现等诸方面差别较大,容易产生矛盾和冲突。由垂直分化所造成的差别叫作社会不平等。

四、社会不平等

社会不平等是对垂直分化所产生的各阶级、各阶层之间关系的集中概括,指的是各阶级、阶层对相对稀缺的社会价值物在占有量、获取机会和满足需求的程度上存在着差异。

考察社会不平等的第一对范畴是法律上的不平等与事实上的不平等。法律上的不平等直接与地位相联系,指的是各个层次的社会地位享有不同的法定的权利和义务,这些相互区别的权利义务得到整个社会的公认。在这里,"法律上"不仅仅限于成文法律明文规定的,同时广泛包括那些虽未成文但得到社会公认的普遍规范,像封建社会中"刑不上大夫,礼不下庶人""男尊女卑""父慈子孝"等都是整个社会公认为合法的。法律上的不平等主要是由社会地位差异体现的公开的制度化不平等。事实上的不平等则涉及具体人群间的关系,指的是尽管各个地位群体和个人在法律上享有同等权利和义务,但由于各自在行使自身权利的手段上存在着差别,而导致实际行使权利上的差别,比如,在资本占主导地位的生产关系中,劳资双方在法律上是平等契约关系,各方都有权随时解除这一关系,但资本家和无产者在能否行使这一权利的手段上显然存在着差别,从而形成事实上的不平等。事实上的不平等主要体现着人与人之间实际情况方面的差异,是一种较为隐蔽的不平等。

考察社会不平等的第二对范畴是稳定性不平等和暂时性不平等。稳定性不平等是指社会分层地位与处于这些地位上的社会成员具有长期固定的联系,即社会成员长时期(终身乃至世代)停留在同一个阶级、阶层之中。例如,性别就是一种终身难以更改的属性,在一个性别歧视的社会中,任何人都难以改变所处的性别地位,因而性别地位反映的是稳定性不平等。暂时性不平等是指分层地位与社会成员间的联系是短暂的、临时性的,社会成员有可能或者通过自身努力改变地位层次,或者是自动跨越地位层次。像文化程度和代际差异所反映的就是暂时性不平等,前者可以通过学习而改变,后者则可以通过年龄的自然增长而跨越。①

第二节 社会分层理论

社会分层理论往往与宏观社会学理论相联系,与整体社会的运作和变迁紧密相关。古典社会学理论家,如迪尔凯姆、马克思以及韦伯等在各自构建的宏大社会理论中都涉及对整个社会分层体系的解释,一些当代社会学理论家,如帕森斯、布迪厄、吉登斯等也提出了对当代社会分层的系统解释。我国的社会分层研究既受到西方社会分层理论和经验研究的影响,同时也具有突出的时代特征和中国特色,其理论取向、研究议题和关注焦点紧紧追随中国社会变迁的进程,直接反映现实社会中重大的社会分化现象及其演变。②

一、马克思主义的阶级分析观点及其在现代社会遇到的挑战

马克思在他的著作中主要论述了社会的阶级关系。他所说的阶级主要是指拥有共同的经济生产资料,并且控制这些生产资料的那部分人,这部分人是奴隶主、地主、企业主等,是特定社会的统治阶级。

阶级是一个具有特定含义的历史范畴,它不是自古就有的,也不是永世长存的。"阶级的存在仅仅同生产发展的一定历史阶段相联系。"③阶级的产生需要两个条件:第一,社会生产力发展,劳动生产率提高,出现了剩余产品;第二,出现了私有制。剩余产品的出现为阶级的产生提供了可能性,但只有私有制的出现才能使得对剩余产品的占有由可能变为现实,并使之制度化。因此,私有制是阶级产生的基础,阶级随私有制的产生而产生,也会随着生产力水平的高度发展和私有制的消亡而消亡。

阶级划分根源于社会的经济结构。恩格斯指出:"社会阶级在任何时候都是生产关系和交换关系的产物,一句话,都是自己时代的经济关系的产物。"④在经济关系中,最主要的是对生产资料的关系。列宁说:"所谓阶级,就是这样一些集团,由于他们在历史上一定的生产体系中所处的地位不同,同生产资料的关系(这种关系大部分是在法律上明文规定了的)不同,在社会劳动组织中所起的作用不同,因而取得归自己支配的那份社会财富的方式和多寡也不同。所谓阶级,就是这样一些集团,由于他们在一定社会经济结构中所处的地位不同,其

---

① 郑杭生主编:《社会学概论新修》(第三版),中国人民大学出版社2003年版,第222页。
② 李春玲:《中国社会分层与流动研究70年》,载《社会学研究》2019年第6期。
③ 《马克思恩格斯选集》第4卷,人民出版社1972年版,第332页。
④ 《马克思恩格斯选集》第3卷,人民出版社1972年版,第66页。

中一个集团能够占有另一个集团的劳动。"①列宁的这一定义说明,由于人们在一定的生产关系中所处的地位不同,其中特别是对生产资料的关系不同,才使社会成员划分为各个阶级。换句话说,所谓阶级就是由那些对生产资料具有相同关系的人们所组成的社会集团。

在马克思主义者看来,在任何阶级社会里,各个阶级之间在根本利益上处于对立状态,存在着利害冲突,这种冲突和对立表现为阶级间的斗争。这种阶级斗争是阶级社会发展的动力。马克思和恩格斯在《共产党宣言》中分析资本主义社会的阶级结构时指出,资本主义消灭了封建等级制度,使阶级对立简单化了。整个社会日益分裂为两大敌对的阵营,分裂为两大相互直接对立的阶级:资产阶级和无产阶级。马克思预言,中间等级,即小工业家、小商人、手工业者、个体农民等,将随着资本主义工业的发展而发生分化,其上层将上升为资产阶级,下层将加入无产阶级。

一百多年来,资本主义社会发生了一系列重大变化,它从自由资本主义,经垄断资本主义,已发展到当今高度工业化的国家垄断资本主义阶段。与马克思看到的自由资本主义相比,当今的资本主义表现出许多新的特点:(1)资本主义大企业大多数采取了股份制形式,这使得人们很难把每个人划分为要么是所有者,要么是工人阶级了。相当部分的企业也实现了资本主义国有化。(2)大企业的经营由一批受雇佣的高级经理承担,资本的所有权与管理职能分开了。(3)生产工人的数量相对减少,而专业技术人员、一般行政管理人员等所谓白领阶层的人数增加。(4)工人阶级的生活状况得到较明显的改善。(5)随着高等教育的普及,社会成员向上流动,特别是由蓝领工人变成白领工人的机会增多,阶级之间已不再像过去那样壁垒森严了。

当代资本主义社会的上述变化,引起了许多西方学者的反思。一些西方学者认为,社会阶级结构并没有像马克思所预言的那样发生两极分化,中间等级不但没有消失,反而不断扩大,出现了在社会上颇具影响力的中产阶级;工人的阶级意识已经淡薄,阶级斗争日趋衰微,激烈的社会变革以后不会发生了。因而,马克思的阶级理论已经过时了。

我们认为,这种对马克思主义阶级理论的批评难以立足。因为,资本占有的股份制、一部分工人拥有股票的现象,并不能说明资本家与工人之间的阶级差别消失了,它并不能改变工人阶级创造出来的剩余价值被资本家占有的事实。工人阶级购买股票所得的"红利",最多也只是自己创造的剩余价值中微小的一部分。资本所有权与经营管理职能的分离,是社会化大生产的必然结果,这种经营方式的变化不会改变资本主义所有制的本质。至于说工人阶级生活状况的改善,是相对于过去而言的。工人阶级工资的增长并没有能赶上新创造的价值的增长速度;处在贫困线以下的人数占总人口的比重仍保持在较高的水平;居高不下的失业率也是与工人生活状况的改善不相协调的一个事实。另外,对生产资料的拥有和控制只是程度上的差异。对马克思来说,二者的区分并不是一个难题,因为他并没有试图建立一个每个人都可以准确无误地划入的等级系列。他着重探讨的是商品和服务的生产过程以

---

① 《列宁全集》第37卷,人民出版社1986年版,第13页。

及人们在这一过程中所扮演的不同角色,更确切地说,是生产方式如何产生社会的不平等。

资本主义社会出现的一些新情况并没有改变资产阶级和工人阶级之间剥削和被剥削的关系,因而也不会改变两个阶级的性质。马克思主义关于阶级分析的理论、立场、观点和方法,仍然是分析资本主义社会阶级结构的重要指导。

二、韦伯的社会分层观点及其影响

(一)韦伯三位一体的分层模式

对西方分层研究影响最大的理论源头之一当属德国社会学家马克斯·韦伯创立的三位一体分层模式。韦伯承认,在研究社会不平等时,把经济作为分层标准是必要的。但社会的分层结构是个多层面的统一体,除了经济地位之外,至少还有两种同样重要的分层属性,在造成社会不平等方面具有突出影响力,这就是声誉和权力。由此韦伯主张从经济、声誉、权力三个角度综合考察一个社会的经济、文化和政治三大领域中的不平等。

韦伯也把根据经济因素划分的地位群体叫作阶级,认为阶级是指一批在经济状态和变化方面相同或相似的人群。他认为划分阶级的一个重要标准是"市场购买力",或用马克思的话说是"钱袋的鼓瘪",而不涉及在所有制中所处的地位,韦伯所说的阶级差别主要是货币量的差别,这与马克思的阶级概念显然不同。

声誉地位是由社会公认的评价体系确定的,社会的评价从肯定到否定构成了高低有序的阶梯,声誉地位即指人们在这一阶梯中所处的位置。影响人们声誉的因素很多,主要有出身门第(身份)、仪表风度、知识教养、生活样式。声誉地位与"同类意识"的产生有密切联系,它必须经由主观评判的方式来确定。

权力地位则是依据人们是否拥有权力以及权力的大小确定的。所谓权力,在韦伯那里意味着为实现自身意志,无视他人意愿而支配他人的能力。权力分层反映了政治领域的不平等。韦伯认为,任何有组织的社会生活都存在权力分层现象。在现代社会中,合法权力的主要源泉并非所有权,而是科层组织管理部门中的各种管理职位。

韦伯采用的上述三个指标,实质就是"名、利、权"。韦伯相信,任何社会中这三种东西都是有价值且稀缺的,因此在各个社会活动领域中,人们总是要求名、逐利、争权的,社会分层结构就是用等级秩序将上述活动纳入制度化轨道的。

财富、权力和声望三者之间往往是彼此相关、紧密相连的。这三个方面中的任何一方都可以转化为其他两个方面。对于财富来说尤其如此,它可以很容易地换取权力和声望。有财者往往有权有势,那些当官的有权者更容易通过权钱交易发家致富,有些人仅仅因为富甲一方或手中握有一定权柄就使得人们敬畏。在西方社会里,要竞选一个权势显赫、声望颇高的政治官员,需要花费相当数额的金钱,而那些竞选获胜者通常是在竞选活动中肯花大价钱的人。自1927年以来,社会学家们通过对工业社会的民意测验,找出了公众对不同职业所给予的声望等级。这些等级在美国、加拿大和其他一些国家都很一致,研究结果表明,像高等法官、内科医生、原子能物理学家、州长之类的职业,其声望等级得分是最高的;而门卫、洗衣房熨衣工、街道清洁工的声望等级得分是最低的。这些材料说明，声望和不同职业的收入紧密相关，政治地位高的职业倾向于赢得较高的收入。

(二) 影响

三位一体的分层模式对西方分层研究产生了深远的影响，现代西方社会分层研究虽然理论名目繁多，分层标准五花八门，但一些基本特点都可以溯源于韦伯分层模式。这些特点主要是：第一，采用多元分层标准。后人常用的有：收入、职业、教育、技术、种族、性别、宗教信仰等。第二，采用了具有连续性的定量标准。在韦伯分层模式中，经济地位依财富量而划分，声誉地位依社会评价高低而定，权力地位则取决于人们强行贯彻自己意志的程度或可能性。各分层地位之间的区别主要是量的区别，基本不涉及质的差别。当代西方分层研究大抵沿袭了这一特点。第三，引进了主观分层标准。声誉地位的划分和确定直接取决于人们的主观评价，尽管是具有普遍性或一致性的评价，但仍然是主观的。当代西方分层研究所运用的主观法、声誉法就是继承了韦伯的这一思路。

第三节 社会分层的方法

一、社区调查法

社区调查是指社会学者深入某一社区，住上较长一段时间，了解社区阶级结构。较著名的是林德夫妇所写的美国《中镇》调查。1924年，美国社会学者林德夫妇来到印第安纳州研究当时的一个典型社区"中镇"（研究用名）。为了获得便于比较的基本情况，林德夫妇重新勾画了1890年中镇的生活状况。1935年林德夫妇又重返"中镇"，写了第二部调查著作——《重返中镇》。这样人们可以从1890年、1924年和1935年三个不同的时代进行比较。林德夫妇第一次在中镇住上了一年多，他们尽可能多访问一些人，多和镇民交谈，他们走访了那里所有的显要人物和许多老百姓，阅读了大量的报纸、日记和地方志，参加了镇教堂的宗教集会、镇民的团体活动和俱乐部午餐聚会，他们偶尔也发问卷，收集诸如中学生的任意行为或任意态度一类问题的统计情况，但重在调查质量而不是数量。[①] 这样，林德夫妇对"中镇"社区的阶级结构作了清楚的分析。

二、客观法

客观法是研究者运用某些客观的具体数量指标，对社会分层情况进行研究的方法。在这种方法中，人们根据一些客观标准，如收入水平、教育水平、工作性质等来划分某一阶级。

---

① [美]丹尼斯·吉尔伯特、约瑟夫·A. 卡尔：《美国阶级结构》，彭华民、齐善鸿等译，中国社会科学出版社1992年版，第61页。

这样社会学家通过确定"截止点"来决定界限。社会分层标准的多样化,也导致了社会分层指标的多种多样。

1. 不平等指数

所谓不平等指数是用最高收入者占总人口的比例加上最低收入者占总人口的比例,即用两者的百分比之和的办法来表现社会的不平等程度。当然,在使用这种方法时,必然遇到怎样定义和如何计算最高收入与最低收入的问题。一般将贫困线以下的人视为最低收入者,而将收入高于平均收入2倍及数倍以上的人视为最高收入者。只要定下一定的标准就可以计算出不平等指数,要通过比较某一特定国家或地区的不平等指数就可以测算出不平等程度的变化情况。不平等指数反映的是社会两极人口与中等收入人口的比率关系。两极大则显示社会贫富分化程度高,中间层大则显示社会分化程度低。这个指标的优点是同时反映社会两极以及社会中间层的不平等指数之变化。

2. 库兹涅茨比率

这是著名经济学家S.库兹涅茨(S. Kuznets)提出来的,它是用一个综合值来反映社会各阶层收入差别的状况。其公式为:

$$R=\sum |Y_i-P_i| (i=1,2,3,\cdots,n)$$

其中,R 为库兹涅茨比率,Y_i 为各阶层在总收入中所占比重,P_i 为各阶层人口比重。

库兹涅茨比率的优点是易于计算,并且能反映出社会总体的差距与不平等程度。

3. 五等份法

五等份法最早是由F. W.佩什在一篇题为《真实的个人课税率》的论文中提出来的。此种方法是按人均收入的高低将人口分为五等份,然后测量各1/5层的人口的收入在总收入中所占的比例。最平均的分配是,每1/5的人口占1/5的总收入。

4. 基尼系数

基尼系数本是经济学概念与测量方法。它是意大利经济学家C.基尼(C. Gini)根据洛伦茨曲线图而建立的测量分配不平等的程度的指标。由于它能较全面、准确地反映出财产、收入等分配的不平等程度,因而在社会分层研究中已被广泛应用。

基尼系数的理论公式是:

$$G=A/A+B$$

其中,G 为基尼系数,A 为实际收入分配曲线与绝对平均线(对角线)之间的面积,B 为实际收入分配曲线与绝对不平均线(边线)之间的面积,具体情况可参见图6-1。

图6-1中的实际收入分配曲线又称作洛伦茨曲线。

基尼系数是个0到1之间的数值。基尼系数为0表示绝对平等,即财产或收入等完全平均分配;基尼系数为1表示绝对不平等,即全部财产或收入都集中在一个人的手中。实际上,这两种极端状态都是不可能的。任何一个国家或群体的基尼系数都会大于0而小于1,数值越是接近于1则表明贫富差距越大。根据国际上多年测量的数据,基尼系数在0.3~0.4之间时,为中等不平等程度。

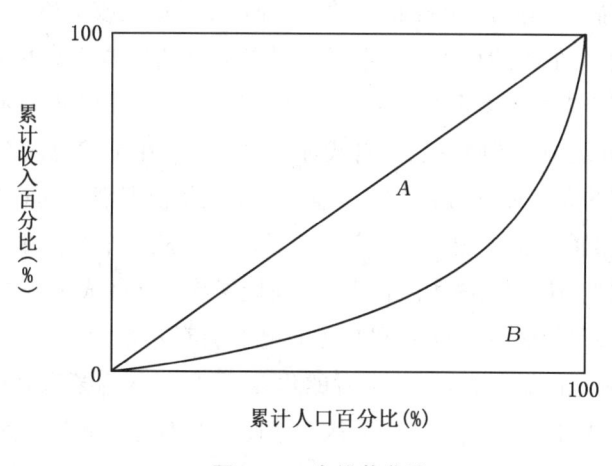

图 6—1 洛伦兹曲线

5. 恩格尔系数

恩格尔系数是指食物支出额与全部生活消费支出额的比率。它是德国统计学家恩格尔提出的测量方法。恩格尔是在对德国工人生活状况研究中提出这一指数的。他发现在其他条件相同的情况下，工人家庭收入中的食物支出额，可以用来作为衡量生活、福利水平的指数，即家庭的收入越低，食物支出的比重就越高。恩格尔系数不仅可用来测量总体的生活水平，也可在社会分层研究中用来测量和比较各分层群体的生活水平状况。在恩格尔系数的一般分类中，恩格尔系数达到58%以上视为赤贫，51%～58%视为温饱或勉强度日，41%～50%视为小康，31%～40%视为富裕，30%以下视为极富裕。

6. 社会综合地位量表

对于社会地位的综合性测量，在西方比较流行的还有"社会经济地位量表"（socioeconomic score/scale，SES）。虽然它的名称上突出了经济地位，但并不是只测量经济地位。它通过测量收入地位、教育地位、职业地位，并计算其综合值，以此反映一个人的综合社会地位之高低。

综上所述，客观法所采用的分层标准不外乎收入、权力、教育与职业，在现代社会，这些标准之间具有内在的相互联系，其中职业占据核心地位。人们所从事的职业决定了他们收入的多寡，而收入的多寡又影响到他们自己和他们的子女的受教育程度。反过来，人们受教育程度决定了他们的职业选择机会，从而决定了他们的收入水平。我国社会学家陆学艺先生提出了以职业分类为基础，以组织资源、经济资源和文化资源占有情况为标准来划分社会阶层的方法，将我国社会分成十大社会阶层，即：国家与社会管理者、经理人员、私营企业主、专业技术人员、办事人员、个体工商户、商业服务业员工、产业工人、农业劳动者、城乡无业及失业者。这是一种有代表性的社会分层方法。

三、主观评价法

主观评价法，即自我评价与他人评价相结合的方法。对于同一个人或群体的生活水平、收入水平、财富地位等可以有两种角度的评价:一种角度是该人或该群体对于自己的生活水平的评价,另一种角度是他人的评价。自我评价法是直接听取本人意见来确定其阶层归属的一种分层方法。调查人员将整个社会分为若干层次,请人们根据某项标准,对自己进行归类,指出自己在社会分层中处于哪一层。自我评价法的意义在于发现人们的分层意识,以及这种分层意识对人们的心理和行为的影响。他人评价法是依据别人的意见进行相互评价以确定社会名望分层状况的一种方法,又称声誉法。调查员从一个社区中抽出一些熟悉该社区情况的人作为评判员,让他们按照事先规定的高低层给本社区成员分层、归类。这两种认识之间是会有差距的,因为他们参照的标准、心理感受会有差异。

比如,我们到贫困地区做调查,从外来者的角度,我们会认为某家庭属于中下等生活水平,但是,该家庭成员从自身角度看,他们会认为他们非但不是中下等生活水平,反而还属于贫困户生活水平。为了展示两种评价的异同,我国社会学家李强列出了1997年7—8月组织在北京所做的城市居民入户问卷调查的数据。该调查采用随机抽样方式,抽中在北京8个区30个居委会的630户居民,共完成有效样本602个。问卷中有这样两个问题:一个是"您觉得您家庭的收入在北京市处于何种水平";另一个是"请调查员根据自己的观察,判断被调查家庭的收入在北京市处于何种水平"。将对这两个问题的回答做成列联表,情况如下:

表6—1　　　　　　　自我评价与他人评价的家庭收入水平(北京,1997年)

		调查员评价(样本个数)						合计
		上等	中上	中等	中下	下等	没评价	
自己评价	中上	4	12	4	1			21
	中等	6	74	131	32	5	1	249
	中下		14	114	96	10		234
	下等		4	14	30	50		98
合计		10	104	263	159	65	1	602

表6—1中的数字是自己评价和调查员评价填答的个数。总的来看,自己的评价比调查员的评价要偏低。自己评价没有认为是上等的,而调查员认为有10人是上等的。自己评价为中下的共234人,而调查员的评价是,其中14人中上,114人为中等,10人为下等。自己评价为下等的共98人,而调查员认为其中4人为中上,14人为中等,30人为中下。可见,自己的评价与他人的评价是不一致的。那么,区分自我的评价与他人的评价有什么意义呢?在我国目前的条件下,对于自我收入地位、财产地位的认定非常重要。因为,当社会上一部分人的生活还不足以达到温饱时,所谓贫富差距更主要地体现为客观生活条件的差异,它是生存与否的差异。而当社会上的人们普遍解决了温饱以后,在贫富差距问题上,主观的心态就显得异常重要,尤其是人们对于自己财产地位的认定。如果社会上多数人认定自己是中等或中等以上生活水平,那么就会形成一种稳定的心态。如果社会上多数人认为自己是处

于下等生活水平,那么,这就是一种不稳定的心态,就会引发社会动荡。当然,主观的自我评价常常是不稳定的,因为它反映的是一种心态,也常常是不准确的。因此,这就需要由他人的客观评价来纠偏,他人的评价常常可以起到旁观者清的作用。①

第四节 我国的社会分层

我们主要针对中华人民共和国成立以后的中国社会分层状况进行分析。主要分为两个阶段:第一阶段是中华人民共和国成立后至改革开放前;第二阶段是改革开放之后。②

一、改革前我国社会分层结构

(一)分层结构的制度背景

中华人民共和国成立以后,我国在长时期内实行高度集中的中央计划经济体制,这一体制具有如下特点:

1. 行政权力控制社会资源的再分配

国家中央机构全面控制着主要社会资源,从而在计划制定者、实施者和生产者之间形成了稳定的资源分配体系。这种通过国家行政手段在全社会进行多层次资源配置和收入再分配的体制被称为"再分配"体制。"再分配"体制使得行政权力取代财富和资产成为社会分层的重要机制。

2. 城乡的分割

新政权建立以后,工作重心从农村转入城市,并制定和实施以建立民族工业体系为核心的工业化目标。为了恢复城市秩序、解决城市失业问题、更好地控制城市规模和管理城市,政府采取了一系列经济和行政措施。1958年全国人大常委会通过了《中华人民共和国户口登记条例》,标志着城乡二元身份体制的定型,从而构建了我国城乡阶层分割的基本框架。城乡分割制强化并突出了地域和空间的分层。

3. 城市社会的"单位"化

"单位"是具有中国特色的特殊类型的组织。其原型是革命战争时期建立的各种政治、军事和文化机构。中华人民共和国成立以后,国家通过政权力量将城市社会中既存的各种组织改造成单位,包括行政单位、事业单位和企业单位。单位是中央计划经济体制中的基本组织细胞,处于社会生活的核心地位,成为国家与个人之间最重要的桥梁。单位以外的社会空间非常狭小,社会资源非常稀少。单位不同于一般社会组织的特点是:第一,隶属性。任何单位都有一个上级主管单位,必须执行上级指示。单位领导的任免、职务升降也取决于上

---

① 李强主编:《应用社会学》,中国人民大学出版社2004年版,第392—393页。
② 郑杭生主编:《社会学概论新修》(第三版),中国人民大学出版社2003年版,236—240页。

级。第二,行政性。单位拥有国家政权赋予的行政权力和行政级别,并有权支配相应的社会资源。第三,多功能性。各类单位除了自身的专业功能外,还承担着社会功能和政治功能。第四,低流动性。社会成员一旦进入单位,便很难自由流动。由于单位在社会资源分配上的垄断性和重要性,有的学者认为,改革前城市社会阶层分化是以单位为边界的集团性分化。[1]

如上所述,我国改革前社会体制的基本特征是行政权力控制着大部分社会资源的分配,城乡分割和单位壁垒设置极大地限制着人们的社会活动。公有制和以身份制、单位制、行政制为代表的次级制度化结构,构成了中国社会结构体系的基本框架。[2]

(二)改革前我国社会分层状况

1. 分层结构

中华人民共和国成立初期,国家试图通过"土地改革"和"工商业改造"消灭旧中国的阶级体系,由此造成的财富和资产的均等化使得原有经济意义上的阶级不复存在,人与人之间的经济差距大大缩小。然而这并不意味着我国社会分层就此中止了。

在计划体制下,计划的制定者和实施者位居社会权力中心,构成了干部阶层。

随着社会主义改造时期的结束和经济建设时期的开始,专业技术人员的作用日益重要。他们一般受过较高教育,在生产建设及各项社会事业中发挥着不可替代的作用。虽然在政治上他们经常处于被改造的境地,但经济收入和社会声望通常仍高于其他社会成员。专业技术人员和知识分子构成了另一个稳定的社会阶层。

工人,特别是产业工人具有较高的政治地位,被宪法确定为领导阶级、国家和企业的主人,并享有一系列法定的社会福利待遇。工人阶级是当时社会的中坚阶层。

此外还有农民阶层。

2. 分层特点

中华人民共和国成立初期的社会分层的结构,具有如下鲜明特点:

(1)它属于一种政治性分层。

(2)它是一种权力化分层。

(3)它是一种身份制分层。

二、改革开放以来我国社会分层结构的变化

我国自1978年实行改革开放政策以来,整个社会结构发生了深刻变化。中国社会结构的变迁,包括两个重大的社会转变过程:其一是从农业的、乡村的、封闭半封闭的传统型社会,向工业的、城镇的、开放的现代型社会的转变;其二是从高度集中的计划经济体制向市场经济体制的转轨。社会转型和体制转轨同时并进,形成相互推动的趋势,是现阶段中国社会发展的重要特征。[3] 现代化转型和经济体制的转轨,构成考察我国社会分层结构变化的宏观

---

[1] 王汉生:《从城市分化的格局看中国社会的结构性变迁》,载《社会学研究》,1991年第2期。
[2] 李路路、王奋宇:《当代中国现代化进程中的社会结构及其变革》,浙江人民出版社1992年版,第201页。
[3] 郑杭生:《关于21世纪中国社会发展的几点展望》,载《社会学研究》,1997年第2期。

背景和理论视角。

(一)现代化转型对我国社会分层结构的影响

中华人民共和国成立以后,便开始了政府主导的工业化、现代化进程。改革开放以来,这一进程得到全面推进,中国日益加速地融入世界性现代化潮流。

现代化这一历史进程,主要体现着技术和经济的合理化趋势,即基于技术对经济效率的合理追求。它对社会阶层化的影响表现在以下几个方面:

(1)随着经济和科技的发展,劳动分工体系发生巨大而深刻的变化,推动着原有职业结构的不断改变:劳动力从农业向工业转移,产品生产者向服务行业转移,增加了一批劳动强度较低而技术含量较高的新兴职业,非体力劳动者的比例不断上升。

(2)新兴职业要求自获性成就,因而更加依赖于教育和训练。类似的职业将获得大体相同的报酬。教育、职业声望及收入之间的联系日益紧密,社会经济综合地位构成社会分层的基本指标。

(3)职业结构的改变,催生出一个庞大的中间阶层,使整个社会的贫富差距逐渐缩小,从而缓解了社会冲突,促进了社会稳定。

(4)职业体系日趋开放,社会自由流动空间扩大,从而能够依照经济发展的需要合理配置人力资源。

总体来看,由于现代化以科技和效率为导向,在现代化推动下,教育系统成为重要的职业分配机制,整个社会的职业一般会出现结构性向上流动趋势。

(二)经济体制转轨对我国分层结构的影响

如果说现代化引起的社会分层变化是所有步入现代化社会面临的共同问题,那么,经济体制的转轨则是社会主义社会面临的特殊问题。20世纪80年代,几乎所有社会主义社会都发生了由中央计划经济体制向市场经济体制的转轨,这一变化构成研究我国当前社会分层的重要背景。经济体制向市场化转轨的实质是变革原有的权力结构以及社会资源的占有、分配关系,因而是一场影响深远的社会利益结构的重大调整。

考察我国在市场化转轨中社会分层的变化,必须充分关注以下特点:我国的经济转轨是由国家主导的、渐进的、和平的改良过程。国家逐步引入市场机制,不断提高市场化程度,从而形成多种经济成分并存的体制。它不是纯粹的市场经济体制,原有的"再分配"体制中的主要成分如所有制形式、产权关系、户籍制等在很大程度上被保留下来,仍然是影响社会分层的制度性要素。市场化导致"体制外"经济成分逐渐扩大,市场机制的作用不断扩展,出现了"自由流动资源"和"自由活动空间",在社会分层化过程中发挥着重要影响。

三、当前我国社会分层结构[①]

改革开放以后,我国社会整体结构发生了明显的变化。原有的社会阶级阶层,如农民、

---

① 李强:《21世纪以来中国社会分层结构变迁的特征与趋势》,载《河北学刊》2021年第9期。

工人、知识分子都发生了变化,还产生了很多新的社会阶层。我国社会分层结构和机制发生了重大变化,表现在以经济、财富和资本为核心的多元分层标准已经取代单一的政治标准,身份制逐渐式微,职业结构高层化和白领化,新社会阶层与新社会群体开始出现,成为中间阶层和中上层的新来源。[①]

21世纪以来,我国社会分层结构的巨大变迁表现出新的特征与趋势。社会整体结构变迁有四个方面,即城乡人口结构发生根本变化,居民的生产方式和生活方式发生了巨大变迁,职业结构出现重大变化,大城市、超大城市与小城市人口社会地位出现分化。中产阶层和中等收入群体发生重要变化。绝对贫困治理取得重大成就,相对贫困治理的任务凸显出来。

(一)关于社会整体结构的变化

(1)城乡人口结构发生根本变化。就整体社会结构来看,从21世纪初叶我国以农村为主体,变为当前以城市常住人口为主体的社会。城乡关系变得复杂化了,城乡差异出现了复杂化和多元化局面。仅从收入曲线看城乡之间差异,将城市居民年人均收入与农村年人均收入加以比较,差距有一些缩小,过去城市是农村的三倍以上,现在是两倍多。但实际情况要远比这种平均数的比较复杂得多。

(2)城乡人口结构变化带来居民生产方式、生活方式的巨大变迁。这样一种城乡人口结构的巨大变化,所带来的社会变迁是全方位的。数亿人的生产方式从农村的农业劳动,转变为城市、城镇的工业劳动、服务业劳动、商业劳动。生活方式的变化也是根本性的,从农村的那种"房前屋后种瓜种豆"、养鸡养猪自给自足,日常生活基本上不用花钱的生活方式,转变为几乎所有事情都要通过商业交换才能够实现的生活方式。

(3)职业结构发生了巨大变迁。改革开放推动着我国逐步实现现代化取向和市场化取向的"双重转型"。在这个转型过程中,经济的高度发展与制度创新,导致产业结构的重大调整,与之相应的职业结构也发生了显著的变化,一方面绝对的职业岗位数量急剧增加,另一方面低层职业的增速缓慢,中高层职业增速加快。这两个方面的变动使得职业结构趋向高层化和白领化。[②]

我们先来看看三个新生的职业群体。其一,快递员或称"快递小哥"。根据《2020—2025年我国快递行业市场前瞻与未来投资战略分析报告》,目前我国外卖员、快递员总数达到1 000万人,2018年该职业群体人数仅300万。其二,网约车司机。根据2019年10月的报道,我国的网约车司机从业人数达到3 000万。其三,网络营销人员。我国城乡从事网络销售的人群,迄今没有官方统计数字。上述三个庞大的从业群体,很多人都是兼业的劳动者,很多人一天打几份工。所以,这种新的从业方式,在我国历史上亦属创新。20世纪90年代中后期劳动力市场化以来,劳动者更换工作单位以及职业变迁已成为比较普通的事情。而

---

① 张文宏:《改革开放四十年中国社会分层机制的变迁》,载《浙江学刊》2018年第6期。
② 张文宏:《改革开放四十年中国社会分层机制的变迁》,载《浙江学刊》2018年第6期。

今天出现的新趋势是,哪一种劳动挣钱快,劳动者就会涌入哪一个劳动力市场,而且不少人都是在兼职工作。

(4)大城市、超大城市人口社会经济地位与小城市、小城镇人口社会经济地位的明显分化。这种分化突出体现在以下方面:

其一,城市之间职业地位的分化。

表6—2　　我国不同规模城市本地居民与流入人口的职业地位结构　　单位:%

城市规模	人口类型	职业上层	职业中层	职业下层	合计
中小城市	本市人口	4.15	14.36	81.49	100
	省内跨市流入人口	7.68	30.83	61.48	100
	跨省流入人口	4.43	27.80	67.77	100
大城市、特大城市	本市人口	7.73	20.60	71.67	100
	省内跨市流入人口	7.34	38.57	54.09	100
	跨省流入人口	4.50	31.40	64.10	100
超大城市	本市人口	16.52	41.37	42.11	100
	省内跨市流入人口	7.24	46.09	46.66	100
	跨省流入人口	6.51	39.63	53.86	100

资料来源:李强,《21世纪以来我国社会分层结构变迁的特征与趋势》,载《河北学刊》2021年第9期。

从表6—2可以清楚地看到,本市人口、超大城市与中小城市人口职业地位的差异是十分明显的。

其二,城市之间的差异是一种"政治经济社会区域体"的差异。由于政府在资源配置上起着非常重要的作用,每一个地区都是有行政级别的,资源配置也大体上依照这种行政级别配置。所以,级别高的大城市自然获得更多的政治、经济、社会资源。

(二)关于新社会阶层

新社会阶层与新社会群体的出现,成为中间阶层和中上层的新来源。2006年中共中央颁布的《关于巩固和壮大新世纪新阶段统一战线的意见》指出,改革开放以来出现的新的社会阶层,主要由非公有制经济人士和自由择业知识分子组成,集中分布在新经济组织、新社会组织中。2015年中共中央颁发的《中国共产党统一战线工作条例(试行)》规定,新的社会阶层主要由"私营企业、外资企业的管理人员和技术人员""中介组织从业人员""自由职业人员"等组成。中央统战部2015年公布的数据显示,民营企业和外商投资企业管理技术人员约4 800万人,中介组织和社会组织从业人员约1 400万人,自由职业人员约1 100万人,新媒体从业人员约1 000万人。如果加上3 560万私营企业主和5 400万个体工商户,我国"新社会阶层"的总规模大约为1.73亿人,占当年就业人口的22.29%。从新的社会阶层的职业性质、收入水平和社会地位认同等方面来判断,这部分人成为我国中间阶层和社会中上层的新来源。① 2020年新修订和发布的《中国共产党统一战线工作条例》提出,新的社会阶层主要包括:民营企业和外商投资企业管理技术人员、中介组织和社会组织从业人员、自由职业人员、新媒体从业人员等。

在21世纪,中国民营经济有了更为突飞猛进的发展。目前,中国民营企业超过2 700万家,个体工商户9 586.4万户,这些企业和经营主体吸纳了超过80%的城镇就业者,是中国企业数量的90%以上,成为21世纪中国经济非常重要的发展力量。民营经济和民营企业家都是在中国共产党领导下,从事的是为国民经济服务、为民生服务的社会主义建设事业,也是社会主义不可或缺的组成部分。

伴随着三十多年几乎不间断地经济高速增长,中国私营企业主的财富积累速度很快。与其他社会阶层相比,私营企业主的客观社会地位始终处于上升趋势。然而,通过分析1997—2014年间九次全国私营企业抽样调查(CPES)数据发现,中国私营企业在营业收入持续上升的同时,企业主的地位认同却整体下降。我们必须充分认识到企业经营业绩、正式的政治纽带和非正式的政企关系对私营企业主群体地位认同的重要形塑作用。要稳定私营企业主群体的地位认同,除了提升经营收入,更需要在宏观营商环境、政企双方良性互动等方面多做努力。②

(三)关于中产阶层与中等收入群体的变化

中产阶层在我国的发展是21世纪以来的突出现象。21世纪,我国财富总量急剧扩张,这是中产阶层增长的经济基础。在我国经济迅速攀升的时期,当时比较乐观的估计,我国中产阶层8年增长了8个百分点,每年有800万人进入中产阶层,认为我国现代社会结构初步形成。③ 然而,这种比较乐观的估计,近年来受到重大冲击。2020年初突发新冠疫情后以实体服务业为主体的大量中小微企业受到重大冲击。城市白领群体感受到了前所未有的生活压力。他们大多是到城市就业的大学毕业生,他们首先遇到的是房贷或租房的压力;再有就是维持中产生活水平的压力。这意味着中产阶层中的大部分人并不是地位比较稳定的中产核心阶层,而是处于中产边缘层的位置。一旦受到经济上的冲击,就可能会从中产阶层跌入低收入群体。

党和国家为中国中等收入群体的发展提供了政策保障,扩大中等收入群体是我们坚定不移的战略。扩大中等收入群体的具体措施:第一,必须坚持有质量有效益的发展,保持宏观经济稳定,为人民群众生活改善打下更为雄厚的基础;第二,必须弘扬勤劳致富精神,激励人们通过劳动创造美好生活;第三,必须完善收入分配制度;第四,必须强化人力资本,加大人力资本投入力度;第五,必须发挥好企业家作用,保障各种要素投入获得回报;第六,必须加强产权保护,健全现代产权制度,增强人民群众财产安全感。

---

① 张文宏:《改革开放四十年中国社会分层机制的变迁》,载《浙江学刊》2018年第6期。
② 范晓光、吕鹏:《中国私营企业主的"盖茨比悖论"——地位认同的变迁及其形成》,载《社会学研究》2018年第6期。
③ 陆学艺主编:《当代中国社会结构》,社会科学文献出版社2010年版,第22—23页。

我国中产社会形成的三大渠道:第一,正规教育渠道;第二,专业技术渠道;第三,市场渠道。① 我国改革开放40多年来,社会地位上升人数最多的是通过市场渠道。我国劳动者人数最多的还是农民、农民工,他们实现社会地位上升,绝大多数是通过辛辛苦苦的小本经营、市场经营。所以,城市管理者要特别注意保护中小经营者的权益,要学会精细化管理,营造规范良好的经营环境。

(四)关于我国的贫困群体

改革开放以来,尤其是近年来,中国在贫困治理方面取得了巨大的成就。贫困人口从2012年底的9 899万减到2019年底的551万,到2020年底,党和政府宣布中国现行标准下农村贫困人口已全部脱贫、贫困县已经全部摘帽。这样的成就为全世界所瞩目。

从理论上看,贫困是区分为"绝对贫困"和"相对贫困"两种不同情况的。所谓绝对贫困,是指低于维持人们有效活动的最低指标。1989年的标准是259元,到2011年该标准为2 300元(这与该年世界银行的标准是一致的)。由于标准提升了,该年中国的贫困人口为1.06亿。2019年标准是3 218元,2020年底标准是4 000元。这就是我们所说的按现行标准农村贫困人口全部脱贫。②

有关农民社会分层的研究表明:农民分层呈金字塔型,从高到低分别是农村干部、农村企业主、农村个体户、打工者、兼业务农者、纯务农者和无业者;纯务农者比例逐年减少,兼业务农群体扩大代内流动有向上的路径,但农村干部存在一定的阶层固化;农村个体户和打工者向下流动相当普遍;阶层的代际传递主要通过教育产生间接影响。这些特点显示,过去十多年农民的社会分层并没有完全定型,还存在从纯务农向非农的向上流动的机会和空间,农民兼业成为明显的社会阶层现象,但这个机会和空间又显得比以前局促。整体来看,对作为社会身份的农民而言,内部的分层并不能有效地改变其整体的社会经济地位。

2020年底以前,中国扶贫脱贫工作的重点更多的是关注农村地区,在打赢脱贫攻坚战以后,我们必须注意城市的相对贫困问题。从1989—2016年的变迁来看,虽然城市贫困率当前也呈下降趋势,但其比例依然高于10%,贫困深度也维持在5%左右。城市相对贫困的治理,一是要大力发展城市实业,投资城市基础设施和基础服务,发展中小企业,拓宽就业岗位,带动城市、居民整体发展。二是充分发挥社会政策的作用。完善城市保障性住房的供给,加强教育和就业培训,完善社会保障和社会救助制度,统筹城乡和户籍差异。三是要积极发挥诸如家庭保障、市场、社区保障等非正式保障的作用,建立起以政府为主导,家庭、市场、社会等多元主体合作治理的新模式。

(五)关于社会流动与阶层固化

社会学是通过称之为"代际流动"来测量阶层固化的。就是通过大样本的家庭户抽样调查,记录城乡不同类型的家庭中爷爷(奶奶)、父亲(母亲)、儿子(女儿)的社会地位(包括职业

---

① 李强主编:《当代中国社会分层》,生活·读书·新知三联书店2019年版,第394—395页。
② 王春光、赵玉峰、王玉琪:《当代中国农民社会分层的新动向》,载《社会学研究》2018年第1期。

地位、经济地位、教育地位等),然后,通过数据分析得知上一代人与下一代人各种社会地位的变化情况。当然,这种社会地位变化有可能上升,也有可能下降,将上升和下降合在一起就可以得到流动的比率。比率高、流动率高说明代际之间的关系没有固化,反之,比例很低则说明阶层固化。

陆学艺及其课题组2004年发表的成果数据显示,改革开放以后,中国代际流动率明显上升,改革开放以前是41.4%,改革开放以后是54.0%,而且是上升流动更为突出,改革开放以前上升流动是32.4%,改革开放以后上升流动为40.9%。[①] 这意味着,对于普通老百姓而言,改革开放让人们有了更多的上升机会。再者,对于现有的国家与社会管理者的分析,发现他们的父母是干部、企业管理人员和企业主的总共占比15.4%。也就是说,其余84.6%的现有管理者是来自其他各阶层的家庭:9.2%来自专业技术人员家庭,9.2%来自办事员家庭,3.1%来自小业主家庭,16.9%来自工人家庭,46.2%来自农民家庭。[②] 从全国社会调查数据上看,并不支持阶层固化的观点。当然,该研究也解释了,虽然在现有的管理者中,来自农民家庭的比例很高,但是由于农民在整个人口中占比很高,超过总人口的60%,而管理者在全中国人口中占比很低,故从概率上看,管理者家庭出身的人进入管理者职位的概率还是要明显高于农民家庭出身者的概率。

李强教授采用课题组组织的全国城乡等比率等概率抽样入户调查数据及CGSS相关数据开展相关的研究,比较的变量是这些被调查者与他们父辈相比,职业地位发生了什么变化。数据显示改革开放以来,特别是21世纪以来,中国人的总体代际流动率还是比较高的。而且,这种总体流动率表现出的特征是:越是年轻的一代人,流动率还是逐年攀升的。用1980—1989年出生者、1975—1979年出生者与前几组出生的人比较,代际流动率明显上升。所以,从全国的调查数据上并不支持阶层固化的说法。对此的解释是,我国仍处在全世界最大规模的城市化、产业化转型的过程中,中国城乡发生巨变,人口最为巨大的群体——农民、农民工及其子女发生职业地位变迁,所以计算总体代际流动率时当然会较高。

社会上流行的阶层固化的观点确实源于一些具体的案例观察。比如,在一些基层村庄、乡镇、县的管理部门,有明显的裙带关系现象,这是老百姓直接可以观察到的。当然,我们确实也可以发现另一些不同类型的案例,即一些父辈职业地位较低家庭的孩子,通过自己的奋斗实现了地位的上升。另外,地位高的一些人,他们的媒体影响力巨大,引起亿万人的关注,其子女占据高地位就更受到全社会的关注,久而久之容易形成"官二代""富二代""星二代"的观念。所以,仅用案例来解释,肯定不具有代表性,社会学还是强调采用严格的全国抽样调查的方法来获得数据,计算出能够代表全国人口的结论。这也体现了社会科学实证调查研究的意义与价值所在。

还需要注意的是,我国社会流动率增加不仅体现在向上流动方面,同时也表现在向下流动方面。工业化、城市化和高等教育大众化带来了产业结构和职业结构的升级,这必然带来

---

① 陆学艺主编:《当代中国社会结构》,社会科学文献出版社2010年版,第176页。
② 陆学艺主编:《当代中国社会结构》,社会科学文献出版社2010年版,第140页。

向上流动机会的增加,这也是所有工业化国家社会流动的普遍趋势。我国的特殊性在于,工业化的进程伴随着经济体制和政治体制改革,在体制转轨变型的过程中,部分人经历了向下的社会流动,从而导致向下流动率的上升。[1]

从国际比较视角来分析我国的代际流动率:21世纪以来,中国的代际流动率在国际上也属于比较高的。20世纪90年代,中国的代际流动率与美国近似,都是0.4多一些,而21世纪中国总体代际流动率为0.55以上,这显然是高于美国的。美国的流动率在国际上算是中等的,代际流动率最高的是北欧一些国家,如丹麦、瑞典、挪威、芬兰等。这些国家的代际流动率高,是因为它们都属于高福利国家,社会上的阶级、阶层现象已经极为弱化了。国际上代际流动率低的国家,或也可以称之为阶层固化的国家,多是阶级现象比较突出的,如南亚、非洲等地区的国家。高流动率意味着社会具有活力,意味着让更多的人具有通过自己的奋斗实现地位上升的机会。要保持较高的社会流动率,还需要继续推进体制优化和体制改革。所以,要通过深化改革,破除多种体制机制障碍。

第五节　社会流动

一、什么是社会流动

与社会分层密切相关的概念就是社会流动。社会流动通常是指个人或群体从一种社会集团移向社会经济地位不同的另一种社会集团,或从社会集团内部一个层次移到另一个层次的现象。这是指个人社会位置的变化及个人社会属性的变化。

社会流动不同于一般的人口流动,如人口地理位置的迁移、各种原因引起的移民和人口在一定时间和空间范围内数量的增减等。一般的人口流动只构成社会流动的基础。由于社会关系的空间结构与地理空间关系是紧密联系的,如果地理空间的流动能引起人们社会地位的变化,那么这种流动就具有社会流动的意义。而职业地位是个人社会地位结构中起主导作用的因素,因此,职业地位改变成为社会流动的标志。

对社会流动的研究始于19世纪末,它是与社会分层的研究同时进行的。美国社会学家P. A. 索罗金(P. A. Sorokin)1927年出版了《社会流动》一书,强调对社会流动的定量研究。他侧重研究了流动的数量、方向和地区分布等问题。第二次世界大战以后,社会变迁的速度加快,社会流动率提高,更引起许多社会学家的兴趣。在西方社会学界,尤其在美国,社会流动已成为社会学的一个重要研究领域。

二、社会流动的类型

根据社会流动的方向、参数基点和原因,可以把它相应地划分为如下三种类型:垂直流

---

[1] 张文宏:《改革开放四十年中国社会分层机制的变迁》,载《浙江学刊》2018年第6期。

动和水平流动,代内流动和代际流动,结构性流动和非结构性流动。

(一)垂直流动和水平流动

根据社会流动的方向,可以把它划分为垂直流动和水平流动,或者说是纵向流动和横向流动。

1. 垂直流动(vertical mobility)

垂直流动是指一个人从下层社会地位和职业向上层社会地位和职业的流动,或者从上层社会地位和职业向下层社会地位和职业的流动。因而垂直流动又可以分为向上流动(upward mobility)和向下流动(downward mobility)。向上流动表明了个人或群体社会地位的相对提高,是社会最为关心的流动形式。向上流动的机会受高层位置数与欲求者人数的比率的影响,也就是说,影响和制约向上流动的因素既有社会方面的又有个人方面的。垂直流动可以伴随地区间流动,也可以是原地升降。

垂直流动无论对个人还是对社会都极为重要。它影响社会的阶级和阶层、职业结构和产业结构。如果一个时期内向上流动的频率超过向下流动,说明社会在进步,反之,说明社会在倒退。每个人都希望向上流动而不想向下流动。但是,每个社会向上流动的机会分布是不均匀的,只有那些具备一定条件的人才有可能上升,这些条件可以包括知识、才干、机遇和环境等。对社会来说,关键是要有各种合理的流动渠道,要有一整套选优的标准和实施办法。这些标准、渠道和方法,是在社会流动的实践过程中形成的。

每个人都希望向上流动而不希望向下流动。但每个社会向上流动的机会分布是不均匀的,只有那些具备一定条件的人才有可能上升,这个条件就是知识、才能和机会。对社会来说,关键是要有各种合理的流动渠道,要有一套选优的标准和实施办法。这些渠道、标准和办法是在社会流动的实践中形成的。随着我国改革的深入,社会流动的频率加快,社会需要建立这样一种社会健康流动的机制——完全依靠竞争机制筛选人才,保证社会流动的正常进行。

(1)教育筛选机制。系统的教育可以创造机会均等的条件,让各阶层的子女都能得到与他们的才能、智慧、志向相宜的训练,也就可以使他们在公平竞争的基础上获得更多的机会,承担某些重要的工作与获得相应的待遇。

(2)人事筛选机制。这是一种不以身份论英雄,而以能力选拔人才的机制。它打破了所有制界限、单位界限、户籍界限、社区界限,父母社会地位的高低在这里既起不到推动和帮助作用,也产生不了阻力作用。选拔人才是根据个人自身的品质、知识、技能和成就来进行的。

(3)市场筛选机制。这种机制使任何社会位置所提供的社会流动机会向所有符合条件的人开放,而不是只向其中的一部分人开放,使竞争规则变得公平合理。它按照人们固有的才能和付出的努力进行归类分层,把对社会贡献较多的人推向社会的上层,使之获得相应的报酬,包括权力、财富和声望。

(4)政策筛选机制。这是一种宏观的调控机制,它可以调控竞争成功者的报酬和失败者的代价,以免两极过度地产生分化。它可以抑制、惩罚越轨性社会流动,使之难以取得成功。

它可以提倡、奖励符合社会规范前提下的合理流动,引导社会流动的趋向。例如,我国的"老、少、边、穷"地区需要大量的人才,有许多空缺的位置,政府通过政策鼓励,倡导理想、信念、奉献、牺牲等精神因素,激励社会优秀人才为实现自身价值向这些地区流动。

2. 水平流动

相对于垂直流动,水平流动是在同一地位类型中的不同社会位置之间的横向的移动,是指一个人在同一社会职业阶层内的横向流动。它多半是地区间的流动,也包含在同一地区的不同工作群体或组织之间的流动。这种流动不会造成人们在社会分层体系中所处地位的改变。

水平流动对个人的社会地位变化的影响不大,而对社会分层的变化影响较大。大规模的水平流动的出现,往往与产业结构、职业结构的变化有关。水平流动可以使自然资源、物质财富和人才资源得到合理的分配和使用,影响着人口的地区分布和产业结构、职业结构的变化,有利于各地区和群体之间的文化交流,能打破地区和人群的封闭状态,有利于社会的发展。

(二)代内流动和代际流动

代内流动(intragenerational mobility)又称个人一生中的流动,是指个人一生中在职业和地位等方面的水平的或垂直的流动。一般以职业作为社会地位的特征,以个人最初的职业作为参照的起点,以最后的职业作为终点,比较处于两个时点上的职业发生了什么变化,从中考察引起变动或未引起变动的原因及变动的规律。代内流动的方向、比率、速度和规模,既反映社会经济变迁的程度,又反映分层结构分化的方向、速度和规模。在现代工业社会,尤其是在城市,由于就业机会和教育机会的增长,代内流动的速度加快,个人一生中多次变换职业、不断改变社会地位是非常普遍的现象。代内流动率的提高,也是社会现代化的一个指标。社会学对于个人一生中流动的研究,主要关注人生中在哪个年龄段、哪种职业地位的人发生流动的次数多,他们向哪个方向流动等。研究的目的是探索人生中的一条流动曲线,揭示个人一生中社会流动的规律。

代际流动(intergenerational mobility)是两代人之间职业和社会地位等的流动,具体操作是通过测量子代职业与父代职业的异同程度表示出来的。或以父母与子女在同一年龄时的职业,或以子女刚成年、初次就业时的职业与父母当时的职业或其他地位作为比较的基点,考察第二代人(子女)与第一代人(父母)相比,社会地位有无提高,并从中找出引起或未引起变动的原因及变动规律。代际流动的状况,反映社会进步的程度和分层体系的变化发展状况。因此,发展经济,提高教育水平,强化流动机会的公平机制,是提高代际间向上流动的基本途径。

在代内流动和代际流动中,社会学尤其重视代际流动的调查研究,因为代际流动更能反映社会变迁的方向,更能改变社会和家庭的职业结构。在封闭的传统社会里,子承父业的情况非常普遍,一个人一出生就注定要在他父辈所属的阶级和阶层里终其一生,代际流动很少。在开放的现代社会,每个阶级和阶层的大门都是敞开的,代际流动成为历史必然。

与向上流动的总体情况类似,代际流动中向上流动的机会并非对所有的人都是一律平等的,它受到许多个人条件和环境因素的影响。在代际流动的研究中,研究者特别重视父母的教育程度和职业对子女社会地位的影响。美国社会学家研究发现,影响个人职业选择的模式是,父亲的职业和父亲的教育水平同时影响儿子的教育和儿子的第一个职业,其中尤以父亲的职业对儿子的教育影响最为显著。儿子的第一个职业和他所受的教育同时影响他现在的职业,其中尤以第一个职业影响最大。从这个模式中看,家庭的代际流动是受上一代人的职业和教育水平限制的,即家庭内部条件对代际流动起着制约作用,这是不以他们个人的意志为转移的。如果把社会环境的变化因素考虑在内,尤其是在现代社会变迁速度加快的情况下,则有许多外力促进社会的代际流动。

在任何一个社会里,代际流动都是双向的,既有上升也有下降。考察一个家庭内的代际流动只具有个案意义,无法排除许多偶然因素。社会学着重从总体上考察上升与下降的比例,从中发现社会变迁的规律。

(三)结构性流动和非结构性流动

根据社会流动的原因和形式,可以把它划分为结构性流动和非结构性流动。凡是由于自然环境和社会环境的突变,或由于社会结构某些层面发生变化而引起的流动称为结构性流动。例如,由于产业结构、所有制结构、城乡结构、职业结构、教育结构乃至人口结构变动所引起的人们在不同产业间、不同所有制单位间、不同行业和职业间的流动。这种流动一般具有规模大、速度快、变动急剧的特点,因而最能够给分层体系注入活力,促进分层结构的合理化配置。结构性流动能够在短期内影响社会结构和人口分布的变化。在结构性流动中,最引人注目的是由于科技和生产力的发展以及经济结构的变动而创造出的大批新职业和新职位。这些职业和职位的出现,使非技术性和强体力性的工作越来越少,而对专业人才的需求越来越多;使职业声望低的某些行业和职业逐渐被淘汰或工作条件得到改善;使农业人口逐渐减少并转向其他的行业和职业。结构性流动是有方向性的,从每一次结构性流动中都可以发现社会变迁的性质和规律。总之,科技和生产力的发展以及社会结构的不断进步,一般都会提供更多的向较高地位的社会位置流动的机会,因而具有积极的作用。

非结构性流动是相对于结构性流动而言的。非结构性社会流动又称作自由流动,是指在社会基本结构不变的情况下,或者说,不是由于社会结构的变化而是由于个人原因造成的地位、职业的变化。非结构性流动不强调结构变动的客观条件,而强调个人的条件、流动欲望和社会背景对社会流动的意义和作用。因此,非结构性流动主要受社会空位的需要与个人补缺的条件、愿望和需要相吻合程度的影响。二者吻合的程度越高,流动的可能性越大;反之,流动的可能性越小。非结构性流动的意义在于,承认个人争取社会地位的权力,考虑个人志向、兴趣和内在动机对决定其社会地位的意义和作用。非结构性流动是随时随地都会发生的,它没有固定的方向,很难从个别的自由流动中发现社会变迁的性质和趋势。自由流动不会对社会结构和人口的分布产生重大的影响。

三、影响社会流动的因素

影响社会流动的因素大体可归纳为自然、人口和社会三个方面。

(一)自然因素

自然环境的变化是引起社会流动的一个重要原因,由此引起的流动多半是在空间上的流动,它调节着人口和资源的重新分配。突发性的自然灾害,如地震、火山爆发、洪水、干旱等,都会使一定地域内的人口在短期内大量外流,进而造成他们职业和社会地位的变化。比较缓慢的自然生态的变化,也会引起一个地方的人口逐渐迁出或迁入,造成社会流动。例如,自汉唐以后,渭水流域的关中地区由于受到西北黄土高原水土流失和风沙侵袭的影响,最终失去了自然环境的优势,从而使人口逐渐向长江三角洲流动,并逐渐学习和适应了新的产业结构和职业活动。

(二)人口因素

人口是生活在自然环境之中并依靠土地、动植物、水和矿物质等自然资源而生存的。如果人口密度超过自然资源的承载力,势必会引起人口的向外流动。人口密度主要由人口的自然增长率造成,而人口的自然增长率并不是直接由资源的贫富决定的。当一个地区的人口自然增长率过高或过低,就会产生人口的压力或吸引力,出现人口流动。如果这种流动伴随着职业和社会地位的变化,那么,与社会分层相对应的社会流动就发生了。

(三)社会原因

从一定意义上说,引起社会流动最根本的原因来自社会。这是因为:

(1)社会价值观的变化是引起社会流动的重要原因。如果社会价值观肯定、崇尚某种东西,如知识、财富、权力、声望等,则会引起人们竞相追逐,就会改变人们社会流动的方向、频率、规模和速度。例如,中国曾一时流行的"知识无用""知识越多越反动"的价值观念,使得知识分子的社会经济地位大大下降,人们往往以出生于贫、雇、农家庭为荣,以出生于知识分子家庭为耻,也不愿向知识分子阶层流动。

(2)战争、民族歧视和民族压迫,也是社会流动的一个常见原因。哪里有战争和民族压迫,哪里就有难民逃出。难民问题已经成为当代世界的一大社会问题。难民问题的直接后果是,难民经济来源的减少和收入的降低,他们生活的众多方面都会受到影响。

(3)社会改革和社会革命是引起社会发生结构性流动的原因。作为一场深刻的社会变迁,社会改革调整了政治经济制度和产业结构,必然引起人们在社会经济地位方面的变化。

(4)由发明创造引起的社会进步和生产力的发展,是社会流动的根本原因。在传统社会里,社会流动之所以稀少,是由于生产力发展缓慢;到了工业社会,生产力迅速发展,产业结构分化加速,社会流动率才不断提高。一个生产力水平不断提高的社会,向上流动的比率也会提高;反之,就会出现众多的向下流动。一般认为,工业化是促进社会流动最直接的因素,因为大工业的本性决定了劳动的交换、职能的更替和工人的全面流动性。

(5)影响和制约社会流动的制度性因素,主要指社会分层体系分化、组合的原则与社会继替的规则。

社会流动发生在分层体系的层次结构之间,但并不是分层体系本身固有的属性。构建分层体系的原则不同,社会流动的条件和限度也不同。如果社会通行等级原则,将社会成员绝对地固定在某一种社会位置上,地位等级之间界限森严,就会形成封闭的、固定式的分层结构。在这种结构中,人员的流动只限于同一等级内,等级间几乎不存在交互流动的可能性;人们的社会地位完全由出生决定而不是由个人选择和控制,他们的等级显然同其父母亲一样;在等级制度森严的社会里,还通过同一等级的内部通婚来维持本阶级阶层的社会地位。在南非,种族制度一直延续到20世纪80年代。在这种制度下,不同肤色的公民被划分为四个等级:白人、混血人、黄种人和黑人。白人位于最高层,享有最多的社会特权。而黑人则处于最下层,享受最低的社会报酬。种族之间实行隔离,每一种族都有自己的住宅区域、医院、中小学、大学和其他设施。经济收入与肤色有着直接的联系。例如,一个白人教师比一个具有同等水平的黑人教师领取更高的工资。种族间的联姻或者性行为被列为禁忌,甚至被看作是非法和犯罪行为。种族间其他形式的交往也被法律或者习俗所禁止。在废除奴隶制度以前,美国南方也存在着类似的种族隔离制度。中国古代的世袭制度也与此类似。相反,如果社会通行非等级制度原则,个人就不可能永久或长期地占据或被固定在某一种社会位置上。资本主义以后的社会已经具有了非等级的意义,相对增加了阶级流动的可能性。不过,由于阶级特权仍然存在,向某些高级地位的流动仍然是某些阶级的专利,绝大多数人是没有这种流动机会的。

所谓社会继替规则,是指在分层体系结构不变的条件下,社会位置的出缺和填补的原则和规范。在分层社会中,个人要获取或改变一定的社会地位、职业等,必须到既定的分层体系结构中去寻找相应的位置,而他能找到什么样的位置和怎样得到这个位置,则取决于社会的继替规则。主要有两种社会继替规则对社会学分析十分重要:世袭规则和自致规则。世袭规则规定,社会地位的获得依据与生俱来的先赋性条件,如出身门第、身份等级、亲属关系、种族归属、继承权以及与此相关的其他生活条件。这种规则显然只把流动的权力限定在世袭的等级集团内部。自致规则则承认个人的后天努力在向上流动中的重要作用和意义,认为个人可以依靠自身所受的教育和训练,凭借自己的才干,争取到某种社会地位,并且依据自身条件的变化转换到另外的社会位置上去。

四、社会流动的功能[①]

(一)引起社会资源的重新分配

社会流动意味着个人社会位置的改变,其目的是改变自己所处位置上的社会资源的质和量的分布状况,争取自己所期望或应得到的经济利益、政治权力、职业声望等社会资源。

---

① 郑杭生主编:《社会学概论新修》(第三版),中国人民大学出版社2003年版,第248—250页。

社会流动从性质上讲是社会成员自发地改变自己社会位置的一种努力和尝试。

(二)缓解社会差别的消极影响

社会分层现象是社会分工条件下产生的人们在社会经济利益上的差别的制度化形式。这些差别形成社会层次之间的界限,如果这种分层界限相对固化,就会强化分层的集团意识,社会集团之间的不平等也成为社会持续紧张的矛盾源。处于社会底层的阶层在比较利益面前,会产生和累积起不满能量,引起社会隔阂、摩擦甚至社会冲突。社会流动是个人与社会位置之间联系的非固定化,打破了社会阶层之间的壁垒,使各个社会阶层的人员处于不断更新变换之中,因而可以减弱社会分层的集团意识,增加改变社会地位的机会,缓和社会地位差别造成的冲突,释放由社会不公平的能量形成的社会张力。只有在社会流动机会均等的条件下,地位差别才能产生积极的社会作用,成为对有能力有贡献的人的一种奖赏。

(三)合理的社会流动有利于社会运行和社会稳定

(1)合理的社会流动形成开放、动态的分层结构以取代封闭、固定的分层结构,有助于消除人与人之间的不平等。合理的流动弱化了地位与人之间的联系,有可能在无法消除分层地位差异的情况下,缩小人与人之间的实际差距,缓解社会隔阂和社会冲突。

(2)合理的社会流动能够拓宽社会各阶层之间的接触面,有助于各阶层之间的相互了解和相互联系,加强社会的整合程度。衡量阶层之间接触面宽窄的尺度是现实社会中各阶层成员之间的人际交往的频率和人际关系的性质。同一阶层成员之间由于同质性强而交往频繁,容易形成友谊、婚姻等较密切持久的人际关系。而不同阶层的社会成员之间由于异质性较强,互动较少,各阶层之间出现薄弱带,引起摩擦甚至冲突,降低社会整合。而代内流动使得参与流动的个人作为不同阶层之间的人际关系的交会点而起到了连接各阶层的纽带作用,使得他的交往具有多重性。代际流动意味着家庭中的异代成员处于不同的社会地位,在家庭范围内使血缘关系变为社会阶层之间的联系纽带,可以充分利用家庭所特有的凝聚力和整合性来弥合社会阶层之间的隔阂,使处于不同阶层间的成员相互了解信息、沟通,降低各阶层之间的摩擦。

(3)合理流动能有效激发人的积极性和进取精神,给社会系统增加活力。僵死的社会分层结构把人们终身束缚于某一社会地位层次,很容易形成不同地位的利益集团,而不同的利益集团与社会目标的利益相关程度是不同的,在社会整体功能方面表现的积极性也不同。任何社会不可能有社会全体成员普遍高涨的积极性,人们由于无法改变自己,往往养成安于现状、不思进取的惰性,从而造成整个社会系统缺乏内在活力。

思考题

1. 如何正确对待西方社会学的社会分层研究?
1. 试分析社会转型时期我国社会流动的主要特点。
2. 如何认识经济体制转轨过程中我国社会分层结构的变化?
3. 社会流动与社会分层之间存在着何种关系?

第七章　社会制度

制度是规范社会生活的关键力量。各种层面的社会组织、社会关系和社会行为都离不开社会制度的制约和规范。对社会制度的本质属性、社会制度的功能、国家社会制度以及社会制度变迁等方面的问题进行探索,是社会学研究的重要任务。

第一节 社会制度概述

社会制度是社会学文献中出现率极高的基本概念,对社会制度的概念和特征、社会制度的分类和演变、社会制度的作用和意义以及当前社会制度的状况和问题形成清楚的认知,是在更深入层面上研究社会制度的重要前提。

一、社会制度的概念和特征

关于社会制度的定义是多样的。比如,托斯丹·B. 凡勃伦(Thorstein B. Veblen)把社会制度定义为思想的习惯,约翰·罗杰斯·康芒斯(John Rogers Commons)把社会制度定义为组织对个体行动的制约,亨廷顿说社会制度是一种稳定的行为模式。这些界定从不同角度反映了社会制度的某种规定性,但都存在一定程度的局限性,它们均未能明确揭示社会制度的存在基础与本质。

马克思主义从物质生产实践对社会生活的影响出发,深刻地揭示了社会制度的存在基础与本质。马克思主义认为,虽然社会生活表现为不同层面,但无论何种层面的社会生活以及规定人们社会行动的各种制度,其最根本的存在基础都是物质生产活动。马克思提出:"无论是政治的立法或市民的立法,都只是表明和记载经济关系的要求而已。"[1]这句话中的立法就是社会制度,而经济关系主要是指物质生产关系。

马克思和恩格斯曾明确地指出:"现存制度只不过是个人之间迄今所存在的交往的产物。"[2]也就是说,制度体现了人与人之间的关系,是在物质生产基础上展开的各种交往活动的产物。恩格斯还从社会制度的历史发展中揭示了它的产生基础和内在本质。他指出,"在社会发展的某个很早的阶段,产生了这样一种需要:把每天重复着的产品生产、分配和交换用一个共同规则约束起来,借以使个人服从生产和交换的共同条件。这个规则首先表现为习惯,不久便成了法律。随着法律的产生,就必然产生出以维护法律为职责的机关——公共权力,即国家。"[3]恩格斯十分明确地揭示了社会制度是在物质生产基础上形成的制约人们行为的规则,这些规则从最初的习惯逐渐发展为法律制度和国家体制。

因此,社会制度是指在一定社会条件下,为了实现社会组织的目的和满足社会成员的需要,制定的一整套规则和制度,这些规则和制度涉及政治、经济、文化、法律等方面,用于管理

---

[1] 《马克思恩格斯全集》第4卷,人民出版社1958年版,第121—122页。
[2] 《马克思恩格斯全集》第3卷,人民出版社1960年版,第79页。
[3] 《马克思恩格斯文集》第3卷,人民出版社2009年版,第322页。

和调节社会中人们的行为。社会制度是社会生活的重要组成部分,它影响着人们的思想、行为和生活方式,同时也反映了社会的历史、文化和政治制度等方面的特征。不同的社会制度对社会成员的生活和发展都会产生不同的影响,因此,社会制度的建立和改革是促进社会进步和发展的关键之一。

社会制度是一整套规则和制度的组合。社会制度不是单一的制度,而是由政治、经济、文化、法律等方面的制度和规则组成的一整套制度体系,相互联系、相互制约。社会制度是根据社会条件和需要制定的。社会制度是在一定的社会历史条件和发展需要的基础上,经过长期实践和探索,为实现社会组织的目的和满足社会成员的需要而形成的。社会制度随着历史的演进而变化,并不断适应新的需求和条件。不同历史发展时期的社会制度有着不同的特征和形态,其变化需要通过制度内部的调整或制度之间的变革来实现。社会制度的变化也不是突然发生的,而是一个相对缓慢、对社会生活产生作用的过程。此外,社会制度还是规范社会成员行为的重要工具,对社会成员的思想、行为和生活方式产生着深远的影响。

二、社会制度的分类和演变

社会制度是在一定历史时期下形成的、以规范社会关系为目的的制度体系,按照不同的标准和角度,可以将社会制度分为不同的类型和分类。

(1)经济制度和政治制度分类。按照制度的性质和功能,可以将社会制度分为经济制度和政治制度两大类。经济制度是指一定历史时期下的经济组织形式和运行规则,如奴隶制、封建制、资本主义制和社会主义制等;政治制度则是指国家权力机构的组织形式和运行规则,如专制制度、君主制、共和制和民主制等。

(2)历史时期和社会形态分类。按照历史时期和社会形态的差异,可以将社会制度分为不同的类型,如古代社会制度、中世纪社会制度、近代社会制度和现代社会制度等。同时,也可以按照社会形态分类,如奴隶制度、封建制度、资本主义制度和社会主义制度等。

(3)制度变革和制度转型分类。根据制度变迁和转型,可以将社会制度分为不同的类型,如制度革命、制度转型和制度重构等。制度变迁是指制度的较大范围和较深层次的变化,如历史上的社会制度转型和革命等;制度转型则是指现代社会中的制度调整和变革,如改革开放、民主化和市场化等;制度重构则是指一定时期内社会制度的全面调整和重塑,如对现代化和全球化背景下的社会制度变革和重构。

(4)地区和国家制度分类。按照地区和国家的区别,可以将社会制度分为不同的类型,包括西方社会制度和东方社会制度、北半球社会制度和南半球社会制度、拉美社会制度和非洲社会制度等。按照国家制度分类,则可以分为资本主义国家制度、社会主义国家制度和混合制国家制度等。

社会制度的演变是指在历史发展的进程中,不断发生变化和演进的过程。从一开始的原始社会阶段起,即距今约10万年左右至数千年前的时期,这个时期人们生活在自然环境下,以狩猎、采集、渔猎为主要经济活动,社会形态尚未形成私有制,生产资料和生产结果属于全体社会成员;到奴隶社会阶段,即始于公元前 3000 年左右直至公元 5 世纪,在这个阶段,私有制的形成和农业的发展导致了阶级的出现,奴隶主阶级通过占有和剥削奴隶来维护其统治地位;再到封建社会阶段,也就是从中世纪开始至现代资本主义社会出现之前的历史阶段,封建社会的特征是土地所有制的分散,领主通过控制封建地主制度的运行,剥削农民和其他社会阶层,在这个阶段,封建贵族阶层是社会的支配阶级,而农民和手工业者是社会的被支配阶层;然后是资本主义社会阶段,这是在 18 世纪末至 19 世纪初期在欧洲兴起的,私人企业和市场取代了封建主义的经济组织,货币经济和商品经济成为主导经济形态,资本主义社会的特征是生产资料私有制和市场经济的发展,劳动价值成为商品,工人阶级成为社会的新兴力量;最后是社会主义社会阶段,进入社会主义社会,在共产主义运动的推动下,由无产阶级领导的工农联盟建立的新型社会制度,社会主义社会的特点是国家掌握生产资料,实现共同富裕和社会主义现代化。

三、社会制度的作用和意义

社会制度对于一个国家和社会的发展和稳定具有重要作用,各种制度和规则相互作用,形成了一个复杂而完整的制度体系。在不同的历史阶段和社会条件下,社会制度的作用和意义也在不断地演变和调整。

第一,维护社会秩序和社会环境的稳定。社会制度可以为社会成员提供有序的生活环境和稳定的社会秩序,防止社会出现混乱和动荡局面。特别是当人类社会产生私有制和商品经济之后,资本的趋利性会导致个体行为的异化,这个时候,社会中的宪法和法律体系将发挥作用,成为维护社会秩序的关键制度。

第二,规范社会行为和制约权力。社会制度可以规范社会成员的行为,明确社会成员的权利和义务,并在一定程度上制约权力的泛化,防止权力滥用和腐败现象滋生。在阶级社会中,选举制度和舆论监督制度则是规范政治行为的重要手段,但也要认识到,统治阶级对包括自身在内的社会成员的制度制约只是为了更好地维护政权稳定,以加强和巩固阶级统治,更好地维护阶级利益。

第三,促进社会经济发展。社会制度可以为经济活动提供合适的市场环境和交易规则,推动经济发展和繁荣。譬如,社会制度中的市场经济制度和知识产权保护制度就是保护产权、促进交易的重要制度,进入信息时代,产权的范畴从原有的、有形的固定资产产权扩大到包括无形资产和信息资产,甚至是元宇宙资产的产权体系,市场交易也从面对面的交易发展到虚拟空间中的交易活动。

第四,实现社会公正和平等。在特定的条件下,社会制度可以实现社会公正和平等,保障人民的基本权利和利益。譬如,社会保障制度和教育制度就是保障人类发展的重要制度,统治阶级在保障阶级利益的前提下,也会通过制度和价值观的溢出效应为被统治阶级创造福祉,以蒙蔽被统治阶级。

第五,传承和发展文化遗产。社会制度对于传承和发展文化遗产、保护和弘扬民族文化和文化多样性来说具有重要意义。当前世界大多数国家都会制定相应的文化产业政策和文化推广制度来促进文化发展,以扩大文化影响、树立正面国家形象和民族形象,谋求更为长远的国家和民族发展利益。

总的来说,良好的社会制度对于一个国家的长治久安具有重要的意义。社会制度是一个社会的重要基础和支柱,可以增强社会凝聚力、促进文化繁荣、提高国际地位、推动社会发展和进步。

四、当前社会制度的状况和问题

社会制度是一个社会稳定和发展的基础,它的稳定和健康状况直接影响着一个国家和社会的长远发展。当前世界上各个国家和地区的社会制度存在巨大的差异。一些国家和地区的社会制度相对稳定,能够保持较长时间的社会发展和经济繁荣,如美国、德国、日本等国家。另一些国家和地区的社会制度面临较大的挑战,社会矛盾和问题较为突出,如中东地区、非洲等一些地区。

全球范围内,现代资本主义制度是较多国家采用的社会制度,其主要特点是以市场经济为基础,强调私有制、竞争和自由市场。社会主义制度在一些国家中彰显出制度优势,如中国、老挝等国家。同时,当前全球化和信息化的发展趋势也对社会制度带来了影响,各国之间的联系越来越紧密,社会制度之间的交流和影响也越来越深入。此外,一些新兴技术如人工智能、区块链等技术也可能对社会制度带来巨大的影响,进一步改变人类社会的面貌。就全球范围内的社会制度状况进行概述:在西方民主制度国家,政治制度是以选举和法治为基础的,经济制度多以市场经济为主,文化制度呈现出多样化的特征,包括美国、欧洲国家等。社会主义国家的政治制度以人民代表大会制度为基础,经济制度以社会主义市场经济为主,文化制度以社会主义精神文明为主导。在君主制国家,政治制度则以君主制为基础,经济制度多以自由市场经济为主,文化制度上注重继承传统文化,如英国、日本等。

当前社会制度存在的问题是多方面的,需要各国和地区共同努力,通过改革和创新来解决这些问题,建立更加公正、平等、稳定和可持续的社会制度,为人类的发展和幸福作出更大的贡献。一些国家和地区,社会制度的存在没能解决社会的不平等问题,社会阶层分化、贫富差距等问题依然存在,甚至逐渐加剧。部分国家和地区,社会制度无法消解社会矛盾,甚至可能加重政治腐败、社会乱象等问题,导致社会秩序混乱。在某些国家和地区,社会制度设计中则忽视了生态环境,导致严重的环境问题,包括污染、气候变化等问题,影响着人类的生存和健康。进入风险社会,社会制度的不平等和不稳定隐含了战争和冲突的爆发风险,暗藏着人道主义危机。在全球化和数字化的背景下,社会制度面临着新的挑战,如人工智能、大数据、网络安全等问题,这些挑战可能会对社会制度的稳定性和可持续性造成威胁。

社会制度的改革是多向度的,需要综合考虑不同领域的问题,通过政策、法规、制度等手段来推动改革和创新,建立更加公正、平等、稳定和可持续的社会制度,为人类的发展和幸福作出更大的贡献。其一,促进社会平等的向度。建立公正的社会制度,消除阶级和贫富差距,提高社会平等性。其二,改进政治体制的向度。促进民主政治的发展,完善选举制度、制定公正的选举法规、打击贪腐,加强政府监管,保障人民基本权利和自由。其三,加强社会保障体系的向度。建立健全的社会保障制度,包括医疗保险、养老保险、失业保险等,保障人民基本生活需求。其四,加强环境保护的向度。加强环境保护,推动可持续发展,通过政策法规等手段来减少对环境的破坏,保障人类的生存和健康。其五,促进文化和教育发展的向度。通过加强教育、文化和科技的发展来提高人民素质和创新能力,为社会发展提供更多的人才和动力。其六,推动全球化和多边主义的向度。加强国际合作,推动全球化和多边主义的发展,为全球社会制度的改革和创新提供更广泛的平台和机会。

第二节 社会制度的功能

从人类社会发展实践来看,社会制度具有社会秩序的维护功能、社会资源配置功能、社会发展推进功能、社会治理能力提升功能等,充分发挥社会制度的功能可以更有效地稳定社会秩序,保持社会协调发展。

一、社会秩序维护的功能

社会秩序维护的功能体现在三个方面,主要包括社会制度的规范性作用、社会制度对行为的约束作用以及社会制度对社会秩序的维护作用。

首先是社会制度的规范性作用。社会制度的规范性作用是指社会制度作为一种规范性的制度,对人们的行为和活动具有指导性和规制性。社会制度的规范性是社会制度的重要特征之一,它通过对社会成员的行为和活动进行约束和规范、保障人民的基本权利和自由、调整社会关系、促进社会进步、维护社会公正和稳定,发挥着重要的作用。通过各种规定、制度和法律来约束社会成员的行为,使其遵守社会规范,保持社会秩序和稳定,规定了人民的基本权利和自由,如宪法规定的人权、自由和民主等,保障了人民的权利和利益。社会制度还通过各种机制和制度调整社会成员之间的关系,如财产制度、土地制度、婚姻家庭制度等,从而维护社会稳定和发展。社会制度对社会的发展和进步起到重要的推动作用,它可以调整社会资源的配置,推动科技进步和文化发展,从而实现社会的发展和进步。

其次是社会制度对行为的约束作用。社会制度对行为的约束作用主要体现在保障人民的基本权利和自由,维护社会的秩序和稳定,规范人们的道德行为,保障社会的公正和正义。社会成员应该遵守社会制度的规定和规范,发挥社会制度的作用,为社会的和谐、稳定和发展作出自己的贡献。在安全保障上,社会制度借助法律、法规等规定来约束人们的行为,防止犯罪行为的发生,保障人民的安全和生命财产的安全。在维护社会秩序中,社会制度通过法律、法规等规定来维护社会秩序,保持社会的稳定和有序,防止社会的混乱和动荡。在规范道德行为上,社会制度对人们的道德行为进行规范,要求人们遵守道德规范,维护社会的公德、私德和职业道德。在维护社会公正中,社会制度根据法律、法规等规定来保障社会的公正和正义,防止不公正行为的发生,维护社会公平和公正。

最后是社会制度对社会秩序的维护作用。社会制度对社会秩序的维护作用是不可或缺的,只有健全的制度、有效的法律和规章制度,以及道德规范、行政管理和社会组织等手段,才能保障社会的和谐、稳定和发展。对此,社会成员应该积极参与社会治理,发挥社会制度的作用,为社会的和谐、稳定和发展作出自己的贡献。社会制度中的法律是社会秩序的重要保障,法律的制定和实施可以有效地约束人们的行为和活动,维护社会的公正和正义,维护社会的稳定和秩序。社会制度中还包括一些社会规范,如道德规范、职业规范等,这些规范也对维护社会秩序发挥着重要的作用,没有这些具体的制度,根本制度和基础制度就会悬空,社会结构的良性运作也就无法实施。[1] 社会规范的制定和执行可以规范人们的行为和活动,促进社会的和谐和稳定。社会制度中还包括了各种组织形式,如政府机构、企业、学校等,这些组织可以通过管理和监管来维护社会的秩序,政府机构可以制定政策、规划、法律等来维护社会秩序,企业和学校可以通过规章制度和管理制度来维护内部秩序和稳定。制度也需要不断地完善和改革,以适应社会的发展和变化,制度的完善和改革可以更好地维护社会的秩序和稳定,促进社会的发展和进步。社会制度对人们的道德行为进行规范,要求人们遵守道德规范,维护社会的公德、私德和职业道德。社会信仰和道德规范是社会制度的重要组成部分,它能够影响和引导人们的行为和思想,提高社会成员的文明素质和道德水平,进而维护社会的稳定和秩序。此外,社会制度还通过行政管理和社会组织来维护社会秩序,行政管理机构进行管理和调节社会资源、公共事务、市场秩序等方面的工作,来维护社会的正常秩序。同时,社会制度也承担着维护社会秩序的责任,如志愿服务组织、居民委员会、社区组织等,它们能够协调社会资源,推进社会事务,促进社会和谐。

二、社会资源配置的功能

社会制度对社会资源具有配置功能,具体包括对资源的分配和配置、对经济发展的调控和引导,以及通过资源配置保障社会公平和稳定的作用。

首先,社会制度对资源具有分配和配置的功能。健全的制度、科学的规划和政策调节,以及良好的市场机制和激励机制,才能够实现资源的高效、公正、合理分配和配置,进而推动社会的稳定和发展。社会制度对资源的分配和配置的作用,主要表现在以下几个方面:第一,促进资源配置的合理性。社会制度能够对资源的配置进行合理规划,通过优化资源的分配和配置,使得资源的使用更加高效、科学,避免浪费,提高资源利用率。制定产业政策,合理配置资源,推动产业发展,提高国家的经济效益和社会效益。第二,促进资源分配的公正性。社会制度能够通过法律、政策等手段,保障资源的分配公正,避免资源的不公平分配和

---

[1] 辛鸣:《国家治理现代化的政治宣言》,《机关党建研究》2019年第12期。

利益的过度集中,比如,在社会保障制度方面,通过建立公平、公正、可持续的社会保障体系,实现资源的合理分配,保障弱势群体的权益。第三,促进资源配置的调节性。社会制度能够通过政策调节,对资源的配置进行调节,促进资源的均衡分配,避免资源的过度集中和浪费。根据土地利用规划和城市规划等手段,调节城市土地的利用,使城市的发展更加合理和有序。第四,促进资源分配的效率性。社会制度能够通过激励机制和竞争机制,促进资源的高效配置和利用。在市场经济制度下,适当的竞争机制,能够促进资源的高效配置和利用,实现社会资源的最优分配。

其次,社会制度对经济发展的调控和引导功能。科学、有效的制度建设和政策引导,对促进经济的稳定、健康和可持续发展有重要的推动作用。社会制度具有宏观调控的功能,在经济的引导和控制上,通过货币政策、财政政策、税收政策等手段,对经济增长、通货膨胀、就业等方面进行调控和引导,保持经济的稳定和健康发展。在产业政策中,对产业的发展进行引导和规划,制定产业政策,优化产业结构,促进战略性新兴产业和高端制造业的发展,提高国家的经济竞争力。社会制度能够通过竞争政策,对市场竞争进行引导和规范,利用反垄断法、竞争政策等手段,保护市场竞争的公平和公正,防止垄断行为的出现,促进市场竞争的健康发展。在知识产权保护中,对知识产权的创造、保护和运用进行引导和规范,根据知识产权法律制度的建立和实施,保护知识产权的合法权益,促进知识产权的创新和发展,推动经济的科技进步和转型升级。

最后,社会制度通过资源配置保障社会公平和稳定的功能。制度建设和政策实施,能够实现社会的公平和稳定,保障社会和谐发展。社会制度通过税收、福利制度、劳动法规等手段,实现财富的公平分配,同时制定适当的税收政策,调节财富的分配,促进社会公平。完善社会保障体系、医疗保障体系等手段,为社会弱势群体提供基本保障,维护社会的稳定。社会制度依托教育体制、文化体制等方式,保障教育和文化的公平,提高人民的文化素质和教育水平。法律制度的建立和实施,保证了公民的基本权利和利益,维护了社会的公平和稳定,从而规范社会治理,通过社会治理体系的建设和实施,提高社会治理的能力和效率,维护社会的公平和稳定。

三、推动社会发展的功能

社会制度具有推动社会发展的功能,具体体现在对社会发展具有支撑和促进作用、对技术创新和进步上具备鼓励和支持作用,以及对推动经济、文化、科技的发展上具有维持和推进作用。

首先,社会制度对社会发展的支撑和促进作用。制度建设和政策实施,能够促进社会的发展和进步,实现社会的繁荣和持续发展。社会制度一方面通过各种政策和制度的建设,鼓励人们进行创新和创业,促进社会的发展,另一方面通过各种制度的建设和政策的实施,优化资源的配置,促进社会的发展和进步,运用各种政策和制度的建设,促进技术创新,推动科技进步和社会发展,根据各种政策和制度的建设,优化经济结构,推动产业升级和社会经济的发展。

其次,社会制度对技术创新和进步的鼓励、支持作用。社会制度有利于促进创新和探索,推动科技进步与社会的发展和进步,实现社会的繁荣和持续发展。社会制度使用各种政策和制度的建设,提供创新的环境,鼓励人们进行创新和探索,促进社会的发展和进步,建设完善的教育和培训体系,培养和吸引优秀的专业人才,为科技创新和进步提供人才保障。社会制度能够通过各种政策和制度的建设,支持科学研究和技术开发,为社会的创新和进步提供技术保障,同时,建立信息平台和技术交流机制,促进知识和技术的交流与合作,推动社会的创新和进步。

最后,社会制度对于经济、文化和科技发展的维持和推进作用。从经济发展上来看,社会制度能够通过建立健全的市场体系推进市场化改革和经济体制改革,促进市场资源的优化配置,加强经济的市场化程度,推动经济的快速发展。从文化发展来看,社会制度能够通过文化政策的制定和实施,推动文化产业的发展,促进文化的繁荣和发展,提高文化产业的国际竞争力。从科技发展来看,社会制度能够通过加强知识产权保护改革科技管理制度等措施,鼓励创新和发展,提升科技创新能力,推动科技进步和发展。

四、社会治理能力的提升功能

社会制度对社会治理能力具有提升的功能,主要体现在社会制度对政府的管理和治理能力上的提升作用、公民参与和自治的促进作用,以及在精神层面上,社会制度对于加强社会信任和凝聚力的作用。

首先,社会制度对政府管理和治理能力的提升作用。制度建设和政策实施,能够不断提高政府的管理和治理能力,实现社会的和谐稳定和持续发展。社会制度规范政府行为,明确政府职责和权力范围,确保政府的行为合法、合规、公正,提高政府管理和治理能力,通过建立健全的监督机制,加强政府对社会各方面的监管,防止各种违法和不良行为的发生,提高政府管理和治理能力。在制度性的改革的前提下,推动政府机构和职能的转型和优化,规范和优化政府服务流程,提高政府服务水平和质量,满足社会各方面的需求,提高政府管理和治理能力。社会制度能够通过建立政府与社会之间的良好互动机制,充分发挥社会各方面的力量,参与政府管理和治理,提高政府管理和治理能力。

其次,社会制度对公民参与和自治的促进作用。该作用主要通过这几个途径实现:第一,建立和完善制度和机制,激发公民自治和参与的积极性和热情。一方面,提高公民自治意识,社会制度能够通过规范和保障公民的基本权利和自由,提高公民自治意识,促进公民积极参与社会管理和公共事务的决策和实施;另一方面,加强公民教育和培训,社会制度能够通过制定和实施公民教育和培训计划,提高公民的素质和能力,培养公民的责任感和参与意识,促进公民自治和参与的发展。第二,建立公民参与和协商机制。社会制度能够通过建立公民参与和协商机制,提高公民参与决策和治理的渠道和方式,增强公民自治和参与的主动性和积极性。第三,加强社区自治和服务。社会制度能够通过建立健全的社区自治和服务机制,增强社区居民的自治和参与意识,促进公民自治和参与的发展。第四,提高公民满意度和信任度。社会制度能够通过规范和优化政府服务流程和效率,提高政府公信力和服务水平,增强公民对政府的信任和满意度,促进公民自治和参与的发展。

最后,社会制度在加强社会信任和凝聚力方面的作用。社会制度在维护公正和公平的基础上,可以促进社会信任的形成,提高人们对社会制度的认同感和归属感,从而凝聚社会共识和向心力。保障公民权利和利益的宪法制度、维护市场竞争公平的市场经济制度、规范社会公德和职业道德的社会文明制度等,都可以增强人们对社会的信任感,减少社会矛盾和冲突,促进社会和谐稳定的发展。同时,社会制度也可以为公民提供更多的参与机会和自主权,促进公民的自治能力和民主意识的提高,进一步推动社会的进步和发展。在一个完善的社会制度体系下,公众可以共同遵循一系列规则和规范,从而建立起信任的基础。社会保障制度的建立可以为每个人提供平等的社会保障,减轻个体在风险面前的不安和担忧,从而增强社会成员之间的信任和凝聚力,又如,法律制度的建立可以规范社会成员的行为,防止不法行为的发生,维护公正和公平,增强社会信任和凝聚力。

第三节 国家社会制度

国家社会制度是社会制度的重要组成部分。本节将从国家社会制度的概念和特征、国家社会制度的组成要素和运行以及国家社会制度的评价和改革展开详细阐述,以深化对国家社会制度的了解。

一、国家社会制度的概念和特征

国家社会制度指的是一个国家所采用的社会制度体系,它是一种规范性的制度安排,包括政治、经济、文化等各个领域的制度安排。国家社会制度是一国政治、经济、文化、法律等各个领域的制度体系总和,它是为了维护国家的根本利益和人民的根本利益而设立的,是国家治理的重要方面。国家社会制度具有广泛的内涵,它不仅包括国家政治体制、经济制度、文化制度、法律制度等基本制度,还包括一系列公共服务制度,如教育制度、医疗卫生制度、社会保障制度等。同时,国家社会制度也涉及社会关系的调节、社会资源的配置、社会公平和公正的实现等方面。

国家社会制度具有以下几个特征:

(1)多样性。不同国家在政治、经济、文化等方面的制度安排不尽相同,因此国家社会制度具有多样性。

(2)统一性。一个国家的各种制度安排应当相互协调、相互配合,构成一个统一的国家社会制度体系。

(3)健康性。国家社会制度应当有利于国家和人民的长远利益,能够促进国家的发展和进步。

（4）稳定性。国家社会制度应当有足够的稳定性，不能频繁变动，以确保社会的稳定和可持续发展。

（5）民主性。国家社会制度应当体现人民的意志，符合人民的利益和需要，同时也应当保障人民的民主权利。

（6）科学性。国家社会制度应当根据社会发展的实际需要，基于科学的理论和实践经验，合理设计和优化制度安排。

（7）公正性。国家社会制度应当确保制度的公正性和公平性，保障人民的权利和利益得到平等的保障和实现。

（8）可持续性。国家社会制度应当具备可持续发展的特点，能够适应国家和人民的发展需要，不断完善和改进。

二、国家社会制度的组成要素和运行

国家社会制度的组成要素具有复杂性、综合性，对国家社会制度的组成要素应当从多维度进行解读。其一，法律制度。宪法是国家最高的法律，规定了国家政治制度、国家机构和公民基本权利义务等方面的制度。法律体系包括宪法、法律、行政法规、司法解释等规范体系。宪法是国家社会制度的基本法律，具有最高的法律效力，法律和行政法规则是宪法的具体实施和规范，司法解释则是对法律和行政法规的具体解释和适用。法律制度包括法律的制定、修订、实施和执行等方面的制度。其二，政治制度。政治制度是国家社会制度的核心，政治制度包括国家机构的组织、职权、运作机制等方面的规范。政治制度是国家政治权力的组织形式，包括国家元首、立法机关、行政机关和司法机关等方面的制度。进入现代社会，政治制度的基本原则是人民当家作主，实现民主选举、民主决策、民主管理、民主监督。其三，社会制度。社会制度是指国家对社会进行管理和调控的制度，包括教育、文化、科技、社会保障、公共卫生等方面的内容。其四，经济制度。经济制度是国家社会制度的重要组成部分，经济制度包括所有制、分配制度、交易制度等方面的规定，比如社会主义市场经济体制是中国特色社会主义的经济制度。其五，文化制度。文化制度是指国家对文化进行管理和调控的制度。文化制度包括文化政策、文化法规、文化产业等方面，文化制度的目的是推动文化创新和发展，弘扬优秀传统文化，推进文化多样性。

从空间层次进行分析，国家社会制度则包括这几个层次：一是总体制度，包含宪法和基本政治制度、基本经济制度、基本社会制度、基本法律制度等方面的制度；二是分类制度，根据具体的领域和特定的目标制定的制度，如教育制度、医疗保障制度、环保制度等；三是细则制度，对总体制度和分类制度的细化和补充，如政策、规章制度、条例等。国家社会制度的运作方式和机制是一个复杂的系统工程，在要素维度上需要法律、政治、经济、社会、文化等多个方面相互配合和协调运作，在空间层次上则需要多层次的交融和协调，才能最终实现制度设立的目标和初衷。

每个国家的社会制度都经历了不同的历史阶段和演变过程,随着时代的变迁和社会的发展,国家社会制度也会不断地发生变化和演进。在人类社会的发展过程中,不同的社会制度相继出现并占据主导地位,如奴隶制度、封建制度、资本主义制度和社会主义制度等。在现代文明社会中,大部分国家采取了宪法所规定的宪政制度和民主制度,形成现代国家社会制度的基本框架。不同国家社会制度的演变之路受到多种因素的影响,包括政治、经济、文化、科技和国际环境等因素。总的来说,在趋势上,国家社会制度的发展中将会更加注重人民的需求和利益,更加注重可持续、和谐和稳定的发展,更加积极地适应和引领时代的变革和发展。

三、国家社会制度的评价和改革

作为国家和社会的基本制度,国家社会制度对社会生活制定了多个方面的规范和保障,是统治阶级巩固阶级利益的重要工具。一方面,国家社会制度规定了公民的基本权利和义务,保障公民的合法权益,促进了社会发展和进步,对于经济、文化、科技等方面的发展有着重要的引导和规范作用,为社会的进步和发展提供了动力和方向。另一方面,国家社会制度是国家治理的基础,赋予了政府相应的权利和义务,增强了国家治理能力,为政权的长治久安提供了保障。

但是国家社会制度也存在一定的局限性。首先,国家社会制度是一国的基本治理基础,体现并维系着统治阶级的利益。当剥削阶级执掌政权时,国家社会制度则成为阶级统治工具,即背离了人民性,尽管剥削阶级为维护社会稳定也可能赋予无产阶级一定的权利。其次,在根本上,国家社会制度属上层建筑,由经济基础决定,受经济发展程度制约,也就是说,国家社会制度具有一定的能动性。当国家经济基础发生变化时,国家社会制度的调整完善则相对滞后。最后,在特定条件下,国家社会制度具有内部调适和自我完善的功能,但是无法从根本上克服天然的阶级性缺陷和时代性局限,也就无法解决阶级社会中固有的阶级矛盾和经济危机等顽疾。

因而,在微观层面上,在国家社会制度改革的一般性措施中,通常从多个维度进行实践。在政治体制维度,当前的改革方向是深化政治体制改革,推进现代政治文明。主要包括加强政治参与、民主监督、权力制约、权利保障等方面举措,构建民主政府、法治政府、透明政府和责任政府。在经济体制维度,当前的改革方向是完善市场经济体制,加强宏观调控能力。主要包括知识产权保护、打破垄断、促进竞争等措施,提高资源配置水平,保障市场的流通效率和竞争公平。在社会保障维度,当前改革趋势是建立覆盖全民的社会保障体系,提高社会保障水平,实现社会公平和公正。在文化建设维度,须深化改革,加强文化产业发展,提高文化创新能力,增强文化软实力。在科技创新维度,主要是加强科技创新体制改革,推动科技成果转化和产业化,提高科技创新的质量和效益。在环境保护维度,趋势是进行环境治理制度建设,推动绿色发展,保护生态环境。在公共管理和服务维度,应当推动公共服务体系建设,提高公共管理效能和效率。这些措施不是孤立存在的,它们之间相互关联、相互促进,需要制定"一揽子计划"或一系列配套政策,综合发展、协调推进。

第四节 社会制度变迁

社会制度变迁是社会制度研究中最复杂的问题,立足于当代人类社会制度变迁的实践过程,社会学吸收了相近学科的学术思想,对社会制度变迁问题展开了广泛而深入的研究,构建了内容丰富的社会制度变迁理论。

一、社会制度变迁的概念和特征

社会制度变迁指的是社会制度在一定历史阶段内的变化和演变,涉及社会结构、社会组织、社会文化、社会意识形态等方面的变化。社会制度变迁是社会发展的重要方面,对于社会的稳定和持续发展具有重要的影响和作用。

社会制度变迁是一个漫长的历史进程,它不仅反映了人类社会的发展历程,而且为人类社会的未来发展提供了重要的经验和借鉴。社会制度变迁的特征可以归纳为以下几点:

(1)历史性。社会制度变迁是一种历史性的现象,它是随着时间和社会发展而逐渐发生的。

(2)渐进性。社会制度变迁的发展是一个渐进的过程,是在旧制度逐渐失效、新制度逐渐形成的过程中完成的。

(3)复杂性。社会制度变迁的过程是复杂的,受到多种因素的影响,包括经济、政治、文化、技术等多方面因素的影响。

(4)革命性。有时社会制度变迁会以革命的形式发生,这种变迁往往是通过强制手段实现的,具有矛盾激化、冲突激烈等特征。

(5)不可逆性。社会制度变迁是不可逆转的,一旦新制度确立,旧制度就会被淘汰,社会就会进入一个新的历史阶段。

社会制度变迁也是一个复杂的过程,受到多种因素的影响。社会制度变迁往往伴随着社会的发展阶段的迭代和历史背景的切换,从封建社会向资本主义社会转型的过程中,社会制度就发生了重大的变革。经济、科技和文化的进步对社会制度变革也产生了重要的影响,如信息化、智能化等新技术的应用,改变了人们的生产和生活方式,进而对社会制度产生影响。阶级矛盾和社会问题的积累和激化,也是社会制度变迁的重要原因,贫富差距、经济危机、利益冲突等问题容易引发社会动荡,甚至激发革命促使社会制度的变革。国家政治体制改革也是社会制度变迁的重要原因之一,政治体制的变革和权力关系的调整,本身就是社会制度变迁的内容,根本性的政治改革甚至会动摇经济基础,引发社会革命。此外,国际环境的变化也是社会制度变迁的重要影响因素,全球化的趋势、国际关系的变化等,都会对社会制度产生影响。

二、社会制度变迁的类型和模式

根据社会制度的构成,社会制度变迁的类型包括以下几个类别:

(1)政治体制变迁。即国家政治权力的变迁,包括政权更迭、政治制度改革等。

(2)经济制度变迁。即国家经济体制的变迁,包括计划经济到市场经济、封建小农经济到资本主义商品经济、私有制经济到公有制经济等变迁。

(3)社会文化制度变迁。社会文化制度的变迁,包括价值观念、教育体制、宗教信仰、社会道德等的突破性发展或颠覆式改变。

(4)科技制度变迁。科技体制的变迁,包括国家的科技创新政策体系和知识产权法律体系,以及这些法律法规对技术革新和技术应用的影响等。

(5)法律制度变迁。法律制度是一个复杂的体系,涵盖了法律的形式、内容和过程等,比如法律的过程就包括法律的制定、修改和废止等。

(6)教育制度变迁。教育制度和社会保障、公共经济休戚相关,教育制度变迁包括教育的普及、教育内容和形式的改变等方面内容。

(7)环境制度变迁。关于环境保护和治理的制度变迁,包括环境法律的制定、环保机构的设立、环境保护的公众参与以及国际协调等内容。

而社会制度变迁模式既涉及社会制度变化的形式,也体现了社会制度变迁的方式,以下是社会制度变迁的一些常见的模式:

(1)革命模式。即通过革命方式推翻旧的社会制度,建立新的社会制度的变迁模式,这种模式常见于社会矛盾激化、政治动荡不安的时期。

(2)演进模式。指社会制度在不断发展演进中逐渐变化的模式,这种模式常见于相对稳定的社会制度中,变迁较为温和。

(3)改良模式。即现有制度的改良和完善,逐步实现制度变迁的模式,这种模式常见于制度存在缺陷,但不需要彻底改变的情况中。

(4)转型模式。以从一种社会制度向另一种社会制度转变的模式,此类模式通常由社会发展需要驱动,由计划经济向市场经济的改革就属于这种模式。

(5)外在影响模式。即受到外部环境影响而进行制度变迁的模式,具体来说,指在国际关系的变化、技术进步等外部环境的影响下,国内制度发生了变化,这种强调外部变量的制度变迁模式即是外在影响模式。

三、社会制度变迁的历史演变

从一开始的古代社会制度变迁到现代社会制度再到当代社会制度的转变,社会制度随着时间不断变化,经历了各种形式的发展和变革。如今社会制度变迁已实现了以全球化、信息化、知识经济等为特征的改变,同时全球范围内的政治、经济、文化的互动和融合对社会制度也产生了重大的影响和挑战。

在未来的发展中,社会制度变迁的趋势主要表现在:第一,多元化发展。随着社会的多元化和个性化需求的增加,社会制度将会更加注重个性化、多元化的发展,更加尊重和保障人民的权利和自由。第二,智能化和数字化。随着信息技术的迅猛发展和应用,社会制度将会更加智能化和数字化,更加便捷、高效地服务于人民。第三,国际化和全球化。随着全球化的深入发展,社会制度将会更加关注国际合作和交流,更加注重国际化和全球化的视野和发展。第四,公平、公正和可持续发展。社会制度将会更加注重公平、公正和可持续发展,更加关注社会的和谐、稳定和可持续发展。第五,创新和变革。社会制度将会更加注重创新和变革,更加勇于拥抱新事物和新变化,更加积极地适应和引领时代的发展。

纵观人类社会的发展历程,旧的社会制度总会被新的社会制度所取代。资本主义社会取代封建社会是社会制度的一次重要跃迁,这个过程伴随着工业革命的产生和推进。18世纪末19世纪初发生在欧洲的这场技术变革,促使欧洲手工业转向机器制造业,进而使得工业生产大规模化、机械化、标准化和自动化,最终构建资本主义经济形态并引发资产阶级革命。

资本主义社会制度的确立在客观上促进了人类社会的现代化进程。到18世纪末期,英国的纺织业已经成为世界上最为先进的产业之一。随着新的机械的出现,英国的工业生产逐渐实现了机械化,劳动力的生产效率更是得到了大幅提升,煤炭行业的蒸汽机、铁路的发明和使用、钢铁业新技术的采用,都大幅提高了生产力。工业革命的背景是封建社会的崩溃和市场经济的兴起,当时欧洲各国的封建制度已经陷入深度危机,贵族阶级无法满足工商业发展的需要,而且随着殖民扩张和贸易活动的增加,市场经济开始兴起,需要更高效的生产方式来满足需求,因此,工业革命也可以说是市场经济的必然结果。

中国的改革开放也是社会制度变迁进程中的一座里程碑,改革开放对中国社会和经济的发展产生了深远的影响,甚至对世界发展也有着举足轻重的作用。20世纪70年代末,中国面临着经济、政治和社会的多重危机,经济停滞不前,计划经济模式遭到了严重的质疑。为了摆脱困境,中国人民开始探索一种新的发展道路。改革开放政策的核心思想是逐步开放市场经济,吸引外来投资,加强技术合作,鼓励创业创新,建立现代企业制度和市场流通机制。这一系列政策的实施,推动了中国经济的迅速增长,使中国成为全球最大的出口国之一。在这个过程中,中国政府也逐步实现政企分开,打开了市场,吸引了大量的外资,逐步建立起现代的法律和制度体系。为什么说改革开放是一场重大的社会制度变迁呢?首先,改革开放打破了计划经济体制的约束,提高了资源配置效率。其次,改革开放营造了一个更为开放的政策环境,吸引了大量外来投资和技术,提高了中国企业的竞争力,加速了城市化进程,改变了人们的生活方式和价值观念。最后,改革开放增强了中国的国际地位,使中国成为全球经济和政治格局中的一个重要力量。当然,改革开放道路也不可避免地伴随着一些挑战和问题,其中之一是贫富分化加剧,城乡差距扩大,社会矛盾突出。另一个问题是环境污染和资源短缺,而解决这些问题的办法就是要坚定不移地深化改革开放[①],即通过制度和

---

① 何毅亭:《中国特色社会主义制度和国家治理体系形成的历程和成就》,《人民日报》2019年12月2日。

政策的完善来增加人民收入、规范市场行为和保护生态环境。

四、社会制度变迁的意义和挑战

社会制度变迁是人类社会历史发展的必然规律，它对于推动社会发展、改善人民生活、促进社会和谐具有重要意义。社会制度的变迁可以推动社会的进步和发展，促进社会生产力和经济的发展，新经济和数字化时代的到来，促使社会制度从传统的工业时代向数字化时代转变，推动社会经济的转型升级。社会制度变迁也有利于改善社会环境和提高人民生活水平。改革开放以来，中国大力推行市场经济，加强了产业结构的调整和优化，不断提高人民生活水平。社会制度的变迁有助于减少社会矛盾和冲突，促进社会的稳定和和谐，例如，在 20 世纪 60 年代和 70 年代美国实行的种族隔离制度的废除，减少了社会冲突，推动了社会的协调发展。社会制度变迁还有利于促进文化交流和交融，欧洲的社会制度变迁，不仅推动了欧洲各国的经济发展和政治整合，而且促进了文化的交流和融合。

但也要看到，社会制度变迁本质上是观念和利益的调整，变迁中或使社会分化和不平等加剧，导致社会阶层之间的差距扩大。当既得利益群体意识到自己的利益受到损害或者被忽视，可能会引发社会不稳定。因而，社会制度变迁甚至会导致政治危机，旧的权力结构可能会抵制变革或者新的权力结构可能会遇到挑战。此外，社会制度变迁会产生社会认同和价值观的转变，当新的制度与传统的社会价值观和文化习惯发生冲突时，会带来相应的社会生活混乱、经济停滞和生态环境失衡等问题。

在社会制度变迁的过程中，必然会出现新的需求和问题。在数字化时代，随着互联网和智能化技术的普及，人们对于信息、教育、文化、医疗等方面的需求发生了巨大变化，需要创新相应的社会制度来满足这些需求。社会制度的变迁不是少数人或少数政府官员可以推动的，需要广泛的公众参与和监督，政府应该加强与公众的沟通和互动，征求公众的意见和建议，同时加强对社会组织和民间力量的支持和引导。社会制度变迁的过程是全球性的，对此，要加强国际合作和交流。各国可以相互借鉴，互相学习先进的管理理念和制度创新，共同应对全球性的挑战。对于社会制度变迁，执政者还需要拥有长远的眼光进行远期规划，不断完善政策体系，推动社会进步和发展。而公众也应该不断思考和主动规划，提高自身的素养和能力，以适应社会制度变迁带来的压力。

思考题

1. 为什么人类社会需要建立社会制度？社会制度具有什么作用和意义？
2. 阐述国家社会制度的组成和运行。
3. 请思考为什么社会制度会产生变迁和演进？其根本规律是什么？

第八章　社会控制

社会控制无处不在。适度的社会控制是一个良好社会的必要条件,但是过度的社会控制会给社会带来巨大的负面效应,造成的结果可能是表面的和谐与底下的暗流涌动。中国社会正在经历社会转型,与巨大的社会变迁相伴随的是复杂多样的社会矛盾,在这个过程中不同的利益集团不可避免地会发生各种摩擦甚至是冲突,有效的社会控制可以防止国家陷入混乱的利益纷争状态,控制越轨行为能防止社会团结的破坏,维护社会的稳定。但是同样值得注意的是,畅通的利益诉求渠道和自由的社会沟通机制是一个现代国家所必需的,国家的稳定不是建立在对社会的强力控制之下,国家的稳定也不是没有不同的声音,所谓的和而不同也是一个社会良性运行的重要标志。

斯宾塞把社会控制与生物系统进行了类比,认为社会控制像生物一样,能够控制且调节社会各部分,社会控制系统的出现是必然的,社会控制能统筹管理社会各部分的不同职能,解决各种功能在自发调节过程中的冲突。在斯宾塞的眼中,社会控制在某种程度上就是社会管理。迪尔凯姆提出"社会事实"的概念,集中体现了它的社会控制思想,他认为社会事实是存在于人的身体之外的行为方式、思维方式和感觉方式,同时通过一种强制力,施加于每个人。

第一节 社会行动

社会行动是指行动者采取行动的目的是影响另外一个个体或更多的个体的行动,行动或行为是一个心理学范畴,它被许多心理学家看作是基本单位。但是,社会心理学家和社会学家所采用的更有用的术语是社会行动。许多学者把它看作是社会科学中恰当的考察单位。社会行动的特点是一种活动过程,这种活动是受具体的社会环境与个人、集团、团体、阶级的意识和世界观制约的。

拜因(Bryant)将社会行动定义为运用冲突去达成、改变,工作人员的目的是说出不满,表达苦况,组织压力团体与当权者周旋,争取权利、资源和较好的服务及设施。罗夫曼(Rothman)将社会行动定义为假设有一群处于劣势的群体,他们需要被组织起来,联合其他人去向整个社会争取资源及取得符合公益及民主的对待。

一、社会行动的理论来源

"社会行动"一词最早是马克斯·韦伯(Max Weber)所使用,韦伯认为社会学是理解人类互动行为背后的意义的学科,而韦伯将人类行动大略分为下列四种类型:(1)工具理性行动。它是指行动的目的和方法都是经过理性计算。在目的与方式之间做出最有效的决定。(2)价值—理性行动。源自于当事人自身的价值、信念系统,因为当事人的信念或责任感,替他人奉献、做出行动,都不需要特殊的理由。(3)情感导向行动。肇因于人自身的情感系统,是当事人直观情绪的反应或心灵感受,是产生行动的关键。(4)惯常性行动。当行动者认可传统的风俗、行事习惯,自然地依照过往的方式来行事,不需有太多思考,就是惯常性的行动。

后来的帕森斯认为人类行动是社会学运作的基本要件,并指出下列四个要素:(1)行动主体。即行为者自身。(2)目标。即行为者思维中所欲达成的事物或情况。(3)情境。即行为当下来自周遭人、事、物所造成的条件或状况。(4)规范。即行为者所属社会的行事规则、被期待的互动模式。

(一)社会行动的内涵

1. 社会行动的概念

(1)社会行动的对象。其主要是低下层的社会群体(社会资源匮乏、极少权利、社会地位低下、被边缘化、被忽略、受到不公平政策的压制与剥削),有四种人群:①经济上最缺乏市场价值的人(如贫困者、失业者);②政治上最缺乏自我组织的人(不参与投票选举,不太会运用合法途径表达意见与要求);③社会上最缺乏选择权力的人(教育、就业机会选择上无奈);④文化上最受身份歧视的人(被标签化,社会评价刻板,带有偏见)。

(2)社会行动的本质。不是要推翻整个社会制度或进行社会革命,而是在现存的建制下,改变不公平的政策,达成有限度的社会改革。它与社会运动的区别在于:①没有一套清晰的意识形态作为主导思想,未对各阶层广泛动员,其社会影响不深远不持久。②在现有制度下的有限度的社会改革,为小部分弱势群体争取利益。③累加起来,也有机会引发社会运动,但这不是其重要目的。

2. 社会行动的定义

罗夫曼认为社会行动是假定一群处于不利的群体,他们需要被组织起来,联合其他人去向整体社会争取资源及取得符合民主及公平的对待;其目的是达成制度的改变,使权利、资源及决策权得到再分配,并影响基本政策的改变。我国学者甘炳光认为社会行动是组织社会上受忽视、受压迫或受政策不合理对待的低下层群体,通过集体行动,采用非正规的途径及较多运用冲突对峙的策略,争取第三者支持,以伸张群体权益,向当权者争取群体的本身利益,以期获得应得的资源,使社会权利、地位及资源得到合理地再分配,并在过程中提升参与者的社会意识,改变他们的无力感及无助感,达成更公平、更公正的社会。

3. 社会行动的基本假设

(1)对问题成因的分析。不同群体的利益冲突会引发社会问题,冲突的出现有三种可能性:①当权者对资源贫乏群体缺少了解与关注;②彼此缺乏正常的沟通渠道,无法反映各自的需要;③存在不公平的资源分配及决策权分配不均。

(2)基本假设。冲突假设包括:①社会问题产生于冲突,要用局部冲突的方式解决;②利益被忽视及受剥夺的弱势群体,有权获得社会公正与民主的资源及待遇;③因制度与政策不公正所形成的冲突与分歧,通过协商与正规途径不易缓和。

4. 社会行动的目标

(1)总的目标:改变不公平的政策,实现一定程度的社会改革。

(2)任务目标:争取权益与资源的重新分配(如争取低保金、社区康复设施等),加强参与决策的能力。

(3)过程目标:提高自我意识;意识到社会不公平时,要了解自己的权益,学会争取技巧。

(4)用行动提升社会意识:改变无力无助感,加强解决问题的能力。

(5)认识团结的重要性:组织起来,关注自身面临的问题。

(二)社会行动的历史

1. 孕育期(自20世纪30年代在美国兴起)

基本特征:(1)社会福利的责任,开始由志愿者团体转移到政府部门。1933年美国成立"联邦紧急救援署";1935年美国国会通过《社会安全法案》,涉及资源的公平分配问题。(2)公共福利大量运用"社区组织过程"来推行,如"联合会"与"理事会"纷纷成立,开始了组织社区基础民众的社会行动过程,维护社区权利平等与社会公平实现这一观念开始萌芽。

2. 发展期(20世纪60年代,美国)

基本特征:(1)社会运动兴起。如学生运动、反越战运动、福利权益运动、民权运动等,美国民众通过采取社会运动的方式来争取权益。(2)政府开始资助社会服务方案,如反贫困(向贫穷宣战)、市区重建、青少年犯罪、失业、市民参与(基层民众的组织工作)、服务协调、社区行动计划等。社区工作已脱离早期的自助共识,接受一些权利与冲突论,分析问题的视角走向政治化,更关注社会结构对个人处境的影响。争取资源合理分配成为主流工作模式。

3. 衰落期(20世纪70—80年代,美国)

基本特征:(1)执行政策的社区工作者,对社会政策的批评(与决策者冲突)。(2)政府缺乏足够的财力,对基层居民组织与社会行动支持大减。(3)80年代,社区工作重点转向特别需要人士(妇女、精神病患者、老人等),社区工作者大多回归正规的"社工范围",标志以改革社会政策为目标的社会行动策略的衰落。

(三)社会行动的理论思想

塔尔科特·帕森斯的社会行动理论是在20世纪30年代西方世界发生经济危机的背景下形成的。其学术发展的第一阶段受韦伯思想的影响,强调个体的主观能动性,将传统的功利主义、实证主义和唯心主义三大行动理论中的有益假定和概念进行综合,形成了他的唯意志行动理论。"行动"是具有明确主观意向的行为,而"社会"则阐明行动的场域。在社会系统内,个体内化共同的价值体系,形成协调的行动秩序以实现组织的既定目标。社会行动的基本单位可以叫作"单位行动"(unitact),帕森斯以单位行动为切入口分析社会行动。单位行动可以解构为行动者、目标、情境与规范等关键要素。行动者是行动主体,具有能动性,帕森斯称之为"努力";目标是行动者未来要达到的目的;情境是环境因素,可分解为条件要素与手段要素,条件要素是行动者无法改变的客观因素,手段要素是行动者能动可控的方式;规范是行动者所遵守的社会标准,如思想、观念等。其学术发展的第二阶段则受帕累托和迪尔凯姆思想的影响,形成了结构功能论观点。帕森斯将所有的单位行动看作一个系统,单位行动都是在有机体系统(生理结构)、人格系统(动机倾向)、社会系统(社会角色)、文化系统(价值取向)的综合作用下进行的。社会行动理论强调价值取向的重要性,认为行动者的社会角色对其行动具有决定性作用。帕森斯巧妙地将其行动论思想纳入功能分析框架,即有机体系统对应适应(adaptation)功能,人格系统对应目标达成(goalattainment)功能,社会系统对应整合(integration)功能,文化系统对应模式维持(latentpattern-maintenance)功能,由此形成了社会行动结构的 AGIL 模型,他认为任何社会系统要想存续都必须服从以上四种功能。

二、社会行动与社会结构

(一)社会行动

社会行动本质上是以他人的行为为取向的个人行动。如何理解这句话?以他人的行为为取向,就是说,社会行动具有针对他人的主观意义,只有具有主观意义的他人才是可理解的,才属于社会学研究范围。

韦伯在这里把人的行动和动物的应激反应区别开。因此,判定一个行为是不是社会行动,就要看这个行动是不是针对他人,是否有主观意义。如何理解社会行动?区别于社会行动的依据是什么?韦伯认为,只有"合理性"概念能解决这个问题。根据是否合理与合理性程度,韦伯把社会行动分为四种类型:

(1)目的合理性行动。通过对外界事物的情况和对他人的举止的期待,并利用这种期待作为条件或者手段,以期实现自己合乎理性所争取和考虑的作为成果的目的和行动。

(2)价值合理性行动。有意识地对一个特定的举止做伦理的、美学的、宗教的或其他任何形式的阐释,这种行动基于无条件的、纯粹的信仰,不管行动是否取得成果,只注重自我实现的过程,并不过分在意目的是否达到。

(3)情感行动。由现实的情绪或情感状况决定的行动。

(4)传统行动。由约定俗成的习惯决定的行动。

这四种行动就是韦伯构建的理想类型。在这些类型中,工具理性行动具有最高程度的合理性。因为行动者对行动的目的及达到这一目的的手段都有清醒的认知和自觉的选择。

行动者对于行动的目的总是再三权衡,对实现目的的手段会深思熟虑,也会考虑相应的后果。价值合理性行动中,对终极价值的信仰就是行动者的目的。传统行动和情感行动都没有经过理性思考:前者依据习惯和规则,具有稳定性和可预见性;后者受情感支配,与前者相反。

(二)社会结构

韦伯认为,社会行动具有主观意义的且涉及他人的行动,社会行动是一种包含社会关系的行动。社会结构也就是社会关系结构。韦伯在论述社会关系的基础上,构建了两种类型的社会结构:"共同体化"的社会结构和"社会化"的社会结构。

(1)共同体化。在一种社会关系中,社会行动的调节建立在主观感受到的参加者的共同属性上,包括情感的和传统的感情基础。例如,亲子关系、孝顺关系、民族文化等,家庭就是典型的共同体化社会关系。

(2)社会化。在社会关系中,社会行动的调节是建立在以理性、价值或目的合乎理性为动机的利益的平衡,或者同样的动机的利益结合之上。典型的"社会化"社会建立在相互允诺的合乎理性的协议之上。

三、社会行动与社会工作路径

社会工作一般来说有两种路径,一种是基于自由主义价值观的路径,认为个人不能适应社会是个人心理精神能力障碍导致,解决办法是协助个人解决行动和心理问题。社会工作肯定人的尊严和价值的工作,因此不论采取何种工作模式的社会工作者,都应该以当事人的意愿作为介入的依归,这就是当事人自觉的社会工作原则。

另一种是基于社会主义的价值原则。社会主义的价值原则认为个人不能适应社会,是由社会制度造成的,只有改变社会环境才能解决问题产生的根源。当事人可能受制于社会环境而无法做出理智的抉择,因此社会环境的改造便是当事人自决的前提。在当事人不能自决的情况下,社会工作者介入是维护当事人个人利益不可或缺的手段。

制度的缺陷和漏洞制约了社区弱势群体的自觉,个人的自由是受外界条件制约的,只有创造一个良好的社会环境,当事人才可以自由地做出理智的选择。

四、社会行动产生的制度条件

社会行动不会凭空产生,它是社会体制、政治制度压迫的结果。社会行动是利益受损群体,通过非制度化方式挑战受益群体或不良制度的行为和过程。因此,国家和社会的合一吞并了社会行动的空间。只有国家和社会适度分离,社会有可供公民活动的空间,社会行动才能得以开展。社会行动产生于以下几个制度条件:

首先,国家与社会经济、政治的相对分离,如果缺乏一个主持公平分配、再分配及协调各社群之间利益冲突的角色的国家,社会将变得更加不平等,最终回到霍布斯所说的人与人全面战争的原始状态。如果国家取代社会,便是国家至上的国家主义,在这种状态下,国家将变成一个庞大的同时也可能死板的机器,所谓公民权利的实行只是一句空话而已,因此理想社会应该是国家与社会分离,各自独立,相互制衡。西方马克思主义否定经济决定政治、政治为经济服务的阶级还原论,提出国家自主论,即国家可以是一个与经济分开的独立体系,而政府官僚体系是有其本身的理性的独立实体,它的利益可以异于资本家,资本家与政府可以是资本主义社会的两大利益集体,政府可以利用资本家为其牟利,同理,政府可以为了资本家集团利益而削弱资本家的权力。绝大部分资产阶级学者都持国家与资本家集团互相独立的理论。因此只有在一个独立于资本家的政府之下,社会行动的非主流群体的利益才有机会得到正视,政府才有条件作为一个超乎各阶级利益集团的体系,使用其所拥有的强制力量,以强迫社会各集团人士服从它的决定。在这种分析之下,社会行动作为一种争取权力即社会资源再分配的方式,便有了一个制度场所可以发挥它的影响力。

其次,社会行动需要一个多元化的社会,在一个多元化的社会,不同的生产方式、生活方式、社会价值都可以并存。当然,不同的社会会产生不同的主流,以及相对于主流的边缘社群及思想。但是如果只是一味肯定某一生产方式、生活方式、社会价值,那么其他非主流的社群思想便会受到排斥。在这样一种制度环境下,代表和反映非主流的理论及实践很难实现。在多元化社会,国家权力掌握在各类精英手中,但没有哪一类精英集团可以垄断国家的全部主权,虽然存在着精英集团对公民的压迫,但这种压迫是多元中心集团造成的。在这种社会里,社会的不同利益应该组成不同的社群,以保障各自社群的利益,并产生相互制衡、权力平均的结果。

最后,社会行动要建立在自主性社会的基础上。在国家与社会分离的前提下,自主性社群才有条件出现,因为它独立于国家,并提供了活动场地,使不同的社群具有足够的活动空间而不受政治的压制。同时也由于政治与社会的分离,这个社群并不一定要依附于政治组织才能够生存。况且并不是所有社群都可以依附于政治组织的,因为一些边缘社群与政治组织所代表的群众的思想有冲突。政治组织尤其是政党,为了获得普遍的支持,其政治纲领必然趋向迎合大多数人的利益及意见,因此个别利益或少数社群便很难成为政治组织赖以生存的力量。

五、社会行动产生的前提假设

1. 社会行动产生的前提假设

(1)社会问题产生于冲突,因此也要用局部冲突的方式来解决社区问题;

(2)利益被忽视及受到剥削的弱势群体,有权获得更符合社会公正与民主的资源及待遇;

(3)因制度和政策不公正所形成的冲突和分歧,通过协商和正规途径不容易获得缓和。

2. 基本假设

(1)该模式认为社会问题的出现是由于社会上不同利益群体之间存在着利益的冲突。

(2)其总目标是为了改变不公平的政策,实现一定程度的社会改革。

3. 社会行动的实施策略

(1)对话性行动

群众与当权者对事件的解决方法有不同意见,但群众认为当权者有行使权力的合法地位,双方之间仍存在信任,并希望在正规的组织架构和制度下解决问题,主要形式有:游说、请愿、宣传等。

(2)抗议性行动

用特别的、建制以外的方式表达意见,吸引传媒注意,暴露政府政策的不完善之处,争取其他民众的同情与支持,以此向政府施加压力,迫使其因尴尬、不安、内疚及良心责备而让步。主要形式有签名运动、记者招待会、请愿和游行、静坐和群众集会。

(3)对抗性行动

通过组织群众,用行动直接影响对方的利益或令对方不能正常运作,迫使对方因有所损失而愿意与群众谈判。主要形式有罢工、拖欠或拒交有关费用等。

(4)暴力性行动

这类活动大多缺乏严密组织,是情急之举,或无计可施的情况下的反抗行为。主要形式有向有关部门人员抛掷物品、泼水、挥动武器或追打等。

六、社会行动的实施原则与模式

(一)基本原则

1. 渐进原则

一般而言,群众采取的行动是由最温和的方法(对话性行动)起步,当行不通时才提高行动的层次。

2. 争取让步而非破坏

无论是抗议性还是对抗性,最终目的不是要破坏现行制度和环境,而是迫使当权者对话,使争取权益的群众有机会通过谈判,争取让对方妥协让步。

3. 行动的连串性

稍有规模的社会事件都不可能靠一次行动就能获得解决,而应有一连串的行动形式跟进。

4. 争取舆论支持,避免使用暴力

大部分社会行动都不期望用暴力来达到预期的效果,而是通过有秩序及和平的方法,在法律允许的范围内争取舆论及公众的支持。

5. 认真考虑有关因素

(1)群众的资源;(2)群众的投入程度;(3)社会气氛;(4)事件的本质。

(二)社会行动的评价

1. 优点

(1)易广泛吸纳群众。

社会行动通常都是从居民最关注及最急切需要解决的事件入手,因此容易将居民联系起来,广泛吸纳受到影响的人群参与其中。

(2)易于培养领袖。

社会行动中普遍运用的集体行动方式、冲突策略及争取第三者支持等,都要求具备领袖才能的人才能完成。

(3)能够使问题迅速解决。

在形式上既有温和对话也有逐步升级的抗议对抗,从而给当权者或事件的对方造成压力,使问题能够迅速地解决。

2. 缺点

(1)易被政党或利益集团操纵。他们可能会通过提供资源支持等方式控制大众,引导他们为自己的目标服务。

(2)可能激化矛盾。由于手段的不慎运用可能会激化对立的情绪,使当权者采取不合作的态度。

(3)长于挑战却不善于建设。社会行动本身缺乏长远的、根本的目标,以及主动改造和建设的意识。

七、社会行动与社会互动

人类的基本活动单位是行动。社会互动就是人们对他人采取行动或对他人的行动做出反应的过程。社会互动是人类存在的重要方式。构成社会互动一般要具备以下三个因素:(1)必须有两个或两个以上的互动主体;(2)互动主体之间必须发生某种形式的接触;(3)参与互动的各方有意识地考虑到行动"符号"所代表的"意义"。关于社会互动的理论观点很多,最突出的是三派理论观点:符号互动论、拟剧论和常人方法学。

符号互动论可以简单归为这样的解释原理:第一,我们通常用符号来代表一些事物。这些符号都是能够有意义地代表另一些事物,这是在社会互动中形成的。第二,我们针对我们对符号的意义来采取行动。第三,我们在对彼此的行动有所反应之前,经历了一个内有阐释的过程——对当时情境意义的了解,然后决定如何行动。

拟剧论是用表演和比喻来说明日常生活中人的互动的理论。它的基本观点是,全体社会成员是在这个舞台上扮演不同角色的演员。他们都在社会互动中"表演"自己,塑造自己的形象并更好地达到自己的目的。拟剧论的代表人物戈夫曼运用剧本、观众、表演者、角色、前台、后台、面具、道具等戏剧用语说明了人们在日常生活中如何进行社会互动的过程。

常人方法学是对社会成员在社会互动中所遵循的规则的社会学研究,又称为民族学方法论、本土方法论。常人方法学的基本假设是,在现实生活中,社会成员依据一定的规则和程序来进行社会互动,这些日常活动中不成文的、大家公认的互动规则是一切社会活动的基础。

社会互动形式是多种多样的。社会学家们对社会互动形式的概括有相同之处,也有不同之处。一般我们把社会互动的基本形式概括为四种:交换、合作、竞争和冲突。

(1)交换。指的是在一定的规则下,行为者之间为了获得回报而行动,并获得回报的社会互动形式。交换四要素:目标、付出、回报、效益。交换分为两种类型:①物质的交换,最典型的是商品交换。②非物质的交换,指的是感情、文化等交流形式。

(2)合作。指在社会互动中,行为者之间为达到某些共同的利益目标彼此密切配合的一种联合行动。作为社会互动的最普遍形式,合作是个人赖以生存和社会赖以维系的最基本的前提。所有的社会都是以合作为基础的。合作的类型有:①自发性合作,是最古老和最具普遍意义的合作形式;②制度化的传统合作;③指导性合作;④契约式合作。

(3)竞争。是指行动者之间为了共同的目标而展开的较量、争夺。竞争的社会意义在于从个人的角度,它可以激发个人的热情、能量,人们在竞争中可以相互激发,相互促进;从社会的角度,竞争对社会发展和进步也是有利的。

(4)冲突。是不同行动者之间相互反对或阻止对方意图的自觉行动,表现为从争吵到战争等不同程度的形式。冲突的根源也是因为某种社会资源的稀缺。冲突类型从规模上分为群体之间的冲突和个人之间的冲突,从冲突的性质上划分有经济冲突、政治冲突、文化冲突、种族冲突,以及阶级冲突。从冲突的方式或程度上划分有显性冲突、隐性冲突,其中显性冲突方式可分为:①争论;②举斗和械斗;③仇斗;④战争;⑤其他。

第二节 越轨行为

一、越轨行为的定义

越轨行为(deviance)是指违反一定社会的行为准则、价值观念或道德规范的行为。通常表现为对权威人物的反抗,如出言不逊,大发脾气,爱寻衅,执拗逞强,愤恨不满。与课堂学习有关的表现,如不注意,懒洋洋;与处理事务有关的反应,如遇事后缩,胆怯不前。甚至有较严重的道德问题,如偷窃,有意伤人。其根源在于现实社会中存在着坏人坏事的不良影响,以及个体成长过程中身心发展方面的某些特点,如不成熟、模仿等。借助社会良好风气的树立,父母与师长等的管教得当,可改变或改善这种行为。

越轨行为是指偏离或违反一定社会行为规范的行为,亦称离轨行为或偏离行为,也称偏差行为。罗宾逊(Robinsion)等把越轨行为定义为"违反组织的重要规范,威胁到组织或其成员利益的自愿自发行为"。职场攻击行为、反社会行为、越轨、组织偏差行为等都属于反生产行为。在工作中对人行为粗鲁,未经允许从工作地拿走东西,在工作地乱丢乱扔东西,反复传播关于老板或同事的闲话或流言,你没有生病却声称生病,对老板的指示置之不理是越轨的一些表现,在防止越轨并鼓励遵从的努力就是社会控制(social controls)。

越轨行为有以下特点,主要表现在:(1)越轨行为具有相对性,即它总是在特定的时间、地点和条件下才成为越轨行为。某一社会或群体中的越轨行为,在另一社会或群体中可能是正常或正当行为。(2)越轨行为必须是违反了重要的社会规范的行为。在日常生活中,个别人或少数人所具有的特殊爱好、行为特点,只要不与社会规范发生冲突就不属于越轨行为。(3)越轨行为是多数人所不赞成的行为。任何社会或群体的大多数成员在其一生中都会或多或少地发生某种越轨行为。但是,只要人们不一再重复此种行为,就不会被视为越轨行为者。(4)越轨行为不完全等同于社会问题。只有当某种越轨行为频繁地发生且对社会造成危害,使相当数量的人受到威胁时,才会转化为社会问题。(5)行为越轨的程度以及此种行为受到惩罚的程度取决于该种行为所触犯的规范的重要性,即取决于该规范在维系社会与群体上所处的地位。当越轨行为触犯到与社会及其统治者生死攸关的规范时,其越轨程度与所受惩罚必然严重。反之,则较轻。

二、越轨行为的类型

越轨行为的类型主要有以下几种:

(1)反社会行为。是指对他人与社会造成损害以至造成严重破坏的行为。

(2)异常行为。是指由于情境因素的刺激所引起的人们心理上的不平衡和生理上的障碍或混乱所表现的行为,包括因精神疾病、心理变态导致的违反社会规范的行为。主要有:①不适当行为。是指违反特定场合的特定管理规则,但对社会并无重要损害的行为。此种行为虽会引起众人的不满,但通常不会受到正式惩罚。②异常行为。多指因精神疾病、心理变态导致的违反社会规范的行为。③自毁行为,即违反社会规范的自我毁坏或自我毁灭的行为,诸如吸毒、酗酒、自杀等。④不道德行为。是指违反人们共同生活及其行为准则的行为,此种行为通常会受到舆论的谴责。⑤反社会行为。是指对他人与社会造成损害以至造成严重破坏的行为。⑥越轨行为未必就是坏的和不可接受的行为。越轨这个术语意味着不遵从。越轨行为并非总是自愿的。

(3)犯罪行为。是指违反刑事法规而应受刑事处罚的行为,它与反社会行为同属最严重的越轨行为,但并不是所有的反社会行为都构成犯罪行为,只有那些触犯刑法的反社会行为才是犯罪。越轨行为未必是犯罪行为。虽然大多数犯罪行为都是越轨行为,但越轨行为不一定都是犯罪,有三种情况:①既是越轨也是犯罪,如谋杀。②是犯罪但不明显是越轨,如赌博。③是越轨但不是犯罪,如检举。

(4)员工越轨行为。社会群体成员(员工)偏离或违背组织规范,违反组织日常程序的一种行为。从定义上可以看出,越轨行为只是违背组织日常程序的一种行为,并没有指出这种行为是否具有破坏性。

(5)科学活动中的越轨行为。是指违反科学活动中被共同承认的行为准则或者价值观念的行为。科学越轨行为是科技管理工作中经常遇到的,处理起来比较棘手的问题,尤其是在依靠科技振兴经济的今天,能否有效地约束科技越轨行为,对于科技的发展、社会的进步会产生直接的影响:①科研成果获得阶段中的越轨。主要表现为伪造研究证据或数据。②发表阶段中的越轨。主要表现为一稿多投、将一篇文章化整为零发表成多篇、在自己没有参与的文章上署名等。③组织行为中的越轨。主要表现为对组织权威影响力的滥用,其中和科学活动有关的一些影响力滥用行为,我们称之为组织行为中的越轨。

越轨行为虽不被赞同,却是一种普遍的文化现象。迪尔凯姆指出,越轨是任何健康社会不可或缺的一部分。当代美国社会学家罗伯特·金·默顿曾区分越轨行为者的四种类型:①变换手法者。此类人企图以不正当的或非法的手段来达到社会认可的目标,如靠盗窃、欺骗等非法手段致富。②形式主义者。此类人过分呆板地遵守社会制度的要求,宁可达不到社会认可的目标,也不愿丝毫违反条款的规定,如死守教条的官僚主义者。③退缩者。此类人是社会的寄生虫,既不关心社会所赞许的目标,也不遵守社会的行为规范,他们已脱离社会的正常生活,如酗酒者、吸毒者、精神病人、自杀者等。④反叛者。此类人反对现存的社会目标与手段,试图发动革命,建立一套新的行为标准。社会学认为,不同性质的越轨行为对社会的作用迥然不同。那些敢于向落后的、保守的、反动的行为挑战的革命者、革新者的行为,对社会发展起推动和促进作用;那些危害人民群众利益、破坏人民正常生活秩序以及有损于人的身心健康的行为,则对社会发展起阻碍和破坏作用。

三、越轨行为的原因分析

1. 社会原因

越轨行为的发生与其所处的社会环境是不可分的。首先,社会上存在着不同的种族、民族、集团、阶级、阶层等,它们常有着不同的,有些甚至是根本对立的行为规范、价值观念。在此情况下,违反规范的行为是不可避免的。在存在着阶级冲突的社会中,统治阶级总是将那些触犯其自身利益与价值观的行为定为越轨行为,并以此作为社会控制的对象。其次,当社会急剧变迁时,旧的行为规范已不适用,或受到怀疑,而新的规范又没有建立起来或还未被人们广泛接受,人们失去了行为规则,便发生一系列越轨行为。社会急剧变迁还造成社会文化的各个部分发展不平衡,出现差距,这也是导致越轨行为的重要原因。再次,有关阻碍人们采取遵从行为的其他社会因素,也为越轨行为提供了机会或条件。如社会控制力降低、遵从行为未受到鼓励、越轨行为未受到惩罚、制度不健全等,均可导致越轨行为的产生。

2. 个人心理原因

任何个人行为都是个人的需求与自我控制力相互作用的结果。一方面,人有各种需求并试图得到满足;另一方面,生活于社会中的个人又应实现自我控制,使满足需求的方式符合社会规范的要求。当个人需求的力量过于强大,而自我控制的力量又过于弱小时,就容易出现越轨行为。自我控制力弱小有多种原因,如没有经过良好的社会化、个人的人格具有严重缺陷,以及心理失调等。

3. 个人生理原因

最早从生理方面寻找越轨行为原因的是意大利犯罪学家C. 龙勃罗梭。他提出了天生犯罪类型说,企图从罪犯身上找到一些异常特征来说明犯罪与生理的联系。他的天生犯罪说问世之后,曾盛极一时,但后来受到来自各方面的抨击而被淘汰。20世纪60年代以来,出现了生物染色体的研究。一些学者发现,监狱的男性犯人中染色体为XYY结构的比例较高,并断言找到了越轨行为的生理原因,但后来的研究证明,不少带有XYY染色体的男性也同样能过合乎社会规范的生活。总之,虽然某些越轨行为(如精神失常者的行为)与生理因素有一定的联系,但大多数越轨行为的发生并不能简单地归于生理原因。

四、越轨行为的理论解释

1. 社会学的解释

越轨行为是指社会成员或社会群体、社会组织偏离或违反人们公认的现行社会规范的行为,如违俗、违德、违纪、违法行为,以及自毁行为和其他异常行为。违反某个群体或者社会的重要规范的行为,就是社会越轨。社会学的解释主张从社会环境、社会关系和社会机构中研究社会越轨产生的社会原因。默顿提出了社会失范理论,所谓失范,是指规范和价值相互冲突或者规范与价值相对脆弱的一种社会状况。默顿指出,当社会的文化与结构之间存在紧张或冲突时,越轨就可能产生。越轨是社会学的一个术语,是指偏离或违反人们共同遵守的社会行为规范的行为,意即脱离社会生活的正常轨道。"越轨"一词最早由社会学家迪尔凯姆提出,默顿后来进一步发展了这一概念。作为一种违反社会规范的社会行为,是社会控制的主要对象。它有三种不同的性质:消极性社会越轨是一种对社会共同生活和社会发展起消极妨碍作用的越轨行为;积极性社会越轨是一种对社会发展起积极进步作用的越轨行为;中性社会越轨是一种对社会共同生活和社会发展的影响不十分明显的,介于消极与积极之间的越轨行为。

2. 手段—目标理论

默顿同意迪尔凯姆的假设,即认为社会结构缺乏整合会导致极度紧张,从而引发失范行为。但他改变了迪尔凯姆的心理学假设,并将失范的含义由无规范改为规范冲突。默顿认为,社会作为一个文化体系为每一个社会成员规定了目标,但是社会在结构安排上并没有为每一个人提供到达上述目标的合法手段,即社会的特征并不一定能为每一个成员都提供条件以达到目标。在社会为人们提出的文化目标与达到目标的手段不配套、不统一时,人们就可能有五种行为方式:①遵从,认同文化目标,也遵从制度手段;②创新,只认同文化目标,但不遵从制度手段;③形式主义,放弃文化目标,但遵从制度手段;④逃避行为,既不遵从文化目标,也不遵从制度手段,消极退缩;⑤反叛,用新的目标和手段替代文化目标和制度手段。这样,按照社会的价值标准,创新、形式主义、逃避行为和反叛都对社会的要求发生了一定的偏离,属越轨行为。默顿的上述观点被总结为"手段—目标理论"。他认为,美国社会中的下层阶级有较多的越轨行为与他们达到文化目标的机会不足有关,越轨行为是由社会结构方面的原因造成的。

3. 亚文化群体论

亚文化群体是指一定社会中的、在文化价值上与主体社会有显著差异的群体。它是由阶级地位、种族背景、居住地区、宗教渊源之类的社会因素结合而成的具有一定功能的群体和社区。作为社会整体中的一部分,亚文化群体要服从于主体社会的法律和某些准则,但是,该文化群体或社区有自己的历史、结构和生活方式,所以它同时又具有自身特有的文化价值规范。当亚文化群体成员按照自己特有的文化规范行事时,由于该文化规范与主体社会的行为准则相冲突而被视为反常,属于偏离或者越轨行为。例如,贫困群体常常有边缘感、依赖感、非正式婚姻、性行为早等特征,而这些在主流文化看来属于反常的偏差行为。亚文化理论认为,所谓偏差者或越轨者并不是自己有意违背社会规范,实际上他们也在遵从行为规范,无非在主流文化群体看来属于越轨亚文化。当然,这里自然会引出这种判定的合理性问题。

4. 标签理论

标签理论是解释越轨行为产生的原因及其发展过程的理论。20世纪30年代，坦南鲍姆首先提出标签理论，他认为，冲突在导致各个违法行为的产生方面起着重要作用，犯罪实际上由社区规定。他认为犯罪形成的过程就是一个指明、规定、识别、区分、描述、显示以及形成意识和自我意识的过程。后来学者们又分析了初次越轨和再次越轨，大多是偶然发生的，程度也不严重。如果这种越轨行为被其他人发现并公之于众的话，他就会被贴上越轨的标签，这时他的处境会发生很大变化，就可能从初次越轨向再次越轨转变，由平常人变成一个经常有越轨倾向的危险人物，越轨者可能成为他的身份。如果重要人士不判定此行为为越轨，并对他进行教导，此人就可能不再出现上述行为。这一理论认为，越轨者行为不在于行为本身，而是社会反应和他人定义的结果，正是他人给某一行为下定义、贴标签才使这一行为成为越轨，并引发了进一步的越轨行为，所以越轨行为是被社会建构而成的。标签理论还注意到加标签者和被加标签者的身份和地位，即由谁给谁加标签。贝克尔认为，越轨并不是越轨者固有的特性，而是特定的统治集团做出规定，并把这种规定加之于特定的人群，给他们贴上局外人的标签而产生的。该理论认为，基本上是社会上有地位的人给普通人加标签，而上层人的此类行为或更严重的行为却被视为正常，因此，加标签常有不平等的性质。

五、越轨行为的社会控制

社会越轨是对重要的社会规范的违犯。这种违犯常常导致社会努力去惩罚冒犯者并试图减少甚至消除进一步的不良行为，旨在防止越轨并鼓励遵从的努力就是社会控制（social controls）。社会控制主要有两种类型：内在控制和外在控制。

1. 对越轨的内在控制

内化（internalization）是指某个人对群体或社会的规范的认同（这是第二章讨论的社会化过程的一个方面）。一旦社会规范的内化成功，一个人通常会继续遵守它，即使无人监视时也一样。当然，有时候，我们所有人会同群体和社会的期望有偏差：内化决不是完美的。源于内化对规范的遵从与怕招致处罚的遵从大不相同。后者是对社会应用外在控制的反应。内化是对越轨行为进行社会控制的最有效途径。虽然每个人曾体验过一些越轨冲动，但社会规范的内化趋向于将这些冲动控制在"不逾矩"的范围内。人们可能对他们的父母亲、老师或者朋友撒过谎；他们可能从商店偷过一张CD、一本书或者一条围巾；他们可能欺骗雇主请了一天假。但在大多数情况下，内化的社会规范导致自责、负罪感并使自尊意识减弱。结果，越轨行为很可能被放弃。

2. 对越轨的外在控制

对越轨行为的外在控制包含了对社会制裁的动用。有些社会制裁是非正式的，也就是说，通过日常生活中与我们互动的那些人的行动来实现的。其他制裁均为正式的，也就是通过负有专门责任的社会机构来实现。非正式的社会控制机制是初级群体中发挥重要作用的一种形式。这些机制通常涉及消极制裁,其范围从群体的不赞成态度,到完全排斥,甚至可能包括身体上的惩罚。同伴之间的反应是这种非正式社会控制机制中极为重要的一环。除了初级群体,非正式的社会控制还常见于工作场所,通常由那些在违规行为发生时恰巧在场的人来实施。

第三节 社会控制

美国社会学家E. A. 罗斯在1901年出版的《社会控制》一书中首次从社会学意义上使用"社会控制"一词。在他看来,社会控制是指社会对人的动物本性的控制,限制人们发生不利于社会的行为。他认为,在人的天性中存在一种"自然秩序",包括同情心、互助性和正义感三个组成部分。人性的这些"自然秩序"成分,使人类社会能处于自然秩序的状态,人们互相同情、互相帮助、互相约束,自行调节个人的行为,避免出现因人与人的争夺、战争引起的社会混乱。但是,罗斯为美国社会设想的这种"自然状态"被19世纪末20世纪初高速发展的城市化和大规模移民所否定。

在现代的美国社会,初级群体和社区迅速解体,人们不得不生活在完全陌生的社会环境中,社会交往的"匿名度"大为提高,人性中的"自然秩序"难以再对人的行为起约束作用,越轨、犯罪等社会问题大量出现。所以,罗斯认为必须用社会控制这种新的机制来维持社会秩序,即社会对个人或集团的行为进行约束。他还认为,舆论、法律、信仰、社会暗示、宗教、个人理想、礼仪、艺术乃至社会评价等,都是社会控制的手段,是达到社会和谐与稳定的必要措施。20世纪60年代以前,罗斯的社会控制理论曾在美国风行一时。此后,社会控制的理论不断得到修正和充实。

有的学者认为,把社会控制仅仅归结为控制人的动物本性,带有根本性的偏差,它否定了人的社会性,无法解释复杂的社会问题。政治学、管理学、社会学等社会科学中的几乎所有学科都会探讨和研究控制的问题,这足以说明控制普遍地存在于社会生活的每一个角落,可能构成了一个哲学问题,需要哲学研究来解决。虽然哲学因为受到了认识论理论范式的束缚而没有认识到这个问题,或者说作为认识论范式的哲学不愿意关注和谈论这个问题,但就控制的问题广泛地存在于与人相关的每一个领域中而言,其是哲学不应回避的问题。我们知道,在工程技术方面,控制是一个基本问题,无论工程大小,都必须将控制的问题放在第一位。如果说社会建构的工作是按照某种机械观展开的话,那么控制的问题仍然是一个工程技术的问题,或者"社会工程技术"方面的问题。但是,社会不是一架机器,这也就意味着普遍存在于社会各个方面的社会控制是否具有合理性,以及社会控制是不是必然贯穿于人类历史的始终,或者说在人类的未来是否也要进行社会控制,这是一个需要哲学来回答的问题。不过,从当前的哲学研究来看,关于这个问题还缺乏系统性探讨。

社会控制理论是20世纪美国犯罪学三大理论之一,社会控制理论认为犯罪者是社会中的少数,与其解释人为什么犯罪的问题,不如解释人为什么不犯罪,因此,社会控制理论主要是解释"人为什么不犯罪"的理论。社会控制理论是多人相继完成的理论,依时间先后主要由亚伯·莱斯的"遏止理论",瓦特·雷克利斯(Walter C. Reckless)的"控制理论"(containment theory),以及特拉维斯·赫胥(Travis Hirschi)的"社会键理论"。由于赫胥在学界持续活跃到21世纪初,所以提起社会控制理论时大多是指他的版本。

一、社会控制概述

(一)什么是社会控制?

社会问题得以滋生的重要原因就在于社会处于失控、脱序状态,即社会失去控制,脱离正常秩序轨道。社会失控就会产生大量的越轨犯罪行为。社会稳定协调发展,必须借助于社会控制,消除内部混乱或防止不稳定因素,维持社会秩序。社会生活的有序化,意味着人们在社会生活中,必须依据一些传统的和公认的规则调整自己的行为,以避免冲突和敌对状态,社会必须运用社会的力量经常阻止、改变和约束一些社会成员的行为和活动,惩戒制裁那些危害他人和社会的越轨与犯罪行为,奖励和表彰维护社会秩序的行为,所有这些社会运行过程就是社会控制。第七章讲的社会问题就是失去控制的现象,而社会控制就是防止和消除诸种社会问题的方法和手段。

罗斯认为,社会进步和发展取决于整个社会如何在社会稳定和个人自由之间取得平衡,为达到社会的和谐与稳定,社会必须有控制机制,社会控制就是社会统治的手段,它规定社会生活方式,维护社会秩序。

学术界对"社会控制"有广义和狭义的理解。广义的社会控制,是指社会组织体系依靠自身的力量运用社会规范与之相适应的手段和方式影响、限制、规定社会成员和社会群体的思想和行为,利用奖励和惩罚引导社会成员的行动以及协调和制约各种社会关系的过程。狭义的社会控制,是指社会对社会成员的越轨与犯罪行为进行的预防、限制以及采取相应的措施的过程。一般意义的定义:社会控制是指社会或组织(主要是国家)为维护社会秩序,保证社会生产和社会生活的正常进行,运用社会力量影响、约束和规定社会成员思想和行为的手段和过程。

(二)社会控制的一般特征

(1)普遍性。社会秩序是社会良性运行和协调发展的前提。社会秩序的形成和维护需要有效的社会控制。社会控制的普遍性表现为任何社会任何时代都需要社会控制,无论什么国家、什么时代都要依靠社会控制来维护社会秩序,以保证社会的稳定与发展。

(2)统一性。任何社会为了和谐发展都必须有统一的意志和规则来约束社会成员和社会群体的行动,不允许各行其是,它以统一的规则和要求瓦解社会成员间的冲突,没有统一的社会控制,社会必然混乱。社会控制的统一性表现为在一定时空范围内其控制手段和准则是统一的;社会控制的范围是统一的,控制的范围是整个社会,而不是针对社会某一部分实施控制;社会控制准则的统一性,控制准则对全体社会成员都是一致的,不允许不受控制的特权阶层存在。

(3)阶级性。社会控制形式集中反映在社会生活中居统治地位的社会集团的意志和思想,可以说,社会控制本质上是统治阶级的意志。什么应该控制?什么不应该控制?采用何种手段是道德的、政治法律的、暴力的还是和平的,不同的利益群体可能会有不同的看法,然而,最终这些手段必须服从统治阶级的意志。

(4)强制性。对私有制产生以来的社会矛盾冲突、违规行为都具有强制惩戒和管制的性质,在很大程度上是对被统治群体的剥夺,对不遵从社会秩序和制度安排的个体限制或剥夺,尤其是对反社会分子严加控制,因而具有很大的强制性。强制性既是阶级统治的需要,又是统一性的保证。

(5)多重性。社会控制的手段具有多重性,多重的控制手段构成一个国家的社会控制体系。

(6)社会控制的闭环性。社会控制系统是具有反馈回路的闭环控制系统,这一特性使社会控制系统具有自我调节、自我修正的功能。

(三)社会控制的功能

社会控制具有以下功能:

(1)维护现存的社会秩序,促使人们行为制度化。通过社会控制为社会成员提供符合社会目标的社会价值观和行为模式,调剂其人际关系和群际关系,制约和指导他们的社会行为。

(2)为促进社会发展进步提供条件。一方面,通过社会控制从正面鼓励引导良好行为,树立良好社会风尚,规定各社会群体或社会集团的地位、社会权利和义务,限制其利益竞争范围,调整利益关系;另一方面,通过纠正越轨犯罪行为,抑制个人间和社会各个利益群体间的冲突,避免产生大规模的对抗和冲突。

(3)协调社会运行的各系统,调节他们之间的关系,修正其运行轨道,控制运行方向和速率,促进良性运行和协调发展。

(4)作为阶级和不同利益群体斗争的工具。

二、社会控制的类型和方式

(一)社会控制的类型

社会控制没有统一的分类标准,各学派和研究者都有自己的理解。从主要途径上可分为内在控制和外在控制;正式控制和非正式控制(制度化控制与非制度化控制);硬控制和软控制;积极控制和消极控制;宏观控制与微观控制。

(1)内在控制是指社会成员在内化社会规范的基础上,自觉地运用社会规范约束和检点自己的价值观和行为方式的过程,内在控制包括社会价值观念的塑造、群体意识的培养、良好个性人格的培养等。外在控制是通过非正式和正式的制裁控制各种偏差行为。

(2)正式控制是通过组织化、制度化的程序给予奖励和处罚,如表扬、奖赏、晋升、拘留、罚款、降级等。非正式控制是用一些冷漠否定的举止、动作来纠正不正常的偏差行为,如蹙眉、严肃、盯视等来否定,而用一些热情、肯定的动作、表情来肯定表扬某人符合规定的行为,如鼓掌、微笑、赞许、亲昵等。

(3)硬控制是采取政治、法律、纪律等形式来约束人们行为。软控制是用思想教育、文化教育以及社会舆论等手段进行控制。

(4)积极控制是指以舆论、宣传、教育等方式引导、鼓励社会成员按社会规范要求与规章制度和法律规定的方式行动,从而预防犯罪行为发生,有表扬、赞赏、提升、奖励等手段。消极控制是指在积极控制失效的情况下,对违反社会规范的个体、群体进行惩罚,如批评、罚款、判刑、监禁、剥夺生命等。消极社会控制表现为对犯罪的制裁,对一般违纪违法行为的纠正,对违反道德行为的纠正。

(二)社会控制的主要手段

1. 组织手段

(1)组织指令;(2)组织规章。

2. 制度控制手段

(1)政权;(2)法律;(3)组织规章、纪律;(4)社会保障与社会政策。

3. 文化控制手段

(1)政治法律手段。政权对破坏社会秩序、社会制度的行为进行镇压、改造和教育,对社会成员的行为方式进行规定和约束。政权通过法律起作用并用法的形式固定下来,它是最具强制力的手段,集中反映和代表了统治阶级的意志和愿望。社会秩序正常化要求:第一,社会成员不应该在人身和财产方面相互侵犯;第二,社会成员承担的责任,无论是血缘的还是契约的都应充分履行。法律具有两个任务,一是镇压对社会和他人造成侵犯和损害的人;二是对忽视责任和契约的人实行强制措施,具有强制性。

(2)道德。这是内在控制手段,并不一定具有强制性,主要靠良心来维持。良心内在的对自我的确信,是不受特殊目的约束的,具有良好道德意识的人是把社会公认的道德准则内化的人。道德一方面指导行为选择,影响行为动机,促使行为向符合道德规范转化;另一方面作为评价手段评价自身的行为是否符合规范和社会要求,是否符合公众利益。

随着文明的进步,法律逐渐成为社会控制的核心工具,文明代表了人类力量不断追求完善的过程,它是人类对外部物质世界以及对内在人性所能实现的最大范围控制的体现。文明的这两个方面是相互依赖的,如果不能由于人们所已达到的对内在本性的控制,他们就难以征服外在的自然界。而对这种内在的或人类本性所取得的支配力是直接通过社会控制来保持的,是通过人们对每个人所施加的压力来保持的。施加这种压力是为了迫使人们尽自己本分来维护文明社会,并阻止人们从事反社会的行为,即不符合社会秩序假设的行为。在当代社会,法律作为社会控制的主要手段,依靠的是政治组织社会的强力,法律作为社会控制的一种方式,具有强力的全部力量,它也具有依赖强力的一切弱点,强力不可能是社会控制的最终的实现,当法律将社会控制的全部活动纳入自己的领域后,法令的实施就成为一个尖锐的问题。因此,我们一定要为法律找到一个紧实的基础,找到强力背后某种永恒的或至少是相对永恒的东西,经院主义的法学神学家们在政府现象背后发现了真理——圣经所启示的真理和理性所发现的真理。17、18世纪的法学家看到了这些现象背后的理性。19世纪的形而上学法学家们看到了一种可以用形而上学来阐明的无可争议的原理,从这个原理中可以推导出法律来。历史法学家们看到了体现在人类经验之中的一种自由观念,从中可以引申出当时这种观念的最高峰的法律制度;较老的实证主义者在政治组织社会的演化背后,也就是在政治组织社会借以发生作用的法律的背后,发现了社会发展的法则。我们不能回避这样的问题:法律上关系的调整和行为的安排,到底有什么目的和意义? 我们不能把强力设想为手段以外的任何东西。文明的发展有赖于摈弃专横的、固执的自作主张,而代之以理性。

(3) 社会舆论。大众传播是公众掌握的一种控制手段,作用范围大,传播速度快,具有灵活性、渗透性和预防性的特点。它向社会成员显示公众的意志就是社会力量的全部总和,没有人能与这种力量抗衡。个人、群体、组织都会顾及公众舆论,公众形象对交往、社会生活和活动的开展具有极为重要的意义。

(4) 宗教信仰和风俗习惯。宗教具有很强的控制功能,心理自助、价值引导、教规仪式等都具有控制功能。风俗习惯是内化为人们行为习惯的控制手段,覆盖面大,具有天赋的控制力,表现为根据多种方式组织社会成员的生活,固定为习惯,尤其是乡土社会更是如此。

(5) 文学艺术。文学艺术通过各种形式改变着人们的情感,唤起人们的激情,将人们的渴望、欲望、恐惧和悲伤表达出来,唤起人们的同情,使其成为各种美德,以塑造美来培养美,以刻画恶来控制恶,使社会象征完美化。真、善、美用艺术表达更能鼓舞人们行为。以高尚的作品鼓舞人就是这个道理。

(三) 社会控制的原则

一个社会要生存下去,必须依法制约人们的行为,以便使他们在大多数的时间里遵从社会规范,这种制约是通过社会控制的机制或过程实现的。

1. 自发性遵循——内部控制

自发性遵循的动力来源于两点:①规范内化;②习惯。

(1) 规范内化。人们把一个群体或社会规范接受为他们身份的一部分时,就达到了内在化,一旦一个社会规范被成功内在化了时,一个人即使别人不在场,也会自觉遵守它,这在社会化部分已讲过了。内在化是社会控制越轨行为的最有效措施,尽管每个人都有越轨的冲动,但社会规范的内在化往往使他们得以制止。例如:人们可能从一家书店偷张唱片、偷本书,但多数情况下,内在化的社会规范会导致他们悔恨、内疚,最终他们会不再越轨。

(2) 习惯。在日常生活中,习惯扮演着十分重要的角色,它可以简化人们的生活程序,节省心力消耗,加强工作效率。习惯在很大程度上支配了人的行为,习惯不仅是下意识的,而且是超越意识的,不以人的意志而转移的。人在社会化过程中,依着社会的规范做,日积月累成了习惯,因此,多数场合下,人们遵循规范固然是出于内心,但也是出于习惯。

2. 被迫遵循——外部控制

规范内化和习惯虽然有效,但任何社会都不能只靠它建立秩序,因为:(1)现代社会规范是多元化的,削弱了某些规范的权威,从而减低了它约束行为的力量。(2)社会化过程的不完善使得规范未能圆满地转化为成员意念。(3)个人欲望与代表社会利益要求的规范有抵触时,个人可能把握不好。以上情况就得靠社会控制,社会控制就是外部控制,它分为两种:正式控制和非正式控制。

3. 正式控制与非正式控制

(1)非正式控制。

非正式控制的力量来自民间,即一般所讲的社会压力,而这种压力又主要靠传言和闲话为手段,所属群体,则在这里扮演了重要作用。

人们不仅是规范的遵从者,也是维护者,人们在看到别人的言行与自己所遵循的准则有抵触时,总会有这样或那样的表示来传达他们不赞同的态度,而这种不赞同的态度,就是一种社会压力。而别人的这种不赞同的态度之所以会形成社会压力,是因为人都很关注别人对自己的评价,"走自己的路,不管别人怎么说"的人毕竟是少数。非正式控制有时可以是非常有效的,但它们的效果是有限的,原因:①处罚含混不清,越轨者只是感到一种压力,而这种压力不是十分明确。②个人感情会成为控制的障碍。例:好朋友看见同学在考试时作弊,可能会谴责他的行为,却不一定会报告老师。传言和闲话是最普遍但十分重要的非正式控制的手段。

(2)正式控制。

正式控制的力量来自专职机构,法律是正式控制的主要依据,实际工作则由一些正式组织执行,包括警察、法庭、监狱这一法政系统。然而由于执法系统里有个筛滤过程,例如司法人员适当的机动权,使他们有权决定不起诉或不拘捕等,削弱了正式控制的力量。为了加强正式控制,一个国家的政府可以通过社会组织,以堵塞司政系统出现的漏洞,例如,我国过去的保甲制度,现在的工作单位和区域单位,即居民委员会,加上户籍制度。

正式控制与非正式控制的关系如下:非正式控制来自民间,正式控制来自专职机构,非正式控制多以说话或表情来逼使就范,正式控制则用武力。②在传统的人群社会,非正式控制十分有效,因为熟人的评价比陌生人的重要得多,增加了社会压力的分量,人们生活圈子窄,一举一动都易发现。一元规范社会,使群体压力更大,因群体观点趋于一致。传统社会是个人生存的社会基础,离开了所属群体无法生存,所以人们非常在乎评价。③正式控制有时为非正式控制所替代,例如,监狱的看守和犯人的关系,一般都是先有非正式控制,后才有正式控制。

三、社会键理论

赫胥在他的著作《犯罪原因》一书中认为,人为什么会犯罪是不需要解释的,而人为什么不犯罪或循规蹈矩、遵纪守法的行为才需要我们去解释,也就是说,人为什么不犯罪才是"社会键理论"要研究的最大课题。赫胥在认真研究以后认为,控制人们不犯罪的关键要素有四个,它们分别是:附着、奉献、参与、信仰,即青少年在社会生活过程中所形成的对社会机构感情上的附着、对各类社会传统活动的奉献和参与,以及对社会道德规范强烈的认同与信仰,他将此称为"社会键"。

"社会键"在促使人们遵守传统的道德规范时,具有特殊的影响力;当这四个"社会键"受到削弱时,就有导致个体犯罪的可能。他认为,青少年若与社会建立起强有力的"社会键",除非很强的犯罪动机将"社会键"打断,否则他不可能轻易走上犯罪的道路;反之,如果一个青少年只与社会建立起很薄弱的"社会键",即使是很微弱的犯罪动机,也可能导致犯罪行为的发生。

(1) 附着/依恋(attachment)

赫胥认为,社会键起着促使个体对他人或社会键机构形成感情上的附着作用,此乃防止个体陷于犯罪最主要的手段。一个青少年如果在感情上越是附着于自己的父母、学校及某一社会同伴团体,他就越不可能走上违法犯罪的道路。比如,他会考虑到父母在他成长过程中对他所倾注的感情和心血,从良心和理想方面形成调节行为动机的力量,从而也就降低了他走上违法犯罪道路的可能性。青少年越是附着于自己的同伴团体,他就越不愿意失去其所敬佩的朋友、敬爱的老师、期盼的父母,也越会考虑同伴团体朋友们对他行为的意见和建议,这样的心理活动显然也会降低其走上违法犯罪道路的可能性。

(2) 奉献/追寻(commitment)

赫胥认为,一个青少年若投入相当的精力和时间去追求较高水平的文化教育并立志谋求高尚的职业,那么,当他要去实施违法犯罪行为的时候,他难免要考虑到违法犯罪行为一旦实施,对他将来的社会生活可能带来的严重影响。因此,"社会键理论"指出,一个青少年若能将自己的主要精力奉献于社会的各类传统活动,那他从事违法犯罪行为的可能性也将随之降低。

(3) 参与(involvement)

"社会键理论"认为,邪恶产生于懒人之手。一个青少年要是对自己的事业或学业很感兴趣,他便会全心全意地奉献自己的时间和精力去参与这些活动,他的思想和注意力很自然地会集中到学业或工作上去,他当然不可能感到无聊,也不可能有时间到处闲逛游荡,因此,接触种种不良社会因素的机会也少,其违法犯罪的可能性当然会大幅度降低。

(4) 信仰(belief)

信仰是对共同的价值体系和道德观念的认同。赫胥认为,当一个青少年内心深处对社会的道德规范或法律的尊严产生疑问时,他走上违法犯罪道路的可能性就随之产生。尤其是当一个青少年不尊重或不相信执法机关的力量,同时又整天老想着如何去钻法律的空子,说明他心理上的迷茫已经存在,其离违法犯罪的泥淖已经不远了。赫胥在"社会键理论"中指出,一个青少年假如对法律或社会道德规范没有强烈的正义感,或者对是非问题模糊不清,他就不会承认或认识到执法机关、法律规范对自己的所作所为所具有的约束力。

四、社会控制理论的应用

根据社会控制理论的核心思想,立足转型社会的基本背景,国家公权力对青少年犯罪的引导、预防、处置之道,以及对影响青少年犯罪的诸种社会环境情势的深入剖析,发现青少年犯罪不仅是青少年个体问题,而且是同政治、经济、社会、文化等密切相关的综合性问题。

(一)个体身心失衡

1. 心理认知失衡

心理认知类似于赫胥所阐述的"信仰"因素,良好的心理认知(信仰)是社会化过程中内化了健康的价值观和自我概念,其会强化个人自我控制力而免于犯罪。而心理认知失衡主要指青少年容易产生"信仰、价值"危机,导致个人对社会的强力反叛而犯罪,包括性格缺陷、随意盲目、认同失衡等。青少年处在心理"断乳期"和行为"危险期",思想单纯、比较敏感、喜欢模仿、爱冒险等。受此心理特点影响,青少年自我控制能力脆弱,如果社会化过程中不能塑造良好的价值观和信仰,则容易走上犯罪的道路。同时,一些青少年具有固执偏激、狭隘自私、轻率鲁莽、敏感多疑等性格缺陷,这些性格缺陷是青少年犯罪的催化剂、溶解剂,因为其妨碍和阻断青少年的健康社会化,造成青少年的自我控制能力差,从而导致青少年犯罪的发生。另外,青少年团伙性犯罪多发是青少年依附缺乏造成的,是其选择犯罪行为来寻求情感依托或实现自我价值的体现。赫胥以为依附程度越高,犯罪行为越少。而青少年时期是个人心理重构期,青少年在挣脱父母亲人羁绊的同时又没有相应的群体认同满足,可能造成"依附"缺乏即心理矛盾和冲突,以至常常处于精神困惑、矛盾和不可自拔的心理紧张中,甚至走入犯罪沼泽。

2. 亲情满足失衡

青少年亲情满足失衡引发的犯罪与青少年的家庭密切相关。家庭是青少年"依附"情感的重要场所,正如美国社会学家戈夫就指出,"家庭在青少年犯罪中扮演关键角色是在对越轨行为研究中最瞩目和最经常重复的发现"。"家庭环境对个体的影响是巨大的,它表现为复杂的社会化过程。"人的基本技能的掌握、社会规范的接受、生活目标的确定、生活方式的形成以及社会角色的培养,最初都是在家庭中形成的。亲情满足失衡主要表现为两方面,一方面是由于成长环境的不足,如家庭结构缺损而造成青少年亲情失落。很多少年犯来自缺损或破裂家庭,其由于得不到应有的亲情关爱,影响了他们的初次社会化。另一方面是由于家庭教育不当如家庭溺爱或高压而造成青少年亲情缺陷。父母溺爱、放任青少年的成长或是用高压手段督促孩子,都是青少年家庭教育不当的主要表现。同时社会流动的不合理也造成不少留守儿童和流浪儿童,该群体由于长期得不到家庭温暖和正常教育,甚至因家庭冷漠或常被侮辱而产生心理失衡,也容易在无良人员的引诱下误入歧途。

(二)政府防控缺位

青少年犯罪预防和治理,是国家进行社会控制、实现社会秩序不可推卸的责任。我国政府对青少年犯罪采用党委和政府领导、社会各界广泛参与的综合治理模式,这曾经对遏制青少年犯罪起了重大作用。

1. 法律制度缺失

法律是实现社会控制的强有力的手段,因为"作为社会控制的一种高级专门形式的法律秩序,是建筑在政治组织社会的权力或强力之上的"。法律制度的建设至关重要,其中加强专项立法是预防青少年违法犯罪最重要的制度措施,因为没有完善的青少年法律法规体系,就难以针对各种涉及青少年的事务进行有效、快速的处置。

2. 学校教育失当

学校教育是国家引导青少年正确社会化、确立主流价值观的重要手段,是青少年从家庭走向社会,顺利实现社会化过程的重要环节,也是"依附"情感得以维系的重要场所。

3. 监督管理乏力

罗斯认为,"社会机器经常阻止和改变个体的活动。这种阻止或改变的运行越是平衡,越是说明社会秩序完备。所以,成功的协作意味着高级的社会秩序"。

思考题

1. 在实施社会控制措施时,政府如何提高公众对其决策的信任和支持力度?请探讨透明度、沟通策略和公众参与在社会控制中的重要性。

2. 社会环境以及社会群众在社会控制运动中发挥了什么作用?

扫码看拓展资源

第九章　社会治理

第一节 社会问题

社会问题是社会学研究中十分重要的研究内容。社会学界对其有比较深刻、深入的多角度研究。对于社会问题,可以从广义和狭义两个角度来进行解读。从广义的角度来看,任何与社会生活有所关联的问题都能称之为"社会问题"。狭义的"社会问题"是指在人类社会发展进程中所遭遇的一种社会失调现象,它对社会发展造成的负面结果往往会得到人们广泛的关注。社会学主要是从狭义上来对社会问题的内涵进行认识。

一、社会问题概述

(一)社会问题的含义

不同社会面临的社会问题有所不同,对社会问题有着不同的认识,所处社会中的不同的人或群体也从多样的视角,提出解决社会问题的不同方案。

社会问题有着怎样的含义?在社会学领域,社会学普遍将其定义为引起社会大众普遍关注的一种社会失调现象,而这种失调现象影响着社会成员正常生产生活,并且对社会整体协调发展起到了阻碍作用。总体来说,社会问题属于社会现象中的一类,它威胁着现存的社会秩序,引发社会动荡,动摇既定的社会价值体系和结构。

通常,学界一般从以下三个角度对社会问题进行定义:①是否符合社会运行、发展的规律;②是否影响社会成员的利益和生活;③是否符合社会的主导价值标准和规范标准。某一具体问题能否在"社会"层面被定义为问题一般需要满足以下四个要素:①从问题产生的原因上来看,其产生的根源归根结底来说在于社会的失调。②从其影响的范围来看,社会问题不仅使整个社会成员或相当一部分人的生命受到了困扰,而且妨碍了社会的进步和发展。③就问题的本质而言,它与大多数人所坚持的道德准则、价值标准和要求是背道而驰的,而且可以引起人们的普遍注意。④从解决问题的方法来看,社会问题不能只靠个体的力量来解决,而应该采取集体行动。

(二)社会问题的特征

尽管学术界对于社会问题的表述不尽相同,但不可否认社会问题与社会正常运行之间存在着必然的联系。一般而言,这也让社会问题大体呈现出以下特征:

第一,社会问题具有普遍性。社会问题无时不在,无处不有。可以说,从人类社会存在的那天起,各个社会发展的各个时期都或多或少存在着社会问题。不同的社会、不同的民族、不同的国家、不同的地区在自身发展的不同阶段面临的社会问题都不尽相同。可以说,社会问题普遍的存在于人类社会发展的各个阶段。但需要注意的是,由于地区的不同,以及时间的差异,社会问题的性质、内容和形式都会发生变化。总体来说,社会问题既是普遍的,又是有差异性的,是二者的统一。

第二,社会问题具有破坏性。破坏性是指社会问题对于社会的正常运行以及人们的日常生产生活产生威胁、破坏的作用,并对社会发展产生消极影响,破坏性也是社会问题最基本的特征之一。但是,在探究社会问题对社会造成的破坏性影响的同时,我们也应看到在解决社会问题的过程中,有助于提升社会凝聚力,有助于社会团结与稳定,有利于在新的社会结构以及更协调的社会秩序中促进社会的发展与进步。

第三,社会问题具有复杂性。没有哪一种社会现象是可以孤立存在的,社会问题亦然。社会问题是一种纷繁冗杂的社会现象。社会问题产生的原因是错综复杂的,造成的结果也是复杂而多样的。社会问题之间往往有着较强的关联性,使其更加复杂化。有些社会问题并不会随着时间的变化而消失在历史的长河之中,相反,它会在一定时期内反复出现。这也加剧了解决社会问题的难度。

第四,社会问题具有客观性。之所以说社会问题具有客观性,就是指在特定的社会或者是特定的社会发展阶段中,有一些社会现象制约着社会的正常运转和发展,它是客观存在的。社会问题的无从确认正是依靠这些客观现象而存在,社会问题也正是因为产生了实实在在的负面影响才能够成为"问题"。社会问题对原有社会结构形成了实实在在的影响,对社会秩序产生了切实的破坏,这些影响是有依据且能够被切身体会到的。

第五,社会问题具有主观性。所谓主观性是指社会个人或群体对社会问题做出认识、评估和解释,总是带有相当强烈的主观色彩,不同的人们对于相同社会现象是否能构成社会问题,以及对社会问题的本质等做出的判断往往是不同的。有些社会现象之所以成为"问题",是由于卷入其中的成员价值观念与原有社会价值观念不同。一些社会现象能否成为"问题"与当时所处社会的主流意识的价值判断息息相关,社会价值判断则具有一定的主观性。

第六,社会问题具有时间性。社会问题具有时间性是指社会问题在社会发展进程的阶段性特征,社会问题的产生之所以具有时间性的特点是由于社会运作具有一定的规律性。社会问题从产生到解决会经历特定的几个阶段。但是,必须指出,在不同的地域,社会问题有其自身的特点,其表现形式和解决方式也可能不尽相同。

二、社会问题理论基础

社会学的基础要素是社会问题,注重对社会问题的研究历来是社会学的传统。层出不穷的社会问题引发了学术界的广泛关注,并从不同学科、多个理论视角和方向对社会问题进行了富有成果的研究。

(一)社会建构论

社会建构主义是当代西方社会科学哲学中的一种重要思想,社会建构主义(socialconstructivism)也被称为科学知识社会学,是20世纪70年代兴起的一种新兴理论思潮,是继认知主义学习理论之后的一次重大转变。社会建构主义主要以维果茨基(Lev Vygotsky)的理论为基础。所以,也可以称为"维果茨基社会建构主义"。按照剑桥哲学辞典资料显示:社会建构主义,它虽然形式各异,但得到普遍认可的看法是,某些领域的知识来自我们的社会实践和社会体系,或是来自相关的社会群体之间的互动和协商。在社会建构主义看来世界是客观存在的,对每个认识世界的个体来说是共通的。因此,它反对客观主义的观点,注重主体与客体间的互动,认为个人主体与社会是互相关联的,不存在完全孤立的个人心理的潜在隐喻。个人主体在所处的社会文化背景中借助各类工具和符号并以此为媒介,通过与他人的交往和与社会的协商,从内部"自下而上的知识"出发,转换、吸收外来的"自上而下的知识",主动积极地建构自己的认知与知识,实现"有意义的社会建构"。20 世纪 70 年代,西方社会学家普遍认为"社会问题建构论"是一种普遍且可行的研究范例,我国少数学者开始对此理论具有的独到阐释能力给予了关注。有的学者把社会问题看作是一个社会的界定的过程,社会问题的建构活动在立意和取向上是一种修辞或措辞(rhetoric)、作出宣称(claim-making)的过程。建构论的社会问题社会学就是要"对作出宣称和回应活动的产生和持续作出说明"。另外,还有人提出,社会问题的产生和存在是一种动态的相互作用的过程,社会问题也可以被理解为是一种在就推断事态的认称(以及事态中的人们的问题认称)、针对推断事态认称的社会话语(作为对认称的回应)以及国家和政府三者之间互动的产物。因此,有些在客观主义视角下难以解释的限制,可以通过建构论的社会问题观得到阐释和解决。

(二)社会价值论

社会价值论的研究对象为社会价值体系的发生过程、内在结构和运行机制,具体来说主要包括价值发生、自我价值体系、社会价值发生、社会价值主体结构、社会价值客体形态、社会价值运行和社会价值规律等几个组成部分。社会价值理论是当代哲学研究的一个新的突破,也是对当今人类社会的重大现实问题的一个基本认识和解决的理论工具。从价值论的角度看,社会系统是一个由价值主体、价值客体、价值中介等组成的复杂的社会价值体系。

社会价值体系将社会价值主体作为研究的核心和关键,在此体系中,社会总体是具有人格特征的价值主体,同时也是社会价值论的重要特征。从社会价值论来看,社会是与个体、群体相对应的人的集合体。区别于个体的是,它并非真正的人格形态,而是一种拟人格的主体形态,这一点与群体有一定共性。但与群体不同,它是个体生存、交往和发展的最大的集合体,是个体存在的现实边界。对社会价值理论进行深入、系统的探讨,对于完成社会转型,重构社会价值体系来说都有着重大的理论与实践价值。

(三)社会失范理论

社会失范理论一般认为,社会个体的行为必须由一个完整的、没有冲突体系的社会规范来控制,这种体系能够为个体提供实现自我和获得幸福所必需的各种条件。当旧有的社会规范被普遍否定或遭到严重破坏并且新的社会准则还没有成型或未被广泛接受时,这样的社会准则,就会慢慢地失去对社会成员的约束,使得社会成员处于混乱和冲突的社会准则之中。

法国社会学家迪尔凯姆率先提出"失范"一词,以分析当时工业化过程中法国因社会分工破坏传统的社会团结而引起的不稳定的社会状态。快速的社会转型致使社会异常现象频频发生,而传统的维持秩序的方法已经失效。依迪尔凯姆的观点,社会失范是由于传统的道德准则被打破而造成的,在工业化进程中,社会本应具有的整合功能被削弱了。默顿沿用迪尔凯姆对于"失范"的概念,并重新定义了"失范"的概念,失范是指由于社会结构在文化目标与制度化手段之间出现分裂时而导致的一种反常社会状态。失范的结果状况不仅仅是因为无规范而产生,还有文化目标和制度化手段之间的结构分裂并未形成有效整合。在默顿看来,和谐社会要求社会结构与文化结构之间的协调,失范是一种不协调和不正常的社会形态,是文化目标所强调的价值与实现此价值的正当途径之间的矛盾。在某种意义上失范是指社会设定的个体目标与合法获取该目标的方式方法之间的不一致,因而失范状态下的个体不清楚用什么样的标准对自己的行为进行约束与控制。社会失范是社会所规定的目标与所达成的目标不相符的状态。他认为,社会成员在社会生活中有共同的价值观念,价值为社会提供促进发展的文化目标,与此同时,社会也为社会成员提供实现目标的制度性手段。

在社会变迁的进程中,随着社会准则的变化速度的提高,社会失范就越容易显露出来。社会失范会造成社会成员个体行为的失范,产生越轨行为,引发诸多社会病态。

三、当代中国主要社会问题

当前中国存在的社会问题中有诸多问题都是与中国社会的现代化进程息息相关的。中国社会转型期经济快速发展,但出现了一系列新兴的社会问题,加上网络等新媒体的出现,舆论空间急速扩张,起到了推波助澜的作用,一些一直以来被忽略或被遮掩的问题也开始浮出水面。

(一)人口问题

人不仅是从事物质生产活动和其他一切社会活动的主体,同时也承担着所有的社会关系,人口自然就是组成人类社会最基本的单位。人口因素是决定人类社会发展最主要的物质生活基础,在社会发展过程中扮演着关键的角色。合理的人口要素是促进社会发展的重要因素,否则就是社会发展的"绊脚石"。而我国作为目前全球人口数最多的国家,"十四五"期间,中国社会对于经济和社会发展的目标由高速发展转向高质量发展,人口是在转型过程中决定发展的主要因素。在现阶段,人口问题对社会发展的影响不可忽略。所以,在中国梦的实现过程中,如何解决好存在的人口问题已成为中国特色社会主义事业发展的头等大事。

人口数量、结构、质量等方面均能不同程度地反映出社会在某一发展阶段出现的人口问题。结合中华人民共和国成立至今的实际状况,并从辩证的角度加以分析,不难发现,当今中国社会人口存在的主要矛盾已经由过去的人口数量问题转向了人口结构和质量问题。具体体现在以下几方面:

1. 人口红利逐渐消失

改革开放后中国实现经济快速增长,人口红利是其中不可或缺的重要因素。可以说,中国经济在改革开放后迅速发展,主要得益于低廉的劳动力成本和数量充足的劳动力资源带来的人口红利。但是,由于目前我国人口老龄化程度不断加深的同时人口出生率不断下降,中国劳动适龄人口比重将不可避免的下降,将对社会和经济发展产生较为明显的消极影响。生育率较低是近年来阻碍中国社会经济发展的重要人口问题。第七次人口普查结果表明,中国的人口规模在不断扩大,但人口增长率却逐渐下降,中国的新生儿数量也在逐年减少,使得劳动适龄人口数量减少,劳动力数量减少的同时还伴随着进入老年阶段人口增多,造成了中国劳动力供应增速和劳动力人口减少。国家统计局最新统计结果表明,全国 2023 年人口净增长-208 万人,预示着人口负增长时代的到来及过去的人口红利的消失,并且随着时间的推移变成了抚养负担(见图 9—1)。

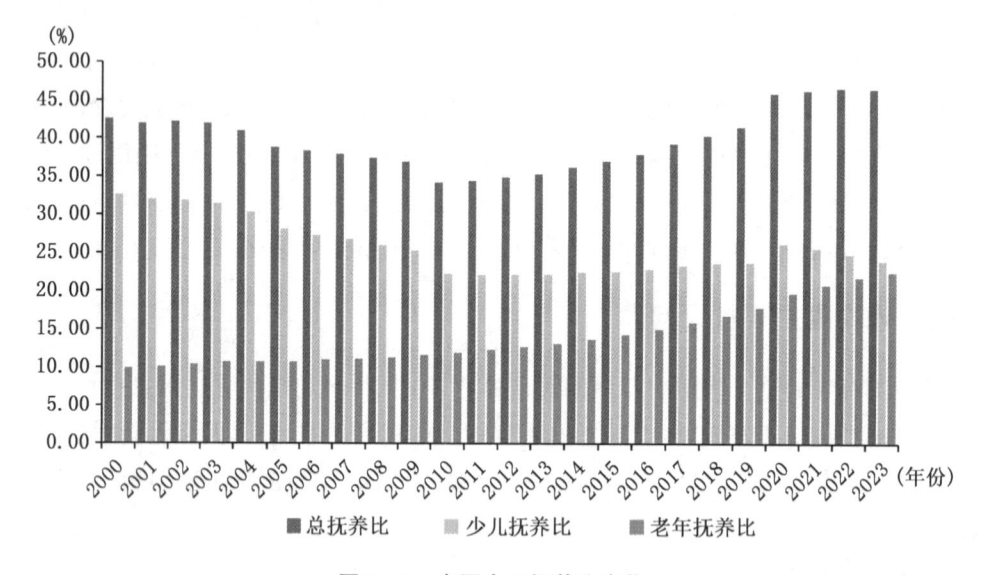

图 9—1 中国人口抚养比变化

2. 人口老龄化问题

人口老龄化的含义不仅包含老年群体人口数量的增加,而且包括老年人口在总人口中所占比重的增加。2000 年中国 65 岁以上人口占总人口比例达 7%,成为中国正式步入老龄化社会的标志。2020 年,中国 65 岁以上人口占总人口的 13.5%,开始进入了世界卫生组织所定义的深度老龄化社会。2023 年,65 岁以上人口占总人口的比例上升至 15.4%,老龄化程度持续加深。

近年来,中国老龄问题引起了社会各界的普遍关切。老龄化程度的加重,不仅提高了年轻人的经济压力,对中国社会消费结构变化、社会养老服务体系、养老保障等都是严峻的考验。

3. 人口性别均衡问题

2023 年,中国 65 岁以上人口占总人口的比例上升至 15.4%,老龄化程度持续加深。

根据国家统计局公布 2022 年人口抽样调查样本数据显示,2022 年中国总人口的男女比例为 104.43,其中男性人口占全部人口的 51.08%,女性人口占总人口数的 48.9%。65 岁

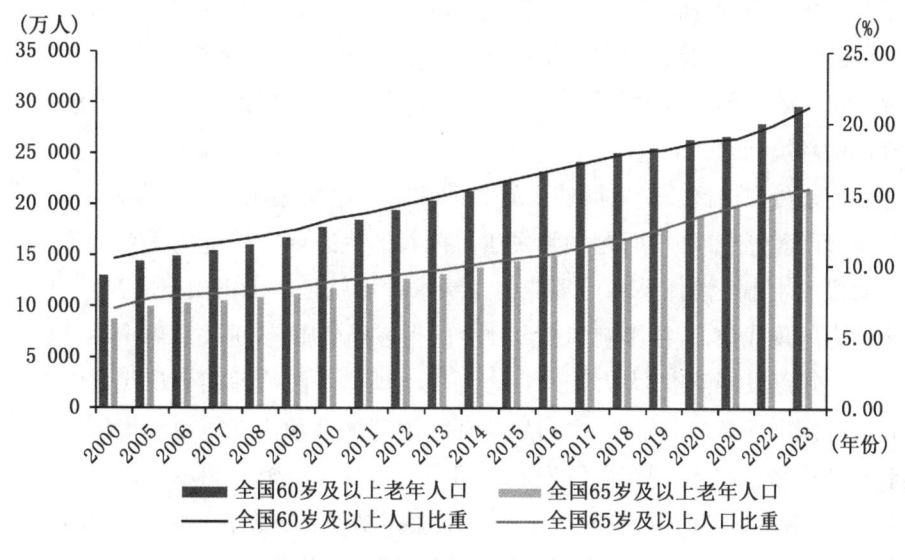

图 9-2 我国老年人口数量及比重

以上人口,男女比例在 100 以下,并且呈逐年递减趋势,该年龄段的女性人口是多于男性人口的。中国社会性别比例问题的一个重要方面,即出生人口的性别比例问题,当前男女比例最不平衡的年龄组为 10~14 岁组与 15~19 岁组,性别比分别为 114.7 与 115.77,男女比例失衡的问题较为严重,需要引起重视。(国家统计局官网尚未公布 2023 人口抽样调查样本数据。)

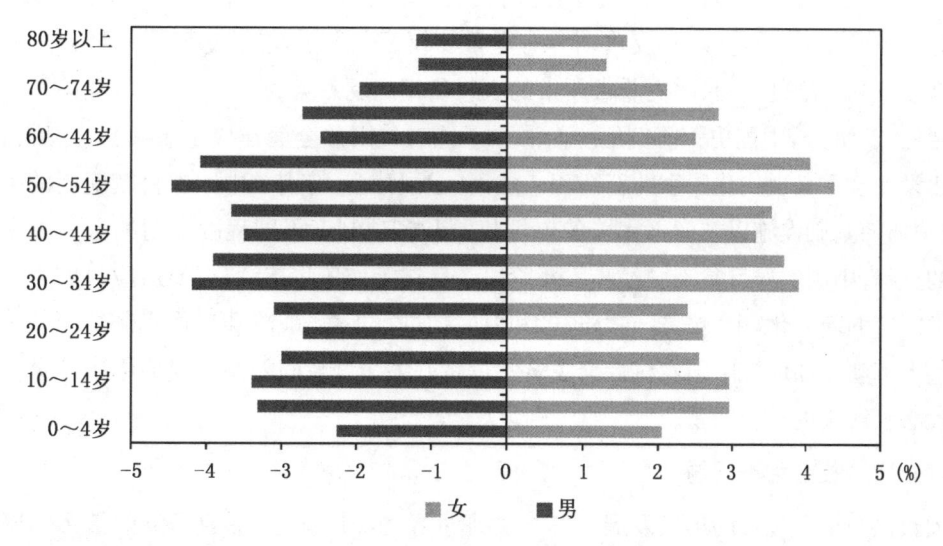

图 9-3 2020 年全国人口金字塔

(二)环境问题

环境问题可从广义和狭义两个方面来理解。广义的环境问题是指人为或自然因素对生态系统平衡造成的损害,而上述种种客观问题,对人类社会的生存与发展都有直接或间接的影响;狭义的环境问题是指因人类的生产与生活活动而造成的,破坏自然生态系统的平衡,之后又反过来影响人类自身生存和发展的一切问题。目前,得到人类广泛关注的主要是指狭义上理解的环境问题。

中国目前正处在向高质量发展转变的关键时期,然而,我国的生态环境质量仍存在着能源结构失衡、环境污染和环境问题频繁发生等问题。生态环境质量变化直接体现了社会在当前发展阶段的生态环境体系和治理能力。绿水青山就是金山银山,现代生态环境治理制度与治理能力的现代化,直接影响到当今社会的生态环境质量,更关系着全社会的高质量可持续发展。立足新发展阶段,大力推进生态环境治理体系和治理能力现代化已经成为一项紧迫而重大的国家任务。近年来,中国生态环境治理体系和治理能力现代化建设已经取得了令人欣喜的成绩,生态环境在向好发展。但还存在着不少短板和不足,例如,制度建设还较为碎片化、分散化和部门化,我国的生态环境法律制度尚不完善,多元化的治理格局还未真正形成。与经验较为丰富的发达国家相比,中国生态环境治理效能和治理效率仍需进一步提升,区域间国家生态环境管理体制、治理能力和治理效能发展存在着严重的不均衡问题。

(三)贫困问题

贫困问题、人口问题和环境污染问题构成了人类社会发展过程中普遍存在的三大社会问题。中国是发展中国家,同时拥有着最大的人口数。中国的经济发展水平较低,农村人数众多,这些问题长期困扰着中国社会的向前发展。在中国共产党带领全国人民实现"奔小康""迈向现代化"历史进程中,反贫困一直是重要议题。中国在改革开放以后,通过一系列的制度改革和制度创新,来解决非常严重的农村贫困问题。党的十八大以来,我国扶贫工作成绩斐然[①]。如今,中国史无前例地全面消除了绝对贫困并全面建成小康社会,之后已开启全面建设社会主义现代化国家的新征程。然而,中国社会,特别是中国农村较脆弱的生态环境、较薄弱的基础设施以及尚不完善的市场机制和各项制度不同程度地制约着中国农村反贫困的进程,中国农村反贫困已经步入新阶段。反贫工作还将持续,但要适应目前历史发展阶段中"贫"的新变化,由"扶贫"向"防贫"和"助贫"进行理念、战略和工作机制层面的全面转变和重大革新。如何让中国农村社会脱贫不返贫并缩小城乡间差距就成为中国社会发展到现阶段必须解决的社会问题。

(四)网络社会治理问题

大数据与信息技术的迅猛发展及其与物理世界的深度融合,形成了空前繁荣的网络社

---

① 1985年,中国开始制定的农村绝对贫困人口标准是人均年纯收入不足206元人民币,每人每天不足1元。当时世界银行提出的最低贫困人口标准是每人每天1美元,贫困人口标准是每人每天2美元。20年后的2005年,中国农村绝对贫困人口标准提高到人均年纯收入不足652元,增长了两倍。2007年,中国将农村绝对贫困线提高到人均年纯收入不足1 067元。2009年,将绝对贫困线提高到人均年纯收入不足1196元。2011年11月29日召开的中央扶贫开发工作会议决定,将贫困线提高到农民人均年纯收入不足2 300元。

会。网络社会重塑了传统社会中的通信与交互方式,释放了社会交互中蕴含的巨大生产力。与此同时,网络社会中出现了种种问题,给社会秩序与安全带来新的挑战。与国际互联网发展相比,中国的互联网发展虽然起步较晚,但自新世纪开始,同样发展迅速。在当今这个互联网飞速发展的时代,由于网络创业者的理念(差异)以及网民之间存在的文化差异,中国互联网在起步阶段的滞后和不完善问题逐渐显现。网络信息安全、网络舆情监管等都是当前中国网络社会发展中需要重视的社会问题。

1. 网络舆情监管

网络舆论是社会舆论的重要内容之一,由个人或者各种社会群体构成的公众通过互联网,对其所关注的或者与自身利益产生联系的事务直接产生和持有的多种情绪、态度、意愿和意见的总和。在网络舆情监管方面我国还存在管理理念偏差、法制保障体系不健全等问题。

2. 网络信息安全

21世纪是一个信息时代,互联网信息的迅速传播和实时分享,为人们的工作、学习提供了极大的方便,但它也会给人们的信息安全带来一些影响。网络攻击活动、信息泄露等层出不穷的网络安全问题成为中国互联网社会发展不可忽视的阻碍。

3. 网络社会政府公信力

网络的急速发展打破了传统的信息传播方式,社会舆论的主导力量也由传统的、单一的大众传媒转向了更广大的受众,打破了传统的舆论模式,削弱了政府权威。人们开始从自己关心的问题着手,更为直接地表达自己的利益诉求,政府要想建立起一个统一的政府公信力,并不是一件容易的事情。在网络社会,政府塑造自身公信力既需要有效的舆论引导宣传,更需要提升自身的行政管理和服务能力。

第二节 社会治理

一、中国古代传统社会治理

中国传统社会治理主要是指统治者的"治"国"理"政。先秦以来,中国传统的治理思想主要以儒家、道家、墨家、法家等流派为主。其中,道家推崇无为而治的思想,"我无为,而民自化;我好静,而民自正;我无事,而民自富;我无欲,而民自朴"[①]。无为而治强调避免过多的政府干预,充分发挥群众自我能动性,以汉初实行休养生息政策的"文景之治"为典范,与今天的简政放权、社会调节、激发社会活力相呼应。墨家则主张"兼爱""非攻""尚贤""尚同"

[①] 参见楼宇烈校,王弼注:《老子道德经注》,中华书局2018年版,第35页。本句大意是:我无为,人民就自我化育;我好静,人民就自然富足;我无欲,人民就自然淳朴。

"节用"①的治理思想,是先秦与儒家并列的显学。

诸流派中,儒家的礼治和法家的法治对中国传统治理产生了深刻的影响,所谓德刑相辅、儒法并用。②在儒家看来,"礼"具有维持社会体制和社会和谐的重要作用,"礼之用,和为贵。先王之道,斯为美,小大由之。有所不行,知和而和,不以礼节之,亦不可行也"③。以礼乐明等级、别尊卑,使各守其位,社会有序。基于家国一体的社会现实,儒家提出"修身齐家治国平天下"④,在家庭、个人与国家之间建立起治理的关联,强调在治理中伦理和道德原则具有优先性。法家思想认为,礼乐之治不适应发展的社会民情,倡导法治,提出"法者,宪令著于官府,刑罚必于民心,赏存乎慎法,而罚加乎奸令者也"⑤,"诚有功,则虽疏贱必赏;诚有过,则虽近爱必诛"⑥,法家主张将法作为治理的核心,让国家一视同仁公正管理每个个体。

在传统中国社会,儒法治理思想均具有一定的理想主义,自"汉承秦制""独尊儒术"以来,中国传统治理采取了事实上的"外儒内法"模式。从治理体制来看,秦朝未采纳周朝的分封制,推行郡县制,在县以下建立乡亭等社会管理和控制系统。由此,郡县制成为维持大一统的基本制度安排,清朝"改土归流"的实践是这一制度的延伸。中国传统治理形成"双轨政治"⑦架构,包含"自上而下的中央集权专制体制"和"自下而上的自治民主体制",所谓"皇权不下县,县下兼自治",县以下更多的是"无为政治"和"长老统治"⑧。而连接县以上以皇权为中心的"官制"秩序与县以下以家族(宗族)为中心的"乡土秩序"的是乡绅阶层。民国时期,在政府治理方面,县以下开始设区管理,区以下设置保甲等组织,开始打破皇权不下县的传统;在社会自治方面,宗族与社团治理并存。

与多数国家一样,中国古代的政治制度、家族制度、亲属制度、婚姻制度、财产制度与观念等,都在自身由蒙昧社会向文明社会进步中平行发展,并构成了社会基本秩序形成的制度基础。

二、社会管理

"社会管理"一词首先出现于1998年颁布的《关于国务院机构改革方案的说明》中,并明

---

① "兼爱"指爱无差别等级,不分厚薄亲疏;"非攻"即不要攻击别人的国家;"尚同"即要求百姓与天子皆上同于天,上下一心,实行义政;"尚贤"即选举贤者为官吏,选举贤者为天子国君;"节用"即主张过清廉俭朴的生活。
② 江泽民:《江泽民文选》第1卷,人民出版社2006年版,第643页。
③ 钱穆:《论语新解·学而篇第一》,三联书店2012年版,第16页。本句大意是:礼的运用,贵在能和。先王之道,其美处正在此,小事大事都能由此行。但也有行不通处。只知道要和,一意用和,不把礼来作节限,也就行不通了。
④ 参见曾参、子思著,邵士梅注译:《大学·中庸》,三秦出版社2013年版,第3页。本句大意是:要想在天下弘扬光明正大品德的人,先要治理好自己的国家;要想治理好自己的国家,先要管理好自己的家庭和家族;要想管理好自己的家庭和家族,先要修养自身的品性。
⑤ 参见高华平、王齐洲、张三夕注:《韩非子·定法》,中华书局2015年版,第58页。本句大意是:所谓法,就是由官府明文公布,赏罚制度深入民心,对于遵守法令的人给予奖赏,而对于触犯法令的人进行惩罚。
⑥ 参见高华平、王齐洲、张三夕注:《韩非子·主道》,中华书局,2015年版,第58页。本句大意是:确实有功劳,即使是疏远、低贱的人,也一定要赏赐;确实有过错,即使是亲近、宠爱的人,也一定要责罚。指赏罚公正,不论亲疏。
⑦ 费孝通:《乡土中国与乡土重建》,台北风云时代出版公司1993年版,第19页。
⑧ 费孝通:《乡土中国生育制度》,北京大学出版社1999年版,第57—68页。

确提出政府的基本职能是宏观调控、社会管理和公共服务。党的十六大以来,社会管理与社会管理创新已经成为我国构建社会主义和谐社会的一个重大课题。

(一)社会管理的定义

社会管理具有广义和狭义之分,广义的社会管理是指政府及非政府公共组织对包括政治的、经济的、文化的和社会的各类社会公共事务所实施的管理活动。狭义的社会管理,一般与政治管理、经济管理相对,指的是对社会公共事务中排除掉政治统治事务和经济管理事务的那部分事务的管理与治理。[①]

本书认为社会管理是(政府、社会组织等)运用多种资源和手段,为实现人最大限度的自由和发展,为促进社会系统协调运转,对社会系统的组成部分、社会生活的不同领域以及社会发展的各个环节,进行规范、组织、协调、控制、监督和服务的过程。

(二)社会管理的发展过程

自1978年改革开放,中国从高度集权的计划经济向社会主义市场经济转型,社会结构逐步由农业、工业、乡村、封闭半封闭的传统社会向后工业、城镇和更加开放的现代社会转型。这一过程中,原有以单位与家属院为单元而形成的、以地域化为基础的相对固定的街居和村居模式所形成的熟人人口结构与制度配置,也转变为企业功能相对单一的、企业与社会相对分离的、本地人口与流动人口共存的多元人口结构和具有社会整合需求的制度配置。经过数次改革,许多企业和单位所担负的社会责任逐步被社会组织所取代。在一些社会组织比较薄弱的地方,一些具有公益性和娱乐性的组织也逐渐被国家所重视。

随着社会的发展和变迁,面对单位制度的逐渐弱化乃至解体后,党和政府加强了对社会管理的投入和工作力度。十八届三中全会通过《中共中央关于全面深化改革若干重大问题的决定》,提出了要促进和支持社会各方参与,实现政府治理、社会自我调节、居民自治的良性互动,指出要妥善处理好政府与社会的关系,加快政社分开,推动社会组织明确权责、依法自治、发挥作用,将适合社会组织提供的公共服务和解决的问题,交由社会组织承担,限期实现行业协会商会与行政机关真正脱钩,重点扶持和发展工业协会商会、科技类、公益慈善类组织;在城乡基层社区自治的基础上,建立了党委领导、政府负责、城乡基层社区自治的制度体系。通过发挥社会组织的功能,使社会治理系统能够达到政府和社会调节、居民参与良性互动的社会治理体制。该制度的功能有利于将各种利益相关者的冲突风险最大化地化解。

三、从社会管理到社会治理

在改革进程中,随着社会利益和矛盾的分化、加深,群体性事件频繁发生,社会各界对社会保障的需求越来越高。如何维护社会秩序,提供基本的社会安全,是一个难点。长期以来,我国一直在着力解决这两大难题并进一步强化社会治理。然而,无论是传统的"一元"模式,还是新型的管理模式,都未能解决社会秩序问题,无法有效地推动民生问题的解决。这

---

① 李程伟:《社会管理体制创新:公共管理学视角的解读》,载《中国行政管理》2005年第5期。

些问题是由社会管理向社会治理转型的必然要求,而化解这些问题的客观需求,正是这种转型的内在逻辑。

"社会治理"这一概念在十八届三中全会上第一次出现。从"社会管理"到"社会治理",表明了我们党和国家的执政理念在发生变化。社会治理将取代社会管理,并逐步融入国家的治理体制中,并将进行一系列制度改革与发展,将为社会组织的发展和参与提供更多的空间;而角色转换则能使社会组织更好地发挥其主体作用,从而使其承担起社会治理的责任。制度发展与角色转换所产生的合力,孕育了政府、社会组织、社会大众三方力量共同治理社会的新局面。

(一)社会治理的含义

"社会治理"最初源于西方"治理"一词。"社会治理"在现代社会经济发展的背景下,被西方学者赋予了一个新的含义,它是由不同的公共或私人组织在管理公共事务时所使用的方式总和,是协调社会利益冲突的一个连续的过程。社会治理注重治理主体的多元、协同和利益的共享,强调法治、公平、高效、规范、多样和创新。

十八届三中全会第一次在中央文件中提到"加快形成科学有效的社会治理体制"。至此,党中央提出的社会治理要求由"提高社会治理法治化水平""推进社会治理精细化"向"打造共建共治共享的社会治理格局""建设人人有责、人人尽责、人人享有的社会治理共同体"。从党中央关于国家治理的整体规划以及国内学者对社会治理的研究来看,我国的社会治理是中国共产党领导下的以政府为主导,吸收社会组织等多种治理主体共同参与的社会治理。

(二)社会治理的特点

1. 社会治理主体呈多元化

过去传统的管理或统治具有一元化主体的特点,即整个管理体系体现为单一主体:国家或政府。这种单一主体的格局不仅让国家或政府背上沉重的负担,而且广大群众缺乏主体地位,因而也就缺乏参与管理过程的积极性和主动性,导致管理行动的高成本和低效益。而社会治理的多元主体模式中政府只是多元主体中的一元,它应该依照法律承担好自己应该承担的职责,而不应该缺位、越位或错位。多元主体模式最大的好处是能够更加有效地调动各方积极性,使每个组织和个人在社会治理行动体系中不再是负担,而是"动力源"。

2. 社会治理重视民主协商

确立了多元主体模式后,人们参与的积极性更为强烈。实践证明,只有多元主体之间经过民主协商与不断"试错",才能解决社会发展与社会变迁中存在的多元主体的"步调不一"问题,达到"同步共走"的目的。在传统的统治模式或管理模式下,一般是通过一元主体的强制性权力来协作各方,但在社会治理模式下,则需要通过协商的方式在多元主体之间达成思想的共识和行动的一致,而非单纯的强制性。

3. 社会治理强调公众参与普遍性和主动性

与传统的统治模式和管理模式不同的是,治理模式要求城乡居民在各个层级、各个方面的公共事务中有更加普遍的参与。并且,这种参与不是被动的、在政府硬性要求之下的参与,而是更加主动地参与。也就是说,社会治理模式要求公众不仅要有更加明确的主体性,而且要有更强的参与公共事务的意识和能力。

4. 社会治理模式要求更加制度化和组织化

与传统的统治和管理模式不同,社会治理模式要求社会具备更高的制度化水平,包括更加重视法律法规体系的建立和完善,各项政策的制定和落实,以及在基层社区中建立村规民约。此外,无论是多元主体、民主协商还是公众参与,都需要通过组织化的方式开展治理工作。也就是说,社会治理模式要克服"原子化"基层社会状况,建立起以社区自治组织为基础的,包括各类社会团体和各种具有专门功能的社会服务组织在内的社会治理组织体系。

(三)社会治理的主要任务

社会治理是一项系统工程,只有处理好政府与市场、政府与社会、社会与市场等多种关系,并在逐步厘清这些关系的过程中,解决民生问题,才能不断创新社会治理,促进社会治理体系和社会治理能力现代化。具体而言,社会治理的任务可以概括为以下方面:

1. 协调社会关系

良好的社会关系是公众安居乐业的基础。但是,人与人之间在各种经济与社会生活中相处时并不总是顺利的,往往会发生一些矛盾,因此就需要有专门的机制去调节。在当代社会中,协调社会关系一是靠有效的制度建构,二是靠各种纠纷调解机制。协调社会关系的制度建构内容既包括国家的法律体系、各级政府的法规与政策、单位中的规章制度,也包括社区层面的村规民约等;纠纷调解服务体系包括司法调解、居民调解、行政调解、单位调解和社会组织调解等。只有协调好各种社会关系,才能化解社会矛盾,消除群体性事件,化解社会风险,解决社会问题,引导社会顺利发展,完善处理人民内部矛盾的有效机制。

2. 维护社会秩序

人们需要生活在有序的社会环境中,良好的社会秩序不仅为管理者所需要,而且更为普通公众所渴望。因此,创新社会治理,就是在不断发展和变迁的社会结构中,维护与时代趋势相一致的社会秩序。广义的社会秩序还包括经济、政治、文化等领域的运行秩序。但"社会治理"主要关注的是狭义的社会秩序,即人们日常生活和社会领域运行中的秩序,包括通过法律、法规和各种规章制度来规范个人和组织层面的社会交往及其在公共领域的社会行为,规范社区、社会组织、企业单位等层面的运行秩序,维护整个社会大环境的安定有序。社会治理的重点任务将更具时代性。

3. 激发社会活力

社会治理既在于规范有序,也在于激发活力。从多元主体上说,社会治理应该包括激发劳动者的就业和劳动参与积极性,激发广大居民的公共意识,激发社区各方参与社区活动与社区公共事务的积极性,激发社会个体与组织开展志愿服务、推动慈善事业的积极性,激发社会个体的学习动机并提高他们参与和接受教育的积极性,激发社会个体和组织的环境保护意识及其参与公共卫生的积极性等。正因为社会治理重视对社会活力的激发,才不能简单地将其与社会控制画等号,即使为解决某些社会问题而出台社会治理措施,也需要与激发社会活力密切联系在一起考虑。

4. 防范社会风险

社会变迁的速度越快,社会结构重组的可能性越大,社会断裂与社会解组的可能性也就越大。正因为如此,社会变迁与社会结构的调整本身就蕴藏着社会风险。比如,在经济发展中存在收入差距扩大风险以及环境污染风险,在城镇化过程中存在住房差距风险,在政府行使权力时存在某种程度的腐败风险,等等。这些风险都在社会发展中与相关社会问题联系在一起。另外,社会发展中也会存在某些生产风险和自然风险,比如各种生产安全风险、自然灾害风险等。因此,防范和化解社会风险,应该是社会治理的题中之义。在此方面的任务主要有:一是治理各种人为的危害性行为,包括建立健全心理疏导、行为管理和危机干预等机制以减少冲突,强化社会治安、预防和打击犯罪,保障食品药品安全等;二是预防各种不确定的安全风险,包括防灾减灾、做好生产生活和交通安全工作以减少各种事故等;三是突发事件的应急机制建设,主要包括应对自然灾害、各种事故、突发公共卫生事件、恐怖主义袭击和其他重大社会事件的应急响应机制和处置预案等。唯有在社会治理过程中不断完善社会治安防控体系、健全公共安全体制机制、完善国家安全体系,才能在维权过程中形成维稳机制,提升人民的获得感、幸福感和安全感。

(四)社会治理的目标

加强和创新社会治理体系,不断提升社会治理能力,首先要明确设定社会治理具体目标。党的十八届三中全会指出,社会治理的总体目标是"确保社会既充满活力又和谐有序"。社会治理要以人民利益为基础,以促进社会和谐、增强社会发展活力、建设平安中国、保障国家安全、维护社会安定有序为基本方向。

1. 加强和创新社会治理要更加注重体现社会公平

只有形成"机会公平、权利公平和规则公平"的制度规范机制,才能维护好社会秩序。只有在各项法规与政策的制定与实施中真正体现出对公平的强调,社会治理才能得到广大人民群众的拥护。

2. 加强和创新社会治理应该维护良好的社会秩序

只有着力化解社会矛盾,解决各种纠纷,预防矛盾冲突,努力减少犯罪和其他各种不良行为,提高心理健康水平,才能维护良好的社会秩序。要把风险防范与秩序建构结合在一起设计社会治理创新的任务,针对当代社会可能产生的各种风险,设计风险防范机制,提升风险应对能力,更好地维护公众、组织、社会和国家的安全。

3. 加强和创新社会治理应提升公众的获得感、幸福感和安全感

公众的获得感、幸福感和安全感与经济和社会发展息息相关但并不能直接画等号。不同阶层的人,在某一项社会政策或社会制度配置中取得的收益是具有差异的。分配制度的不合理、社会福利制度的不健全将会导致收入差距扩大以及公众的低获得感。此外,如果不尊重公众在社会发展中的主体地位,不保护公众在决策过程中的知情权、参与权,或者难以保护个人隐私权等基本权利,仅靠行政命令、经济惩罚等强制性手段去维护秩序,也难以真正提升公众的获得感、幸福感和安全感。

4. 加强和创新社会治理要注重激发社会活力,畅通社会流动渠道

社会治理应当引导个人和组织良性互动和良性发展,要不断地激发个人、组织和社会运行的活力。在个人层面上,通过有效的社会治理而进一步激发人们参与市场经济和社会建设等方面的积极性,并激励人们在各项工作中的创造性;在组织层面上,社会治理应有利于激发各类组织的活力,尤其是社会组织的活力;在社会层面上,社会治理应有利于消除社会运行中的各种阻力,提升社会运行的效率,促进社会流动。

第三节 社会政策

一、社会政策的概述

(一)社会政策的含义

当代社会经济与生活环境日趋复杂,各国政府或行为主体都在广泛且不同程度的干预和调节着经济、社会、环境等各方面的事务,并会在职能范围内为解决某一公共领域问题而制定和实施具有权威性和强制力的行动准则,各项政策总和即"公共政策"。

社会政策作为公共政策体系中的一个重要领域,是一个国家实现现代化的重要手段和工具,也是一个国家的重要职能。就其含义而言,社会政策是指那些影响公共福利的政府政策和计划,如教育政策、卫生政策、社会保障政策等。简而言之,社会政策是政府或其他组织为了满足民众基本需求、促进社会公平、维护经济可持续发展而采取的各种有关公众福祉的政策总和。当前,社会政策的内容和功能得到了进一步扩展。可以说,社会政策概念的内涵与功能是根据各国面对的民生问题、社会问题和长期目标而确定的。[1] 政府实施社会政策的目的主要是通过合理提供社会保障津贴、免费教育、医疗服务、公共房屋等来改善个人的生活状态,降低公民的社会风险,进而实现社会的合理发展。

与其他公共政策相比,社会政策有以下基本特点:第一,社会政策的基本目标是满足社会成员基本需要,解决社会问题,维护社会公平。第二,社会政策是政府为了直接满足公民的基本需要而提供的各种社会服务的政策行动,是直接面向个人与家庭而提供具体帮助的行动体系。第三,社会政策坚持福利性原则,不是按照市场价值进行交易,而是体现社会关照与社会补偿,按照公民的实际需要来提供社会服务。

(二)社会政策的基本要素

社会政策是政府或其他组织在一定社会价值的指导下,为了达到其治理目标而采取的

---

[1] 王思斌:《我国社会政策的"自性"特征与发展》,载《社会学研究》2019年第4期。

各种福利性社会服务行动的总和。① 但是,要完成一项社会政策行动,必须首先确定由谁来提供社会服务,为谁提供社会服务,如何获得必要的财政与人力资源,以及以什么方式来提供服务。② 这便构成了社会政策行动的基本要素,即社会政策的主体、对象、资源和运行方式。它们相互影响、相互联系,共同完成社会政策行动。

社会政策的主体是指"发起或参与社会政策行动的行动者"。社会政策主体中每个行动者都被要求按照一定制度规范而担负一定的责任,扮演相应的角色,并具有与其责任和角色相适应的权利地位。当前我国社会政策的主体主要是政府,政府既是行动的责任者、组织者,也会扮演资源提供者的角色。除此之外,社会中的各类组织、群体和个人都会以不同的角色并按照某种制度化的安排参与社会政策行动。

社会政策还应有明确的对象,他们是社会政策行动的客体,即为获得帮助的一方。社会政策的对象可以分为一般性对象和专门的对象。一般性对象为社会中的普通民众,而专门对象包括需要某些专门化服务的群体,如妇女、儿童、残疾人、老年人等。此外,制定和实施社会政策必须有足够的资源保障,政府和其他社会组织需要调动大量的人力、物力和财力来完成社会福利计划。③ 社会政策的运行方式,即政府如何将有限的资源分配给受益者并通过多样化的制度安排实现公共服务提供的效率。政府提供的方式一般有直接提供服务、政府向服务机构补贴经费和政府向服务对象提供经费三种方式,要求政策制定者在制定和选择社会政策时扬长避短,平衡好资源利用效率和服务质量的关系。

二、新中国社会政策的发展与现状

(一)新中国社会政策的发展历程

社会政策是关于人民福祉和社会发展的政策体系,在我国社会建设和现代化进程中起着不可或缺的调节和促进作用。中华人民共和国成立70多年来,我国的社会政策变迁表现出鲜明的中国智慧和中国特色,也充分彰显了中国共产党执政为民的伟大情怀和治国理政的光辉历程。

中华人民共和国成立后,党和政府领导全国人民把工作重心转移到了社会主义建设事业上来,为了快速恢复城市经济,各个城市逐步开始建立针对老弱病残的社会救济制度。随着计划经济体制的基本建成,政府开始经济生产和社会事业两手抓,并在农村地区推广合作医疗制度,有效改善了广大农民的基本医疗卫生条件,基本形成了不区分特定对象的总体性、普惠型的民生保障制度框架。

改革开放初期,国内存在较为严重的就业和住房短缺压力,各个企业之间也存在职工退休金不均衡等问题,迫使政府对住房制度和就业与劳动保险制度进行了改革,但并没有明确

---

① 关信平:《社会政策概论》(第二版),高等教育出版社2009年版,第5页。
② 吴忠明:《中国社会政策的演进及问题》,山东人民出版社2009年版,第86页。
③ 关信平:《社会政策概论》(第三版),高等教育出版社2014年版,第123页。

的长远规划。20世纪90年代，我国取得了巨大的工业化成就，对医疗卫生、住房政策和社会福利等各类社会政策进行了重大改革。尽管改革后的体系仍然覆盖面不足，难以满足人民群众的需要，但是也在向更加社会化的制度模式迈进。

21世纪初，我国城市化进程加快，社会问题也日趋复杂。因此，在最初的十年里，党和政府从改善民生出发，着力完善农村社会保障服务，中国的社会政策在就业、医疗卫生、教育、住房等各方面有了重大的发展和变革。并通过取消农业税、保障农村居民的最低生活、建立新型农村合作医疗制度等实现了农村社会福利政策的跨越。

党的十八大以来，我国经济社会发展进入了新时期，开始大幅提高社会政策的标准，通盘兼顾教育、就业、收入分配、社会保障、医疗卫生等各领域社会工作，并充分发挥社会政策的兜底作用，不仅不断提高农村居民最低生活保障标准，还建立了全民医疗保障体系。此外，扎实稳妥推进教育、住房、养老金水平等事业。

新中国70年来的社会政策变迁一直坚持维护最广大人民的根本利益，关注人民群众最真实的想法，同时高度重视"三农"发展，在脱贫攻坚方面取得了显著成效。

（二）当前社会政策体系概况

当前中国的社会政策体系主要包括以下方面：

1. 社会保障体系

中国社会保障体系是指由政府和社会各方面共同组成的为满足人民群众基本生活需求而建立的保障制度，是社会政策体系中最基本也是最重要的组成部分之一。其主要内容为：社会保险体系，包括养老保险、医疗保险、失业保险、工伤保险、生育保险；社会救助体系，包括面向贫困居民的最低生活保障制度、农村五保户制度等一系列救助制度；社会福利体系，即面向全体国民的财政补贴、教育福利等，以及慈善事业和对特殊人群的保障制度，如最低生活保障、特困人员救助、残疾人保障等。我国的社会保障体系是一个不断完善和发展的过程，政府通过不断调整和优化制度，提高保障水平，促进全民共同富裕。

2. 医疗卫生体系

医疗卫生体系是指由政府和社会各方面共同组成的为满足人民群众基本医疗卫生需求而建立的保障制度。随着中国经济和社会的不断发展，医疗卫生体系也在不断完善和发展，目前我国已经形成了基本完善的以政府为主导，包括国家、省、市、区县、乡镇各级各类医疗卫生机构为主体，财政、社保、农业、教育等多个部门配合，全社会共同参与的公共卫生服务体系。公共卫生服务的公益性也明确了政府在公共卫生体系中需要发挥决策者、投资者、组织者、服务提供者、监督者等多重作用。

3. 教育体系

一直以来，政府高度重视教育事业，将其作为国家发展的战略性基础，致力于提高人民群众的综合素质和科技创新能力。政府通过颁布和实施各类教育政策，向全民提供基础教育、高等教育和职业教育，且十分重视教育质量，推行素质教育和普及高质量教育。素质教育注重发展学生综合素质，推进学生个性化发展和创新精神的培养；普及高质量教育则要求学校提高教学水平,提高教师素质和教学质量,积极建设学习型社会。此外,通过义务教育免费制度,让每个人都能享有平等的受教育权利,大力推进优质教育资源向农村和贫困地区倾斜,以推动城乡教育一体化发展,保障教育公平。

4. 住房保障体系

住房保障体系是指由政府和社会各方面共同组成的为满足人民基本住房需求而建立的保障制度。由于房地产行业的迅速发展,与商品房市场迅猛发展相对应的廉租房、经济适用房建设严重滞后。随着中国经济和社会的不断发展,住房保障体系也在不断完善和发展,主要包括城市和农村两个方面。其中城市主要包括住房公积金政策、经济适用房、限价房政策、公共租赁房政策以及针对贫困家庭的住房租赁补贴政策。农村的住房保障政策主要包括对特困供养对象的住房保障和对一般农村贫困者的危房补贴改造。

5. 劳动就业体系

劳动就业作为社会政策的一个构成领域,是政府为了保障劳动者及其家庭的基本生活、维护经济社会的协调运行而干预劳动力供需状况,为劳动者合理分配就业机会、保护劳动者权益等各项行动的总和,通常直接针对就业和失业问题,以促进劳动就业、加强就业管理为主要形式,从而满足社会经济发展以及劳动者个人需要的一种社会政策。目前中国的劳动就业政策一是促进就业,主要包括实施就业优先战略,创造更多岗位;提供就业和职业培训,帮助解决就业困难;对就业困难人员实行托底帮扶;完善多渠道灵活就业机制。二是健全劳动关系协调机制,以保护劳动者的合法就业权益,构建和谐的劳动关系。

6. 精准扶贫政策

精准扶贫体系是政府为了解决贫困问题而制定的一系列政策措施,目的是通过针对性更强、精准施策的方式,对贫困人口进行有效帮助,实现脱贫攻坚目标。精准扶贫体系的内容包括以下几个方面:一是精准识别贫困人口,确定贫困人口的范围和数量。二是精准施策,分类施策。根据不同的贫困人口群体,制定不同的扶贫政策和措施。三是精准监测,分类评估。主要是对各项扶贫政策进行精准监测,及时发现问题和不足之处,并加以改进和完善。目前,经过几个阶段的行动,中国农村的扶贫工作取得了显著的成就,脱贫攻坚战取得了全面胜利。

三、中国社会政策的未来目标与任务

中国特色社会主义已经进入新时代,在新时代里我国的主要矛盾发生了变化,生产力水平得到大幅提高,无论是经济发展方式、人口结构还是社会发展方式都在不断变化,人民群众对生活有了更高更美好的期待。中国式现代化在强化保障和改善民生要求的同时,也对未来社会政策的可持续性、公平性和普惠性等提出了新的挑战与要求。首先,未来中国应加强社会政策行动,积极应对各种挑战,积极提升保障和改善民生的水平。其次,应坚持以民生为基础,以公平为导向。最后,应不断提高社会政策的全面性、主动性和发展性,促进经济与社会和谐发展。

具体来说,中国未来社会政策发展的主要任务包括以下几个方面:一是加强社会政策体系建构,完善项目体系。未来社会政策的发展应更加贴近民众的实际需要,尤其是注重普惠型、基础性和兜底性的民生建设。应科学制定各项政策计划,根据具体的需要对项目进行合理安排,增强政策的主动性和预见性。二是加强政府责任,推动广泛的社会参与。政府作为公共利益的代表,应切实完善社会政策相关法规与政策,监督各项社会政策的落实,对社会政策项目开展考核评估,并鼓励社会力量参与各项社会服务,为社会力量兴办公益事业提供便利条件。三是加强法治建设,优化社会政策体制机制。要进一步完善社会政策领域相应的法律法规以提高社会政策体系的代表性和权威性。此外,应积极探索将市场机制合理引入社会服务过程中,不仅要提高社会政策行动的效率,也应设置社会保护机制,让社会政策既能为有需要的人提供保护,又能减少不合理的福利依赖。确保社会政策的激励动机,在提升全社会总体福利水平的同时也能提升全社会运行活力。

思考题

1. 简述社会问题的含义和特征。
2. 试述社会问题的理论基础。
3. 简述社会管理的定义和发展过程。
4. 试述社会治理的含义和特点。
5. 试分析社会治理的主要任务和目标。
6. 试述社会政策的含义和基本要素。
7. 试分析新中国社会政策的发展历程。
8. 试述当前中国社会政策体系包括哪几个方面。
9. 简述中国社会政策未来目标与任务。

扫码看拓展资源

第十章 社会保障与社会工作

第一节 社会保障概述

一、社会保障的基本内涵

社会保障,指的是利用国家和社会为国民提供的社会保障网,保障国民收入的分配和再分配,以及对存在特殊情况的社会成员的基本生活进行补助的社会制度。其本质是为了维护社会的正义与公平,以确保社会发展的稳定。我国《宪法》对社会保障方面有明确的规定,中国公民在年老、疾病或者丧失劳动能力的情况下,有从国家和社会获得物质帮助的权利。此外,社会保障的组成包括四个方面:社会保险、社会救济、社会福利、优抚安置。

社会保障的基本原则主要包括四个要素:

首先,政府和国家是社会保障的责任主体。国家作为权力、管理和行政的最高机关,政府只有将国民收入重新分配给社会,才能保障政府的存在。同时,社会发展的基本目标是社会稳定和经济增长,国家存在为了追求社会稳定从而参与社会保护的内在动机。

其次,国家对社会保障进行立法是为了保障社会保障目标得以实现。现代社会是以健全的法律制度为基础,目的是通过社会保障的制度化、正常化来构建现代化的法治社会。

再次,社会保障过程是通过国民收入的再分配来进行的,社会保障的资金来源是通过国民收入再分配形成的社会基金,所以其社会保障资金都是通过社会来获得的。

最后,满足公民的基本生活需要是社会保障的目标之一,为那些因各种原因或危机而陷入困境的社会成员提供生活保障,社会保障应能使所有社会成员的基本生活需要得到满足。

二、社会保障的功能与意义

作为保护人民生命安全的最后一道障碍,社会保障在保护社会稳定、促进社会公正、确保社会生产力和推进经济发展等方面都发挥着重要的保障功能。

(一)社会保障的功能

社会保障是为了实现国民收入的再分配,国家将收入再分配给暂时或永久丧失能力、失去生计或受到生命威胁的以及确保所有社会成员在面临各种生活困难时能够获得基本的生活保障的一项社会制度。目的是为其提供基本的和必要的保障措施,社会保障的功能指的是社会保障本身以及包括的多个子系统及其项目的具体实施结果。

社会保障功能的作用表现为以下几点:

首先,社会保障是劳动力再生产的"保护器",是社会劳动力的"防卫机制"。社会保障的一项功能是为劳动者及其家属提供基本的必要生活保障,以维持社会劳动者的部分生活需要,并在劳动者面临生产障碍时保证社会生产的充分恢复,从而保证社会再生产的正常进行。

其次，社会保障是社会发展的"稳定器"。根据需要对社会福利进行再分配，减少社会各部门之间的收入差距，避免贫富差距，满足他们的基本需求，协调社会关系，维护社会稳定。

最后，社会保障是社会经济发展的"调节器"，经济发展和社会保护主要表现出对社会自我调节的性质。失业、收入减少和经济萧条期时，可用于社会保障的货币积累相应减少，需要社会救济的人数增加，届时，货币供应量和社会保障支出同时增加。

（二）社会保障的意义

社会保障提供的是基本的收入和服务，使老年人免受失业、疾病、职业伤害、生育、收入或收入不足、不可预测的灾害的影响，让遇到困难的人有基本生活需要来源。此外，作为收入分配的保管者，社会保障提供了社会正义，分担了社会成员之间的风险，缩小了贫富差距。另外，社会保障会刺激社会经济发展，能改善消费预期和结构，促进消费者的需求，刺激国内经济发展需求，可能会在国内经济引起大循环。同时，对储蓄和社会保障制度的长期投资促进了资本市场的成长，支持了经济发展。同时，国民精神层面的进步表明，社会保障在社会福利和人民生活再分配中正发挥着重要作用。

(1)社会保障突出以人为本，社会保障是基本原则，人道援助是人类社会进步的重要力量。

(2)社会保障维护并努力创造着公平的社会竞争环境，通过社会保障网为社会的经济发展提供一个公平的环境。

(3)社会保障可以解决许多社会冲突，不断改善国家福利，促进整个社会的和谐发展。

(4)社会保障能够协调其他相关政策的实施。

(5)社会保障可以创造就业机会，改善社会产业结构。

三、社会保障的基本特征

社会保障的性质不仅区分了社会保障和其他社会保障制度，而且还指明了社会保障应该遵循的具体性质和基本原则。社会保障的基本特征主要包括社会性、公平性、强制性、互济性和发展性。

（一）社会性

社会保障的社会性指的是广泛适用于整个社会的制度，是社会支持的基本权利之一。从风险社会的角度来看，社会保障是对社会风险的监管策略，只是风险管理不同而已。根据社会性这一特性来看，不论是何种身份的社会成员，只要符合条件，就能得到相应的保障。

（二）公平性

公平性，就是要求通过社会保障对初次分配进行适当调节。我国司法机关要求对现有的社会保障制度进行公正和适当的监督，以缩小社会成员之间收入分配上的差距，使收入分配结果能够被社会成员普遍接受。其中，就业收入差异包括获取联合国教科文组织（UNESCO）所能提供的就业、教育和其他。

（三）强制性

社会保障作为国民收入再分配的一种形式受到法律的约束，规定了国家、实体和个人的权利和义务，以及社会保障的内容、方式和途径。只有通过国家立法强制介入执行，国家才能为有特殊问题的劳动者及其家属提供基本生活保障，从而确保社会的稳定。

（四）互济性

社会保障作为社会政策的重要组成部分，其目的是通过社会资源的动员和国家财政奖励措施的运用，以及福利国家的综合法的运用，利用财政"托底"的方式，帮助处于困境的人们。当基本生活条件恶化时，社会保障可以为社会人提供基本的财政支持。社会政策不仅具有坚实的基础，而且提供了道德框架，体现了其所蕴藏的道德伦理内涵。

（五）发展性

社会保障具有发展性，这种性质对社会各方面发展很重要。社会保障政策研究的核心是"赋权增能"一词，其目的是提高社会成员的自我发展能力和应对社会风险的能力。

四、社会保障的基本体系结构

社会保险是一个庞大而复杂的社会保险制度，包括政府的各项社会保障，包括社会保险、医疗保险、失业保险、工作伙伴及医疗保险。对这些项目的保障目标、保障对象、资金来源、给付方式等方面加以归纳，可以将社会保障汇总划分为社会保险、社会救助、社会福利三种不同类型。

（一）社会保险

社会保险是国家层面的问题，也是社会保障的核心。由政府负责的所谓社会保险，指的是当雇工因失业而临时或永久丧失工作能力或生命时，国家或者政府通过强制性的立法手段，对其进行救助。不管是暂时的还是永久的，被雇佣的人都可能会陷入困境，在法律和社会制度的帮助下，作为收入损失补偿制度的一环，他们必须保护自己的基本需求。

作为社会保障制度的关键要素，社会保障包含着最大的风险，包括出生、老龄化、疾病、受伤、残疾和失业，这是失薪者生活中不可缺少的部分。社会保险的基本理念如下：

(1)社会保险的目标是为有保险的人提供基本的社会保障；
(2)社会保险的对象是法律中的社会保障要素；
(3)社会保险的主要特征是弥补劳动者的工资损失；
(4)社会保险的资金大部分由雇员、政府和社会福利机构提供。

（二）社会救助

社会救助是指公民因各种原因无法养活自己或无法生存的情况下，依照法律程序向国家和社会提供物质援助和安全援助。社会救助是社会保障体系中一项最基础的制度，它是保障社会安全的"最后一道防线"。另外，社会救助要制定最低标准。救助对象包括患者援助、训练援助、医疗援助、住宅领域援助、劳动条件援助、访问援助、法律援助、灾害援助、需要特别援助的人援助、生活无着落的流浪乞讨人员救助等。

社会救助的内容包括以下部分：

(1)经常性救助。定期的救助活动包括农村和城市的最低生活补助、农村的免费医疗援助、农村贫困特别援助、农村和城市的医疗援助等。

(2)紧急救助。紧急救助主要是对受自然灾害影响的人们的紧急救助。帮助受害者继续生活，重建和维护他们的家园。

(3)临时性救助。临时性救助主要是指为城市乞丐提供帮助，包括低收入阶层和街头流浪儿童的救助。

(4)社会互助活动。通过支持慈善组织的发展，支持社会公益组织的发展，促进人的互助流动，支持需要社会团结的人。

(三)社会福利

社会福利指的是提供包括服务、商品、金钱以及一切有益于人民福祉的东西。严格意义上的社会保障的概念因时间和地区而异，其含义因国家和时间而异。一方面，从广义层面来看，社会福利涵盖了公共服务、商品、货币以及所有旨在增进人类福祉的措施，以及为此所做的各种努力。另一方面，从狭义角度来界定，社会福利的具体内容和形式会随着时间、地域的不同而有所差异。换言之，不同国家、不同地区以及不同历史背景下的社会福利制度，都具有其独特性。同时，它也是一种对未来社会的投资，主要通过提供医疗服务、康复训练、儿童护理和教育等措施来实现。此外，该系统不仅通过发放各类补贴(如养老金、住房补贴、医疗保险等)来保障劳动者的经济收入，还能通过社会补偿、投资和预防措施来保护那些不幸和处于弱势地位的人群，从而实现社会的公平与和谐。

社会保障一般包括三个特征：

1. 广泛性

社会福利制度体现了国际社会的普遍原则，确保所有社会群体享有不受歧视的平等利益。这意味着每个社会成员都有平等的机会获得社会保障，每个社会成员都能获得和享受某一福利项目。

2. 基本性

社会福利的主要目的是满足社会成员的基本社会需求。社会保障的基本需求是指涵盖了所有公民在就业、教育、老龄化、保健、住房等所有方面的基本需求。

3. 多样性

多样性首先是指社会福利的提供者的多样性，包括政府、市场和社会组织；其次是供给形式的多样性，包括社会支持、社会保障、社会援助和其他。根据社会福利多样性的特征，社会福利的对象也是多种多样，目前社会福利对所有社会成员包括老人、妇女、儿童、失业者和残疾人提供不同类型的福利补贴。

第二节 社会保障制度

一、社会保障制度的形成与发展

(一)社会保障制度形成的时代背景

从原始社会开始,家家户户以土地为生,完全依靠自己的劳动去生产来满足家庭的需要。当家庭成员遇到疾病、残疾等突发意外或者年老、生育等自然因素时,土地收成是他们唯一的依靠。随着自然经济的瓦解以及商品经济的出现,生产方式不再局限于以家庭形式的小作坊为单位,出现了以雇佣关系为基础生产的大规模的工厂、农场。大多数有劳动力的家庭成员离开家庭,走向社会,通过自己的劳动创造更多的剩余价值来获得维持生活资料的劳动报酬,随着社会生产力的不断提高,社会竞争环境越来越激烈,优胜劣汰的生存法则会淘汰一部分能力弱的劳动者,一旦他们被淘汰,就失去了生活的来源。此时,这部分劳动者处于一个十分艰难的处境,一旦他们遇到了其他不可控的意外情况,无法再依靠土地和家庭来保障他们的基本生活,这部分群体的生产生活无法得到保障时,就会产生社会动荡,影响社会稳定。为了避免社会动荡不安,政府就必须制定和实施相应的救助措施,保障那些被市场竞争所淘汰的劳动者的基本生活。因此,想要实现社会稳定发展,维持正常的社会生产生活,建立社会保障制度就成了国家想要长治久安的必要条件。

(二)社会保障制度的发展阶段

人类社会初期,各种资源匮乏,人们靠着相互间的互帮互助才得以生存。自然经济向市场经济过渡期间,土地不再是农民唯一的依靠,越来越多的人进入城镇寻求其他生活方式,同时也造成了日益增多的贫困问题。为了保障社会成员的基本生活,维护社会稳定,国家便出面介入救济行为,社会保障制度逐渐得到发展。

15世纪末,英国贵族和资产阶级强行把耕地变为牧场,强行改变土地财产权,一时间大量农民失去了自己的生产资料和生活的唯一来源,被迫流入城镇成为廉价劳动力,甚至沦为城镇贫民和乞丐。圈地运动为英国的资本主义生产方式提供了大量廉价劳动力,但也带来了严重的贫困问题。英国政府为了防止社会动荡,于1601年颁布了《伊丽莎白济贫法》(又称旧《济贫法》),《济贫法》是人类历史上第一部反对贫困的法律,自此之后,社会保障这个名词逐渐走进大众的视野。之后,英国政府又颁布了新《济贫法》。新《济贫法》克服了旧《济贫法》中的一些流弊,并且提出政府应对公民的基本生存负责,可以通过补助救济金的方式保障公民的基本生活,但领取救济金的人必须到劳动院参加劳动。新《济贫法》将国家变成了慈善救济的责任主体,确立了国家承担最终保障责任的原则,在社会保障制度建立的过程中具有里程碑意义。

1883年,俾斯麦政府颁布的《职工疾病社会保险法》是现代社会保障制度产生的标志。[①] 之后,德国政府又相继颁布了一系列法令。由此,世界上第一个最完整的社会保险体系便在德国产生。1935年,美国失业工人骤增,大批下岗工人开始游行示威。美国罗斯福总统在失业工人的示威下,出台了历史上第一部《社会保障法》,标志着现代社会保障制度的完善。此后,欧洲和美洲的其他发达国家也开始实施社会保障制度。

二、社会保障制度的基本概念与主要特点

(一)社会保障制度的基本概念

经过一个多世纪的经济发展,越来越明确的是,建立现代社会保障体系的主要目的是维护社会的公正和稳定。社会保障制度是指在国家和政府的领导下,根据相关的法律法规对社会保障基金进行再分配。社会保障制度的重点是保障遇到紧急情况和困难的公民的物质安全。由个人、集体保险、公共财政和强制储蓄建立的社会保障基金再次保证了社会成员的基本生存需求。社会福利基金旨在保障社会中的每一个成员,特别是保障我国公民处于疾病、失业、死亡、灾难和困难等特殊情况时的基本生活需要。

(二)社会保障制度的特点

随着我国市场经济的发展,建立与经济水平相适应的社会保障制度,是保障劳动者的合法权益,维护国家治理的必要条件,主要表现为以下特点:

第一,公平性。社会保障制度面向所有的合法公民,不会因为保障对象的性别、收入、年龄而存在差异。只要是本国国民,在遇到任何意外情况导致无法满足基本生活时都能平等的获得来自国家的社会保障福利,且社会保障内容也是相同的,都是为了满足基本的生活需要。

第二,福利性。任何一个国家的社会保障制度都具有福利性特征,政府都希望借助于社会福利政策满足绝大多数民众的利益需求,进而维护社会稳定,促进社会发展。[②] 社会保障制度的福利性是指政府不收取任何费用平等地向公民提供必要的生活资料,并尽可能地给社会成员带来物质和精神层面上的利益,帮助他们规避生存风险,满足他们的基本生活要求。

第三,强制性。社会保障是通过国家立法强制实施的,为年老、疾病以及失去劳动能力的特殊群体提供基本的生活条件是法律明确规定的。社会保障制度的强制性主要体现在:所有的合法公民都必须参与社会保障,并且要按照国家的相关规定缴纳一定的税款,不能拒绝缴纳,相应的任何国家机关也没有权力拒绝公民享受社会保障的权利。

第四,互济性。我们每个人都处于这个社会当中,互助互济是每个公民的责任。社会保障制度的互济性具体而言就是每一个处于现代社会保障体系中的个体,既是提供帮助的主

---

① 孙光德、董克用主编:《社会保障概论》,中国人民大学出版社2008年版,第3页。
② 王寒:《新中国70年来党对社会保障制度建设的历史探索及其现实走向研究》,东北师范大学2020年学位论文。

体,又是享受他人帮助的客体,彰显社会成员之间互帮互助、同舟共济的优势。

三、中国特色社会保障制度

(一)新中国社会保障制度的建立

在中华人民共和国成立之初,为了解决人民的温饱问题,政府只能通过大力发展生产恢复国民经济建设,同时,建立适合中国国情的社会保障制度。

1. 企业职工劳动保险

中华人民共和国成立初期,我国政府在建立社会保障体系方面毫无经验,只能借鉴苏联的做法。1951年颁布的《中华人民共和国劳动保险条例》,具体规定了职工在疾病、伤残、死亡、生育及年老后获得必要物质帮助的办法,同时规定职工供养的直系亲属也可享受一定的保险待遇。[①] 该条例的颁布,是我国劳动保险制度建立的主要标志。随着该条例不断地修订与完善,到1956年,全国大部分企业的职工都有了劳动保险。

2. 医疗保险

针对人民群众的医疗保险问题,中华人民共和国成立之后,国家就逐步建立医疗保险制度。1998年,国务院发布了《城镇职工基本医疗保险案例》[②],该文件规定对于工作年限不满五年,且参保年龄在50岁以上的员工,只需参加保险满一年就可以享受职工医疗保险基本待遇,这无疑在一定程度上了放宽了员工的缴费年限与参保年龄。但受城乡二元社会结构的影响,我国率先在城镇实施劳保和公费医疗制度,目的是改善城镇居民的健康水平。劳保医疗制度一是对于企业职工实现免费医疗,二是对职工家属实行减半收费医疗。同时,《劳动保险条例》对劳保医疗制度进行了明确规定,明确了劳保医疗的范围:百人以上的国营和私营企业、厂矿、铁路、航运和邮电单位及其附属单位的职工。[③] 公费医疗享受范围和对象则是各级政府、党派、人民团体及事业单位的工作人员及离退休人员等。

3. 失业保险

1950年,政务院和劳动部针对旧中国留下的400多万失业人员问题,分别发布了《关于救济失业工人的指示》《救济失业工人暂行办法》等条例,并通过设置专门的失业救济委员会来对这部分失业人员进行管理。为实现人人平等的共产主义理想,政府制定了特殊的终身雇佣制度,由国家雇佣劳动者终身从事某项工作,保障劳动者的生活,俗称"铁饭碗",这种制度在初期起到了很大的积极作用。但随着国家社会经济的发展,终身雇佣制度的缺点也日渐暴露,劳动力市场的僵化抹杀了劳动者的生产积极性,导致经济效率低下。

4. 生育保险与工伤保险

在1951年公布《劳动保险条例》之后,我国逐步重视起了女性生育问题。此后在1955年国务院公布了《关于女工作人员生产假期的通知》,意味着我国生育保险制度的建立。生

---

① 贺光明:《中华人民共和国成立初期企业职工劳动保险研究(1949—1953)》,华中师范大学2007年学位论文。
② 徐一诺:《我国职工基本医疗保险法律制度的完善》,东北财经大学2016年学位论文。
③ 李湘杉:《中国特色社会保障制度研究》,中共中央党校2019年学位论文。

育保险对象主要是政府机关及国企的女职工,保险制度的内容相比来说更全面,但水平较低,对女性产假的时间和产假期间的待遇标准做了明确的规定。《劳动保险条例》中对工伤保险制度也进行了明确的规定。另外,随着我国对劳动者身体健康的重视,卫生部在1957年出台了针对职业病认定和补偿的规定,正式形成了我国工伤保险的雏形。随后的20年,工伤保险制度基本上没有重大的调整和修改。

5. 社会救济和社会福利

中华人民共和国成立之初,百废待兴,不论城市还是农村到处都是老弱病残以及灾民难民,当时社会救济的主要任务是治疗战争创伤,稳定人民的生活和社会秩序,恢复国家经济。城市的救济方针是:在自力更生的原则下,动员与组织人民实行劳动互助。而农村救灾工作的方针则是生产自救,群众互助,以工代赈,并辅之以必要的救济。随着社会保障制度的不断完善,社会救济的对象增加了年老体弱的摊贩、孤儿等部分特殊对象。1956年,国家出台的《高级农业合作社示范章程》中提出了五保的内容,主要针对农村孤老残幼群体。社会福利的覆盖面相对于其他保险较窄,主要涵盖了企事业单位和政府机关的职工。当时,政府对社会福利和社会救助的概念并没有明确的划分,统一称为救济福利事业。改革开放之后,才明确了社会福利和社会救助这两个分开的概念。之后,国家专门设置了相应的福利机构为没有生活来源、无人赡养、无劳动能力的老弱病残群体提供社会福利帮助。

(二)中国社会保障制度的发展

1998年,我国组建了劳动和社会保障部,该部门共有12个职能司,主要包括劳动工资司、养老保险司、失业保险司以及医疗保险司等,主要职责是制定一些社会保障政策和规则,并进行统一和集中的管理。自此,我国社会保障逐步实现了社会化。

1. 城乡养老保险制度的建立

为了进一步促进改革、维护社会稳定,2005年12月国务院发布《关于完善企业职工基本养老保险制度的决定》,扩大基本养老保险覆盖范围,并且制定个人账户管理等方式,重新改革了我国职工基本养老保险制度。为了适应农民工大规模外出打工而导致的养老保险权益得不到有效维护的问题,2009年国务院出台了《关于开展新型农村社会养老保险试点的指导意见》,扩大农村居民参保覆盖范围,保障劳动者的养老保险权益。2011年7月,我国开启了城镇居民养老保险制度的试点工作,截至2012年初,投保城市已经达到了1 920多个,为后续城镇居民养老保险制度的建立提供了基础。经过3年的试点工作,2014年国务院出台《关于建立统一的城乡居民基本养老保险制度的意见》,将新型农村社会养老保险和城镇居民社会养老保险合并实施,在全国范围内建立统一的城乡居民养老保险制度。

2. 城乡居民医疗保险制度的建立

为了大力发展农村卫生工作,2003年国务院发布《关于建立新型农村合作医疗制度的意见》,在各个县区展开试点,动员农民自愿积极参加新型农村合作医疗,帮助农民抵御重大疾病风险。新型农村合作医疗制度试点以来,在全国各部门的重视推广下,广大农民开始纷纷响应政策,新农合得到飞速发展。与此同时,随着我国城镇化进程的发展,为了填补城镇非就业居民医疗保险的空白,2007年国家制定了以大病统筹为主的城镇居民医疗保险制度,城镇医疗保险制度也在迅速完善。2016年起,国务院要求逐步推进城乡居民医疗保险制度的整合,促进城乡经济社会协调发展。

3. 失业保险和工伤保险的法治化

1998年,随着我国经济体制改革的不断推进,大批企业工人下岗,失去了基本的生活来源。为了缓解终身雇佣制度带来的社会动荡,2002年国务院发布《关于进一步做好下岗失业人员再就业工作的通知》,对下岗职工进行了合理的安置,保障他们的基本生活。2005年底,在各省市的共同努力下,"下岗潮"问题得到了初步的解决。与此同时,为了保障因工作受到伤害以及患职业病的职工的权益,2003年国务院颁布《工伤保险条例》,帮助患病职工能够得到医疗救治和经济补偿。该条例对工伤认定、劳动能力鉴定、工伤保险待遇等内容进行了明确规定,明确了员工和用人单位的法律责任。

4. 生育保险的发展

21世纪初,为了缓解我国的人口负担,促进国民经济的发展,我国颁布了《中华人民共和国人口与计划生育法》,要求我国夫妻实行计划生育政策,并对独生子女家庭给予奖励,为了进一步保障公民的身体健康权,2004年国务院出台了《关于进一步加强生育保险工作的指导意见》,并在2005年出台了《关于修改〈中华人民共和国妇女权益保障法〉的决定》,全面推行计划生育服务工作,建立完善的生育保险制度。随着出生率的降低,我国老龄化程度逐渐加深,政府放开了对生育的管控,由当初的计划生育政策到"单独二孩"政策。但"单独二孩"政策的实施并没有有效缓解我国老龄化问题,因此2016年起政府对生育政策进一步放宽为"全面二孩",即夫妻双方可生育两个子女。国家根据现实人口统计情况及时调整一系列生育政策和保障措施,有利于生育保险政策的进一步完善。

第三节 社会工作概述

一、社会工作的内涵

(一)社会工作的定义

社会工作在许多其他国家又被叫作社会(福利)服务,但无论使用的是哪个概念,社会工作的基本内涵都是使用专业知识帮助有困难的群众,这一点是相通的。在中国社会,人们口中的社会工作,是指群众所做的不以营利为目的并且不是自身全职的工作,包括担任社区志愿者、学生代表等。但专业化的社会工作内容却经历了漫长的变化与完善的过程。以中华人民共和国的成立为分界线,从西方国家传入,社会工作是以专业性为前提,在科学做法的基础上,实践帮助他人的理念,不过此时响应社会工作的呼声并不高。在后期,计划经济时期形成了与当时的经济社会运行相一致的、非正式的、传统的、行政性的社会工作。20世纪

80年代末,我国逐渐进行社会工作专业建设。在这样的发展时期,专业化社会工作逐步进入人们的视野。

我国学者对社会工作的定义没有形成共识。其中,王思斌的观点传播较为广泛。他认为,社会工作是以利他主义为指导,以科学的知识为基础,运用科学的方法进行的助人服务活动。[①] 李迎生在其主编的《社会工作概论》中提出,社会工作是指社会工作者运用专业知识与方法帮助社会上处于不利地位的个人、群体和社区,克服困难、解决问题并预防问题的发生,恢复、改善和发展其功能,以适应和进行正常的社会生活的服务活动。[②] 综合相关学者研究,社会工作可以定义为,为了防止社会问题出现与恶化,利用科学技术与专业方法帮助有需要的个人以及群体,以实现社会意识的进步,还包括研究专业方法的应用的实践性、专业性、制度性的综合应用科学。

(二)社会工作要素

一般而言,社会工作主要包含社会工作者、受助者、社会工作价值观、助人活动、专业关系五项要素。

1. 社会工作者

社会工作者(social worker)是指在科学指导的背景下,掌握专业技能进行全职的社会性服务的群体。社会工作者的隐性要求是遵守帮助他人的社会工作价值观,显性要求要在科学课程的指导下使用社会工作技能。

2. 受助者

受助者(client)又名案主、服务对象,那些因为自身性格缺陷或者工作生活技能的缺失造成社会家庭的工作生活的秩序失调的人就被称为受助者。受助者为社会工作提供必要性。

3. 社会工作价值观

社会工作的价值观以人为本,其内容包括一系列能够推动社会工作者利用专业技能帮助受助者的意识信仰,展示了社会工作者爱护群众、为群众服务、维护公平正义、努力提高社会生活水平的理想信念。它是社会工作的核心要义,支撑和鼓励着社会工作者的专业实践。

4. 助人活动

助人活动(helping)是社会工作的重要环节,一是将助人与受助变为现实,二是将帮助他人的美好愿景传递给外部。在这一环节中,来自社会工作者的经过缜密设计的、有效的、科学的、有必要的帮助和资源,以及来自受助者对社会工作者的支持行动的反映、抉择,二者之间相互传输、作用。这项活动是社会工作者与受助者角色、享用文化情景、信息分享途径等多元因素合而为一的运转系统。

5. 专业关系

[①] 王思斌:《中国社会工作的嵌入性发展》,载《社会科学战线》2011年第2期,第206—222页。
[②] 李迎生主编:《社会工作概论》,中国人民大学出版社2006年版,第11页。

专业关系(professional relationships)是一种在提供专业服务时,由社会工作者与受助者之间所形成的一种联系。在为受助者提供帮助的过程中,社会工作者建立了各种关系网路,其中既有按照标准行动的职业关系,也有通过深度交流而建立起来的具有一定感情的人际关系。

二、社会工作的功能

(一)社会工作的主要功能

1. 直接功能

(1)助人功能。即提供资源与服务以满足服务对象的需求。每个人在人生的不同阶段都有独特的需要,如果这些需要没有得到满足,就会出现各种各样的状况。社会工作要解决服务对象的问题,首先要满足其需求,需求的满足又可分为物质帮助和心理支持。

(2)维权功能。社会工作主要针对的是处于不利地位的人员。社会工作援助这些弱势群体,保障其正当权利。这既体现出对受助者的责任心,也是促进社会健康快速进步所必需的。

(3)发展功能。社会工作最根本的职责就是协助受助者自我成长。社会工作者以人为本,他们相信人类具有无限的潜力,并视培养人类的潜力从而实现人类的幸福与社会的发展为其工作的目的。要实现人的全面发展,就必须提高自身的知识技能,增强自身的适应能力,培养自身的协调能力。所以,帮助个体、社会团体,甚至整个社会都是社会工作的目标范围。

2. 间接功能

(1)维护社会秩序。社会工作通过预防、解决社会问题以维持社会秩序。社会工作帮助人们解决问题,不但可以使当事人过上正常生活,还可以从更深层次消除社会不安定因素。此外,社会工作者对可能出现的问题提前进行预警,既可减少民众的灾难,又可减少对社会安定的影响。

(2)增加社会资本与促进社会发展。社会资本是个体与个体间建立起的一种较好的人际关系,对个体愿景的实现具有积极的推动功效。研究社会工作,可以提高人与人之间的积极互动,同时也可以为人提供一些社会支持,进而侧面提高人的社会资本。此外,它还能帮助人们更好地处理各种公共问题,维护社会公正,维持良好的社会秩序,从而推动社会的可持续发展。

三、社会工作价值体系与理论研究

(一)西方的社会工作理论发展与归类

从实际出发,从认识的角度出发,从推导、体系化、泛化等方面对事情进行了概括便得到理论。所有的理论只有在实践中得到证明,才能进一步完善实践。社会工作从其产生之日起,随着实际活动的不断进行,其理论也得到了进一步的发展。圣杰曼认为,"社会工作理论"的历史,正是一个不断进步的、越来越科学的意识形态系统的进程。

如,佩恩表示,在社会工作"理论"中,实践性很强。但是,到了20世纪60年代,由于社会工作的主要主体是动态心理学家和行为心理学家,因此,在社会工作中,实证性研究的作用十分小。又经过十几年,美国的费舍尔(Fischer)与英国的谢尔登(Sheldon)等学者从经验主义的视角批判了传统的社会工作,主张"由于其效率低下,因此应当将其摒弃,并用以行为科学为基础的、经过实验检验的实践性研究方法代替"。到了20世纪80年代,随着后现代主义的冲击,美国出现了一股新的思潮,即"社会建构"与"建构"。同时,还提出了一种批判的理论架构,用以探讨社会工作的理论依据和实证成果的评估。

可见,西方社会工作理论是十分丰富的,但能不能对这些互不相同的社会工作理论做进一步的整理归类,从而更好地把握住它们之间的关系?对此,不少西方学者给出了自己的理解。

如,约翰逊将社会工作分为27个模式:社会设计模式、区域发展模式、社会运动模式、价值明晰模式、情景模式、社会目标模式、危机干预模式、问题解决模式、理性治疗模式、存在主义模式、生活(生态)模式、社会行为模式、心理与社会模式、现实治疗模式、沟通与互动分析模式、功能加工模式、社会行动模式、社会化模式、职务完成模式、结构家庭治疗模式、中介模式、残缺模式、整合模式、发展模式(托洛普)、女权主义模式、沟通与互动模式、发展模式(波士顿)。约翰逊对社会工作进行了这样的分类,并不十分清晰,也不十分恰当。

里斯、福克等人把社会工作分为三个维度:第一个维度是唯物主义的社会论,也就是所谓的"大理论"和"大学问";第二个维度是战略的维度,也就是说,实务的理论同时也是一种关于社会工作者能够或应当怎样做的介入战略的发展;第三个维度是实践性的概念,重点是把经验和技能运用到实际工作中去。

(二)中国的社会工作理论本土化过程

早在西周时,我国产生了扶贫的体系,其中影响最大的就是汉代宣帝设立的"常平仓",它的意思是"常持其平",但是,在我国,穷人的救助和其他社会福利并没有成为一种通用的体系,不过对我们现在开展社会工作有一定的启示作用。

20世纪20年代初,一些高校开始引入国外的社会工作专业课程,并对其进行了系统的研究。中华人民共和国成立以后,尽管我们党和国家一直在努力发展社会福利,但是,由于种种原因,我们都没有能够很好地处理旧时代留下的一些问题。但我国社会工作的理论研究和教育工作却走了一条专业中断、后又恢复的曲折道路。这在某种意义上,严重地阻碍了我们社会工作的推广和提升,同时也损害了整个世界的社会工作理论。因此,我国专业化社会工作研究起步较晚,亟须在科学借鉴和吸收西方发达国家社会工作价值体系的前提下,针对我国的实际情况,对其进行适当的改革与创新,使其具有新的形态与内涵。此外,以社会主义核心价值观为指引,积极弘扬和创新发展中国传统文化中的"爱人"和"助人"思想精髓。

四、社会工作方法

(一)个案工作

个案工作是在英国1601年通过的一项"扶贫法"(The Poor Law)基础上发展起来的一种工作方式。案例社会工作是20世纪初才被正式提出并被创造出来的。中国案例工作制度的产生可以追溯到20世纪20年代初期。改革开放政策实施之后,社会工作作为专业的公共社会服务,才又一次在中国出现并得到了发展。2008年,国家人力资源部等六部委发布了《社工专业技术资格证书》,其中将社工专业技术资格证书作为社工专业技术资格证书中的一个重要组成部分。从2008年起,我国各大高等院校相继设立了社会工作硕士课程,这为案例工作法的开发与研究带来了新的契机。

个案工作指的是全职的、掌握特殊技能的社会工作者,运用与人、社会相关的专业心理学、社会工作的技能舆论,通过直接的、面对面的交流形式,为个体、组织提供资源和心理上的支援,提高个体和家庭的社会适应能力,进而推动个体和家庭的健康发展。主要包括实施主体、受助者、手段方法、目标四项基本要素。

(二)小组工作

在社会工作者的协助下,小组工作是一种在团体中,利用团体间的交互作用和团体的动力,对受助者的活动与心理进行修改,从而让参加团体的人员能够改变他们的行为,让他们的公共技能得到重建和提升,从而达到团体的目的和促进社会发展的一种社会工作方法。小组工作的正面作用主要有:培养公民责任感,帮助个人进步和提升,帮助个人进行社会融合和建立同伴关系,帮助个人保持社会满意度,给个人提供群体的体验。也包括造成组员的依赖、个人隐私遭到泄露、工作效率低等负功能。

社会工作实践中,小组分为两种,一种是任务小组,一种是治疗小组。任务小组,指的是为达成某一目标,并完成某一项任务而建立的小组,它包括了董事会、特别行动小组、委员会、成员会议、个案会议以及社会行动小组等。治疗小组是指能够为小组成员提供帮助,并为他们解决问题的团体,包括成长小组、矫治小组、教育小组、社会化小组和互助小组等。

(三)社区工作

社区工作作为社会工作中的一个关键内容,也是一种古老的、典型的工作方式。社区工作将社区作为一个媒介,把社区和社区居民作为其服务的主要目标,根据社区原本存在的问题以及居民的公共需求,充分利用社区内部和外部的各种物资,以系统的方式,组织社区成员参加团体项目,从而高效地解决社区中的问题,满足居民的需求,达成让社区成员对社区有归属感的目标。

社区工作的职业价值表现为:人的价值和尊严的共同体取向、社会正义的制度取向、社会参与的民主取向、助人服务的互助取向、工作战略的社会行动取向等。

(四)社会行政

有关社会行政,学者们众说纷纭,比如某些专家认为社会行政存在广义、狭义的区别,还有部分人坚持社会工作行政二者相同。狭义的社会行政是指政府行政主管机关有关社会福利的各种措施。在更广泛的意义上，社会行政指的是与整个社会的福利相关的各项行为。

由此社会行政是指通过合理的管理过程，合理地运用社会资源，实现对需要帮助的人的有效管理。社会行政的关键内容是对社会政策的贯彻与落实。社会行政的内涵包括组织、规划、领导、评估、督导等。

五、不同方向的社会工作实务

（一）矫治社会工作

矫治社会工作是指将社会工作的专业理论和技术实施到犯罪矫治体系之中，对犯罪者在服刑、缓刑或假释期间，提供思想教育、心理治疗、行为纠正以及生活福利等方面的服务，使之尽快修正行为模式以适应社会生活需要。它的基本目标是帮助犯罪者成为遵守纪律、自食其力的新人，让他们回归社会。

矫治社会工作是在犯罪矫正系统中运用社会工作的对口原理和技能，对罪犯在服刑、缓刑、假释过程中，提供意识形态指导，心理纠正，行为矫正，以及生活保障，帮助罪犯及时调整其行为方式，以满足日常生活的需求。其根本目的是要把罪犯改造成守法、自食其力的人，使他们重新回到社会，成为自由公民。矫治社会工作是在人类社会的刑罚体制演化进程中诞生出来的。这种类型的刑罚制度的进步，反映出了人类文明的演进，从而推动了社会工作结合刑事司法，这与行刑社会化的做法趋向相一致，还展现了人道主义精神且符合刑罚经济原则的价值追求。

（二）儿童社会工作

儿童社会工作指的是在幼儿的爱护、教养工作中运用社会工作的理论和技能，根据儿童独特的生理、心理差别和发育成长的要求，对那些不幸的孩子进行救助和爱护，对一般的孩子给予关爱，让他们幸福健康的成长。儿童社会工作的内容既有广义的，也有狭义的。在广义的儿童社会工作中，要做好与儿童问题相关的立法、调查与推广工作，还要做好与儿童相关的教育、保护工作等。微观儿童社会工作则包括儿童养育、儿童保健、儿童教育、儿童游戏等。

（三）青少年社会工作

青少年社会工作，一般指把职业社会工作的各种理论、价值观、实践技巧、意识形态结合起来，以青少年的生理、心理和社会特征为基础，并根据其实际需求，使其能够在未来的生活中更好地发展，使其能够更好地融入集体。在大的层面上，青年社会工作的内容主要有：推动青年法制，为政府建言，为青年教育、青年家庭、青年成长、青年权益、青年社团提供支持。在微观层次上，青少年社会工作具体包含了以下内容：学业咨询、心理健康咨询、人际交往咨询、思想道德价值观的形成咨询、青少年的休闲娱乐方式咨询、青少年的职业培训与就业咨询等。

(四)老年社会工作

老年社会工作是一种特殊的社会工作,它通过运用专业的知识系统与技能,为老人提供帮助,从而提升其自身的能力,并为其解决各种问题。老年社会工作是为了满足老年人内在需求,具体包括爱的需要,寻求新的心灵交流,以及在社会交往中建立新的归属观感。在对老人进行服务时,应遵守以下几个基本原则:一是不要认为有些老人乐于参加集体活动,而有些老人不愿参加集体活动;事实上,大多数老人都想要被人注意,与人沟通。二是要尽量照顾好每一位老人的特别需求。三是老年社会工作小组的组员选择要恰当、合适。四是"不强迫"原则。在鼓励全体老年人参与的同时,也要尊重个别老人的意愿。

(五)残疾人社会工作

残疾人社会工作与普通的残疾人服务有很大区别,它是"社会工作者利用社会工作的原则和技巧,来帮助残疾人并为其服务,从而让他们能够在同等条件下,公平地参与到社会生活中,并共享社会发展的成果"。残障人士的社会工作应包含以下几个方面:(1)残障人士的复健工作,也就是,尽可能地使残障人士的生理机能得到修复或获得补偿,从而使其能够参加社会生活。(2)特殊教育,是残障人士享受教育权利和挖掘其潜能的重要措施。(3)劳工就业,这是一个最关键的步骤,也是一个使残疾人能够依靠自己并表现出自己的能力的步骤。在帮助残障人士寻找合适的工作岗位,帮助其适应新的劳动生活,维护其合法权利等方面发挥着重要作用。(4)社交能力的培养。社会工作者可以透过咨询、介绍及辅导等方式,推动残障人士的婚姻及家庭生活。

(六)家庭社会工作

家庭社会工作是一种以家庭为中心的社会工作干预,也就是调动社会和家庭的资源,来推动家庭的正常运行和完善的社会福利。家庭社会工作由家庭社会工作者、家庭和家庭社会工作价值观三个部分组成。一般而言,家庭社会工作的工作内容主要有:一般家庭福利服务、家庭问题及家庭救助性工作、临床式服务和具体式服务工作以及建立社区服务网络等。

(七)工业社会工作

工业社会工作指的是社会工作者运用特殊的技巧,在工业系统或工业单位中,在其他有关人员的帮助下,提高员工的问题解决水平,丰富他们的职业生涯经历,构建一个优质高效的制造环境。工业社会工作目标首先是针对员工个人及其家庭,主要是协助员工排除心理、情绪及家庭上的困难问题,培养他们良好的休闲方式,培养员工积极、乐观的人生态度,提升员工的生活品质。其次,把目标锁定在企业所有者和管理者身上。帮助公司理解劳动法规,并严格按照劳动法进行管理,以维护雇员的权利;促使企业老板或经理尊重雇员的人格,保护他们的工作权利;帮助公司完成对员工、家庭、社区和社会的社会义务。最后,关于劳动合同的问题。促进劳工和资方之间的良好交流,减少不必要的矛盾和争端;推动劳资之间的融洽关系,提升生产力。

第四节 社会工作体系

一、西方社会工作的价值体系

(一)西方社会工作价值的基础

1. 新教伦理

在新教伦理中,最核心的思想就是在上帝面前,人人都平等。信徒们不需要依靠牧师和教会,信徒们能和上帝直接对话并且得到上帝的引导。这一信仰突破了宗教等级制度的束缚,突出了神学领域内个人权威的重要地位。新教伦理理念包括如下基本思想:(1)每一个人都要对自己的成败负责。(2)人性在性质上具有罪恶感,但是它却能够被意志与行为所战胜。(3)人类以辛勤劳动来达到物质繁荣为主要目标。(4)社会以维护法律与秩序为主要宗旨,从而促进物质繁荣。(5)经济上和实物上的奖惩,是推动人类变革的重要力量。基斯-鲁卡斯介绍的新教价值观念包括自我负责、意志力战胜恶、辛勤劳动促进物质繁荣、法律和秩序维护社会正常运转、助人自助、以奖励和惩罚激励个体等,这些观念至今仍然是社会工作价值观念的重要组成部分。

2. 人道主义

人道主义起源于欧洲文艺复兴运动,最初被称为"人文主义"。其核心思想是反对神学,推崇人文;反对神权,倡导人权;反对神性,提倡人性;反对愚昧,赞扬理性;反对迷信,推崇科学;反对神道,强调人道。人道主义强调以人为本、崇尚人本主义、自由经济、民主政治以及伦理人道主义。

3. 社会福利观念

社会福利观念在社会工作价值中占据着核心地位。从描述上看,社会福利可分为两类:第一类是市场体系以外的社会福利,它以无偿的形式向有需要的人提供粮食和劳务;第二类为服务型社会福利,以满足基本需求为目标。从功能方面看,认为人类的基本需要既包括生理与物质方面的需要,也包括推动个体与社会功能改善的需要。

(二)西方社会工作传统的价值体系

1. 操作定义的价值体系

操作定义的价值体系包含六条价值追求:

(1)个人是这个社会首先要关心的对象。

(2)人与人之间有着相依赖的关系。

(3)他们具有相互的社会责任。

(4)尽管每个人都有共同的需求,但每个人从本质上是独一无二的,与他人不同。

(5)在民主社会中,要实现所有人的全部潜能和社会责任,所依靠的是积极参与社会活动。

(6)社会有责任提供各种途径,以克服在个人和环境之间存在的自我实现障碍。

这种操作定义所反映的价值观与新教伦理中的价值观有所不同,因为它将注意力从个人责任转向社会责任。操作定义的价值理念从哲学的角度出发,为现代社会福利制度提供了基础。

2. 比斯克的价值体系

(1)尊严和价值是崇高的。

(2)人类在许多方面都具有天然的潜力和力量,如身体、智力、情感、社会、审美和精神等方面。

(3)人们有一种天生的动力和义务去实现他们的潜力。

(4)由于每个人都有自我实现的义务,也有自决的权力,因此,每个人都有选择的权力。

(5)每个人都是独立的个体,他有权利和需要被视为独立的个体。

(6)人有权要求适当的手段来实现他的潜力。

(7)社会提供给每个人权利和物质的保障,每个人都能得到发展,以实现他的基本生理、心理、经济、审美和精神需要。

(8)人的社会活动在他实现自我的斗争中是重要的。

(9)社会能够促进个人价值的实现。

(10)社会通过其个体成员的贡献有权利变富。

3. 泰彻的价值体系

(1)每个人作为个体都有尊严和价值。

(2)每个人都应该受到尊重和体贴。

(3)每个人都应该参与影响自己的决策。

(4)每个人都应该自由发展自己的能力和才能。

(5)每个人都应该平等地分享商品和服务的控制权。

(6)每个人都应有充分和自由的机会获得理性行动所必需的信息。

4. 三种价值体系的比较

(1)泰彻的价值体系与操作定义价值体系的比较

泰彻的价值体系和操作性定义比较相似。但是,仔细对比,操作性定义与泰彻的价值体系有以下几方面的差异:

①泰彻的价值体系更多地从社会角度来看问题;操作性定义主要是从个人角度来看问题。

②前者说话语气更积极,使用"是""有"和"存在"等词,而后者更多地使用虚拟语气。

③前者更一般,更接近知识的范畴,后者更具体,更接近价值的范畴。

(2)泰彻的价值体系与其他两种价值体系的比较

①泰彻的价值体系处于两者的中间,它结合了上述两个体系的特点。

②人的尊严和价值从"至高无上"的角度被谈论,使用完全正面的语言来描述价值体系,更详细和具体的描述了人的价值。

③它相信人类在生理、智力、情绪、社交、审美以及精神上都有着自然的潜能与力量,它的表现形式与社会工作价值观比较契合,至今仍在现代社会工作中扮演着重要角色。

④它的知识和理论基础比其他两大体系更为广泛和深入。因此,比斯克的价值体系更能代表西方社会工作的价值体系,比其他两种价值体系的影响更持久。

5. 西方社会工作价值体系的矛盾与争论

(1)社会意识形态和社会工作价值观的对立

资本主义的意识形态制约和束缚了西方社会工作的发展。由于社会工作被贴上了"社会主义"的标签,以实现社会福利的社会工作经常遭到排斥,这反映了社会工作价值与社会意识形态之间的对立和冲突。在社会工作的发展过程中,西方社会虽然在一定程度上接受了"慈善组织"发展,但资本主义社会的主流意识形态却密切关注着社会工作价值观的发展演变。

(2)不同学派之间的价值观争论

在社会工作中,由于价值的内容、侧重点和取向的差异以及争论,产生了功能学派和治疗学派,二者对社会工作的价值存在不一致的观点。

①在功能学派看来,社会工作的技能不是由精神病学而来,而是一种完全独立的技能。

②治疗学派主要以精神分析的理论化、扩展的人格类型、心理—社会和心理—性欲发展阶段、具有特色的防御机制和个人成熟水平等为方法论基础。

治疗学派概括出治疗的三种类型:

a. 操纵,目标在于环境的丰富或修正;

b. 环境疗法,侧重于改变环境以影响个人关系;

c. 强化治疗旨在改善态度和关系。

③根据治疗学派的观点,社会工作所提供的服务是可以测量出来的,治疗学派认为其服务是可以精确测量的,而功能学派认为"治疗"一词是不恰当的。治疗学派没有对治疗的种类进行细分,而采用"治疗"这个宽泛的概念,当工作者和来访者进入一种互惠互利的契约关系时,"治疗"就被定义为"治疗"。

(3)社会、机构和社会工作者之间的价值观冲突

①一般来说,社会价值决定社会工作的价值体系,社会价值又受到制度价值的影响。

②实际上,这三者的矛盾时有发生,对立和斗争经常存在。资本经济和政治制度影响着西方社会的社会价值。意识形态和政治运作模式的差异导致不同国家的社会工作者的价值体系很难被相互认同。

(4)制度的价值应该反映社会的价值

在社会价值运行良好的情况下,制度有时也不能忠实地实现社会价值。当这种情况发

生时,社会工作者们要么坚持自己的原则,收拾行李走人,要么也可以违背自己的意愿随大流,牺牲社会工作者的神圣价值。

(5)价值从理论向实践转化过程中的矛盾

职业价值观在实践中并不总是正确的。在西方国家,有两个重要的伦理问题决定着所有社会工作的价值观——自由和幸福。但很难调和这两者,在有些情况下,自由威胁幸福,反之亦然。因此,西方社会工作的价值体系提供了一份详细的清单,列出了社会工作者必须要做的和不必做的。

①个案工作者不应该做的事情

a. 改变客户的心理和行为;b. 做有利于或不利于委托人的事情;c. 控制和引导客户;d. 提出一项没有辩解的计划。

②个案工作者应该做的事情

a. 社会工作者应该主动了解当事人的心理状态,帮助当事人自由行动;b. 介绍可以激活各方的资源;c. 创造双方可以成长的关系环境;d. 双方问题的视角分析;e. 不带压力地提供建议;f. 帮助各方按照自己的节奏行动。

二、中国社会工作价值体系的建构

中国社会工作价值体系的构建涉及构建什么样的价值体系和如何构建价值体系的问题。如何构造是一个方法论问题,但它对要构造的体系结构主体有着重要的影响。某种意义上,有什么样的方法论,就有什么样的建构结果。

(一)建构中国社会工作价值体系的方法论

中国社会工作价值体系的构建需要合理借鉴西方发达国家的社会工作价值体系,吸收中国古代社会工作实践的理论精华,创新和发展当代中国的主流文化价值观。

1. 借鉴与创新

由于与主流文化的冲突,社会工作的价值体系受到了一定的影响和制约。但从另一方面来看,它又是独立的。在社会工作中,存在着公共的文化价值。这部分是不属于任何国家和意识形态的独立的核心价值。根据马克思的理论,资产阶级对文明的发展具有重要的影响。工业化和城市化所创造的社会工作和社会福利制度对人类社会发展做出了贡献。因此,我们应该根据国情,适当地加以借鉴和吸收,赋予它们新的形式和内容,以发展我国的社会工作价值体系。

2. 批判与继承

中国社会工作的价值理念在古代就是建立现代社会工作价值系统的源头。代表着中华传统文化的儒家文化就包含着许多社会工作价值理念的真理。社会工作最基本的价值理念就是"爱人"和"助人"。

3. 创新与发展

一般认为,组成当前社会的主流文化价值观念有三大要素:马克思主义、毛泽东思想、中国特色社会主义理论体系,习近平新时代中国特色社会主义思想,中国传统优秀文化。在这三要素文化中都蕴含着与社会工作的价值观念相似的部分。我们的目标就是总结它们的共性,进行创新与发展,使它们成为社会工作价值体系的关键部分。

(二)中国社会工作价值体系的构建

多年来,国内外社会工作者为中国社会工作价值体系建设做出了很多贡献。国内专家学者夏学銮的《论社会工作中的价值教育问题》一文中指出,社会工作的价值体系由四个方面构成,即社会价值、目标价值、手段价值和职业道德。另一位学者,陈福堃在他的论文《社会工作的价值应包括的内容》中指出,社会工作的内容分为四类:一是人性在社会中的最终状态;二是社会最终状态;三是与道德有关的行为模式;四是与个人能力有关的行为模式。

通过借鉴发达国家的社会工作价值体系,批判中国古代社会工作中的不正确的价值观念,继承好的价值观念,创新与发展主流文化价值观。国内学术界一般认为,中国社会工作价值体系主要由社会价值、专业价值、专业伦理和实践准则四个内容所构成。

1. 社会价值

社会价值是整个社会所倡导的基本价值,是由主导的文化价值所决定的,是社会工作价值体系的基本层面。社会价值观不是固定不变的,而是随着社会的发展而不断发展的。

2. 专业价值

社会工作的专业价值主要包括敬业、接纳、自决、个性化和尊重人。

(1)敬业

敬业是社会工作者对待其职业的根本态度,也是社会工作价值的根本所在。专业性质、名誉和科学精神都是社会工作敬业的内涵,还涉及社会工作者与职业、客户、组织、社会的基本原则。

(2)接纳

更多的理解他人就是接纳。从它的动词意义上来看的话,接纳代表着接受、相信和尊敬,这并不是说我们一定要承认别人的价值观是对的,而要放弃自己的价值观念。

(3)自决

自决就是自我判断。在社会工作的活动中,社会工作者被要求具有更多的自决。由于他们的地位,社会工作者可以很容易地为客户做出决定。自决权是提醒社会工作者尊重来访者的自我选择和自决权。波尔曼(H. H. Perlman)则认为,自决是一种幻觉。

鉴于学界对自决的理解还没达成共识,因此,当事人的自决需要有两个基础:第一,当事人完全清醒,有自决的意志和能力;第二,自决的方向和结果对当事人肯定不会产生不利的结果。在这两个基础之上,尊重当事人的自决权,就是尊重当事人的自由人权。

(4)个性化

个性化是一种逐一处理的方法,体现了社会工作的传统价值。它将每个人视为一个独特的、不同的实体,应该得到不同的对待。个性原则体现了对个人的尊重。个体加工体现在各个方面。首先,社会工作者需要了解每个人的特点,主要是心理特点,判断人与人之间有什么不同,有针对性地做思想工作。其次,在日常生活、学习方面也要有相应的举措,尽可能满足每个人对隐私的需求。

(5)尊重人

在社会工作文献中,"尊重人"有时被称为社会工作的高价值,有时又被称为职业价值。作为崇高的价值,认为世界上没有什么东西能比人更珍贵和更值得崇拜,每个人都值得尊重。作为一种职业价值,它不是孤立的;这在大多数文化和社会中都很常见。

3. 专业伦理

专业伦理主要是指社会工作者的职业道德。社会价值和职业价值决定了社会工作者的职业道德。社会工作的伦理规则是由社会工作者协会的伦理法典规定,包括以下六个方面的内容。

(1)社会工作者的行为举止

①适当性。社会工作者应保持高水平的能力和专业人士的身份。

②工作能力和职业晋升。社会工作者在职业能力和专业技能中应该达到精通的程度。

③服务。社会工作者应把服务视为社会工作职业的基本义务。

④诚实。社会工作者应建立高标准的职业诚信,并按照这个标准严格要求自己。

⑤知识与探究。社会工作者应以学术探究的惯例来指导自己的研究。

(2)社会工作者对客户的伦理责任

①客户利益至上。社会工作者的主要职责是为客户服务。

②客户的权利和特权。社会工作者应尽一切努力最大限度地代表受助人行使自决权。

③秘密和隐私。社会工作者应尊重受助人的隐私,并保守在专业服务过程中所获得的所有资料及机密。

④合理的费用。在设定收费时,社会工作者应确保他们所提供的服务是相当合理、周到的,并与客户的支付能力相称。

(3)社会工作者对工作伙伴的伦理责任

社会工作者应该以尊敬、平等和礼貌的方式来对待他们的工作伙伴。

(4)社会工作者对社会工作专业的伦理责任

①保持职业操守。社会工作者应秉持和推动本行业的价值观、操守、知识和使命。

②社区服务。社会工作者应该帮助使这一职业更容易获得和可行,使民众能够获得社区服务。

③发展知识。社会工作者应负责在其专业实践中识别、发展和充分利用知识。

(5)社会工作者对社会的伦理责任

增进社会福利是社会工作者的目标。社会工作者应促进社会福利的增长。对于这些专业伦理规则,我国社会工作者可以参照这些具体的职业道德规范。

4. 实践准则

从微观层面上来看,实践准则是社会工作的价值所在,各种原则和技术就是实践准则在社会工作中的体现。在微观层面,行为规范更多地体现为价值观、知识和技术的统一。

通过整合价值、知识和技术,得以完成社会工作的专业实践。以价值观为指导,以知识为基础,技术是手段,这些都被整合成一个统一的行为准则。

(三)中国社会工作价值教育

构成社会工作教育的有三个部分,分别是关于知识的教育、关于价值的教育和关于技术的教育。关于价值的教育决定了社会工作的本质。作为一种帮助他人的工作,如果只有职业的知识和技术,而缺乏较好的价值取向、人格尊严和道德伦理,是不被认可的。忽视社会工作价值教育的原因有很多,一般认为主要涉及八个方面。

(1)课程设计者没有认识到价值教育的重要性,忽视了它的重要作用。

(2)课程设计者对价值教育和技术教育之间的关系有偏见的理解,并将技术教育置于价值教育之上。

(3)课程设计者把有价值的教育视作非必要任务,把带有技术性的教育视为必要任务,所以把价值教育置于无关紧要的地位。

(4)由于有许多的技术课程,课程设计者把所有的焦点都集中在了技术课程上。

(5)课程设计者缺乏对社会工作本身价值的清晰认识,无法提出社会工作价值教学的问题。

(6)课程设计者缺乏对社会工作价值与社会价值关系的正确认识,试图用社会价值代替社会工作价值。

(7)课程设计者尽量规避价值体系中真实存在的各种争论,而采取一种最省时省力的办法。

(8)课程设计者对韦伯的价值自由作了不正确的解释。

思考题

1. 简述社会保障的内涵与基本原则。
2. 简述社会保障的意义与基本特征。
3. 试分析社会保障制度的特点。
4. 试述社会工作的定义与基本要素。
5. 试述社会工作的主要功能。
6. 简述社会工作的方法。
7. 简述不同方向的社会工作实务。
8. 简述如何构建中国社会工作价值体系。
9. 试述社会工作价值教育包括哪几个方面。

扫码看拓展资源

第十一章　政策调整

政策调整是政策制定过程中不可缺少的环节,是政策制定者依据政策评价的结论反馈的信息,对政策的内容和形式予以部分改变或全部改变的行为,实质上是政策制定过程的延续。通过对政策进行相应的调整,及时纠正政策的失误或偏差,可以使政策更好地符合客观实际的需要,有利于尽快实现政策目标。

第一节 政策调整的原因和作用

一、政策调整的原因

任何一项政策都是根据现实的特定条件和问题制定的,制定之后政策内容便相对稳定下来。然而客观事物是不断变化的,人们对客观事物的认识也是不断深化的,因此,作为主观范畴的政策在执行一段时间后,便会与已经发生变化的客观实际出现差距和矛盾。这些差距和矛盾可以通过政策评价反映出来,或者表现为社会的热点、难点问题。这就要求政策制定者根据政策执行过程中反馈的信息,对现行政策不断地作出相应调整。政策调整的原因可以从客观原因和主观原因两个方面进行考察。

1. 客观原因

制定政策的目的是解决问题,而政策问题在社会化大生产和科学技术飞速发展的今天,越来越表现为影响的广泛性、领域的交叉性和传播的迅速性等特点。某领域的新技术出现或某个事件的发生,都会引起相关政策的变动,而且原有的政策问题也会随着时间的推移在性质上和表现形式上发生变化。因此,原有的政策内容必须作出相应的调整,否则,政策就难以解决已经发生变化了的政策问题,从而导致政策的部分失效或全部失效。如近年来从国外进口废物污染环境事件不断发生,严重损害了国家利益。为此,国家环保局、对外贸易经济合作部、海关总署等有关部门联合颁布了《废物进口环境保护管理暂行规定》,在此规定中明确规定了可以进口用作原料的废物,以及进口废物后对环境的管理措施,加强了对废物进口的环境管理,及时有效地控制了进口废物污染环境的问题。随着我国改革开放的不断深入和社会主义市场经济体制的逐步建立,原有的政策规定与国际通行规则和市场经济公平竞争原则会出现不适应的状况,在这种情况下,全盘否定原有政策,会产生社会震荡,只能是不断补充、完善现有政策,使新旧政策在继承和连续中平滑过渡,有序变迁,以适应客观形势发展的需要。

2. 主观原因

任何一项政策,都是人们认识的产物。人们对政策问题的认识表现为一种不断深化的过程。在现实生活中,客观事物的发展趋势总是多变的,各种矛盾的暴露需要一个过程,再加上人们自身认识能力的局限性,增加了政策决策的难度。对于决策者来说,如果政策决策中可预知的因素越多,其决策的成功率就越高;反之,其决策的失误率就越大。任何一种事物都不可能孤立存在,这就使政策决策者必须面对大量不可预知的因素的现实来制定政策。某些不可预知因素的出现和某些环节的失误,都会使政策与客观实际相脱离,部分或全部改变政策是必然发生的。

二、政策调整的作用

政策调整作为政策过程必不可少的主要环节,同政策制定和政策执行一样,具有无法取代的作用。这主要表现为:

首先,通过政策调整可以纠正政策的偏差和失误。尽管政策是在遵循科学程序的基础上制定的,但它作为一种主观认识,其正确与否是无法在制定政策中得到检验和作出最终判断的,而是必须经过实践来验证。在政策实践中,一项政策的正效应大于负效应,那么这项政策就被证明是正确的或基本正确的。反之,如果政策实施的后果是负效应大于正效应,说明政策本身出现了偏差或失误。这样的政策执行的时间越长,涉及面越广,造成的损失也就越大,只有及时调整政策才可以避免政策失误造成的损失。因此,政策制定者在政策出台后,必须充分注意和及时了解政策实施的后果,随时随地收集政策反馈信息,一旦发现政策出现偏差和失误,就应立即予以调整。

其次,通过政策调整可以在客观环境发生变化时完善和更新政策。从外在方面看,政策与客观实际的符合具有相对性。政策一旦形成和颁布之后,其内容便基本固定下来,而客观环境和条件却不会不变。由于客观环境和条件的变化以及政策执行后果,政策所要解决的问题总会有所变化,新的情况总会发生,这就会使原来比较符合客观实际的政策变得滞后,这就需要对原有的政策进行调整,以适应变化了的新情况。从内在方面看,人们对一个问题的认识都具有不断深化的过程,在许多情况下,人们只能根据对问题的现有认识制定政策。由于人们不可能从一开始就一次性地获得全面认识,所以据此而制定的政策往往比较原则,比较笼统,有时甚至失之片面。随着政策实践的不断发展,人们对问题的认识也会随之不断深入和全面,这就要求对原有的政策进行必要的调整。

再次,通过政策调整可以协调各部门政策之间的矛盾和克服政策执行中的混乱现象。在政策体系中,并不是所有政策都是由同一个制定者制定的。除了总政策和基本政策之外,许多具体政策往往是由各级地方政府和各个部门制定的。如果某些地方政府缺乏通盘考虑,只从本地区、本部门利益出发,无视全局、长远和整体利益,那么他们各自所制定的政策之间就有可能互相矛盾、互相掣肘,执行起来就必然导致各行其是、混乱无序和执行者无所适从,并造成不应有的摩擦和内耗。因此,对各级地方政府和部门制定的政策,需要不断进行必要的调整,以使各方面的政策互相衔接,协调一致地发挥整体功能。

最后,政策调整可以保持政策的稳定。一个国家政策稳定与否,直接关系到国家的政治稳定、经济稳定和社会稳定。但是,强调政策的稳定性,并不意味着政策的绝对不变,恰恰相反,政策制定者根据反馈的信息不断地修改、补充和完善政策,使政策与客观环境始终处于协调状态,是保持政策稳定的一种有效方法。它可以避免因政策的巨大变化而带来社会的动荡。

第二节 政策调整类型

一、增扩型和缩减型政策调整

增扩型政策调整是对原政策目标及范围、措施等作相应的扩充。在政策调整过程中,其表现是提高政策目标要求,扩大政策作用范围,强化政策措施。在政策实践中,有些政策虽然本身是正确的,但由于实施一段时间后,政策的目标要求已经明显落后于客观实际,显得过低(这也包括某些新出台的政策),这就需要通过调整提高政策目标要求,以适应形势发展的需要。例如,党的十三大确立了我国经济和社会发展的第二步战略目标是,到 20 世纪末,国民生产总值比 1980 年翻两番,人民生活达到小康水平。经过 80 年代以来三个五年计划的努力,原定到 2000 年国民生产总值翻两番的任务提前完成,因此,《中共中央关于制定国民经济和社会发展"九五"计划和 2010 年远景目标建议》把今后 15 年的主要奋斗目标由原定到 2000 年国民生产总值翻两番调整为人均国民生产总值翻两番,将 20 世纪末的战略目标提到了更高的水平。同样,有些政策经过一段时间证明是有效的,并且其客观条件更加成熟,这需要及时扩大原政策作用范围,更好地发挥政策的引导作用。我国对外开放政策实践,走的就是这样的一条道路。1980 年 8 月,中央决定在广东省的深圳、珠海、汕头和福建省的厦门兴办经济特区。兴办经济特区,是我国对外开放的一大创举,也是我国利用国外资金、技术、管理经验和政策实验,并取得了很大成就。1988 年中央又将海南省划为经济特区。为了加大海南经济特区的开发建设,国家对它实行了比其他四个经济特区更加开放的政策。与此同时,党中央和国务院还先后陆续出台了开放沿海港口城市、开辟沿海经济区、开发上海浦东新区、开放沿边地区等政策,不断扩大对外开放政策作用的范围,在全国范围内形成了多层次、多渠道、全方位的开放格局,使我国的对外开放这一基本国策内容更加丰富。

缩减型调整是指对原政策目标及范围、措施等作用相应的缩减,使之更符合现实所具备的条件。这种调整主要表现为:降低政策目标要求、缩小政策作用力度等方面的调整。在政策实践中,有的政策目标虽然在原则上是正确的,但是由于目前还不具备完全实行和实现的条件,这种过高的目标要求就需要适当地进行调整,降低政策目标,使之与现实条件相符合,这样才切实可行。从党的十一届三中全会到党的十三大,我们党对社会主义初级阶段基本路线的目标所进行的调整就属此类情况。通过对我国社会主义初级阶段国情的科学分析,在搞清社会主义初级阶段国情的矛盾、任务的基础上,把党的十三大以前提出的建设"高度民主、高度文明的社会主义现代化强国"的目标调整为"建设富强、民主、文明的社会主义现代化国家"。这一政策调整,使现行的基本路线的目标更加切合我国实际。也有的政策作用范围过大,涉及的对象过多,这往往会造成政策不落实,同样需要对政策作出调整,相应地缩小政策范围和减少政策对象,使其在适当的范围得到有效的执行。还有的政策措施及其目标弹性过大,也需要通过调整来缩小弹性,以增加政策的可行性和堵塞漏洞。

二、合并型和分解型政策调整

合并型调整是将两个或两个以上各自独立的政策,合并成一个新政策的调整过程。在政策实践中,原有的一些政策在内容上相近,但由于制定政策的主体不同,容易出现政策之间相互矛盾,甚至相互掣肘的现象,削弱了政策的效果,这需要权威部门对这些政策进行相应的合并,重新下发新的文件,统一口径。调整后的政策与原来的政策相比,其政策目标更加明确,内容更充实,措施更完善。它减少了政策执行中的不必要的争执,提高了政策执行的效果。以产业政策为例,各地区在经济发展过程中,从本地区利益出发,都制定了相应的产业政策,但这些产业政策存在的一个共同问题,就是在产业发展中以建设周期短、见效快的项目作为发展重点,结果造成了全国产业结构趋同的后果。为此,国家在原产业政策的基础上,明确地规定了国家鼓励发展的产业和限制发展的产业,并通过相应的优惠政策进行引导,这为各地区产业政策的制定提供了依据,也对各地区产业结构调整起到了积极的引导作用。

分解型政策调整,是将比较原则、抽象的政策,分解成若干个目标明确、可操作性强的政策过程。在政策体系中,高层次政策具有提高引领和总揽全局的指导作用,因此,政策内容原则性强,在政策实践中,要想将高层次落实,必须将政策内容分解成若干个目标明确、可操作性强的具体政策,否则,容易导致政策不落实,或者政策在执行中变形、走样。例如,计划生育政策是我国的一项基本国策,基本原则是"少生优生"。在具体实施这项政策中,国家根据各地区、各民族的具体实际情况,又制定一系列具体政策,在国家计划生育政策的基本原则下,实行了一定的差别政策,这不仅落实了国家政策,同时又解决了经济发展中人口不平衡的问题。所以分解型政策调整,是落实上级政策的有效措施。

三、激进型和渐进型政策调整

激进型政策调整,是指政策调整的内容变化大、节奏快,是对原政策方案的根本性调整。这种情况在政策调整中是不常见的,因为容易引起社会动荡,但是在政策调整中不可避免的。一般来说,激进型政策调整,通常发生在:一是政策目标出现了方向性错误,政策目标与社会公众利益要求相背离。二是客观环境发生了根本性变化(如战争、自然灾害、暴乱等)。在政策运行过程中,政策要依据客观条件的变化而不断进行修改、补充和完善,但当客观条件发生根本性变化时,仅仅对原方案进行修改和补充就不够了,必须重新制定政策。这种政策调整比其他类型政策调整更复杂,因为原有政策已经实施,已经投入一定的人力、物力、财力资源并经历了一定的时间,政策对象也已经发生了相应的变化,所以,要从根本上否定原政策方案,必然要付出一定的代价。

渐进型政策调整,是一个缓和的、渐变的政策调整过程,是对原有政策方案的部分修改和补充。渐进式政策调整,是对原政策方案的一个不断修正的过程。与激进型政策调整相比,其主要表现:一是能根据客观实际情况的变化及时地作出相应调整,因此能够保持政策科学性,增强政策作用的效果;二是在政策调整过程中,其调整的范围和幅度较小,容易被政策对象接受,并且不会引起大的震动;三是在政策实践中,根据客观环境的变化和决策认识的深化,逐步对现行政策的目标和手段进行灵活的调整,其调整后的政策成功率提高了。如1982年到1987年,中央对农村工作连续发布了五个"一号文件",每个"一号文件"都根据情况的变化对农村政策作出了适当的调整。1982年的"一号文件"确定包产到户在社会主义农业经济中的重要地位。这项政策实施,理顺了农村的生产关系,实现了劳动力和土地的正确结合,极大地调动了广大农民的积极性,推动了农村经济和社会事业的发展。但在政策实践中也产生了新的政策问题,如土地实行包产到户后,各家各户力量单薄,农民无力从事大规模农田水利基本建设,集体经济的优越性没有得到充分发挥。针对这种情况,1983年的中央"一号文件"主要强调统分结合,提出联产承包责任制,采取统一经营与分散经营相结合原则,同时发挥集体和个人两个积极性。以后陆续发布的几个"一号文件",陆续提出了延长土地承包期、改革农产品统购统销的政策和发展社会主义商品经济,促进农业现代化的政策措施,为农村改革提供了有效保证。

四、废止型和延续型政策调整

废止型政策调整,是指一项政策经过执行过程后,从政策体系中消逝的现象。任何具体事物的发展都是有始有终的,政策也是一样,也有其产生的必然性和废止的必要性。如果一项政策针对的问题已获得圆满的解决,政策目标已经实现,政策完全失去存在的必要性,这项政策自然予以废止。如果政策执行一段时间后,出现严重的失误、失效的情况,这样的政策也应该及时废止,否则,这样的政策存在的时间越长,其消极影响越大。由此可见,政策废止有两种形式,一种是自然废止,随着政策问题解决,政策自然退出政策体系的现象。如党在过渡时期的总路线,随着社会主义过渡时期的结束,这项政策也随之退出历史舞台。另一种是人为废止,是指由于政策方案本身或其他各种因素对政策的影响,使政策在执行过程中其负效应越来越大,在这种情况下,政策制定者通常以发布公告或颁布新政策以取代旧政策的形式,废止原来政策。及时废止旧政策是防止政策消极作用的一种有效措施。

延续型政策调整,是指政策由一种规范形式转化为另一种规范的过程。在政策实践中,有一些政策被实践证明是正确的、并具有长期生命力的政策,为了更好地发挥其规范、引导、约束的作用,将其由政策规范化转化为法律规范的现象,我们称之为政策的法律化,它也属于政策调整现象。当一项政策从政策形态转化为法律形态,其形式发生了变化,但内容和功能却被延续下来,并且政策的法律化不但没有削弱政策功能,反而使政策的规范功能更加强化了,所以,政策的效力得到了延续。

第三节 政策调整程序

一、提出调整方案

提出调整方案是政策调整的首要环节。政策调整方案是政策调整的依据,是政策主体依据政策评价的结论,对原政策的修改原则、内容、方法和步骤所作出的决定。政策调整方案的好坏,直接关系到政策调整的成功与否。及时、有效地调整政策,可以弥补政策方案不足,改善政策质量,加大政策作用力度。反之,将会产生比原政策方案更严重的不良后果,因此,在提出政策调整方案时,为保证政策调整方案的质量,应把握以下几项原则:

1. 反馈原则

反馈就是控制系统把信息输出后,又将信息作用的结果返回到控制系统,并对控制系统的再输出产生影响。把信息反馈控制原理运用于政策调整中,就是要求政策主体根据政策执行系统反馈回来的信息,对政策方案进行调整,再输出给执行系统,起到控制和达到政策预定的作用。反馈可以分为正反馈和负反馈两种形式。所谓正反馈,是指后输出的信息与原输出的信息起到相同的作用,使总输出增大的反馈调节。即反映政策方案在执行中效果明显,为更好地发挥其政策作用,政策主体利用正反馈调节加大政策力度,尽快实现政策目标。所谓负反馈,是指后输出的信息与原输出的信息起相反的作用,使总输出减小的反馈调节。即反映政策方案在执行中存在或暴露的问题和失误,政策决策主体利用负反馈调节可以补充、修改和完善政策方案,提高政策质量。在政策调整中,正反馈与负反馈都是需要的,尤其是离不开负反馈,负反馈可以纠正政策方案出现的失误和偏差,减少政策造成的损失。信息反馈是实现政策调整的前提,所以,反馈的信息必须灵敏、及时、准确,否则,根据错误的信息调整的政策,将会造成更大的损失。

2. 客观性原则

政策调整必须建立在客观事实的基础上。政策调整的依据是政策执行的结果,这种结果是客观的,它不以人的意志为转移。政策作用的结果,如果是有利于社会生产力发展,符合社会发展目标,对社会发展起加速作用,这样的政策我们予以保留;如果是阻碍生产力发展,背离社会发展目标,使社会发展处于停滞,甚至是倒退,这样的政策我们必须坚决调整,不能以是否与决策者主观意愿一致作为调整政策的依据和标准。当然,在政策调整方案对原方案否定时,要受到决策者方面的阻力,但不能因此放弃调整或改变政策调整的标准。

3. 适度原则

适度指政策调整的幅度、范围应在一个社会可接受的限度内。政策调整是对已实施一定时期的政策进行调整。当一项政策实施一段时间后,由于采取了大量的宣传贯彻手段,投入了一定人力、物力资源,已经在人民群众中造成了某种影响,多数人已经接受,并取得心理上的平衡。在这种情况下,如果政策调整的幅度和范围过大、过急,人们从心理上和行为上难以适应这些变化,就会对政策表现出疑虑和担心,就会对调整后的政策采取观望和犹豫的态度,这不但不能主动自觉地贯彻政策,甚至会对政策产生抵触情绪。所以,一项政策的调整幅度和范围不应超出人们的心理承受能力,同时在政策调整前,应通过政策宣传等辅助手段,对将要调整的政策进行相应的评价,增强人们对调整后新政策的承受能力。

4. 动态原则

政策调整不能一次完成,只能根据不断变化的新情况,依据反馈的信息,及时地补充、修正和完善政策方案的过程。一方面,政策对象和政策环境处在不断发展变化之中,实践中前所未料的情况时有发生,因此,根据不断变化的条件调整政策是必然发生的。另一方面,一项政策实施后,政策效力在直接效力、间接效力和泛系统效力三个层次上展开,在政策作用下,政策对象发生变化,与此相关的关联团体乃至整个社会也随之发生变化。在这种情况下大换血式地调整政策,使政策大起大落会带来人们心理上的失衡。正确的选择是"快调、微调",即保留新形势下的可用政策,不断剔除新形势下的不适用政策,逐步对政策加以修改,使政策适应不断变化的客观实际需要,保持政策的有效性。

5. 整体原则

政策调整时必须把单项政策作为政策体系的一个组成部分,注重发挥整体效应。任何一项政策都是政策体系的一个组成部分,政策与体系之间既相互依赖、又相互制约。一项政策的变动,必然引起政策体系整体结构的改变;相关政策在结构中的地位和功能也会随之发生变化,从而影响政策的整体效应。因此,一项政策调整后,与此相关的政策也应随之调整,否则,调整后的单项政策虽然变得合理了,但由于没有与其他政策相配套或者得不到相关政策的支持,不但达不到政策调整的目的,还会影响政策的整体效应。所以,政策调整并不是简单地增加内容、调整内容的事,而是一个复杂的过程。

二、选择调整方案

同政策制定一样,政策调整方案也是从若干个可供选择的方案中进行比较分析,从而选择出一个最佳方案。选择方案的过程,实际上是作出政策决策的过程,只不过这个政策决策,与一般的政策决策不同,它是对原政策方案进行修正,即使原政策是正确的,但由于主客观条件的变化,也要对原政策方案进行调整,这个过程也称追踪决策。追踪决策与一般决策比较,有以下四个特征:一是回溯分析。追踪决策是在决策已经实施,而在实施中情况又发生了变化,致使原有决策面临失效的危险情况下作出的重新决策。所以,追踪决策首先是从回溯分析开始,即对原决策的产生机制与产生环境进行客观分析,找出失误产生的环节及原因,以便去误取正,使追踪决策建立在现实基础之上。二是非零起点。一般决策是起点的状态,追踪决策则不然,它所面临的状况,已不是原决策起点的状态,而是经过人们按照既定方案,已经实施了一段时间。这种实施不仅伴随着人、财、物等资源的消耗,而且这种消耗的结果对周围环境发生了实际的影响,因而追踪决策极为重要的特征,即非零起点。非零起点的含义是,它的决策不是原决策的重复,而是对原决策的修正补充。三是双重优化。一般决策方案选优属于一次优化的范畴,即从并列的方案中择优即可。而追踪决策的方案选择都具有双重优化的性质,即不仅优于其他备选方案,还优于原来的方案,不符合双重优化的方案不能成为满意的方案。四是心理效应。追踪决策是对原政策的改变,因此,会引起相关人员的心理变化。对于决策者来说,追踪决策意味着对原政策的部分或全部的否定,决策者从自身利益出发,怕承担责任,竭力为原政策辩护;作为政策作用的对象也会因政策有所改变,而产生不安情绪。所以,进行追踪决策时,要充分考虑社会心理效应,事先做好细致的工作,免得引起消极和抵触的情绪。

由此可见,追踪决策比一般决策更难以决断。追踪决策失败,会造成更大的失败。因此,在选择政策调整方案时,一定要慎之又慎,绝不能草率行事。政策调整方案的选择应把握以下几点:一是符合实际。由于政策调整方案涉及对决策者的原有政策方案的否定,决策者一方面由于惯性思维影响易选择与原方案相似的方案,另一方面容易出现避重就轻的现象,这都会影响政策调整方案的选择。正确的办法是从客观实际需要出发,以大局为重,选择出最有效的调整方案。二是及时果断。政策调整方案是在原政策方案出现失效情况下作出的调整,原政策方案实施的时间越长,对社会的消极影响越大,所以政策调整方案一经形成,就必须尽快地作出选择。三是可行性原则。同制定政策一样,政策调整也不能过于追求理想化和绝对化。政策调整要受到人力、物力、财力以及社会心理等多方面因素的影响,它是由一系列不间断调整组成的,因此,政策调整方案的选择则以优于原政策方案,并且切实可行为原则。

三、作出调整决定

一项政策调整过程可以分为认识准备阶段和实施调整阶段。从提出政策方案到选择政策方案属于政策调整的准备阶段,而一项政策要真正达到调整目的,还要经过其实施阶段。在这个阶段中,政策主体要依照一定的组织程序对政策进行调整。其要求是:

第一,任何个人都不能对政策调整直接作出决定。对各种政策无论作出哪种方式和性质的调整,都必须经过一定的组织程序和组织手续来完成。

第二,下级机关不能直接调整上级机关制定的政策,只能向上级机关提出政策调整的建议。

第三,对比较重大的政策调整,必须经过上级领导机关批准。对一般性的政策调整,也要上报上级领导机关或主管部门备案。

第四,对政策调整,在上级领导机关尚未作出决定之前或尚未正式公布之前,必须继续按原政策执行。

总之,政策的调整必须是有步骤、按一定组织程序进行的。对需要调整的,一般都应采取由政策制定机关下发实施细则或补充规定的方式,对原政策比较抽象的条文加以详细阐述和补充说明,对于规定的方式,对原政策比较抽象的条文加以详细阐述和补充说明,对于一些容易产生分歧的词句加以注解,使之便于执行和政策对象监督。特别是涉及敏感问题的政策,更需要明确界定,而对于需要部分调整的政策,一般也应由政策制定机关重新下发文件,就同一政策作出新的规定,提出新的要求,并明确指出过去有关规定与本规定不一致的地方,一律以本文件规定为准。至于需要对原政策进行根本性调整的政策,不但要重新下发文件,颁布新的政策,而且要采取一定形式对原政策进行清理,以决策机构的名义对已被证明为错误的政策给予明确否定,这些活动都需要以组织的形式或名义,按组织程序进行。

思考题

1. 简述政策调整发生原因及作用。
2. 简述政策调整的类型。
3. 论述政策调整的程序。
4. 结合公共管理过程中的政策调整案例分析政策调整全过程。

扫码看拓展资源

参考书目

1. [美]戴维·波普诺:《社会学》(第十一版),中国人民大学出版社2007年版。
2. [英]安东尼·吉登斯:《社会学》(第五版),北京大学出版社2009年版。
3. [美]理查德·谢弗:《社会学与生活》,世界图书出版公司2006年版。
4. [美]约翰·J.麦休尼斯:《社会学》(第十一版),中国人民大学出版社2009年版。
5. 郑杭生:《社会学概论新修》(第三版),中国人民大学出版社2003年版。
6. 孙本文:《社会学原理》,商务印书馆1985年版。
7. [美]科塞:《社会思想名家》,上海人民出版社2007年版。
8. [法]雷蒙·阿隆:《社会学主要思潮》,华夏出版社2000年版。
9. [美]乔纳森·H.特纳:《社会学理论的结构》(第7版),华夏出版社2006年版。
10. [英]D.P.约翰逊:《社会学理论》,国际文化出版社1988年版。
11. [美]W.D.珀杜:《西方社会学——人物·学派·思想》,河北人民出版社1992年版。
12. [美]乔治·瑞泽尔:《当代社会学理论及其古典根源》,北京大学出版社2005年版。
13. [美]詹姆斯·科尔曼:《社会理论的基础》(上、下),社会科学文献出版社2008年版。
14. 郑也夫:《西方社会学史》,能源出版社1987年版。
15. 周晓虹:《西方社会学历史与体系》(第一卷),上海人民出版社2002年版。
16. 贾春增:《外国社会学史》,中国人民大学出版社2008年版。
17. [美]肯尼思·D.贝利:《现代社会研究方法》,上海人民出版社1986年版。
18. [美]艾尔·巴比:《社会研究方法》(第十一版),华夏出版社2009年版。
19. [美]林南:《社会研究方法》,农村读物出版社1987年版。
20. [美]威廉·劳伦斯·纽曼:《社会研究方法:定性研究与定量研究》,人民邮电出版社2010年版。
21. 袁方:《社会研究方法教程》,北京大学出版社1997年版。
22. 卢淑华:《社会统计学》,北京大学出版社2003年版。
23. 郭志刚:《社会统计分析方法》,中国人民大学出版社1999年版。
24. 柯惠新:《调查研究中的统计分析》,北京广播学院出版社1992年版。
25. 李沛良:《社会研究中的统计应用》,社会科学文献出版社2002年版。
26. 宋林飞:《社会调查研究方法》,上海人民出版社1990年版。

27. 风笑天:《社会学研究方法》,中国人民大学出版社 2009 年版。

28. [法]埃米尔·迪尔凯姆:《社会分工论》,三联书店 2005 年版。

29. [德]斐迪南·腾尼斯:《共同体与社会》,商务印书馆 1999 年版。

30. [德]格奥尔格·齐美尔:《社会是如何可能的:齐美尔社会学文选》,广西师范大学出版社 2002 年版。

31. [美]明恩溥:《中国人的素质》,学林出版社 2001 年版。

32. 陈宝良:《中国的社与会》,浙江人民出版社 1996 年版。

33. 费孝通:《乡土中国》,上海人民出版社 2007 年版。

34. 费孝通:《中国绅士》,中国社会科学出版社 2006 年版。

35. 秦晖:《传统十论》,复旦大学出版社 2005 年版。

36. [美]露丝·本尼迪克特:《文化模式》,浙江人民出版社 1987 年版。

37. [美]威廉·奥格本:《社会变迁——关于文化和先天的本质》,浙江人民出版社 1989 年版。

38. [法]布罗代尔:《15 至 18 世纪的物质文明、经济和资本主义(1 卷)》,三联书店 1992 年版。

39. 司马云杰:《文化社会学》,中国社会科学出版社 2001 年版。

40. 梁漱溟:《中国文化的命运》,中信出版股份有限公司 2010 年版。

41. 朱学勤:《在文化的脂肪上搔痒》,《读书》1997 年第 11 期。

42. 秦晖:《文化决定论的贫困》,载《学问中国》,江西教育出版社 1998 年版。

43. 孙隆基:《中国文化的深层结构》,广西师范大学出版社 2011 年版。

44. 柏杨:《中国人史纲》(上、中、下),同心出版社 2005 年版。

45. [美]埃里克森:《童年与社会》,学林出版社 1992 年版。

46. (奥)西格蒙德·弗洛伊德:《文明及其缺憾》,安徽文艺出版社 1987 年版。

47. 黄育馥:《人与社会——社会化问题在美国》,辽宁人民出版社 1986 年版。

48. 林语堂:《中国人》,学林出版社 1998 年版。

49. [美]西奥多·M. 米尔斯:《小群体社会学》,云南人民出版社 1988 年版。

50. [美]B. 瑞文·J. 儒本:《社群心理学》,福建教育出版社 1993 年版。

51. [英]保罗·霍普:《个人主义时代之共同体重建》,浙江大学出版社 2010 年版。

52. [英]齐格蒙特·鲍曼:《共同体》,江苏人民出版社 2003 年版。

53. [美]约翰·盖格农:《性社会学——人类性行为》,河南人民出版社 1994 年版。

54. [美]玛格丽特·米德:《性别与气质》,光明日报出版社 1989 年版。

55. [美]爱德华·劳曼:《美国人的性生活》,陕西人民出版社 1996 年版。

56. 潘绥铭:《中国性现状》,光明日报出版社 1995 年版。

57. 李银河:《李银河自选集:性、爱情、婚姻及其他》,内蒙古大学出版社 2006 年版。

58. [美]罗伯特·海尔布罗纳:《经济社会的起源》,上海人民出版社 2010 年版。

59. [美]赖特·米尔斯:《社会学与社会组织》,浙江人民出版社1986年版。

60. 朱国云:《组织理论:历史流派》,南京大学出版社1997年版。

61. 许卓云:《从历史看组织》,上海人民出版社2006年版。

62. 于显洋:《组织社会学》,中国人民大学出版社2001年版。

63. 周雪光:《组织社会学十讲》,社会科学文献出版社2003年版。

64. [美]R.默顿:《论理论社会学》,华夏出版社1990年版。

65. [美]T.B.凡勃伦:《有闲阶级论》,商务印书馆1994年版。

66. [德]马克斯·韦伯:《经济与社会》,商务印书馆1997年版。

67. 孙立平:《重建社会》,社会科学文献出版社2009年版。

68. 吴思:《潜规则——中国历史中的真实游戏》,云南人民出版社2002年版。

69. 刘泽华:《专制权力与中国社会》,天津古籍出版社2005年版。

70. [美]卡斯特:《网络社会——跨文化的视角》,社会科学文献出版社2009年版。

71. [美]萨拉蒙:《全球公民社会:非营利部门视界》,社会科学文献出版社2007年版。

72. 丁元竹:《社区研究的理论与方法》,北京大学出版社1995年版。

73. 潘乃谷、马戎:《社区研究与社会发展(3卷本)》,天津人民出版社1996年版。

74. 徐永祥:《社区发展论》,华东理工大学出版社2000年版。

75. [德]马克斯·韦伯:《共同体内部的权力分配:阶级、等级、政党》,载《经济与社会》第8章第6节,商务印书馆1997年版。

76. [美]P.布劳:《不平等和异质性》,中国社会科学出版社1991年版。

77. [美]西里尔·E.布莱克:《比较现代化》,上海译文出版社1996年版。

78. 孙立平等编:《二十世纪西方现代化理论文选》,上海三联书店2002年版。

79. [美]吉尔伯特·罗兹曼:《中国的现代化》,江苏人民出版社2003年版。

80. [英]戴维·赫尔德等:《全球大变革:全球化时代的政治、经济与文化》,社会科学文献出版社2001年版。

81. 杨雪冬:《全球化:西方理论前沿》,社会科学文献出版社2002年版。

82. [美]阿尔温·托夫勒:《第三次浪潮》,三联书店1983年版。

83. 罗荣渠:《现代化新论——世界与中国的现代化进程》,北京大学出版社1997年版。

84. 许纪霖:《中国现代化史》(第一卷:1800—1949),上海三联书店1995年版。

85. [美]扎斯特罗:《社会问题:事件与解决方案》(第五版),中国人民大学出版社2010年版。

86. 朱力:《当代中国社会问题》,社会科学文献出版社2008年版。

87. [美]贝克尔:《局外人:越轨的社会学研究》,南京大学出版社2011年版。

88. [美]杰克·D.道格拉斯:《越轨社会学概论》,河北人民出版社1987年版。

89. [美]梯尔:《越轨社会学》,中国人民大学出版社2011年版。

90. [美]E.A.罗斯:《社会控制》,华夏出版社1989年版。

91. [美]R. 庞德:《通过法律的社会控制》,商务印书馆1984年版。

92. [荷]盖叶尔:《社会控制论》,华夏出版社1989年版。

93. 郑杭生、李强等:《社会运行导论——有中国特色的社会学基本理论的一种探索》,中国人民大学出版社1993年版。

94. 欧阳恩良:《近代中国社会流动与社会控制》,社会科学文献出版社2010年版。

后 记

社会学是一门基础性社会科学。对于公共管理学科而言,社会学与经济学、政治学和法学等一起构成不可或缺的学科基础理论。在长期教学实践中,我们深感公共管理学科的社会学教学与一般的社会学教学有所不同,公共管理学科更关注社会管理实践和社会问题的解决,关注解决这些问题的社会政策,简言之,培养学生的公共管理视角和管理问题意识,是公共管理学科学生学习社会学的重要目标。而目前的社会学教材大多是社会学专业教材,这些教材在社会学理论方面都很成熟,但缺乏公共管理的学科视角和问题意识。为了弥补这个缺憾,编写一本适合公共管理学科学生学习的社会学教材很有必要。

本教材力图达成以下目标:第一,反映当前当代社会学最新发展成就,特别是我国社会学的发展成就;第二,在全面介绍社会学一般理论的基础上,侧重公共管理学科的着重点;第三,为社会学课程的老师教学与学生自学提供互动的媒介。

本教材是我校财政与公共管理学院行政管理系老师通力合作的结果。其中,绪论由高新宇教授和张术松教授撰写,第一章由詹欣睿副教授撰写,第二章由刘华副教授撰写,第三章由赵星欣博士撰写,第四章由刘运青副教授撰写,第五章由杨建坤副教授撰写,第六章由何东平老师撰写,第七章由吴海南博士撰写,第八章由周阳博士撰写,第九章、第十章由高新宇教授撰写,第十一章由张志胜教授撰写,全书由高新宇教授、刘华副教授、刘运青副教授统稿。

作为为公共管理学科学生学习社会学课程而编写的教材,我们也是首次进行这样的尝试,因此,肯定会存在种种不足、疏漏和缺憾,作为本书的主编,无疑应该对此负责。对于书中的缺点,请读者不吝指教,以便于本教程的修订和完善。

高新宇
2025 年 1 月于龙子湖畔